Peter Rosenberg, Christoph Schroeder (Hrsg.)
Mehrsprachigkeit als Ressource in der Schriftlichkeit

DaZ-Forschung

Deutsch als Zweitsprache, Mehrsprachigkeit und Migration

Herausgegeben von
Bernt Ahrenholz
Christine Dimroth
Beate Lütke
Martina Rost-Roth

Band 10

Mehrsprachigkeit als Ressource in der Schriftlichkeit

Herausgegeben von
Peter Rosenberg und Christoph Schroeder

DE GRUYTER

ISBN 978-3-11-061066-6
e-ISBN (PDF) 978-3-11-040157-8
e-ISBN (EPUB) 978-3-11-040167-7
ISSN 2192-371X

Library of Congress Cataloging-in-Publication Data
A CIP catalog record for this book has been applied for at the Library of Congress.

Bibliografische Information der Deutschen Nationalbibliothek
Die Deutsche Nationalbibliothek verzeichnet diese Publikation in der Deutschen Nationalbibliografie; detaillierte bibliografische Daten sind im Internet über http://dnb.dnb.de abrufbar.

© 2018 Walter de Gruyter GmbH, Berlin/Boston
Dieser Band ist text- und seitenidentisch mit der 2016 erschienenen gebundenen Ausgabe.
Druckvorlage: Stella Krüger
Druck und Bindung: CPI books GmbH, Leck

♾ Gedruckt auf säurefreiem Papier
Printed in Germany

www.degruyter.com

Vorwort

Der Schriftspracherwerb in Familie und Bildungsinstitutionen ist für den weiteren Bildungsverlauf von zentraler Bedeutung. Fragen der Erfolgsbedingungen im Schriftspracherwerb lebensweltlich mehrsprachiger Kinder können nur empirisch beantwortet und nicht durch Glaubenssätze entschieden werden. So behandelt der vorliegende Band die Frage der Mehrsprachigkeit als Ressource im Schriftspracherwerb als empirische Frage.

Unter *Ressource* ist hier die Nutzung des Wissenspools verstanden, der sich daraus ergibt, dass ein Mensch (hier: eine Schülerin/ein Schüler) über mehr als eine Sprache lebensweltlich verfügt. Diese Nutzung kann sich als Transfer von Strukturen von der einen in die andere Sprache manifestieren oder als Transfer von Konzepten oder auch als Zugriff auf Wissen, das in einer anderen Sprache erworben wurde (Cummins 2013). Gleichzeitig verbindet sich mit dem Begriff der Ressource der Hinweis auf besondere sprachliche und metasprachliche Fähigkeiten Zweisprachiger (Biyalistok 2009). Wenn wir hier Ressourcen in der Schriftlichkeit untersuchen, dann ist damit der erweiterte Begriff der Schriftlichkeit gemeint, wie er sich in der Folge der Differenzierung zwischen konzeptioneller und medialer Mündlichkeit und Schriftlichkeit seit Koch und Österreicher (1994) durchgesetzt hat: Schriftlichkeit ist damit eine spezifische sprachliche Varietät, die mit Maas (2010)

– *situativ* durch den formell-öffentlichen Bezug gekennzeichnet ist,
– *kognitiv* dadurch gekennzeichnet ist, dass die Sprecherin/der Sprecher bzw. die Schreiberin/der Schreiber sich der Sprache bedient, um seine Gedanken nicht nur auszusprechen, sondern auch um sie zu bearbeiten und weiter zu entwickeln: Schrift ist ein externer Speicher, den man monologisch *redigieren* kann,
– *kommunikativ* durch dekontextualisierte Kommunikation gekennzeichnet ist, diese ist nicht durch die Äußerungssituation selbst, sondern wiederum symbolisch, durch Textnormen, kontrolliert,
– *strukturell* durch eine verlangsamte Sprachproduktion und einen Fokus auf die sprachliche Form gekennzeichnet ist; eine höhere Komplexität, Elaboriertheit und Differenziertheit der sprachlichen Formen ist die Folge
– und *medial* durch die symbolische Repräsentationsmöglichkeit durch Schriftzeichen und deren analytisch-abstrahierenden Bezug auf Sprache gekennzeichnet ist.

Die Blickwinkel, mit denen in diesem Band nun mögliche Ressourcennutzungen der Mehrsprachigkeit in der Schriftlichkeit untersucht werden, sind vielfältig:

Es werden unterschiedliche Sprachen im Zusammenspiel miteinander untersucht; es werden Textproduktionen Zwei- und Dreisprachiger analysiert und unterschiedliche Kenntnisdimensionen (rezeptiv, produktiv) untersucht; die methodischen Zugänge, Elizitierungstechniken und die Intensität des Einbezugs nichtsprachlicher Daten unterscheiden sich; wir finden unterschiedliche Zugänge zu den Dimensionen der Schriftlichkeit (Text, Grammatik, Orthographie), unterschiedliche Foki auf metasprachliches Wissen, Erwerbsverläufe, Literalisierungspraktiken und die Wirksamkeit von Förderkonzepten.

Aus der Vielfalt der Blickwinkel schälen sich vier Themenblöcke heraus, die uns als Ansatz für die Kapitelaufteilung des Bandes dienen: Im ersten Themenblock wird das *Verhältnis von erst- und zweitsprachlichen Ressourcen im Schriftspracherwerb* beleuchtet. Im zweiten Themenblock stehen *Bedingungen und Prozesse des mehrsprachigen Schriftspracherwerbs* im Vordergrund. Im dritten Themenblock werden *Sprachförderkonzepte und Unterrichtsmodelle in ihrer Wirkung auf den Erwerb von Schreibkompetenzen* betrachtet und der vierte Themenblock konzentriert sich auf *familiäre Literalisierungspraktiken und ihre Wirkung auf die Textfähigkeiten der Kinder und Jugendlichen*.

Alle Beiträge zeichnet aus, dass sie auf empirischer Basis und mit methodischer Sorgfalt ihren Gegenstand eingrenzen: Wann, in welchem Maße und mit welchem Nutzen kann Mehrsprachigkeit als eine Ressource in der Schriftlichkeit zum Tragen kommen?

In Abhängigkeit von den unterschiedlichen Blickwinkeln kommen die Studien natürlich zu unterschiedlichen Ergebnissen. Über alle divergierenden Kontextbedingungen und Untersuchungssettings hinweg zeigen sich jedoch einige wiederkehrende Befunde:

(1) Von besonderer Relevanz ist die textuelle Literalisierung oder "Textualisierung" (Rehbein) in der Familie, d.h. die Erziehung zum Text, die Einübung in die Textrezeption, die – im optimalen Fall – Lesefähigkeit, Leselust und eine Habitualisierung konzeptioneller Schriftlichkeit nach sich zieht.

(2) Häufig sind in dem besonderen soziolinguistischen und sprachenpolitischen Rahmen der Mehrsprachigkeit in den deutschsprachigen Ländern konzeptionell schriftliche Textkompetenzen, höhere syntaktische Komplexität und Fachvokabular in der Schulsprache Deutsch weiter entwickelt als in der (den) familiären Erstsprache(n).

(3) Rezeptive wie produktive Textkompetenzen schöpfen aus allen sprachlichen Ressourcen der Lerner. Lebensweltlich mehrsprachige und lebensweltlich monolinguale Probanden zeigen keine generellen Textkompetenzunterschiede in der Schulsprache Deutsch, allenfalls eine Phasenverschiebung.

(4) Institutionelle Förderung der mehrsprachigen schriftsprachlichen Entwicklung kann generell mindestens das Sprachenbewusstsein, die Wertschätzung und Anerkennung der Mehrsprachigkeit und das sprachliche Selbstbewusstsein unterstützen und bestenfalls zu einer gegenseitigen positiven Entwicklung im Sinne besserer schriftsprachlicher Kompetenzen in allen beteiligten Sprachen beitragen.

Der Glaubenskrieg, ob Mehrsprachigkeit eine Ressource im Schriftspracherwerb ist, wird damit zur Schlacht vergangener Tage. Der Rauch ist verzogen – und die letzten Schwaden geben die Sicht frei auf die einzige Antwort, die den Kampf überdauert hat. Sie lautet: *Es kommt darauf an!*

Im ersten Kapitel zum *Verhältnis von erst- und zweitsprachlichen Ressourcen im Schriftspracherwerb* untersucht zunächst Wilhelm Grießhaber „Aspekte erst- und zweitsprachlicher Ressourcen türkischsprachiger GrundschülerInnen": Die Grundlage des Beitrages bilden Daten aus einer Erhebung erstsprachlich türkischer und zweitsprachlich deutscher Texte mehrsprachiger Schülerinnen und Schüler einer vierten Hamburger Schulklasse. Es werden didaktisch unterschiedlich eingebettete Textreproduktionen verglichen – einerseits nach nur erstsprachlich mündlichem Vorlesen einer Geschichte und andererseits nach einer zunächst zwei- und dann erstsprachlichen Präsentation. Zum anderen werden auf zwei unterschiedlichen Bildergeschichten basierende Textproduktionen in der Erst- und Zweitsprache analysiert. Den Schwerpunkt bildet dabei die Analyse der syntaktischen Komplexität der deutschen und türkischen Texte. Die Variation der Schreibaufgaben führt je nach Sprache und Aufgabenstellung zu unterschiedlichen Ergebnissen. Deutlich wird, dass bei den Textreproduktionen der Rezeption eine Schlüsselrolle zukommt.

Zeynep Kalkavan-Aydın führte eine Studie über die „Mehrsprachige Ressourcennutzung in interaktiven Bilderbuchrezeptionen" durch: Die Daten, auf die in diesem Beitrag zurückgegriffen wird, stammen aus einer Teilstudie „Literacy in mehrsprachigen Familien" zu Sprachbiographien und zur Sprachentwicklung in der Erst- und Zweitsprache, die 2011 bis 2012 mit mehrsprachigen Familien in Dortmund durchgeführt wurde. Bei den Probanden handelte es sich um Vorschulkinder und ihre Eltern. Im Rahmen von interaktiven Bilderbuchrezeptionen wird in den Blick genommen, wie mehrsprachige Kinder Geschichten, die ihnen in den Familien vorgelesen werden, in den jeweiligen Sprachen wiedergeben. Der Beitrag konzentriert sich im Rahmen einer Fallstudie auf ein Kind mit Türkisch als dominanter Erst- und Deutsch als Zweitsprache, das während des Vorleseprozesses und in seinen Wiedergaben komplexe grammatische Strukturen und narrative Mittel in seiner

Erstsprache verwendet und zudem seine Zweitsprache als Ressource für die Rezeption der Geschichten bzw. für die Wiedergaben nutzt.

Heike Baake und Henriette Hoppe legen eine Untersuchung mit dem Titel „Schreibphasen in der Narration – Mehrsprachigkeit genutzt?" vor. Ausgehend von dem für die Mehrsprachigkeit modifizierten Schreibmodell von Hayes & Flower werden in dem Beitrag Überlegungen zur weiteren Ergänzung des Modells vorgestellt. Vor dem Hintergrund, dass die Erzählkompetenz als Makrostruktur vorliegt und nicht in jeder Sprache auf Neue erlernt werden muss, wird an Beispielen aufgezeigt, wie mehrsprachige Schülerinnen und Schüler während des Schreibprozesses von ihren Sprachen Gebrauch machen. Für die Untersuchung wurde das FörMig-Instrument „Tulpenbeet" als Erzählanlass gewählt; es werden fünf Schülerinnen und Schülerinnen einer bilingualen Grundschule (deutsch/italienisch) während des Schreibprozesses beobachtet, wobei neben den schriftlichen Äußerungen auch Protokolle Lauten Denkens erhoben wurden. Die qualitative Studie zeigt auf verschiedenen Ebenen, in welcher Hinsicht die Textproduktion in einer der Sprachen eine Folie für die Produktion in der jeweils anderen Sprache darstellt.

Vier Beiträge bilden das zweite Kapitel des Bandes *Bedingungen und Prozesse des mehrsprachigen Schriftspracherwerbs*.

Yazgül Şimşek untersucht die „Schriftlichkeit in der Dreisprachigkeitskonstellation: Kurmanjî (Kurdisch), Türkisch und Deutsch". In dem Beitrag wird die Interaktion zwischen den natürlich erworbenen sprachlichen Ressourcen dreier typologisch unterschiedlicher Sprachsysteme in mündlichen und schriftlichen Texten zweier Geschwisterkinder untersucht. Im Alter von zehn und elf Jahren befinden sich die Kinder in ihrem Erwerbsprozess der deutschen Schriftsprache in einer Phase, in der das Schreiben spezifisches morphologisches Wissen voraussetzt. Eine qualitative Analyse ihrer Schreibprodukte zeigt, dass gerade auf morphologischer Ebene im Deutschen noch große Unsicherheiten bestehen. Während die Kinder bei der Verschriftung der Familiensprachen eine hohe Analysefähigkeit zeigen und basierend auf ihren Kenntnissen der deutschen Orthographie auf plausible Lösungen kommen, bereiten ihnen im Deutschen die Repräsentation der Vokallängung, die Groß- und Kleinschreibung und grammatische Kategorien wie Genus und Kasus noch erhebliche Probleme.

Simone Lechner behandelt den Fremdspracherwerb mehrsprachiger Kinder mit ihrer Untersuchung „Literale Fähigkeiten als Ressource beim Erwerb von Fremdsprachen in mehrsprachigen Kontexten": Der Beitrag geht von Ansätzen der Drittspracherwerbsforschung aus, die zeigen, dass lebensweltlich mehrsprachige Personen in zweisprachig additiven Kontexten insgesamt Vorteile gegenüber lebensweltlich einsprachigen Personen beim Erwerb zusätzlicher Sprachen zu haben scheinen. In sogenannten 'subtraktiv' bilingualen Kontexten hingegen sind die bisherigen Ergebnisse unterschiedlich. Der Rolle literaler Fähigkeiten in der Herkunftssprache wird hierbei in vielen Studien eine besondere Bedeutung beigemessen. Die Untersuchung beschäftigt sich mit dem Erwerb des Englischen als Drittsprache in mehrsprachigen Kontexten. Analysiert werden Daten von vierzig Schülerinnen und Schülern, die Englisch als ihre erste Fremdsprache im schulischen Kontext erwerben. Sie sind lebensweltlich zweisprachig deutsch-türkisch, deutsch-russisch oder deutsch-vietnamesisch oder einsprachig deutsch aufgewachsen und haben ähnliche sozioökonomische Voraussetzungen. Es zeigt sich, dass die zwölfjährigen Zweisprachigen insgesamt leichte Vorteile gegenüber ihren einsprachigen Altersgenossen haben. Diejenigen Probanden, die eine hohe schriftliche Performanz im Englischen aufweisen, weisen zudem gleichzeitig in den deutsch- und herkunftssprachlichen Daten einen hohen schriftlichen Sprachstand auf.

Jule Böhmer untersucht „Ausprägungen von Biliteralität bei deutsch-russisch bilingualen Schülern und die daraus resultierenden Konsequenzen für den schulischen Russischunterricht": In diesem Beitrag steht die Biliteralität im deutsch-russischen Kontext im Fokus. Unter Biliteralität wird in dem Beitrag die Fähigkeit verstanden, literate Strukturen in zwei Sprachen rezipieren und produzieren zu können. Für die Untersuchung wurden Sprachdaten von deutsch-russischsprachigen Jugendlichen in beiden Sprachen erhoben und anschließend mit qualitativen und quantitativen Analyseverfahren ausgewertet. Die Ergebnisse zeigen für diese Sprechergruppe charakteristische Normabweichungen in verschiedenen Bereichen der beiden Sprachen (Morphologie, Morphosyntax, Lexik, Orthographie) und inter- und intralinguale Zusammenhänge der sprachlichen Fähigkeiten. Im zweiten Teil des Beitrags werden die Ergebnisse in Bezug zur schulischen Praxis des Russischunterrichts gesetzt.

Der Beitrag Irina Usanovas zur Bedeutung des Schriftsystems für den Schriftspracherwerb trägt den Titel „Transfer in bilingual and (bi)scriptual writing: can German-Russian bilinguals profit from their heritage language? The interaction of different languages and different scripts in German-Russian bilinguals": Analysiert wird der Erwerb von Schreibfähigkeiten bei "biskriptalen" Zweisprachigen auf textueller und orthographischer Ebene. Dabei stehen die Auswirkungen des Erwerbs des Schriftsystems auf die Schreibfähigkeiten im Vordergrund. Der Erwerb von Schreibkompetenzen geschieht bei den untersuchten deutsch-russisch Bilingualen fast ausschließlich im familiären Kontext. Aus diesem nicht-institutionellen Erwerbskontext resultieren verschiedene Schreibstrategien und deutlich divergierende Kompetenzen bei den Probanden.

Im dritten Kapitel untersuchen drei Beiträge *Sprachförderkonzepte und Unterrichtsmodelle in ihrer Wirkung auf den Erwerb von Schreibkompetenzen.*

Hans H. Reich legt eine Studie zu den „Auswirkungen unterschiedlicher Sprachförderkonzepte auf die Fähigkeiten des Schreibens in zwei Sprachen" vor: Untersucht wird die Entwicklung schriftsprachlicher Fähigkeiten bei türkisch-deutschen Kindern von ihrem Eintritt in die Grundschule bis zur vierten Jahrgangsstufe. Sie werden auf unterschiedliche Art und Weise gefördert – eine Gruppe wird koordiniert bilingual alphabetisiert, eine Gruppe erhält Deutschförderung und zusätzlichen Herkunftssprachenunterricht und eine Gruppe erfährt lediglich Förderung im Deutschen. Es zeigt sich, dass das Förderkonzept der „Koordinierten Alphabetisierung" zu einer ausgewogenen Biliteralität beiträgt. Die Abstimmung der einzelsprachlichen Unterrichtsangebote trägt hierzu offenbar ebenso bei wie die Stimulierung des Sprachenbewusstseins durch unmittelbare Konfrontation der Sprachen und kontrastives Arbeiten. Das Konzept der Deutschförderung mit muttersprachlichem Ergänzungsunterricht erbrachte eine enttäuschend geringe Wirkung des Türkischunterrichts. Das Konzept der bloßen Deutschförderung führt – wenig überraschend – zu einer Deutschdominanz, allerdings bei einer Zunahme des Anteils niedriger Leistungen in beiden Sprachen. Interessanterweise korrelieren die Einstellungen der Lehrkräfte zur Mehrsprachigkeit signifikant mit Werten für die Wort- und die Textschreibung im Türkischen: Wo sie geringer ausgeprägt waren, waren auch die sprachlichen Leistungen geringer. Insgesamt führen offenbar eine höhere Wertschätzung der Mehrsprachigkeit und die erlebbare institutionelle Anerkennung der Herkunftssprache zu einer Stärkung des sprachlichen Selbstbewusstseins und der Schreibfreude.

Beate Lingnau und Ulrich Mehlem betrachten „Mehrsprachigkeit als Ausgangspunkt für Sprachreflexion: Arbeit mit einem zweisprachigen Bilderbuch in einer multilingualen dritten Klasse": In diesem Beitrag wird die Einbeziehung einer zweiten Sprache in den Grammatikunterricht einer multilingualen Klasse betrachtet. Auf der Basis eines zweisprachigen Bilderbuchs wurde für eine dritte Grundschulklasse eine Unterrichtseinheit entwickelt, die die Arbeit an den Satzgliedbegriffen Subjekt und Prädikat sprachkontrastiv (Deutsch – Türkisch) einbettet. In der Analyse der unterrichtlichen Interaktion steht eine mikroanalytische Rekonstruktion solcher Szenen im Vordergrund, in denen zusammen mit der Lehrkraft oder in der Schülergruppe metasprachliches Wissen interaktiv erarbeitet wird. Dabei zeigt sich, dass nur wenige der Schülerinnen und Schüler die (schul)grammatischen Fachbegriffe Subjekt und Prädikat aufgreifen, viele aber auf der operationalen Ebene und im Umgang mit den Sprachspielen in der Lage sind, syntaktische Unterscheidungen durchzuführen.

Stephanie Risse und Rita Franceschini behandeln dreisprachige Schreibkompetenzen in Ladinisch, Deutsch und Italienisch in Südtirol unter dem Titel „Auftrieb durch parallele Alphabetisierung: Analysen aus dem dreisprachigen

Schulsystem in Gröden und Gadertal (Südtirol)": In einem europaweit vielleicht einzigartigen Fall institutioneller Dreisprachigkeit werden in den beiden ladinischsprachigen Tälern Gröden und Gadertal, die zur Autonomen Provinz Bozen/Südtirol gehören, Kinder von der ersten Klasse an in drei Sprachen parallel alphabetisiert. Die Autorinnen interessiert beim „paritätischen" Schulsystem in Südtirol die Entwicklung von dreisprachigen Schreibkompetenzen in Ladinisch, Deutsch und Italienisch. Vor diesem mehrsprachigen Hintergrund wird in dem Beitrag die Entwicklung der deutschen Sprache in den Vordergrund gestellt: Behindert oder beschleunigt das mehrsprachige Aufwachsen mit anderen Sprachen die Schreibkompetenzen? Wie sehen diese Kompetenzen im Vergleich zu denjenigen aus, die sich bei Kindern in traditionellen Schulsystemen entwickeln? Noch nicht in den fünften Klassen, jedoch am Ende der Schulzeit, mit dem Erreichen der Maturität (Abitur), erreichen die parallel dreisprachig alphabetisierten Schülerinnen und Schüler Schreibkompetenzen, die sich mit den Texten aus den anderen, nicht paritätischen Schulen Südtirols vergleichen lassen. Der Wortschatzreichtum (an Verbformen gemessen) ist in den ladinischen Texten sogar leicht höher. Es zeigt sich, dass die Erwerbswege der dreisprachig aufwachsenden und schulisch unterstützten LadinerInnen und die der hauptsächlich einsprachig deutsch sozialisierten Kinder und Jugendlichen in den überwiegend deutschsprachigen Tälern Südtirols in den Formen parallel verlaufen, wenn auch meist zeitverschoben.

Das vierte Kapitel des Bandes betrachtet die *familiären Literalisierungspraktiken und ihre Wirkung auf die Textfähigkeiten der Kinder und Jugendlichen.*

Jochen Rehbein behandelt „Textuelle Literalisierung – mehrsprachig. Zur Verschränkung von Text und Diskurs bei Vorlesen, Bereden und Wiedergeben in zwei Sprachen": Der Aufsatz betont die Bedeutung der Textrezeption in familiären Literalisierungspraktiken und untersucht Interaktionsdaten – Vorlesen und Bereden eines türkischen und eines deutschen Märchens – zwischen Eltern und Kindern aus zwei Familien mit Deutsch und Türkisch als Familiensprachen. Angenommen wird, dass bei mehrsprachigem Aufwachsen die mit der textuellen Literalisierung in der Erstsprache erworbenen Kompetenzen auch in der Zweitsprache zugänglich werden. Es zeigen sich unterschiedliche Interaktionstypen in den verschiedenen Sprachen. Während das Vorlesen auf Deutsch an das Repertoire des Kindes adaptiert ist, sind im Türkischen Vorlesen und Bereden klar getrennt und das Vorlesen trägt einen eher rezitierenden Charakter. Insgesamt erwerben die Kinder das Wissen aus den Märchen eher „gesamtsprachlich", d.h. in Form von Fragmenten, die den einzelnen Sprachen zugeordnet werden können, erst zusammen aber eine Gesamtheit ergeben.

Seda Yılmaz Wörfel und Claudia M. Riehl thematisieren „Mehrschriftlichkeit: Wechselseitige Einflüsse von Textkompetenz, Sprachbewusstheit und außersprachlichen Faktoren": Diese qualitative Fallstudie konzentriert sich auf vier männliche und sechs weibliche bilinguale Realschülerinnen und -schüler der 9. Klasse im Alter von 14 bis 16 Jahren. Ihre Familiensprachen sind Türkisch (Erstsprache) und Deutsch (Zweitsprache). Das Korpus besteht aus je einem argumentativen und einem narrativen Text in der Erst- und der Zweitsprache, sprachbiographischen Interviews in beiden Sprachen sowie einem Sprachbewusstheitstest. Zur Beurteilung der Textkompetenz wird ein Modell angewendet, das die Erfassung globaler Muster von Texten sprachvergleichend erlaubt. Die so entstehenden Textniveaustufen werden mit Faktoren wie dem Besuch des muttersprachlichen Unterrichts, dem Sprachgebrauch und der Sprachbewusstheit korreliert. Grundsätzlich wird festgestellt, dass die narrativen Texte in beiden Sprachen elaborierter sind als die argumentativen Texte. Darüber hinaus erreichen die Schülerinnen und Schüler entweder die gleiche Textkompetenz in der Erst- wie in der Zweitsprache, oder sie zeigten eine höhere Kompetenz in der Zweitsprache. Hier spielen offenbar Faktoren wie der Sprachgebrauch und literale Praktiken in der Familie eine entscheidende Rolle. Ein weiterer Aspekt ist der Einfluss der Sprachbewusstheit: Je höher diese war, desto mehr waren die Schülerinnen und Schüler in der Lage, ihre Sprachen situationsangemessen zu verwenden.

Ein Sammelband ist immer ein Gemeinschaftsprojekt, dessen Gelingen von dem guten Willen und dem Einsatz vieler abhängig ist. Wir danken zunächst den Autorinnen und Autoren der Beiträge herzlich: Viele von ihnen haben Erstfassungen ihrer Beiträge auf der Sektionssitzung der GAL-Sektion „Migrationslinguistik" im Rahmen der 2. Sektionentagung der GAL an der RWTH Aachen im September 2013 vorgetragen. Sie haben sich anschließend einem mehrstufigen Begutachtungsprozess unterzogen, bei dem nach der Erstauswahl auf der Grundlage der Abstracts die Beitragsfassungen zunächst von den Herausgebern und anschließend in einem anonymen Peer-Review-Verfahren von jeweils zwei anderen Beitragenden begutachtet wurden. Wir glauben, dass dieses Verfahren nicht nur zur Qualitätssteigerung, sondern auch zur Kohärenz des Sammelbandes beigetragen hat. Darüber hinaus danken wir Theres Krause und Stella Krüger für die sorgfältige Arbeit an den technischen und layouterischen Anteilen der Banderstellung und Frau Dr. Julie Miess vom Verlag de Gruyter dafür, dass sie alle unsere Fragen kompetent beantworten konnte. Last but not least gebührt dem Herausgeberteam der Reihe „DaZ-Forschung" Dank für die Aufnahme des Bandes in ihre Reihe.

Peter Rosenberg & Christoph Schroeder

Literatur

Biyalistok, Ellen (2009): Effects of bilingualism on cognitive and linguistic performance across the life span. In Gogolin, Ingrid & Neumann, Ursula (Hrsg.): *Streitfall Zweisprachigkeit – The bilingualism controversy*. Wiesbaden: VS Verlag für Sozialwissenschaften, 53–69.

Cummins, Jim (2013): Current research on language transfer: Implications for language teaching policy and practice. In Siemund, Peter, Gogolin, Ingrid, Schulz, Monika Edith & Davydova, Julia (eds.): *Multilingualism and language diversity in urban areas*. (Hamburg Studies on Linguistic Diversity 1) Amsterdam: Benjamins, 289–304.

Koch, Peter & Oesterreicher, Wulf (1994): Schriftlichkeit und Sprache. In Günther, Hartmut & Ludwig, Otto (Hrsg.): *Schrift und Schriftlichkeit. Writing and Its Use. Ein interdisziplinäres Handbuch internationaler Forschung. An Interdisciplinary Handbook of International Research*. 1. Halbband. (Handbücher zur Sprach– und Kommunikationswissenschaft / Handbooks of Linguistics and Communication Science 10/1). Berlin: de Gruyter, 587–604.

Maas, Utz (2010): Literat und orat. Grundbegriffe der Analyse geschriebener und gesprochener Sprache. *Grazer Linguistische Studien* 73, 21–150.

Inhaltsverzeichnis

Teil 1: **Das Verhältnis von erst- und zweitsprachlichen Ressourcen im Schriftspracherwerb**

Wilhelm Grießhaber
Aspekte erst- und zweitsprachlicher Ressourcen türkischsprachiger GrundschülerInnen —— 3

Zeynep Kalkavan-Aydın
Mehrsprachige Ressourcennutzung in interaktiven Bilderbuchrezeptionen —— 25

Heike Baake, Henriette Hoppe
Schreibphasen in der Narration – Mehrsprachigkeit genutzt? —— 55

Teil 2: **Bedingungen und Prozesse des mehrsprachigen Schriftspracherwerbs**

Yazgül Şimşek
Schriftlichkeit in der Dreisprachigkeitskonstellation: Kurmanjî (-Kurdisch), Türkisch und Deutsch —— 87

Simone Lechner
Literale Fähigkeiten als Ressource beim Erwerb von Fremdsprachen in mehrsprachigen Kontexten —— 113

Jule Böhmer
Ausprägungen von Biliteralität bei deutsch-russisch bilingualen Schülern und die daraus resultierenden Konsequenzen für den schulischen Russischunterricht —— 133

Irina Usanova
Transfer in bilingual and (bi)scriptual writing: can German-Russian bilinguals profit from their heritage language? The interaction of different languages and different scripts in German-Russian bilinguals —— 159

Teil 3: Sprachförderkonzepte und Unterrichtsmodelle in ihrer Wirkung auf den Erwerb von Schreibkompetenzen

Hans H. Reich
Auswirkungen unterschiedlicher Sprachförderkonzepte auf die Fähigkeiten des Schreibens in zwei Sprachen —— 177

Beate Lingnau & Ulrich Mehlem, unter Mitarbeit von Chiara Cocuzzi und Berna Temizer
Mehrsprachigkeit als Ausgangspunkt für Sprachreflexion: Arbeit mit einem zweisprachigen Bilderbuch in einer multilingualen dritten Klasse —— 207

Stephanie Risse & Rita Franceschini
Auftrieb durch parallele Alphabetisierung: Analysen aus dem dreisprachigen Schulsystem in Gröden und Gadertal (Südtirol) —— 239

Teil 4: Familiäre Literalisierungspraktiken und ihre Wirkung auf die Textfähigkeiten der Kinder und Jugendlichen

Jochen Rehbein
Textuelle Literalisierung – mehrsprachig. —— 267

Seda Yılmaz Woerfel & Claudia Maria Riehl
Mehrschriftlichkeit: Wechselseitige Einflüsse von Textkompetenz, Sprachbewusstheit und außersprachlichen Faktoren —— 305

Index —— 337

Teil 1: **Das Verhältnis von erst- und zweitsprachlichen Ressourcen im Schriftspracherwerb**

Wilhelm Grießhaber
Aspekte erst- und zweitsprachlicher Ressourcen türkischsprachiger GrundschülerInnen

Das oft ganzheitlich beschriebene Verhältnis von erst- und zweitsprachlichen Ressourcen wird in dem Beitrag nach rezeptiven und produktiven Kenntnissen differenziert (§1). Bei der Erhebung erhalten türkische GrundschülerInnen visuelle Impulse zur Textproduktion und verbalen Input zur Textreproduktion (§2). Die Variation der Schreibaufgaben führt nach Sprache und Aufgabenstellung zu unterschiedlichen Ergebnissen. Im direkten Vergleich werden deutsche und türkische Formulierungen zu Maßangaben gegenüber gestellt (§3). Den Schwerpunkt der Studie bildet die Analyse der syntaktischen Komplexität der deutschen und türkischen Texte (§4). Bei den Textreproduktionen kommt der Rezeption eine Schlüsselrolle zu. Auf der individuellen Ebene lassen sich verschiedene Profile ermitteln.

1 Zur Rezeption in der L1 und der L2 bei Wiedergaben

Nahezu alle türkischsprachigen GrundschülerInnen dürften in einem weiteren Sinn mehrsprachig sein, insofern sie auf Deutsch und auf Türkisch komplette bedeutungsvolle Äußerungen machen können, ohne die beiden Sprachen gleich gut zu beherrschen. Das Verhältnis der Sprachen wird seit MacNamara (1966) häufig mit einer Schaukel veranschaulicht, bei der Fortschritte in der einen Sprache auf Kosten der anderen gehen. Diese ganzheitliche Sicht ist unter mehreren Aspekten modifizierungsbedürftig. So können produktive und rezeptive Kenntnisse unterschiedlich entwickelt sein, wie sich in einer 1980 durchgeführten Erhebung im Krefelder Projekt[1] (Rehbein 1987) zeigte. Zunächst konnten 10- bis 12-jährige türkische SchülerInnen eine auf Deutsch vorgelesene Ge-

---

[1] In den 70er Jahren startete die Stadt Krefeld ein partiell bilinguales Modell zur Beschulung von Kindern von ArbeitsmigrantInnen. Die von Rehbein untersuchten türkischen Kinder erhielten knapp ein Drittel muttersprachlichen Unterricht und 16 Stunden deutschsprachigen Unterricht. Die Schülerschaft bestand zu zwei Dritteln aus deutschen und einem Drittel aus türkischen Kindern (Rehbein 1982: 124).

schichte weder in der L2-Deutsch noch in der L1-Türkisch mündlich nacherzählen, während den deutschsprachigen KlassenkameradInnen das Nacherzählen gelang. Die türkischen SchülerInnen konnten erst nach dem Vorlesen der türkischen Version die Geschichte in beiden Sprachen nacherzählen. Offensichtlich waren ihre rezeptiven Kenntnisse in der L2 deutlich schwächer als in der L1.

Eine 1988 an einer Hamburger Grundschule in zwei Parallelklassen durchgeführte Wiederholung der Textwiedergabe mit den von Rehbein verwendeten Texten[2] dokumentiert eine andere Gewichtung von Teilkompetenzen. Bei der neueren Erhebung ist die L2-Deutsch die stärkere Rezeptionssprache. So misslang in der einen Parallelklasse zwei von sieben türkischen SchülerInnen die schriftliche Reproduktion der auf Türkisch vorgelesenen Geschichte[3], während in der anderen Parallelklasse nur einer von sieben türkischen SchülerInnen die Reproduktion des auf Deutsch vorgelesenen Textes auf Deutsch nicht gelang. Bei dem verwendeten Input[4] handelt es sich um einen konzeptionell schriftsprachlichen Text (dazu Koch & Oesterreicher 1994). Bei den türkischen SchülerInnen der letztgenannten Teilgruppe war jedoch bei konzeptionell mündlichem Input die mündliche türkische Wiedergabe eines zweisprachig deutsch-türkischen Hörspiels um einen Fahrradunfall in wichtigen Aspekten differenzierter als die deutsche (Grießhaber 1999a). Dies gilt auch für die gleichzeitig erhobenen Erzählungen einer selbsterlebten Fahrradunfallbegebenheit. Dies lässt darauf schließen, dass die Rezeption nicht nur nach der Inputsprache, sondern auch nach Modalität und Aufgabenstellung zu differenzieren ist.

---

2 Die Datenerhebung fand in einer vierten Klasse an einer Hamburger Grundschule im Rahmen des Projekts „Schulbezogene bilinguale Sprachstandsanalyse" (SCHUBS) statt (Grießhaber 2006–2011). Den LehrerInnen und den SchülerInnen sowie Aydan Aksoy gilt mein Dank für ihre Mitarbeit. Auch den DiskutantInnen der GAL-Sektionentagung in Aachen 2013 möchte ich für ihre Beiträge danken. Ferner gilt Zeynep Kalkavan und zwei Gutachtern mein Dank für ihre Kommentare.
3 Exemplarisch der Text von FÜZ im Anhang.
4 Es handelt sich um die Erzählung DIE ZAUBERSTÄBE von Fehse 1978 und deren türkische Übersetzung SİHİRLİ DEĞNEKLER von Benzer; dazu Rehbein (1987: 116) und unten weitere Informationen.

2 Anlage der Untersuchung und Analysemethoden

Zur Klärung der oben genannten Zusammenhänge wurden bei der Datenerhebung verschiedene Parameter variiert. Im Fokus stehen schriftliche Textproduktionen von 14 türkischen SchülerInnen aus zwei Parallelklassen einer vierten Grundschulklasse, die 1988 erhoben wurden. Bei den in Deutschland aufgewachsenen SchülerInnen, die ergänzenden mündlich orientierten Türkischunterricht erhielten, sollten nach mehrjährigem Besuch einer deutschsprachigen Schule die schriftsprachlichen Kenntnisse im Deutschen deutlich besser entwickelt sein als im überwiegend mündlich in der Familie und im sozialen Nahbereich verwendeten Türkisch.[5] Deshalb sollte die Rezeption einer mündlich vorgelesenen, konzeptionell schriftlichen Geschichte je nach Inputsprache zu unterschiedlichen Wiedergaben führen. Die Erhebung zur oben erwähnten konzeptionell zweisprachigen mündlichen Hörspielszene hat ergeben, dass bis auf eine Schülerin die Geschichte von allen im Kern rezipiert wurde und zu differenzierteren Produktionen bei den türkischen Wiedergaben als bei den deutschen geführt hat (Grießhaber 1999a). Im Unterschied zu den reproduktiven Settings sollten visuelle Impulse eine selbstgeplante erst- und zweitsprachliche Textproduktion ohne vorherigen verbalen Input stimulieren, um zu untersuchen, ob und wie sich erst- und zweitsprachliche Kenntnisse in der freien Produktion einer Geschichte zueinander verhalten. Die Untersuchung richtet sich auf die syntaktische Komplexität von selbstgeplanten erst- und zweitsprachlichen Äußerungen.

Als verbaler Input diente die vorgelesene deutsche und türkische Version der ZAUBERSTÄBE (Fehse 1978) bzw. SİHİRLİ DEĞNEKLER[6]. Die Geschichte handelt davon, dass in einer Schule während der Pause Geld verschwunden ist. Zur Ermittlung des Diebes verteilt der Lehrer Stäbe an die Schüler. Der Stab des Diebes sollte über Nacht um einen Fingerbreit länger werden. Als visuelle Impulse wurden die Bilderfolge JUHE für die deutschen Versionen und die Bilderfolge ÇOCUK EĞİTİMİ für die türkischen Texte eingesetzt. Die Bilderfolge JUHE mit elf Bildern und mehreren Personen (Rehbein o.J.) stellt die abenteuerliche Busfahrt einer Klasse zur Jugendherberge dar, auf der der Bus einige Hindernisse überwinden muss. In der Bilderfolge ÇOCUK EĞİTİMİ (= KINDERERZIEHUNG)

---

5 So schickten die in diesem Beitrag untersuchten türkischen SchülerInnen ihrem kranken Türkischlehrer ihre schriftlichen Genesungswünsche in deutscher Sprache.
6 Türkische Übersetzung, angefertigt von H. Benzer (Rehbein 1987: 116).

mit sechs Bildern und drei Personen (dazu Grießhaber 2006-2011) bringt ein Junge ein Zeugnis mit nach Hause, das den Vater ausrasten lässt, während die Mutter das Kind beruhigt.[7]

Bei der Erhebung zu den ZAUBERSTÄBEN / SİHİRLİ DEĞNEKLER erhielt die Klasse 88a zuerst im Deutschunterricht die deutschsprachige Version und anschließend gemeinsam mit den türkischen SchülerInnen der Klasse 88b im Türkischunterricht die türkische. Damit lässt sich ermitteln, wie sich die Sprache des verbalen Inputs auf die Rezeption und die Textwiedergabe auswirkt. Insgesamt ergibt sich die in Tabelle 1 gezeigte Verteilung der erhobenen Texte.

Tab. 1: Impulse nach Modalität und Sprache mit Probandengruppen und Probanden

Modalität	Sprache	Textart	Titel	Gruppe	Anzahl
verbal	Deutsch	Reproduktion	ZAUBERSTÄBE	Klasse 88a	11
verbal	Türkisch	Reproduktion	SİHİRLİ DEĞNEKLER	Türkisch 88a + b	14 (15)
visuell	Deutsch	Produktion	JUHE	Klassen 88a + b	14 (26)
visuell	Türkisch	Produktion	ÇOCUK EĞİTİMİ	Türkisch 88a + b	14 (15)

Anzahl: analysierte Texte, in Klammern Gesamtzahl der erhobenen Texte

Beim Input ZAUBERSTÄBE werden zusätzlich zu den sieben türkischen SchülerInnen auch die vier nichttürkischen SchülerInnen der Klasse 88a berücksichtigt. Da von einer türkischen Schülerin der Gruppe 88a der ZAUBERSTÄBE-Text fehlt, wurden auch ihre anderen Texte nicht berücksichtigt. Bei den JUHE-Texten wurden von den insgesamt 26 Texten die 14 der türkischen SchülerInnen berücksichtigt.

Die unterschiedlichen Impulse und die typologisch unterschiedlichen Sprachen erfordern verschiedene Analysemethoden. Bei den reproduzierten Texten auf den verbalen Input liegen in beiden Sprachen vergleichbare Handlungsstrukturen und Ereignisfolgen vor. Doch trotz paralleler Formulierungen auf Satzebene lassen sich angesichts der sprachtypologischen Unterschiede nur begrenzt grammatische Vergleiche durchführen. Ein Beispiel für solche Parallelanalysen ist der Vergleich der zentralen Formulierungen zum Wachsen der Zauberstäbe in den ZAUBERSTAB- / SİHİRLİ DEĞNEKLER-Texten (s.u. §3).

---

7 Der Titel wurde von den türkischen studentischen Hilfskräften vorgeschlagen.

Bei den visuell stimulierten Texten liegen nur sehr vage vergleichbare Handlungsstrukturen vor, da den Produzenten die Gestaltung der Handlungen und der sprachlichen Form weitgehend freisteht. Deshalb ist ein auf beide Sprachen anwendbarer abstrakter Vergleichsmaßstab erforderlich. Für diesen Vergleich wurde die syntaktische Komplexität der Lernertexte gewählt. Im Rahmen der funktionalen Pragmatik bietet das Konzept der sprachlichen Felder und Prozeduren eine sprachübergreifende Sicht auf sprachliches Handeln und auf sprachspezifische Realisierungen der Prozeduren (Ehlich 1986/2007). Dabei werden z.B. nicht Wortarten miteinander verglichen, sondern sprachliche Realisierungen von Handlungen unter funktionalen Aspekten. So entsprechen z.B. deutschen Präpositionalkonstruktionen meist türkische Kasus (s. dazu Grießhaber 1999b am Beispiel lokaler Präpositionen). Mit diesem Ansatz können die deutschen und türkischen Versionen (in gewissen Grenzen) miteinander verglichen werden (s.u. §4.1).

Für die deutschsprachigen Texte wird die Profilanalyse als bewährte Methode zur Ermittlung der syntaktischen Komplexität verwendet. Für die Analyse der türkischen Texte wurde in Ermangelung eines solchen Instruments ein erster Vorschlag zur Ermittlung der syntaktischen Komplexität entwickelt und angewandt (s.u. Tabelle 3).

3 Vorlagen und Textwiedergaben (ZAUBERSTÄBE / SİHİRLİ DEĞNEKLER)

In der Geschichte ZAUBERSTÄBE / SİHİRLİ DEĞNEKLER spielt das Längenwachstum eines Stabes eine zentrale Rolle. Der Lehrer gibt allen SchülerInnen einen Stab mit nach Hause und sagt, dass es sich um Zauberstäbe handle, und dass der Stab des Diebes um einen Fingerbreit wachsen werde (B 01). Die türkischen Texte werden getrennt danach analysiert, ob die Geschichte zuerst auf Deutsch (Teilgruppe T 88a) oder Türkisch (Teilgruppe T 88b) vorgelesen wurde. Der unterschiedliche Erstinput lässt in den Wiedergaben Rückschlüsse auf die Rezeption in der Erst- und Zweitsprache zu. Für den Vergleich von Vorlage und Reproduktion werden die Textstellen der Vorlage in Wortgruppen zerlegt.

(B 01) Formulierungen des Lehrers zum Längenwachstum der Zauberstäbe

D.: „… [Zauberstäbe]. (…) [Der Stab des Diebes] wird dann [um einen Finger breit] [gewachsen] sein."
T.: „… [sihirli değnekler]. (…) [Hırsızın değneği] [bir parmak] [uzayacaktır]."

In den eckigen Klammern sind die vier näher untersuchten Wörter/Wortgruppen markiert. Obwohl es sich im Wesentlichen jeweils um einen Satz mit Subjekt und einer Maßangabe handelt, unterscheiden sich die beiden Sprachen deutlich. Bei der ersten Wortgruppe entspricht dem deutschen Kompositum eine Konstruktion mit Adjektiv und Substantiv. Der deutschen Genitivkonstruktion in der zweiten Wortgruppe entspricht im Türkischen eine Possessiv-Genitivkonstruktion. Bei der Maßangabe entspricht der deutschen Präpositionalkonstruktion eine Gruppe mit Numeral und Nomen. Bei der vierten Gruppe wird das Verb *wachsen* mit *länger werden* wiedergegeben, das zur Vermehrung der Stablänge passt, aber im Vergleich zur direkten Entsprechung zu *wachsen* („büyümek") ungebräuchlicher ist. Es ist vom Adjektiv *uzak* („weit, fern") abgeleitet. Der Satz enthält somit drei Stolpersteine.

Da die grammatisch unterschiedlichen Konstruktionen einen direkten Vergleich ausschließen, erfolgt der Vergleich über den jeweiligen Grad der Übereinstimmung des reproduzierten Textes mit der Vorlage. Der Übereinstimmungsgrad wird in vier Stufen von der korrekten Realisierung bis zur Auslassung erfasst (s. Beispiel 02).

(B 02) Grade der Übereinstimmung zwischen deutscher und türkischer Formulierung

{4} korrekt – {3} partiell korrekt: *ein Fingerbreit* – {2} falsch: *eine winnner lang* – {1} leer
{4} korrekt – {3} partiell korrekt: *birer miktarda* – {2} falsch: – {1} leer

Tab. 2: Formulierungen nach Sprachstatus und Sprache der Erstpräsentation,

	#	Zauberstäbe	d. Stab d. Diebes	u. e. Finger breit	wachsen	{1}%
D L1	4	2-2-0-0	–	0-2-0-2	3-1-0-0	12,5
D L2	7	4-2-0-1	–	0-3-1-3	6-0-0-1	23,8
		sihirli d.	hırsızın değneği	bir parmak	uzayacaktır	
T 88a	7	5-2-0-0	6-0-0-1	6-1-0-0	6-1-0-0	3,6
T 88b	8	2-3-0-3	3-0-2-3	2-0-0-6	5-0-0-3	46,9

ZAUBERSTÄBE / SİHİRLİ DEĞNEKLER; #: Anzahl der Texte; T a: zuerst auf Deutsch; T b: zuerst auf Türkisch; {1}%: kumulierter Anteil der Auslassungen

Tabelle 2 zeigt keine klare Schichtung nach Sprachen und Erstinput. Die nach der deutschen Präsentation produzierten türkischen Texte (T 88a) enthalten mit großem Abstand die wenigsten Lücken (3,6%), deutlich vor den deutschsprachigen L1- und L2-Texten. Umgekehrt enthalten die nach türkischer Erstinterpretation erstellten Texte (T 88b) die meisten Auslassungen. Die Formulierungen lassen auf eine bessere Rezeption des konzeptionell schriftsprachlichen L2-Textes schließen. Auffällig ist jedoch, dass die Zweitproduktion in der L1-Türkisch mit wesentlich geringeren Auslassungen verbunden ist. Insgesamt haben sich die Verhältnisse gegenüber Rehbeins Erhebung 1980 deutlich verändert.

Die zweite Auffälligkeit betrifft die Wiedergabe des Wachstummaßes (*um einen Finger breit / bir parmak*). In der Hälfte der deutschen L1-Texte und in fast 60% der L2-Texte fehlt die Maßangabe. Dies ist ein deutliches Indiz für eine erschwerte Verarbeitung. Das kann daran liegen, dass das eigentliche Maß nicht als Adjektiv oder Numeral realisiert ist, sondern als Präpositionalkonstruktion mit der Präposition *um*. Solche Formulierungen bereiten in Fachtexten Probleme, insbesondere in mathematischen Textaufgaben (dazu Gürsoy & Wilhelm 2014). Im Türkischen scheinen die SchülerInnen von der vorhergehenden zweisprachlichen Textrezeption zu profitieren. Im konkreten Fall mag die gelingende Rezeption auch durch die einfachere grammatische Konstruktion der türkischen Version erleichtert werden.

4 Syntaktische Komplexität in den vier Korpora

Im Folgenden werden die Schreibaufgaben und ihre Verarbeitung in der Text(re)produktion in drei Szenarien untersucht. Als Vergleichsebene dient die Syntax (§4.1). Für das Deutsche werden dafür die Wortstellungsmuster der Profilanalyse verwendet. Sie geben ein Maß für die syntaktische Komplexität der Texte, unabhängig davon, ob es sich um Textreproduktionen oder frei formulierte Texte handelt. Für das Türkische wird ein von den deutschen Wortstellungsmustern inspiriertes Maß der Komplexität vorgestellt und angewendet. Bei der eigentlichen Analyse werden zunächst innersprachlich deutsche Texte auf einen verbalen Input und einen visuellen Impuls hin verglichen (§4.2). Dann werden sprachvergleichend deutsch- und türkische Produktionen auf einen verbalen Input hin betrachtet (§4.3). Anschließend werden innersprachlich türkische Texte auf einen verbalen und einen mündlichen Impuls hin analysiert (§4.4). Abschließend werden diese drei Szenarien bei fünf türkischen SchülerInnen exemplarisch untersucht (§4.5).

4.1 Syntaktische Komplexität

Für die deutschsprachigen Texte werden mit den Wortstellungsmustern in Tabelle 3 syntaktische Komplexitätsprofile erstellt (Grießhaber 2013). Für die Analyse werden die Texte in minimale syntaktische Einheiten (MSE) zerlegt, denen jeweils das passende Muster aus Tabelle 6 zugewiesen wird. Das höchste, mindestens dreimal verwendete Strukturmuster repräsentiert als Erwerbsstufe die Komplexität des Textes. Mit diesem Wert lassen sich verschiedene Texte miteinander vergleichen. Im Zweitspracherwerb werden die Muster in aufsteigender Reihenfolge durchlaufen, so dass die Komplexitätsstufe gleichzeitig dem Erwerbsstand entspricht. Insertions- und Integrationsmuster werden in der Regel erst im Laufe der Sekundarstufe oder später produktiv verwendet. Die Ergebnisse korrespondieren mit anderen Bereichen der Sprachkenntnisse, so dem Wortschatz und der Literalität (u.a. Grießhaber 2014).

Tab. 3: Deutsche Wortstellungsmuster für die Profilanalyse

Stellungsmuster	Vorfeld	Finitum / Konjunktion	Mittelfeld	Nachfeld / PART
6 Integration	Sie*	will	den [von Hans empfohlenen] Roman	kaufen.
5 Insertion	Sie*	hat	den Krimi [, der* ihr so gut gefällt,]	gelesen.
4 Nebensatz	...,	dass	sie* ins Theater	geht.
3 Inversion	Danach	geht	Maria* nach Hause.	
	Wen	will	Maria*	treffen?
2 Separation	Maria	kommt	um 8 Uhr	an.
	Maria*	will/muss	ins Theater	gehen.
1 Finitum	Maria*	geht	ins Kino.	
0 Bruchstücke	Danke!			

* Subjekt

Für das Türkische fehlen leider vergleichbare kompakte Instrumente. Dem im Vergleich zum Deutschen sehr flexionsreichen Türkisch fehlen typische deutsche Mittel, so z.B. untergeordnete Nebensätze (Böttle & Jeuk 2008; Hoffmann 2013, 561ff.). HAVAS-5 (Reich & Roth 2007) elizitiert Äußerungen auf der Basis eines Bildimpulses und weist ihnen auf mehreren Ebenen Werte zu. Syntaktisch werden zwei Komplexitätsstufen unterschieden. Als Indikatoren einer einfachen Syntax gelten Tempus-Aspekt-Suffixe des Verbs, für eine komplexe Syntax stehen Konjunktionen, Konverbien und Gerundien.

Die in Tabelle 4 vorgestellten Komplexitätsstufen des Türkischen ermöglichen eine Erfassung unterschiedlich komplexer Syntaxmuster. Sie beginnen mit bruchstückhaften Äußerungen und einfachen satzwertigen Einheiten, zu denen auch Nominalsätze ohne Finitum zählen. Als Kriterien der folgenden Komplexitätsstufe dienen einerseits Matrixkonstruktionen der direkten Rede, bei der das redeeinleitende Verb nachgestellt wird und andererseits Genitiv-Possessivkonstruktionen, die nach Sırım (2008: 236) auch für monolingual türkische Kinder nicht ganz einfach sind. In der dritten Stufe werden –ip Partizipien erfasst, denen im Deutschen meist ein nebengeordneter Satz entspricht. Diese Stufe bedarf weiterer Klärung, da sie in den Daten nur schwach vertreten ist. Auf der vierten Stufe werden Konverbien erfasst, die als Äquivalente zu deutschen Nebensatzkonstruktionen betrachtet werden können. Diese konnektiven Mittel werden auch im Erstspracherwerb recht spät erworben.

Tab. 4: Komplexitätsstufen Türkisch für die Profilanalyse

	Stufe	Beispiele mit Übersetzung
4	Konverbien: -diğni	... ve kimin hırsız ol·duğunu bilmiş.
		... und wer der Dieb war, wusste er.
	-arken	Ertesi gün öğretmen sihirli değneği topl·arken değnek küçülmüştü.
		..., als ihr Lehrer den Zauber stab einsammelte, war der Stab kleiner geworden.
3	Koordination: –ip	Düşün·üp dedi yarına kadar eve götürün.
		Er überlegte und sagte nehmt ihn bis morgen nach Hause.
2	Possessivkonstr.	... Okul müdür·ün masa·sı·n·dan ...
		... vom Tisch des Schuldirektors ...
	Matrix: ... dedi	... demiş / dediki
		... sagte er/sie
1	Einfache Sätze	Öteki sabah öğrenciler sınıfa gel·diler.
		Am anderen Morgen kamen die Schüler in die Klasse.
	Nominalsatz	Bahçe temiz, büyük.
		Der Garten {ist} groß, sauber.
0	Bruchstücke	Ama ...
		Aber ...

Beispiele aus den Texten der SchülerInnen

Die zwei Instrumente bilden die Grundlage für die Ermittlung der Sprachkenntnisse in den schriftlichen Lernertexten. Es wird angenommen, dass die Komplexität der Stufen auch angesichts der typologisch weit auseinanderliegenden Sprachen ausreichend parallel ist.

4.2 Deutsche Texte: Visueller Impuls (JUHE) => verbaler Input (ZAUBERSTÄBE)

Bei der Analyse werden zunächst für die beiden Korpora über die Wortstellungsmuster die syntaktischen Erwerbsstufen der Texte ermittelt, die als Maß für die Sprachkenntnisse dienen. Als Basis dienen die frei produzierten JUHE-Texte (s.u. Tabelle 5). Für den Vergleich werden sodann für die SchülerInnen die Differenzen zwischen den Texten auf der Basis der JUHE-Texte ermittelt und in der Tabelle eingetragen. HAC erreicht z.B. im freien Juhe-Text die Erwerbsstufe 4, in der ZAUBERSTÄBE-Reproduktion die Erwerbsstufe 0 und dem Differenzwert Δ-4. In der Tabelle wird bei HAC die Erwerbsstufe des JUHE-Textes in die Spalte Δ-4 eingetragen. Der Vergleich berücksichtigt die deutschen und türkischen SchülerInnen der Klasse 88a mit deutschsprachigen Texten zu beiden Themen.

Tab. 5: Differenz der syntaktischen Komplexität in deutschen Texten

Sigle 88a	Δ-4	Δ-3	Δ-2	Δ-1	Δ±0	Δ+1	Δ+2	Δ+3	Δ+4
MEO T								1	
MSA T					3				
HLM T					3				
CLM D					3				
KML T				3					
NBY I					3				
TNA D					4				
JTA D					4				
AMT T			4						
DNI T		4							
HAC T	4								

Basis: freie Textproduktion zum Bildimpuls (JUHE) und Textreproduktion auf den verbalen Input (ZAUBERSTÄBE); D: L1 Deutsch, I: L1 Deutsch (und Indonesisch), T: L1 Türkisch; Δ-4: die Erwerbsstufe auf den verbalen Input ist um 4 Stufen niedriger als auf den visuellen Impuls; in den Zellen stehen die Erwerbsstufen der syntaktischen Komplexität in der freien Textproduktion

Die Mittelwerte der beiden Texte unterscheiden sich nicht stark: beim visuellen Impuls beträgt er 3,4 und beim verbalen Input 3,0. In beiden Gruppen gibt es je einen Ausreißer: der Text von MEO auf den visuellen Impuls erreicht nur die ES 1 und HACs Reproduktion des verbalen Inputs die ES 0. Insgesamt dominieren in beiden Gruppen Texte mit den ES 3 und 4. Eine Aufschlüsselung der Texte nach den Erstsprachen der SchreiberInnen zeigt dagegen deutliche Unterschiede.

Nach Tabelle 5 besitzen die Texte der L1 Deutsch (und Indonesisch) in beiden Teilkorpora fast die gleiche Komplexität mit einem Differenzwert von Δ±0 und Δ+1. Bei den türkischen SchülerInnen streuen die Komplexitätswerte dagegen sehr breit von Δ-4 bis Δ+3 auf. Den Extrempunkt markiert HAC mit einem sehr komplexen Text (ES 4) zum Bildimpuls und einer abgebrochenen Reproduktion (ES 0) des verbalen Inputs. KML erreicht bei beiden Modi jeweils die Komplexitätsstufe 3. Insgesamt erreichen die türkischen SchülerInnen in der visuell stimulierten freien Textproduktion eine höhere Komplexität (Ø 3,14) als in der Textwiedergabe (Ø 2,57). Auch die durchschnittliche Textlänge, gemessen an der Zahl minimaler satzwertiger Einheiten (MSE), liegt bei den frei produzierten Texten (22,4 MSE) deutlich höher als bei den Reproduktionen (13,1 MSE). Insgesamt führt die frei bestimmte Textproduktion zu syntaktisch komplexeren und längeren Texten als die Reproduktion eines syntaktisch komplexen, konzeptionell schriftsprachlichen Textes, der mündlich rezipiert wurde.

4.3 Deutsche vs. türkische Textwiedergaben (ZAUBERSTÄBE) => (SİHİRLİ DEĞNEKLER)

Nun wird die syntaktische Komplexität der Textwiedergaben zu L2-Input im Vergleich zu nachfolgendem L1-Input betrachtet. Die türkischen SchülerInnen der Teilgruppe 88a haben zunächst im Deutschunterricht auf den mündlichen L2-Input ZAUBERSTÄBE eine schriftliche Wiedergabe in der L2 und anschließend im Türkischunterricht auf den mündlichen L1-Input SİHİRLİ DEĞNEKLER eine schriftliche Wiedergabe in der L1 verfasst. Nach dem Setting von Rehbein sollten die L2-Wiedergaben eher schwächer ausfallen als die späteren L1-Texte. Tatsächlich jedoch erreichen die L2-Texte auf den L2-Input eine höhere syntaktische Komplexität (ES 2,6) als die entsprechenden L1-Texte (KS 1,9).

Tab. 6: Differenz der syntaktischen Komplexität zum verbalen Input in L1 und L2

Sigle T 88a	Δ-4	Δ-3	Δ-2	Δ-1	Δ±0	Δ+1	Δ+2	Δ+3	Δ+4
DNI								1	
HAC						0			
MEO					4				
AMT			2						
KML		3							
HLM	4								
MSA	4								

Basis: L2–Textreproduktion zum verbalen Input (ZAUBERSTÄBE) und L1-Textreproduktion zum verbalen Input (SİHİRLİ); Δ-4: die Erwerbsstufe auf den L2-Input ist um 4 Stufen niedriger als auf den L1-Input; in den Zellen stehen die Erwerbsstufen in der L2-Textreproduktion (ZAUBERSTÄBE); nur Teilgruppe 88a

Nach Tabelle 6 streuen die L1-Komplexitätswerte im Vergleich zum L2-Input über einen sehr weiten Bereich, ohne eine dominante Tendenz erkennen zu lassen. Ein differenzierterer Blick zeigt jedoch, dass vier L2-Texte syntaktisch komplexer sind als die entsprechenden L1-Texte, während nur zwei L1-Texte komplexer als die L2-Texte sind. Wie Tabelle 5 oben (§3) zu den Formulierungen zeigt, sind jedoch die Maßangaben der Teilgruppe 88a in der L1 näher an der Vorlage als in der L2: Bei ähnlich hohen Auslassungswerten (D: 22,2% – T: 23,8%) in den Reproduktionstexten weichen die geringen türkischen Auslassungen (T 88a: 3,6%) deutlich vom allgemeinen Bild ab. Dies kann an der einfacheren türkischen Konstruktion der Längenangabe liegen.

4.4 Verbaler L1-Input (SİHİRLİ DEĞNEKLER) => visueller Impuls (ÇOCUK EĞİTİMİ)

In diesem Abschnitt wird untersucht, wie sich der Inputmodus auf die Komplexität in der L1-Türkisch auswirkt. Bei diesem Analyseschritt variieren die Aufgabenstellungen von verbal zu visuell. Die Teilgruppe T 88a erhält zunächst den verbalen L2-Input (ZAUBERSTÄBE) und danach den verbalen L1-Input (SİHİRLİ DEĞNEKLER), während die Teilgruppe T 88b nur den verbalen L1-Input erhält. Beide Gruppen produzieren später zum Bildimpuls ÇOCUK EĞİTİMİ einen L1-Text. Betrachtet werden nur die türkischen Texte.

Tab. 7: Differenz der syntaktischen Komplexität

Sigle 88a+b	Δ-4	Δ-3	Δ-2	Δ-1	Δ±0	Δ+1	Δ+2	Δ+3	Δ+4
NIL									0
FÜZ									0
MUH								1	
SAB						1			
KML I2						1			
HLM I2						1			
SMA I2					1				
MSA I2					1				
HAC I2					1				
AMT I2					1				
ESR					4				
DNI I2					4				
MEO I2				4					
İSK				4					
CEI			4						

Basis: verbaler L1-Input (SİHİRLİ) und freie L1-Textproduktion zum Bildimpuls (ÇOCUK); I2: zuerst L2-Input (ZAUBERSTÄBE); Δ-4: die Erwerbsstufe auf den verbalen L1-Input ist um 4 Stufen niedriger als auf den visuellen Impuls; in den Zellen stehen die Komplexitätsstufen in der L1-Textreproduktion (SİHİRLİ DEĞNEKLER)

Nach Erstinput in der L2-Deutsch sind für 88% der SchülerInnen die Komplexitätswerte für den reproduzierenden und den produzierenden Modus in der L1-Türkisch überwiegend gleich oder eine Stufe höher (graue Zellen in Tabelle 7). Nur MEO schneidet beim visuellen Impuls schwächer ab. Dagegen verteilen sich die Werte der Teilgruppe T 88b auf türkischen Erstinput nahezu gleichmäßig über das gesamte Spektrum. Drei SchülerInnen haben sich beim visuellen Impuls verbessert, nur CEI hat sich deutlich verschlechtert.

In den L1-Reproduktionen (SİHİRLİ DEĞNEKLER) erreichen 71,4% der Texte der Teilgruppe 88a mit L2-Erstinput (ZAUBERSTÄBE) nur die Komplexitätsstufe 1. Insgesamt liegt der Durchschnittswert (1,86) etwas unter dem der Teilgruppe T 88b (2,0). Insgesamt sind zwei Texte fragmentarisch auf den Komplexitätsstufen 0 und 1 sowie ein weiterer kompletter Text auf der Komplexitätsstufe 1. Auf den verbalen L1-Input streben die Texte bei leerer Mitte zu den beiden Extrempolen. Einige SchülerInnen können konzeptionell schriftsprachlichen L1-Input gut verarbeiten und komplexe Reproduktionen erstellen. Die Mehrzahl der SchülerInnen kann jedoch komplexen verbalen L2-Input besser verarbeiten, auch wenn die syntaktischen Werte eher niedriger und die Texte kürzer sind als bei den selbstformulierten Texten.

4.5 Durchschnittswerte und SchülerInnen im Vergleich

Für die folgenden Vergleiche werden die Texte auf zwei Ebenen betrachtet: Nach dem Aufgabenmodus werden sprachübergreifend die Texte auf visuelle Impulse denen auf verbalen Input gegenübergestellt; auf der Sprachebene werden unabhängig vom Aufgabenmodus deutsche Texte mit türkischen verglichen. Für eine binnendifferenzierende Sicht auf die Texte werden die Texte anschließend nach den Erwerbs-/Komplexitätsstufen in Teilgruppen eingeteilt.

Die syntaktischen Mittelwerte für die deutschsprachigen Texte (ES-D: 3,1) liegen deutlich über den türkischen (KS-T: 2,1). Das ist angesichts der sehr geringen türkischen Schriftsprachpraxis nicht überraschend. Nach Aufgabenmodus sind Texte auf visuelle Impulse (ES/KS: 2,71) sprachübergreifend länger als auf verbale (ES/KS: 2,11). Am niedrigsten sind die Werte auf verbalen L1-Input (KS: 1,93; SİHİRLİ DEĞNEKLER). Das bestätigt die oben festgestellten Probleme mit der Rezeption konzeptionell schriftsprachlichen L1-Inputs. Die türkischen Texte auf den visuellen Impuls ÇOCUK EĞİTİMİ sind trotz geringerer Bilder- und Personenzahl etwas länger (19,7 MSE, 06 Bilder, 03 Personen) als die deutschen auf den Impuls JUHE (18,2 MSE, 10 Bilder, 09 Personen). In den türkischen Bildtexten werden demnach pro Bild und Person mehr satzwertige Einheiten produziert.

Nach dem Blick auf allgemeine Durchschnittswerte werden die Korpora nun intern nach Erwerbs-/Komplexitätsstufen differenziert. Dazu werden die Erwerbs-/Komplexitätsstufen der türkischen SchülerInnen in ihren vier (Gruppe T 88a), bzw. drei (Gruppe T 88b) Texten zu einem Gesamtmittelwert zusammengefasst. Nach diesem Kriterium werden jeweils die zwei besten, mittleren und schwächsten SchülerInnen ausgewählt, die das gesamte Leistungsspektrum abdecken. Nach Tabelle 8 erreicht kein/e SchülerIn in allen vier Dimensionen einheitliche Werte. Bei mindestens einem Teilkorpus liegen schwächere oder bessere Werte vor. Die einzelnen SchülerInnen repräsentieren verschieden ausgeprägte Kenntnisprofile.

Tab. 8: Ausgewählte SchülerInnen nach Aufgabenmodus und Textsprache

Sigle	Gruppe	Ø	verbal	visuell	Türkisch	Deutsch
ESR	Spitze	3,7	+	+	+	±
DNI	Spitze	3,3	±	+	+	(±)
KML	Mitte	2,4	±	(±)	(−)	(+)
FÜZ	Mitte	2,3	−	+	+	±
NIL	Schluss	2,0	±	±	−	−
HAC	Schluss	1,5	−	(±)	−	−

Ø: Mittelwert der Erwerbs-/Komplexitätsstufe; +: Spitzenwerte; ±: mittlere Werte; −: Schlusswerte; verbal: ZAUBERSTÄBE und SİHİRLİ DEĞNEKLER; visuell: JUHE und ÇOCUK EĞİTİMİ; Türkisch: SİHİRLİ DEĞNEKLER und ÇOCUK EĞİTİMİ; DEUTSCH: ZAUBERSTÄBE und JUHE; jeweils 14 SchülerInnen

Die zwei SpitzenschülerInnen (ESR und DNI) haben in mindestens zwei Teilkorpora Spitzenwerte und höchstens zweimal einen Mittelwert. Sie unterscheiden sich beim verbalen Input und im Deutschen. Die beiden MittelgruppenschülerInnen (KML und FÜZ; Texte von FÜZ im Anhang) zeigen ein relativ unausgeglichenes Profil mit guten sowie mittleren und schwachen Werten. Bei den SchlussgruppenschülerInnen (NIL und HAC) dominieren schwache Ergebnisse neben einigen mittleren. Bei ihnen ist auffällig, dass sie in beiden Sprachen schwach abschneiden.

Über alle vier Teilkorpora hinweg erreichen Texte auf visuelle Impulse mittlere oder positive Werte. Demnach können – bei geeigneten Motiven – visuelle Impulse vorhandene Sprachkenntnisse besser mobilisieren als verbaler Input. Der verbale Input ist mit besseren Werten verbunden als die Sprachmodi Deutsch oder Türkisch. Das schwächere Abschneiden des türkischen Sprachmodus könnte an der geringeren türkischen Schriftsprachpraxis liegen.

Abschließend werden nun die ausgewählten SchülerInnen anhand von zentralen Kennwerten genauer betrachtet. Zusätzlich zu den Erwerbs-/Komplexitätsstufen kommen nun noch die Anzahl komplexer Wortstellungsmuster der Stufe 4 (PS4, KS4) und die Anzahl minimaler satzwertiger Einheiten (MSE) als Maß für den Umfang der Texte hinzu. Zum Vergleich sind die Mittelwerte aufgeführt.

Tab. 9: Ausgewählte SchülerInnen im Vergleich

	Ø	JUHE visuell			ZAUBER... verbal			SIHIRLI verbal			ÇOCUK visuell		
		ES	PS4	MSE	ES	PS4	MSE	KS	KS4	MSE	KS	KS4	MSE
ESR	3,7	3	1	20				4	3	13	4	4	28
DNI	3,3	4	6	18	1	2	13	4	4	12	4	3	11
ØT	2,6	3,1	1,8	18	3,0	2,6	13	1,9	1,5	10,6	2,3	1,6	19,7
KML	2,4	3	–	14	3	1	14	1	1	18	2	2	18
FÜZ	2,3	3	1	15				0	–	–	4	3	29
NIL	2,0	2	–	22				0	–	–	4	3	19
HAC	1,5	4	5	21	0	–	–	1	2	12	1	1	16

Ø: Mittelwert der Erwerbs-/Komplexitätsstufe; ES: Erwerbsstufe Deutsch; PS4: Anzahl komplexer Muster der ES 4; MSE: minimale satzwertige Einheiten; KS: Komplexitätsstufe Türkisch; Anzahl MSE der Komplexitätsstufe 4; ØT: Durchschnitt der jeweiligen Texte: JUHE: 26 SchülerInnen, ZAUBERSTÄBE: 11 SchülerInnen, SIHIRLI: 15 SchülerInnen, ÇOCUK: 15 SchülerInnen; bei den SchülerInnen 88b sind keine Texte zu ZAUBERSTÄBE vorhanden

Von den beiden SpitzenschülerInnen erreicht ESR im deutschen Text die ES 3 und in ihren zwei türkischen Texten die KS 4 mit überdurchschnittlichen Werten für komplexe Muster und Textlänge. Zur deutschen Rezeption liegen leider keine Daten vor. Dagegen hat DNI bei der deutschen Textreproduktion einen tiefen Einbruch. Die Texte sind eher kurz bis durchschnittlich lang bei vielen komplexen Mustern. DNI repräsentiert einen Typ mit kürzeren, aber komplexeren Texten und guter Kompetenz bei visuellen Impulsen, die selbstgeplantes Schreiben unterstützen.

In der Mittelgruppe repräsentiert KML bis auf die Werte zur türkischen Textreproduktion SİHİRLİ DEĞNEKLER ungefähr die allgemeinen Mittelwerte. Bei insgesamt geringer Komplexität der Texte dieser Gruppe sind die deutschen Texte durchgängig etwas komplexer als die türkischen, die jedoch länger als die L2-Texte sind. Die Texte enthalten durchgängig nur wenige komplexe Muster. FÜZ befindet sich am unteren Ende der Mittelgruppe. Der Schwerpunkt liegt auf selbstgeplanten Texten zu visuellen Impulsen. Dass Türkisch bei selbstgeplanten Äußerungen die stärkere Sprache ist, zeigt sich in der höheren Komplexitätsstufe, der höheren Anzahl komplexer Muster und der größeren Länge auf die visuellen Impulse. Auffallend ist insbesondere bei FÜZ (und bei NIL) das Scheitern bei der L1-Textreproduktion.

NIL zählt aufgrund der niedrigeren Erwerbsstufe beim selbstgeplanten deutschen Text JUHE zur Schlussgruppe. Auffallend ist die hohe Komplexitätsstufe im selbstgeplanten türkischen Text, der einige komplexe Muster enthält.

Dadurch erweist sich das Profil insgesamt als sehr unausgewogen. HAC erreicht spiegelbildlich im Deutschtext zum visuellen Impuls JUHE eine hohe Erwerbsstufe mit zahlreichen komplexen Mustern, in den türkischen Texten dagegen nur ausgesprochen niedrige Werte mit wenigen komplexen Mustern. Bei HAC ist der Einbruch bei der deutschen Textreproduktion auffällig, so dass der Schwerpunkt des Profils bei selbstgeplanten Zweisprachtexten liegt.

5 Diskussion und Ausblick

Die Analyse der L1- und L2-Texte bekräftigt insgesamt die zentrale Rolle der Rezeption für die Textwiedergabe und bestätigt insofern die Befunde von Rehbein 1987. Allerdings haben sich die Relationen verschoben. Ohne starke Förderung der L1-Türkisch, wie sie die von Rehbein untersuchten SchülerInnen im Krefelder Modell erhielten, und angesichts der besseren Integration der türkischen Familien und SchülerInnen in die deutsche Umwelt und die deutsche Schule ist inzwischen für die meisten SchülerInnen die L2-Deutsch die Sprache, in der sie konzeptionell schriftliche Texte besser rezipieren können.

Die zentrale Rolle der Rezeption zeigt sich besonders klar in mehreren misslingenden Wiedergabeversuchen in der L1-Türkisch (so z.B. FÜZ, NIL und MUH). MUH thematisiert explizit die Rolle des Nichtverstehens für das Nichtschreiben: *Ben ülküyü Anıyamdım onun için yazmadım* („Ich habe die Geschichte nicht Verstehen können deshalb habe ich nicht geschrieben"[8]). Vergleichbare Probleme zeigen sich nicht bei denjenigen SchülerInnen, denen der Text zuerst in ihrer L2-Deutsch präsentiert wurde. Diese SchülerInnen konnten wesentliche Aspekte der Geschichte in der L2 wiedergeben, wenn auch auf einem niedrigen sprachlichen Niveau.

Der Input wirkt nicht nur auf der globalen Textebene, sondern auch bei einzelnen Formulierungen rezeptionserleichternd oder erschwerend. Beides lässt sich am Beispiel der Maßangabe *um einen Finger breit / bir parmak* feststellen. Die Mehrzahl der L2-SchülerInnen und zwei deutschsprachige SchülerInnen lassen das mit einer vorangestellten Präpositionalgruppe realisierte Maß aus. Damit erweist sich die Formulierung auch für deutschsprachige SchülerInnen als schwer rezipierbar. Dagegen realisieren alle türkischen SchülerInnen, die zuvor die deutsche Version gehört hatten, die Maßangabe im Türkischen. Von denjenigen mit türkischer Erstrezeption realisieren nur 40% das Maß, bei drei

---

8 Orthographie abweichend wie im türkischen Text.

weiteren fehlt die Maßangabe. Das deutet auf eine nichtalltägliche Formulierung auch der türkischen Maßangabe hin. Diese Befunde sind gerade für den Fachunterricht in der Zweitsprache von großer Bedeutung und sollten genauer untersucht werden.

Beim Vergleich verschiedener Inputvarianten nach Sprache und Impulsart ergeben sich relativ stabile Beziehungen. Beim Wechsel der Impulsart von visuell zu verbal (JUHE => ZAUBERSTÄBE) befindet sich die Mehrzahl der Texte auf gleichem oder leicht komplexerem Syntaxniveau. Bei verbalem Aufgabenmodus mit Wechsel der Inputsprache von L2 => L1 verteilen sich die L1-Werte über eine große Bandbreite ohne klaren Schwerpunkt. Beim Wechsel des Aufgabenmodus von verbal zu visuell weist die Mehrzahl der Texte in beiden Sprachen eine gleiche oder leicht komplexere Syntax in den frei formulierten Texten auf. Nur bei einer Minderheit gibt es deutliche Unterschiede nach oben oder unten. Dies deutet darauf hin, dass auf der Grundlage einer Mindestrezeption die schriftliche Textproduktion in der Erstsprache eine vergleichbare syntaktische Komplexität besitzt. In frei formulierten Texten zeichnet sich eine Tendenz zu einer etwas komplexeren Syntax ab.

Für die allgemeine Einschätzung der Erst- und Zweitsprachkenntnisse erweist sich die Schaukelmetapher als zu einfach und der Komplexität nicht angemessen. Bei der Bestimmung der Sprachkenntnisse sind mehrere Aspekte zu berücksichtigen, die nicht parallel zueinander verlaufen. Auch die exemplarische Betrachtung einzelner SchülerInnen bestätigt im Wesentlichen das bei der Gruppenanalyse gewonnene Bild, auch wenn sich im Einzelfall unterschiedlich ausgeprägte Schwerpunkte der Sprachkenntnisse in der Erst- oder Zweitsprache zeigen.

Konzeptionell schriftliche Sprache ist stark mit dem Schulunterricht verbunden. Das zeigt sich an der besseren Rezeption konzeptionell schriftlichen L2-Inputs und an der etwas höheren syntaktischen Komplexität der deutschsprachigen Texte. Andererseits kann auch bei schwächerer Schulsprache die Produktion in der mehr mündlich verwendeten Erstsprache komplexer sein. Eine entscheidende Rolle dafür scheint der Schreibimpuls zu spielen, der eine eigenständige Planung und Realisierung ermöglicht. Diese Ergebnisse können didaktisch genutzt werden, z.B. mit differenzierten und profilierten Schreibaufgaben (s. z.B. Bachmann & Becker-Mrotzek 2011).

Auf Grundlage der Ergebnisse zur zentralen Bedeutung der Rezeption für die Produktion müsste genauer untersucht werden, wie sich konzeptionell schriftsprachlicher Input auf die Rezeption in den beiden Sprachen auswirkt. Insbesondere für den Fachunterricht resultiert daraus ein eher skeptischer Blick auf eine zusätzliche Unterstützung durch punktuelle erstsprachliche Hilfen.

Ohne systematische Förderung fachsprachlicher Kompetenzen ist kaum mit einem zusätzlich mobilisierbaren Potential zu rechnen. Anders könnte sich die Lage bei der Produktion in der Erstsprache darstellen. Diese Zusammenhänge sollten jedoch genauer untersucht werden.

Literatur

Bachmann, Thomas & Becker-Mrotzek, Michael (2011): Schreibaufgaben situieren und profilieren. In Berning, Johannes (Hrsg.): *Textwissen und Schreibbewusstsein*. Berlin: LIT, 201–219.
Böttle, Yesim & Jeuk, Stefan (2008): Türkisch. In Colombo-Scheffold, Simona; Fenn, Peter; Jeuk, Stefan & Schäfer, Joachim (Hrsg.): *Ausländisch für Deutsche. Sprachen der Kinder - Sprachen im Klassenzimmer*. Freiburg i.B.: Fillibach, 187–197. „ÇOCUK EĞİTİMİ". (o.J.): http://spzwww.uni-muenster.de/griesha/lsz/index.html (02.07.14)
Ehlich, Konrad (1986): Funktional-pragmatische Kommunikationsanalyse: Ziele und Verfahren. In Hartung, W.-D. (Hrsg.) Untersuchungen zur Kommunikation - Ergebnisse und Perspektiven. Berlin: Akademie der Wissenschaften der DDR Zentralinstitut für Sprachwissenschaft. *Linguistische Studien Reihe A, Arbeitsberichte 149*, 15–40; (neu in: Ehlich, Konrad (2007): Sprache und sprachliches Handeln. Band 1. Berlin u. New York: de Gruyter, 9–28).
Fehse, Willi (1978): Die Zauberstäbe. In Thiel, H. (Hrsg.) *Kurze Geschichten zum Nacherzählen*. Frankfurt/M.: Diesterweg. Türkische Übersetzung von Halis Benzer (o.J.), beide nach Rehbein, Jochen (1987) Diskurs und Verstehen. In Apeltauer, Ernst (Hrsg.): *Gesteuerter Zweitspracherwerb*. München: Hueber, 116.
Grießhaber, Wilhelm (1999a): Sprachliche Prozeduren bei der Wiedergabe einer Hörspielszene. In Johanson, Lars & Rehbein, Jochen (Hrsg.): *Türkisch und Deutsch im Vergleich*. Wiesbaden: Harrassowitz, 95–128.
Grießhaber, Wilhelm (1999b): Die relationierende Prozedur. Zu Grammatik und Pragmatik lokaler Präpositionen und ihrer Verwendung durch türkische Deutschlerner. Münster/New York: Waxmann.
Grießhaber, Wilhelm (2006–2011): SCHUBS/LSZ-Projekt - Überblick. spzwww.uni-muenster.de/griesha/lsz/index.html (13.04.14).
Grießhaber, Wilhelm (2013): *Die Profilanalyse für Deutsch als Diagnoseinstrument zur Sprachförderung*. http://www.uni-due.de/imperia/md/content/prodaz/griesshaber_profilanalyse_deutsch.pdf (05.07.14).
Grießhaber, Wilhelm (2014): Erst- und zweitsprachliche Mittel bei der (un)konventionellen Gestaltung von Texten. In Ehlich, Konrad; Kruse, Norbert; Maubach, Bernd & Reichardt, Anke (Hrsg.): *Unkonventionalität in Lernertexten*. Berlin: ESV Schmidt, 109–131.
Gürsoy, Erkan & Wilhelm, Nadine (2014): Präpositionen in Mathematik-Prüfungsaufgaben als spezifische Herausforderung für türkisch-sprachige Lernende mit Deutsch als Zweitsprache. In Ahrenholz, Bernt & Grommes, Patrick (Hrsg.): *Zweitspracherwerb im Jugendalter*. Berlin u. Boston: de Gruyter, 77–97.
Hoffmann, Ludger (2013): Deutsche Grammatik. Grundlagen für Lehrerausbildung, Schule, Deutsch als Zweitsprache und Deutsch als Fremdsprache. Berlin: ESV Schmidt.

Koch, Peter & Oesterreicher, Wulf (1994): Schriftlichkeit und Sprache. In Günther, Hartmut & Ludwig, Otto (Hrsg.) *Schrift und Schriftlichkeit. Ein interdisziplinäres Handbuch internationaler Forschung. Bd. 1.* Berlin u. New York: de Gruyter, 587–604.

MacNamara, John (1966): Bilingualism and Primary Education: A Study of Irish Experience. Edinburgh: Edinburgh University Press.

Rehbein, Jochen (o.J.): "*Fahrt zur Jugendherberge*" (JUHE). 4 OHP-Folien. http://spzwww.uni-muenster.de/griesha/eps/wrt/szs/juhe/index.html (02.07.14).

Rehbein, Jochen (1982): Worterklärungen türkischer Kinder. In OBST 22/82, Themenheft: *Handlungsorientierung im Zweitspracherwerb*, 122–157.

Rehbein, Jochen (1987): Diskurs und Verstehen. Zur Rolle der Muttersprache bei der Textverarbeitung in der Zweitsprache. In Apeltauer, Ernst (Hrsg.): *Gesteuerter Zweitspracherwerb*. München: Hueber, 113–172.

Reich, Hans H. & Roth, Hans-Joachim (2007): HAVAS 5 - das Hamburger Verfahren zur Analyse des Sprachstands bei Fünfjährigen. In Reich, Hans H.; Roth, Hans-Joachim & Neumann, Ursula (Hrsg.): *Sprachdiagnostik im Lernprozess. Verfahren zur Analyse von Sprachständen im Kontext von Zweisprachigkeit*. Münster u. New York: Waxmann, 71–94.

Sırım, Emran (2008): Türkisch. In Ehlich, Konrad; Bredel, Ursula & Reich, Hans H. (Hrsg.) *Referenzrahmen zur altersspezifischen Sprachaneignung. Bildungsforschung Band 29/I*. Berlin: Bundesministerium für Bildung und Forschung, 227–253.

Anhang

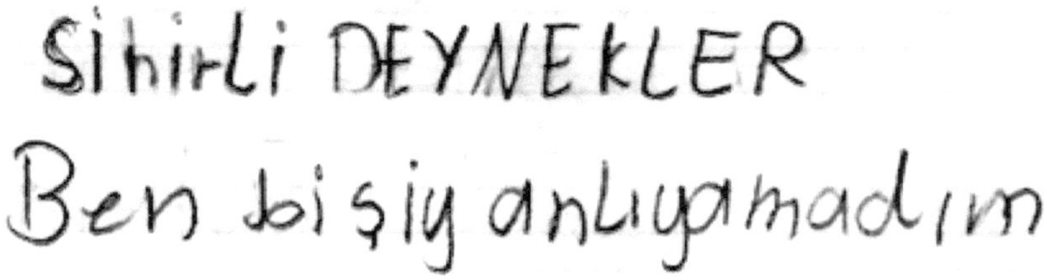

Abb. 1: FÜZ, abgebrochener Wiedergabeversuch auf den verbalen L1 Impuls SİHİRLİ DEĞNEKLER
Text: ZauberSTÄBE / Ich habe nichts verstehen können

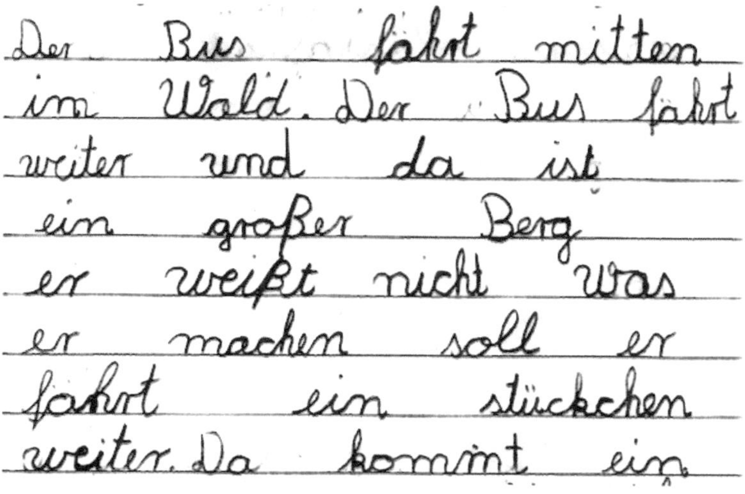

> Der Bus fährt mitten
> im Wald. Der Bus fährt
> weiter und da ist
> ein großer Berg
> er weißt nicht was
> er machen soll er
> fährt ein stückchen
> weiter. Da kommt ein

Abb. 2: FÜZ, Textausschnitt auf den visuellen Impuls JUHE

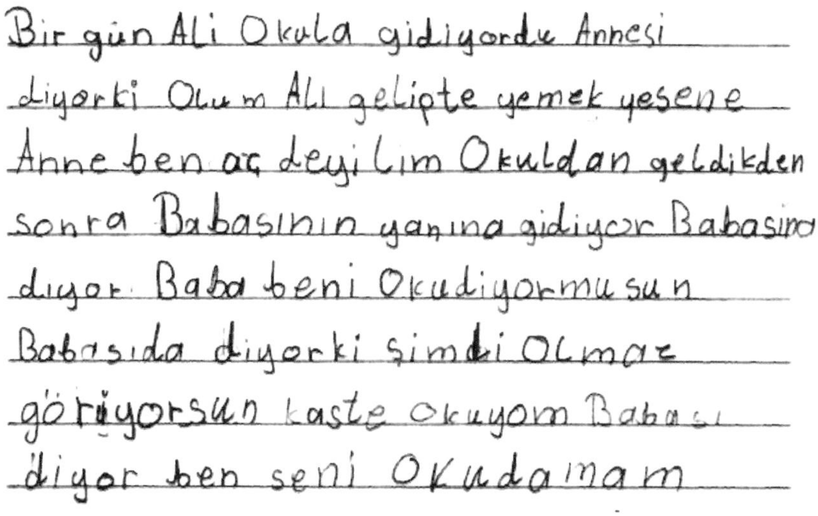

> Bir gün Ali Okula gidiyordu Annesi
> diyorki Oğum Ali gelipte yemek yesene
> Anne ben aç deyilim Okuldan geldikden
> sonra Babasının yanına gidiyor Babasına
> diyor Baba beni Okudiyormusun
> Babasıda diyorki şimdi Olmaz
> görüyorsun baste Okuyom Babası
> diyor ben seni Okudamam

Abb. 3: FÜZ, Textausschnitt auf den visuellen Impuls ÇOCUK EĞİTİMİ
Text: Eines Tages ging Ali zur Schule / Seine Mutter sagt Mein Sohn Ali komm doch und iß etwas / Mutti, ich habe keinen Hunger / nachdem er von der Schule gekommen ist geht er zu seinem Vater / er sagt seinem Vater Vati läßt du mich studieren/lernen/lesen / Undsein Vater sagt es Geht jetzt nicht / du siehst, ich lese Zeitung / sagt sein Vater, ich kann dich nicht studieren/lernen/lesen lasse

Zeynep Kalkavan-Aydın
Mehrsprachige Ressourcennutzung in interaktiven Bilderbuchrezeptionen

Mehrsprachige Kinder begegnen sehr früh unterschiedlichen Sprach-/ Schriftsystemen und erfahren durch den Sprachinput in verschiedenen Sprachen deren Besonderheiten. Die Rolle der Literalitätsförderung im mehrsprachigen Kontext sollte daher nicht unterschätzt werden (Hortsch & Panagiotopoulou 2011; Almgren et al. 2008; Rehbein 1987, 2007). Die Daten, auf die in diesem Beitrag zurückgegriffen wird, stammen aus einer Teilstudie (*Literacy in mehrsprachigen Familien*) zu Sprachbiographien und zur Sprachentwicklung in der L1 und in der L2, die (2011 bis 2012) mit mehrsprachigen Familien in Dortmund durchgeführt wurde.[1] Bei den Probanden handelt es sich um Vorschulkinder und ihre Eltern. Im Rahmen von interaktiven Bilderbuchrezeptionen wird in den Blick genommen, wie mehrsprachige Kinder Geschichten, die ihnen in den Familien vorgelesen werden, in den jeweiligen Sprachen wiedergeben. Ziel des Beitrags ist, zu überprüfen, inwieweit ein Kind mit Türkisch als dominanter L1 und Deutsch als L2 (Esma) während des Vorleseprozesses und in seinen Wiedergaben komplexe grammatische Strukturen und narrative Mittel in seiner L1 verwendet und zudem seine L2 als Ressource für die Rezeption der Geschichten bzw. für die Wiedergaben nutzt.

Der Beitrag ist folgendermaßen aufgebaut: In Abschnitt 1 werden Gegenstand und Forschungsinteresse dargestellt. Anschließend wird in Teil 2 auf der Grundlage von Interviews die Sprachbiographie der Probandin Esma skizziert. Nachdem in Abschnitt 3 nähere Informationen zum Korpus gegeben werden, stehen im empirischen Teil des Beitrags (4) Ausschnitte interaktiver Bilderbuchrezeptionen in der Familie im Fokus. Im vorletzten Abschnitt wird auf die Bedeutung der interaktiven Bilderbuchrezeptionen in der L1 in Bezug auf das mehrsprachige Potenzial Esmas eingegangen. Schließlich werden in 6. die zentralen Ergebnisse zusammengefasst.

---

1 Weitere Hinweise zum Projekt „Literacy in mehrsprachigen Familien – Mehrsprachige Potenziale und Ressourcen (Sprachentwicklung in Erst- und Zweitsprache – Sprachbiografien und Spracherwerb im Vorschulalter bei ein- und zweisprachigen Kindern)" und zu den einzelnen Teiluntersuchungen auf:
[http://www.uni-muenster.de/Germanistik/Lehrende/kalkavan_z/projekte.html] (letzter Zugriff am 16.12.2014).

1 Gegenstand und Forschungsinteresse

Obgleich in den vergangenen Jahren im Rahmen von Literalitätsprojekten auch Studien mit mehrsprachigen Vorschulkindern durchgeführt wurden (z.b. Apeltauer 2003, 2004; Kuyumcu 2005), zeigt sich in der Forschung ein Desiderat, wenn es um die sprachlichen Kompetenzen in erstsprachlichen Vorleseprozessen und Wiedergaben bei bilingualen Kindern geht. Da das Vorlesen von Geschichten als besonders wirksame Sprachfördermaßnahme eingestuft wird (z.b. Wildemann 2011; Wieler 1997; Feneberg 1994), kristallisieren sich im Rahmen von Literacy-Förderungen klare Ansätze für den Input komplexer grammatischer Strukturen und narrativer Mittel heraus, die durch den interaktiven Umgang mit Büchern weitergegeben werden (Weinhold 2005; Nickel 2007). Diese zeigen sich etwa in sprachlichen Mustern wie formelhaften Wendungen aus Märchen, der Figurenrede oder aber auch in der gewählten Zeitform (Becker 2013; Kalkavan 2013a,b; Müller 2013). Für das Türkische untersuchten Schroeder und Dollnick (2013) literate Sprache bei Sekundarstufenschülerinnen und Schülern mit Türkisch als L1. Sie betrachten die Entwicklung komplexer grammatischer Strukturen als sprachübergreifend. Die Ausführung erfolgt jedoch einzelsprachlich und kann sich unter Umständen voneinander unterscheiden. Bei einem Sprachvergleich Deutsch-Türkisch können Unterschiede im Bereich der Konnektivität, der Kohärenzstrategien oder aber auch in Bezug auf komplexe Syntax (z.B. Konverb-Konstruktionen, nominale und partizipiale Subordination), Nominalisierungen und komplexe Nominalphrasen oder einer genrespezifischen Tempus-Aspekt-Modus-Morphologie existieren (Schroeder & Dollnick 2013; Karakoç 2007; Herkenrath & Karakoç 2004; Rehbein 1999, 2007; Aksu-Koç & Ketrez 2003). Mit Blick auf Eltern-Kind-Dialoge stellt sich schließlich die Frage, inwieweit komplexe sprachliche Strukturen (die ein Hinweis für literate Sprache sein können) und narrative Formen in interaktiven Bilderbuchrezeptionen verwendet werden.

Mit dieser Untersuchung soll ein Beitrag zur wissenschaftlichen Diskussion um die Interaktion in literaten Kontexten in mehrsprachigen Familien (hier mit der L1 Türkisch) geleistet werden. Zentral sind dabei die Sprachbiographie der Probandin Esma und ihre mehrsprachigen Kompetenzen. Der Beitrag befasst sich mit der Frage, ob und welche komplexen grammatischen Sturkturen und narrativen Mittel Esma in ihren türkischsprachigen Wiedergaben verwendet. Mit diesem Schritt soll aufgezeigt werden, dass die Probandin in ihrer L1 bereits sehr fortgeschritten ist. Das Kind greift in den türkischsprachigen Vorleseprozessen und Wiedergaben auch auf sein Sprachwissen in der L2 (Deutsch) zurück. Dieses Potenzial ist zum einen für das Verstehen der Geschichten, aber auch für die einzelnen Wiedergaben und die Verwendung komplexer grammatischer und narrativer Mittel zentral.

2 Sprachbiographie: Ungesteuerter Zweitspracherwerb und dominante L1 Türkisch

Für die Zusammenstellung von Esmas Sprachbiographie wurde ein mündliches teilstrukturiertes Interview mithilfe eines Fragebogens mit ihr, mit ihren Eltern sowie mit ihrer Erzieherin (jeweils mit ihnen allein) durchgeführt und ausgewertet. In allen drei Fällen (Esma, Eltern und Erzieherin) waren offene Fragen zu Spracherwerbskonstellationen, zum Sprech- und Spielverhalten sowie Literalitätserfahrungen inhaltlicher Bestandteil der Interviews.[2]

Esma wächst als älteres von zwei Geschwistern zweisprachig auf. Die Sprachenkonstellation Deutsch-Türkisch scheint sie klar voneinander abzugrenzen. Nach Angaben der Eltern im mündlichen Interview spricht sie im familiären Kreis fast ausschließlich ihre L1, d.h. mit ihrer Mutter ausschließlich Türkisch und nur sporadisch mit ihrem Vater auch Deutsch (dies hört man in den Vorlese-Aufnahmen, wenn in Interaktionen bzw. im anschließenden Gespräch kurze Codeswitching-Phänomene vorkommen, sonst aber die türkische Sprache dominiert). Esmas Bruder war im Erhebungszeitraum noch ein Säugling. Bezüglich der Sprachbiographie der Eltern sollte festgehalten werden, dass Esmas Mutter die schulische Ausbildung (*ilk* und *orta okul*) in der Türkei abgeschlossen, ihr Vater aber die Grundschule in der Türkei besucht und die Sekundarstufe I (Hauptschulabschluss) in Deutschland absolviert hat.

Esma besucht etwa alle zwei bis drei Monate ihre Familie in der Türkei, da ihr Vater aus beruflichen Gründen regelmäßig in die Türkei verreisen muss. Dies hat auch einen großen Einfluss auf Esmas Spracherwerb in beiden Sprachen, da sie aufgrund dieser regelmäßigen kürzeren Türkeiaufenthalte nicht nur einen regen Kontakt zu ihrer türkischen Verwandtschaft pflegt, sondern vor allem auch der sprachliche Input des Türkischen sehr intensiv ist. Im Gegensatz dazu ist die Konsequenz, dass sie – laut Erzieherinnen – im Vergleich zu anderen Kindern häufig und über eine längere Dauer in der Kita fehlt. Da das Kind ihre L2 überwiegend in der Institution Kindergarten spricht, kann hier bereits vorweggenommen werden, dass der Einfluss der L1 auf die Dominanz der Sprachen und die Häufigkeit beim Sprechen der jeweiligen Sprache zumindest im Hinblick auf die Kontaktdauer stärker sein muss. Einen intensi-

---

[2] Die Interviews wurden von derselben Interviewerin durchgeführt. Das Interview mit Esma erfolgte überwiegend in türkischer Sprache, nur selten wurde im Gespräch mit Esma ins Deutsche gewechselt. Mit den Eltern erfolgte das Interview in türkischer und mit der Erzieherin in deutscher Sprache.

ven ersten Kontakt mit dem Deutschen hatte Esma mit dem Eintritt in den Kindergarten (Alter: 3; 06). Laut Aussagen beider Elternteile erzählt Esma zu Hause gerne Geschichten in türkischer Sprache. Esma sieht zuhause Kinderprogramme auf Deutsch und Türkisch.

In anderen Settings zeigen Rückfragen und Reaktionen der Probandin, wie sie die beiden Sprachen einordnet. Auffällig sind ihre reflektierenden Äußerungen bezüglich des eigenen Sprachgebrauchs. So fragt sie zu Beginn ihrer Erzählung zur Bilderfolge „Drachen steigen" aus der Sammlung „Na so was!" (Schubi Lernmedien 2011) in der Kita nach der Aufforderung der Interviewerin in welcher Sprache sie erzählen soll (B01[3]).

(B01)

INT:	Esma, guck mal, ich hab dir diese Bildergeschichte mitgebracht.
	Guckst du dir die Bilder bitte einmal an.
	Und dann erzählst du mir die Geschichte dazu, ja?
Esma:	Mmmh Türkisch oder <u>hier</u> sprechen?
INT:	Erst mal auf Deutsch.
Esma:	Wie kann man <u>Deutsch</u>?
INT:	<u>So</u> wie du jetzt sprichst.
Esma:	Ok. Zu Hause oder wie im Kita?

(ESEMDrachensteigen052012, 6;03)[4]

Es wird transparent, wie Esma die beiden Sprachen voneinander abgrenzt: Deutsch als Institutionssprache, die sie in der Kindertagesstätte spricht, und Türkisch als Familiensprache. Unverkennbar ist dies an der Lokaldeixis *hier*, mit der sie sprachlich auf die Institution Kita verweist: *Türkisch oder hier sprechen?* Auch in anderen Erzählungen zu Bilderfolgen, wie nachstehend zur Bilderfolge „Schneemann" präferiert Esma ihre L1 und signalisiert ihren Wunsch, die jeweilige Geschichte in Türkisch zu versprachlichen:

---

3 Im Rahmen der Studie wurden weitere Sprachdaten mittels Bilderfolgen elizitiert. In den hier vorgestellten Ausschnitten handelt es sich jeweils um den Einstieg in die Bilderfolgen „Drachen steigen" und „Schneemann" (Na so was! Schubi Lernmedien, [2]2011, Schaffhausen). Da lediglich die Anfangssequenzen aufgegriffen werden, wird aus Platzgründen darauf verzichtet, die Bilddateien anzuhängen.
4 Zu den Transkriptausschnitten wird jeweils die Sprechersigle, der Aufnahmetitel (Titel/Abkürzung des Titels der Bilderfolge bzw. des Buches), Aufnahmemonat und -jahr sowie das Alter der Probandin angegeben. Konventionen s. Anhang.

(B02)

Esma: Kann ich das Türkisch sagen?

(ESEMSchneemann062012, 6;03)

3 Datenbasis und Korpus: Esma

Die Datenerhebung fand in Kooperation mit einer Kindertageseinrichtung in Dortmund statt. In dem Zeitraum September 2011 bis Juli 2012 haben ein- und mehrsprachige Vorschulkinder an dem Foschungsprojekt teilgenommen. Das Gesamtkorpus der einzelnen Kinder setzt sich aus mehreren Teilkorpora zusammen. In diesem Beitrag wird neben den teilstrukturierten Interviews Bezug auf die interaktiven Eltern-Kind-Bilderbuchrezeptionen genommen. Es handelt sich um monatliche Aufnahmen (Tabelle 1). Die Eltern wurden im Vorfeld gefragt, ob und in welcher Sprache sie Geschichten vorlesen. In Esmas Fall haben beide Elternteile ihre L1 angegeben (anhand der Aufnahmen bzw. den Interaktionen wird deutlich, dass Esmas Eltern mit Bilderbüchern und dem Vorlesen von Geschichten durchaus vertraut umgehen)[5]. Auf ihre Angaben hin erhielten sie von der Projektleitung monatlich ein Bilderbuch[6] in türkischer Sprache mit einem Aufnahmegerät, um die zu Hause stattfindenden Vorlesediskurse mit Esma aufnehmen zu können. Die eingesetzten Bilderbücher und Geschichten waren dem Kind zum Erhebungszeitpunkt unbekannt. In Tabelle 1 sind sowohl die Bilderbücher, die entsprechenden Untersuchungsmonate, das entsprechende Alter Esmas sowie die Sprache aufgelistet.

---

[5] Dass dies nicht selbstverständlich ist, wird an anderen Datensets aus dem Projekt deutlich (Kalkavan-Aydın 2016, i.Dr.).

[6] Die Auswahl der Bücher erfolgte seitens der Projektleitung nach allgemeinen Kriterien (Altersempfehlung, Sprache etc.). Faktoren wie Vorlese- oder Erzählzeit wurden den Eltern nicht vorgegeben, um sie in ihrem Verhalten nicht zu beeinflussen. Das Aufnahmegerät sowie das Bilderbuch haben die Eltern etwa nach einer Woche bei der Erzieherin im Kindergarten wieder abgegeben. (Liste der Bilderbücher mit weiteren Angaben s. Anhang). Bei allen Bilderbüchern handelt es sich um Originalbücher aus dem Türkischen (so z.B. auch bei den deutschsprachigen Bilderbuchklassikern „Die Bremer Stadtmusikanten" oder „Die kleine Raupe Nimmersatt").

Tab. 1: Datenset „Familiale interaktive Bilderbuchrezeptionen" Esma in der L1[7]

Datenset	Untersuchungs-monat (M)	Alter	Sprache T1
Interaktive Bilderbuchrezeptionen			
Bremen Mızıkacıları (Die Bremer Stadtmusikanten)	M1	5;07	x
Kırmızı Başlıklı Kız (Rotkäppchen)	M2	5;08	x
Memo ve Ay (Memo und der Mond)	M3	5;09	x
Çirkin ördek yavrusu (Das hässliche Entlein)	M4	5;10	x
Küçük kertenkele (Die kleine Eidechse)	M5	5;11	x
Aç tırtıl (Die kleine Raupe Nimmersatt)	M6	6;00	x
-	M7	-	-
Sakar Cadı Vini (Hexe Zilly)	M8	6;02	x
Devekuşu Dudu (Strauß Dudu)	M9	6;03	x
Koş balkabağım koş (Lauf mein Kürbis, lauf)	M10	6;04	x
Vorleseinteraktionen mit anschließenden Gesprächen und Wiedergaben			∑ 9

Die Aufnahmen erfolgten zu unterschiedlichen Tageszeiten jeweils zwischen Nachmittag und Abend.

Die Projektdaten wurden mit dem Partitur-Editor EXMARaLDA nach dem Verfahren der halbinterpretativen Arbeitstranskriptionen (HIAT; Ehlich & Rehbein 1976, 1981) transkribiert. Die entsprechenden Beispieltranskripte bzw. Transkriptausschnitte werden in Listenform präsentiert.

4 Komplexe Grammatik und narrative Mittel in interaktiven Bilderbuchrezeptionen

In den interaktiven Bilderbuchrezeptionen in der L1 zeigen sich eine Reihe komplexer sprachlicher Formen und narrativer Mittel, die sowohl Esma als auch

---

[7] In der Tabelle werden ausschließlich die Aufnahmen zum Teilkorpus „Eltern-Kind-Bilderbuchrezeptionen" aufgelistet. Alle weiteren Teilkorpora von Esma (z.B. Interviews, Sprachstandserhebung HAVAS, Bilderfolgen etc.) werden in dieser Tabelle nicht aufgeführt. Im Untersuchungsmonat M7 hat Esma längere Zeit in der Einrichtung gefehlt, da sie mit ihren Eltern in die Türkei gereist war.

ihre Eltern gebrauchen. In den folgenden Abschnitten werden diese aufgegriffen und anhand ausgewählter Transkriptausschnitte erläutert. Sie werden stets im interaktiven Setting gedeutet. So spielt es z.b. eine Rolle, ob Esmas Eltern sprachliche Strukturen in interaktiven Fragestellungen etwa nach dem Vorlesen verwenden oder ob sie diese während des Vorlesens als kommentarartige Einschübe nutzen und diese von Esma schließlich in ihren Wiedergaben aufgegriffen werden.

Der folgende Abschnitt ist in zwei Unterkapitel gegliedert. Im ersten Teil (4.1) werden exemplarisch Ausschnitte aus einer Vorleseinteraktion vorgestellt und diskutiert, um einen globalen Überblick über die Diskursorganisation einer Vorleseinteraktion zu geben. In 4.2 wird auf komplexe grammatische Strukturen und narrative Mittel in der L1 eingegangen, die primär Esma, aber auch ihre Eltern verwenden. Dies wird vorgenommen, um aufzuzeigen, wie fortgeschritten Esmas Erzählfähigkeiten und sprachliche Kompetenzen im Türkischen sind. Im darauffolgenden Abschnitt 5 soll verdeutlicht werden, inwieweit das Kind seine sprachlichen Fähigkeiten im Deutschen – seiner schwachen L2 – nutzt, um die Geschichten zu rezipieren und seine Erzählungen bzw. Wiedergaben zu versprachlichen.

4.1 Ausschnitt aus einer Eltern-Kind-Vorleseinteraktion

Schauen wir uns ein Beispiel für eine interaktive Bilderbuchrezeption zwischen Esma und ihrer Mutter in der L1 an. Ziel dieses Abschnitts ist es, einen Einblick in die diskursiven und globalen Aktivitäten der Eltern zu geben, so z.B. wie die Einführung in die Vorleseinteraktion vollzogen oder eine Überleitung nach dem Vorlesen zum gemeinsamen Gespräch über die Geschichte unternommen wird (Rehbein 1980, 1987; s. dazu auch Hausendorf & Quasthoff 1991, 1992). Damit soll exemplarisch aufgezeigt werden, wie die Eltern-Kind-Vorleseinteraktionen in dieser Familie diskursiv organisiert werden.

Der folgende Aufnahmeausschnitt beginnt mit dem Vorlesen der Geschichte *Aç tırtıl*, der türkischen Übersetzung des Kinderbuchklassikers *Die kleine Raupe Nimmersatt* von Eric Carle. Die Vorleserin ist Esmas Mutter; sie schaltet das Gerät kurz vor dem Vorlesebeginn ein. An dieser wie an nahezu allen anderen Aufnahmen von Esma fällt auf, dass die interaktive Bilderbuchrezeption jeweils immer von dem Elternteil, das vorliest, organisiert wird. Zwar übernimmt Esma die Initiative, in den Vorleseprozess einzugreifen, indem sie etwa Zwischenfragen stellt oder durch Ausrufe Bilder bzw. Textstellen kommentiert wie in (B03) mit *Anne bu mini minnacık.* (Mama, die ist winzig klein.). Deutlich wird allerdings, dass diese Aktivitäten von den Eltern gesteuert werden, indem sie auf ihre Fragen eingehen, diese ignorieren oder wie in diesem Beispiel nur kurz wiederholen (B03), dann aber wieder den Vorleseprozess fortsetzen.

(B03)

Esma:	Anne	bu	mini	minnacık	*(meint die im Bilderbuch abgebildete kleine Raupe Nimmersatt)*
	Mama	die	winzig	klein-DIM	
	Mama, die ist winzig klein.				
M:	Evet, (unv.)		mini	minnacık	*(leise, wird anschließend zum Vorlesen wieder lauter)*
	Ja		winzig	klein_DIM	
	Ja, winzig klein.				

(ESEMAÇtırtıl022012, 6;00)

Nachdem das Vorlesen beendet wird, leitet die Mutter zu einem anschließenden Gespräch über, was einer erneuten Aufforderung zu einer Wiedergabe bei gemeinsamer Betrachtung der Bilder entspricht. In (B04) zur letzten Doppelseite im Buch, auf der ein Schmetterling abgebildet ist, wird deutlich, wie Esmas Mutter den Vorleseprozess beendet. Esma greift direkt im Anschluss an den letzten vorgelesenen Satz bereits selbst ein, um das Ende zu erzählen. Sie zeigt damit auch ihr Wissen, wie eine Coda funktioniert, da sie das zuvor Rezipierte mithilfe der Abbildung zu einem Abschluss bringt und hier als Einleitung den Konnektor *o zaman* (dann) verwendet. Die Mutter bestätigt Esmas Erzählende kurz und fordert sie schließlich auf, die ganze Geschichte wiederzugeben.

(B04)

Esma:	Onu	da	bem	*yapcam.*	*(meint das Ende)*		
	Das	auch	ich	machen-FUT-1.SG			
	Und das werde ich machen.						
		O zaman	tırtıllaan *(meint: tırtıldan)*	güzel	bir	kelebek	oldu.
		Dann	Raupe-ABL	schön	ein	Schmetterling	werden-PRÄT
		Dann ist aus der Raupe ein schöner Schmetterling geworden.					
M:	Evet	bu	çok (unv.)				
	Ja	das	sehr				
	Ja, das ist sehr (unv.)						
	Şimdi	sen	bana	okuduğumu/anla/		anlattığımı	
	Jetzt	du	mir	(vor)lesen-PRT-POSS-1.SG-AKK		erzählen-PRT-POSS-1.SG-AKK	
	anlat			bakalım.			

erzählen-IMP-2SG   gucken-OPT-1.PL (Modalwort *mal*)
Jetzt erzähl mir mal, was ich vorgelesen/erzähl/erzählt habe.
(ESEMAçtırtıl022012, 6;00)

Bemerkenswert ist auch die zweite Überleitung der Mutter zu einer weiteren anschließenden Wiedergabe, diesmal jedoch ohne Bilderbuchbetrachtung. Esma ist bemüht, dieser Aufforderung auszuweichen, indem sie auf ihre Halsschmerzen hinweist und darauf hindeutet, dass sie nicht lesen kann. Ihre Mutter geht nicht weiter darauf ein und versucht sie stattdessen mit Aufforderungen wie *Hadi* (Los) zu motivieren.

(B05)

> M: Anlatabilirsin.
> Erzählen-ABIL-AOR-2.SG
> *Du kannst (das) erzählen.*
> Çok   kolay   bunlar.
> Sehr leicht diese (hier)
> *Das ist ganz einfach.*
> Hadi bi   deniyelim.
> Los   ein ausprobieren-OPT-1.PL
> *Los, lass es uns mal probieren.*

(ESEMAçtırtıl022012, 6;00)

Nachdem Esma die Geschichte rekonstruiert hat, fragt ihre Mutter *Bitti mi?* (Fertig?) und beendet dann die Bilderbuchrezeption mit der Frage *En sonunda ne olmuş?* (Was ist ganz zum Schluss passiert?). Der Abschluss der Sequenz erfolgt nach Esmas letzter Antwort *Çok dick olmuş. O zaman da çok güzel bi kelebek olmuş.* ((Sie) ist sehr dick geworden. Danach ist aus ihr ein sehr schöner Schmetterling geworden.) und mit dem kurzen Kommentar der Mutter *Tamam* (OK).

Alle weiteren Bilderbuchinteraktionen, die zwischen Esma und ihren Eltern stattgefunden haben, weisen ähnliche Diskursorganisationen auf. In Tabelle 2 wird dargestellt, in welche Phasen die Aufnahmen global unterteilt werden können. Berücksichtigt werden dabei Organisationstypen wie Vorlesebeginn oder Überleitung zum Gespräch.

Tab. 2: Phasen der interaktiven Bilderbuchrezeptionen und ihre Organisation

Phasen	Beispiele		
(1) Vorlesebeginn – M/ V[8] beginnt meist mit kurzen einleitenden Worten	M:	Başlıyoruz. Anfangen-PRÄS-1.PL *Wir fangen an.*	
			(ESEMKırmızıbaşlıklıkız012011)
	V:	Hikayemizin adı Geschichte-POSS-1.PL-GEN Name-POSS-3.SG 'Küçük kertenkele'. klein Eidechse *Unsere Geschichte heißt „Die kleine Eidechse".*	
			(ESEMKüçükkertenkele012012)
(2) Vorleseprozess – Sprecher-Höreraktivitäten während des Vorlesens	M:	Bu ne? (zeigt auf das Bild) Başka ne Das was Andere was yemiş ağaçta? essen-EVID Baum-LOK *Was ist das? Was hat (sie) noch auf dem Baum gefressen?*	
	Esma:	Ağaçtan bi ((2s)) altı tane yaprak Baum-ABL einmal sechs Stück Blatt yedi doydu. essen-PRÄT-3.SG satt werden-PRÄT-3.SG *Vom Baum hat (sie) einmal ((2s)) sechs Blätter gefressen, dann war (sie) satt.*	
			(ESEMAçtırtıl022012)
(3.1) "erste" Überleitung zum anschließenden Gespräch – erfolgt meist durch Aufforderung zur Wiedergabe der Geschichte zunächst mit gemeinsamer Bilderbuchbetrachtung	M:	Anlat bakiim Erzählen-IMP-2.SG gucken-OPT-1.SG yavrucum. Baby-DIM *Erzähl (mal), mein Kindchen.* Neler anladın okuduğumdan? Was verstehen-PRÄT-2.SG lesen-PRT-1.SG-ABL *Was hast du von dem verstanden, was ich dir*	

---

8 M: Mutter, V: Vater

Phasen	Beispiele
	vorgelesen habe?
	(ESEMSakarcadıvini042012)
(3.2) *"zweite" Überleitung (erfolgt nicht in allen Aufnahmen)* – Wiedergabe der Geschichte ohne Bilderbuchbetrachtung als eine Art *Kurzzusammenfassung (özet)*	M: Şimdi kitap kapalıyken Jetzt Buch geschlossen-KONV anlat bakalım. erzählen-IMP-1.SG gucken-OPT-1.PL *Nun erzähl mal, während das Buch geschlossen ist.* Einfach böyle kafanda so Kopf-POSS-2.SG-LOK ne kaldıysa was bleiben-PRÄT-2.SG-KOND *Einfach so – was du dir merken konntest.* (ESEMKoşbalkabağımkoş062012)
(4) *Erzähl-/ Gesprächsabschluss* – erfolgt in der Regel durch abschließende Kommentare oder Bewertungen	V: Aferin kızım. Bravo Mädchen-POSS-1.SG *Bravo mein Mädchen.* Bügünlük bu kadar yeter mi? Heute-NOM so viel ausreichend QUE *Reicht das für heute?* (ESEMMemoveay112011)

4.2 Komplexe Grammatik und narrative Mittel in der dominanten L1 Türkisch

In diesem Abschnitt soll aufgezeigt werden, inwieweit Esma in den Vorleseinteraktionen und in ihren Wiedergaben in ihrer dominanten L1 Türkisch komplexe grammatische Strukturen und narrative Mittel verwendet. Es soll verdeutlicht werden, wie fortgeschritten Esma in ihrer L1 bereits ist. Diesbezüglich fallen sowohl bei Esma als auch bei ihren Eltern sprachliche Strukturen auf, die zum Teil auf die Bilderbuchtexte zurückgeführt werden können, zum Teil aber unabhängig von diesen im Gebrauch sind. Eine Frage, die an dieser Stelle also zu Recht gestellt werden müsste, lautet, ob und inwiefern diese Formen in den

Bilderbuchtexten vorkommen. Vor diesem Hintergrund wird im Folgenden bei der Analyse des Gebrauchs komplexer grammatischer Formen und narrativer Mittel systematisch überprüft und entsprechend vermerkt, ob diese jeweils im Originaltext verwendet werden.

4.2.1 Komplexe Grammatik: Aspekte, Konverbien und komplexe Nominale beim Vorlesen und Wiedergeben

Im Türkischen wird neben Tempus auch die Modalität (Aspekt) ausgedrückt. Eine solche Modalität wird etwa mit dem Aorist (AOR, auch bezeichnet als *r-Präsens*) artikuliert (-İr), der auf eine gewisse Allgemeingültigkeit der Aussage verweist. Wenn man versprachlichen möchte, dass man gewohnheitsmäßig oder regelmäßig Zeitung liest, wäre z.B. die korrekte Formulierung *gazete okurum* (Zeitung lesen-AOR-1.SG) (Schroeder & Şimşek 2014, Johanson 1971). Aspekt soll hier als morphologische Kategorie verstanden werden, sodass den (Verwendungen von) Aspekten jeweils modale und temporale Bedeutungen zugeordnet werden können. Mit der Gegenwartsform (-(I)yor) in *gazete okuyorum* wird explizit ausgedrückt, dass man gerade in diesem Moment Zeitung liest. Bezüglich der Vergangenheitsformen gibt es die Unterscheidung zwischen dem Vergangenheitssuffix (-(dİ)) und dem Evidential (-(mİş)). Letzteres findet Verwendung, wenn der Sprecher selbst die Handlung, von der er erzählt, nicht gesehen oder erlebt hat. Diese Vergangenheitsform wird typischerweise in Erzählungen gebraucht und vor allem in Märchen bevorzugt (Aksu-Koç 2000). Als Tempus-Aspekt-Modus (TAM)-Formen (vgl. Givón 1979, 1990) werden in den Bilderbüchern hauptsächlich die Vergangenheitssuffixe –dİ (PRÄT) und –mİş (EVID) gebraucht; nur bedingt findet für den Gegenwartsbezug der Aorist (AOR) Verwendung.

Esma verfügt über ein breites Wissen über verschiedene TAM-Formen und nutzt diese in ihren Wiedergaben. Transkriptausschnitt (B06) stammt aus dem Gespräch über die Bilderbuchgeschichte *Das hässliche Entlein* (*Çirkin ördek yavrusu*). Beide Elternteile sind bei dem Gespräch anwesend und unterhalten sich mit Esma über das Vorgelesene. Das Kind ist irritiert über die Abbildung einer Landschildkröte (*kaplumbağa*). Sie spricht ihren Vater auf die Abbildung an und weist darauf hin, dass Schildkröten eigentlich im Wasser leben. Sowohl Esma als auch ihr Vater verwenden den Aorist, um offenbar die Allgemeingültigkeit ihrer Aussagen zu unterstreichen.

(B06)

V:	Bunlar kim? Ne bunlar?
	Diese wer Was diese
	Wer ist das? Was ist das?
Esma:	Tilki
	(Ein) Fuchs.
V:	Bu?
	Das?
Esma:	Kaplumbağa
	(Eine) Schildkröte
V:	Kaplumbağa da mı gülmüş?
	Schildkröte auch QUE lachen-EVID
	Hat die Schildkröte auch gelacht?
Esma:	Jaa, bak. ••• Baba ama aslında bu kaplumbağa
	schauen-PRÄS.2.SG Vater aber eigentlich diese Schildkröte
	denizde yaşar.
	Meer-LOK leben-AOR-3.SG
	Jaa, schau. Papa, aber eigentlich lebt diese Schildkröte im Meer.
M:	Yoo
	Nöö
Esma:	Dooch!
V:	Denizde de yaşar karada da yaşar.
	Meer-LOK auch leben-AOR-3.SG Land-LOK auch leben-AOR-3.SG
	Sie lebt im Meer und auch an Land.

(ESEMÇirkinördekyavrusu122011, 5;10)

In (B07) verwendet ihre Mutter den Aorist ebenfalls, um außerhalb der eigentlichen Erzählung in ihren Kommentaren eine Allgemeingültigkeit in Bezug auf Tiere und ihre Eigenschaften hervorzuheben. Nachdem sie in ihrer Äußerung zunächst Bezug auf die Geschichte *Sakar cadı Vini* (Hexe Zilly) nimmt und das erzählinterne Evidential verwendet (*çıkmış*, hinauf klettern-EVID), weist sie anschließend auf die Tatsache hin, dass Katzen durchaus die Fähigkeit besitzen, auf Bäume zu klettern (*çıkabilir*, hinauf klettern-POT-AOR):

(B07)

M:	O koymadı.
	Der/die tun-NEG-PRÄT.3.SG

Der hat (es) nicht (dahin) getan.
Kedi   kendi   çıkmış.
Katze   selbst   hinauf klettern-EVID
Die Katze ist selbst hinauf geklettert.
Hmhm ^ Kediler   çıkabilir   ağaca.
         Katzen   hinauf klettern-ABIL-AOR   Baum-LOK
Katzen können auf Bäume klettern.
(ESEMSakarcadıvini042012, 6;02)

In beiden Fällen – wie an diversen anderen Stellen auch – kommen zusätzliche Erläuterungen, die mit dem –r-Präsens (AOR) gebildet werden, nicht im Bilderbuch vor. Es handelt sich um erzählexterne Kommentierungen, die in der Interaktion relativ frei und „unabhängig" vom Text erfolgen (vgl. auch Rehbein & Karakoç 2004).

Spezielle Formen bilden Konverb-Konstruktionen, die mit (–İp[9]), -ArAk, -ken zur Subordinierung gebildet werden (Schroeder 2001, Schroeder & Şimşek 2014). Im Spracherwerbsprozess stellt deren Verwendung aufgrund ihrer Komplexität einen besonderen Fortschritt dar (Aksu-Koç 1988, 1994). Rehbein & Herkenrath (2015) konnten im Vergleich monolingual Türkischsprachiger und bilingual Deutsch-Türkischsprachiger Kinder aufzeigen, dass in ihren Daten (Aufnahmen vier bis neun jähriger Kinder und Erwachsener) zu vierjährigen Kindern die Formen –(y)ken, -(y)İncA und –(y)İp frequent sind. Einen deutlichen Anstieg im Spracherwerbsprozess zwischen vier und neun Jahren sieht man bei –(y)İncA und bei Acht- und Neunjährigen bei dem Konverb –(y)ken (Rehbein & Herkenrath 2015)[10]. Unterschiedliche Konverbien werden im Datenset von Esma sowohl von den Eltern als auch von Esma gebraucht. Als Beispiel für das Vorkommen von Konverbien in Bilderbuchtexten wird hier erneut auf das Bilderbuch *Sakar cadı Vini*[11] verwiesen. In (B08) kommen gleich zwei unterschiedliche Formen in einem kurzen Abschnitt vor: *kapatıp* (schließen-KONV), *takılıp* (hängen (bleiben)/ stolpern-KONV) und *düştükten (sonra)* (hinfallen-KONV):

---

9 An dieser Stelle ist darauf hinzuweisen, dass das Konverb –İp im Unterschied zu den anderen Konverben vielmehr eine gleichgeordnete Handlung ausdrückt.
10 Ergebnisse, die sich von den aktuellen Daten nach Rehbein & Herkenrath (2015) unterscheiden, stammen von Slobin (1988, 1995).
11 Es handelt sich um die türkische Übersetzung des Bilderbuches *Hexe Zilly* von Korky Paul und Valerie Thomas (Beltz & Gelberg [8]2012).

(B08)

Ama	Vilbur	gözlerini		kapatıp	uyuduğu	zaman,
Aber		Auge-PL-POSS-3.SG-AKK		schließen-KONV	schlafen-PRT-POSS-3.SG	Zeit
Vini	onu	göremiyordu		ve	Vilbur'a takılıp,	düşüyordu.
		sehen-POT-NEG-IMPF-3.SG		und	Vilbur-DAT hängen-KONV	hinfallen-PRÄS-PRÄT-3.SG

Aber (immer) wenn Vilbur mit geschlossenen Augen geschlafen hatte, konnte Vini ihn nicht sehen. Sie stolperte über ihn und fiel hin.

Bir gün,	kötü	bir şekilde	düştükten	sonra,	Vini bu	konuya
Ein Tag	schlecht	ein Form-LOK	hinfallen-KONV	(danach)	diese(s)	Thema-DAT
bir	çözüm getirmeye	karar verdi.				
eine	Lösung bringen-DAT	sich entscheiden-PRÄT-3.SG				

Eines Tages, als (sie) ganz schlimm gefallen war, entschied sich Vini eine Lösung für dieses Problem zu finden.

(Aus: Sakar cadı Vini 2007)

(B09) veranschaulicht, wie nach dem Vorlesen des Bilderbuches *Sakar cadı Vini* Esma und ihre Mutter im Gespräch unterschiedliche Konverbformen realisieren. Obwohl die Mutter in ihrer Frage *Peki, Vini/ Vilburun kapalı olduğunda?* (Nun gut, als Vinis/ Vilburs (Augen) geschlossen waren?) kein Konverb gebraucht, antwortet Esma mit einem Konverbsatz, der mit –(y)ken *(kapalıyken)* gebildet wird; äquivalent zu Temporal- und Adversativsätzen im Deutschen, die mit *während* oder *als* beginnen. Im gleichen Transkript gebraucht Esma erneut Konverbstrukturen und zwar mit –İp *(takılıp)*, ihre Mutter hingegen verwendet darauffolgend Konverbien mit –İncE *(kızınca/ düşünce)*:

(B09)

Esma:	Evet,	gözleri		açık	görebiliyordu.	
	Ja	Augen-POSS-3.SG		offen	sehen-POT-IMPF-3.SG	
	Ja, (er) konnte mit offenen Augen sehen.					
M:	Peki,	Vini/ Vilburun		kapalı	olduğunda?	
	In Ordnung	Vilbur-GEN-3.SG		geschlossen	werden-PRT-POSS-3.SG-LOK	
	Nun gut, als Vinis/ Vilburs (Augen) geschlossen waren?					
Esma:	Mh ••• ve	sakar	cadı	((2s))/	Ve Vinburun	gözleri
	und	tollpatschig	Hexe	((2s))/	Und Vinbur-GEN-3.SG	Augen
	kapalıyken	sakar		cadı	onun üstüne üstüne.	
	geschlossen-KONV	tollpatschig	Hexe	ihn	auf setzen-PRÄT-3.SG	

> Mh ••• *und die tollpatschige Hexe ((2s))/ Und als Vinburs Augen geschlossen waren, hat sich die tollpatische Hexe auf ihn gesetzt.*

[...]

Esmar: Sakar -nein, nein - Vinburun gözleri
Tollpatschig Vinbur-GEN-3.SG Augen-POSS Augen-POSS-3.SG
kapalıydı ve yanlışlıkla sakar cadı da
geschlossen-PRÄT-3.SG und versehentlich tollpatschig Hexe auch
takılıp düştü.
hängen bleiben-KONV hinfallen-PRÄT-3.SG

Die tollpatschige – nein, nein – Vinburs Augen waren geschlossen und die tollpatschige Hexe ist versehentlich hängen geblieben und hingefallen.

[...]

M: Sonra ne yapmaya kızınca/
Danach was machen-DAT Entscheidung treffen-EVID wütend werden-KONV
düşünce?
hinfallen-KONV

Was hat (sie) dann beschlossen zu tun, als (sie) wütend/ hingefallen war?

ESEMSakarcadıvini042012, 6;02)

Kombinationen aus mehreren komplexen grammatischen Strukturen, die charakteristisch für literate Sprache sein können (Schroeder & Dollnick 2013), finden wir z.B. in der türkischen Version des Grimm-Märchens *Kırmızı Başlıklı Kız* (Rotkäppchen; (B10)). Im Originaltext werden Konverbien und komplexe Nominalphrasen dazu genutzt, um Reime einzubauen und die Märchensprache literater zu gestalten (Kalkavan 2008):

(B10)

Günler gelip geçerken,
Tag-PL kommen-KONV gehen-AOR-KONV
Als die Tage kamen und vergingen

ceylanlar pınardan su içerken,
Reh-PL Fluss-LOK Wasser trinken-AOR-KONV
als die Rehe aus dem Fluss Wasser tranken

kumrular tatlı tatlı dem çekerken,
Turteltaube-PL süß süß Melodie ziehen-AOR-KONV (hier: zwitschern-AOR-KONV)
als die Turteltauben ganz süße Melodien zwitscherten

Kırmızı Başlıklı Kız'ın <u>ormanın   öte   yakasında   yaşayan   büyükannesi</u>
Rotkäppchen-GEN   Wald-GEN   jenseits   Ufer-POSS.3.SG-LOK   leben-PRT   Großmutter.POSS.3.SG
hastalanmış.
krank-EVID-3.SG
Wurde Rotkäppchens Großmutter, die jenseits des Waldes am Ufer lebte, krank.

(Aus: Kırmızı Başlıklı Kız 2007)

Derartige längere Phrasen werden nur selten von den Eltern (z.B. in Zwischenfragen) und kaum von Esma selbst verwendet. Einzelne Konverbformen werden jedoch gebraucht (z.B. -İncE in (B11) und (B12)).

(B11)

M: Büyük anneyi   bağlayınca   bu   ne   yaptı –   tilki?
     Großmutter   fesseln-KONV der/die was machen-PRÄT Fuchs
     Was machte der/der Fuchs, als er die Großmutter fesselte?

(ESEMKırmızıbaşlıklıkız102011, 5;08)

(B12)

Esma: Dışarıda   bütün   kuşlar   uçuyor   ve   Vinbur'u   görünce
        Draußen   alle   Vögel   fliegen-PRÄS-3.SG und Vinbur-AKK sehen-KONV
        bütün   kuşlar   gülüyor.
        alle   Vögel   lachen-PRÄS-3.SG
        Draußen fliegen alle Vögel und als sie Vinbur sehen, lachen alle Vögel.

(ESEMSakarcadıvini042012, 6;02)

Die Besonderheit im Türkischen, dass der Kopf der Nominalphrase in der Regel am Ende steht, wird vor allem an den transliteralen Übersetzungen in (B13) deutlich (Nominalphrasen unterstrichen). Neben relativ einfachen Nominalphrasen wie *bahçedeki çimen* (der Rasen im Garten) oder *sihirli değnek* (der Zauberstab) kommen in den Bilderbuchtexten - zwar selten, aber auch - komplexere und längere Nominalphrasen vor. Wir finden solche weitgehend in den Märchen und im Bilderbuch *Sakar cadı Vini*:

(B13)

Artık   siyah   renkli   bir   ev   yerine,   kırmızı   renkli   bir   çatısı   ve
Nun   schwarz   farbig   ein   Haus   anstelle   <u>rot</u>   farbig   ein   Dach-POSS.3.SG   und

kırmızı renkli bir kapısı olan sarı renkli bir ev
rot farbig eine Tür-POSS.3.SG werden-PRT-PRÄS gelb farbig ein Haus
vardı.
geben-PRÄT
Nun gab es anstelle eines schwarzen Hauses ein gelbes Haus mit einem roten Dach und einer roten Tür.

(Aus: Sakar cadı Vini 2007)

Esma und ihre Eltern realisieren derartige komplexe Nominalphrasen kaum. Vielmehr häufen sich einfache Nominalphrasen wie *ormandaki ev* (das Haus im Wald).

4.2.2 Narrative Mittel

Nachfolgend wird untersucht, welche narrativen Mittel Esma verwendet. Ein Mittel, das sie aus dem türkischsprachigen Bilderbuch *Die kleine Raupe Nimmersatt* (*Aç tırtıl*; B14, B15) aufgreift, sind immer wiederkehrende Sätze bzw. Phrasen wie *Ama karnı doymadı* (Aber (sie) war nicht satt.).

(B14)

Pazartesi günü kocaman bir elmayı başından sonuna kadar
Montag Tag-POSS-3.SG riesig ein Apfel-AKK von Anfang Ende-DAT bis
yedi ama karnı doymadı
essen-PRÄT-3.SG aber Bauch-AKK-3.SG satt werden-NEG-PRÄT-3.SG
Am Montag hat (sie) einen großen Apfel gefressen, aber sie war immer noch nicht satt.
[...]

(Aus: Aç tırtıl 2010)

Während der Wiedergabe dieser Geschichte stellt die Mutter Esma eine inhaltliche Frage (Was hat (sie/ die Raupe) dann gefunden und gefressen?). Auf diese Frage antwortet Esma mit einer ähnlichen Satzstruktur, wie die, die im Buch verwendet wird. Sie beginnt wie im Buch mit dem Wochentag und erzählt anschließend, was die Raupe an diesem Tag gefressen hat. Schließlich beendet auch sie die Erzählsequenz äquivalent zum Buchtext mit der Äußerung *Ama karnı daha doymadı* (Aber sie war immer noch nicht satt).

(B15)

M: Sonra ne bulmuş yemiş?
Danach was finden-EVID essen-EVID
Was hat (sie) dann gefunden und gefressen?

Esma: Pazartesi bu tırtıl bi tane büyük elma yedi, ama
Montag diese Raupe ein Stück groß Apfel essen-PRÄT, aber
karnı daha doymadı.
Bauch-AKK-3.SG noch satt-NEG-PRÄT-3.SG
Am Montag hat diese Raupe einen großen Apfel gefressen, aber (sie) war immer noch nicht satt.

(EsmaAçtırtıl022012, 6;00)

Dass Esma ihre Wiedergaben mit narrativen Mitteln bereichert, zeigen außerdem die zahlreichen Figurenreden in der Wiedergabe des Märchenklassikers Rotkäppchen (*Kırmızı başlıklı kız;* wie in (B16) der Dialog zwischen Rotkäppchen und dem bösen Wolf), formelhafte Wendungen wie etwa die klassische Einleitungsformel *Bir varmış bir yokmuş* in dem Märchen *Rotkäppchen* (B17) oder Reduplikationen, die sie entweder aus den Texten übernimmt oder aber selbst erfindet (wie *parlak parlak* in (B18) zum Märchen *Das hässliche Entlein*).

(B16)

ESEM: Peki ağzın neden bu kadar büyük?
Nun Mund-POSS-2.SG warum so groß
Nun denn, warum hast (du) einen so großen Mund?
Çünkü ballarını yiyebilmek için.
Weil Honig-PL-POSS-2.SG-AKK essen-ABIL-INF für
Damit (ich) deinen Honig essen kann.

(ESEMKırmızıbaşlıklıkız102011, 5;08)

(B17)

Esma: Bir varmış bir yokmuş, bu kulübede bir
Ein vorhanden-EVID ein nicht vorhanden-EVID, diese Hütte-LOK ein
küçük kız yaşarmış.
klein Mädchen leben-AOR-EVID
Es war einmal ein kleines Mädchen, das in diesem kleinen Häuschen lebte.

(ESEMKırmızıbaşlıklıkız102011, 5;08)

(B18)

Esma: Ve bu (meint den Schwan auf dem Bild) çok yeni parlak parlak
Und diese(r) sehr neu strahlend strahlend

aynada   gördü   kendisini.
Spiegel-LOK sehen-PRÄT-3.SG sich selbst
Und der sah sich ganz neu und glänzend im Spiegel.

(ESEMÇirkinördekyavrusu122011, 5;10)

Figurenreden, die Esma insgesamt sehr häufig gebraucht, untermalt sie vorwiegend mit einer veränderten Stimmlage. Zu diesem Zweck wendet sie *diye*-Konstruktionen an, wie in (B19), wenn es heißt: ‚*Imdaat, imdaat', diye bağırıyordu.* ((Sie) schrie: ‚Hiilfe, hiilfe!').[12]

(B19)

Esma: ‚Imdaat, imdaat' diye   bağırıyordu.
         Hilfe   Hilfe   sagend schreien-IMPF-3.SG
         (Sie) schrie: „Hiilfe, hiilfe!"

(ESEMKırmızıbaşlıklıkız102011, 5;08)

diye ist als eine infinite Partikel obligatorisch für die Einleitung oder den Abschluss von wörtlichen Reden und stammt ursprünglich als Konverb von dem Verb *demek* (sagen) ab (eine zusammenfassende Erläuterung auch in Kalkavan 2013b). Eine mögliche Übertragung ins Deutsche entspricht dem deutschen Partizip *sagend* bzw. der Konstruktion „sagender Weise" (Herkenrath & Karakoç 2004: 12). Johnen (2006: 13) spricht sogar von einem „Zitatatmarker" oder wie Herkenrath & Karakoç (2004: 12) es bezeichnen, eine „Zitierpartikel".

Esma setzt im Bilderbuch vorkommende oder von der Mutter vorgegebene Formeln ein, die diese zur Hilfestellung vorgibt. Das Kind greift sie nicht nur direkt auf, sondern nutzt diese zudem an anderen Stellen. In (B20) haben wir eine Sequenz, in der Esma die Geschichte mit Unterstützung der Mutter und unter Zuhilfenahme des Bilderbuches wiedergibt. Hier stellt Esmas Mutter während der gemeinsamen Bilderbuchbetrachtung die Frage, wozu sich die tollpatschige Hexe aus dem Bilderbuch entschieden hat, mit anderen Worten also, wie die Geschichte weitergeht. Das Kind setzt die Wiedergabe mit einem Wiederaufnahme-Element fort (*Ertesi gün*, Am nächsten Tag).

(B20)

M: Sonra   ne   yapmaya   karar vermiş   sakar   cadı?
      Danach was   machen-DAT sich   entscheiden-EVID tollpatschig Hexe
      Was hat die tollpatschige Hexe dann entschieden zu machen?

---

[12] Zur Analyse von Figurenreden und den damit einhergehenden Verwendungen von redeindizierenden Verben im Vergleich Deutsch und Türkisch bei Kindern s. auch Kalkavan 2013b.

Esma:	Ertesi	gün	sakar		cadı ne-/	Ertesi	gün	Vinbur	artık	eskisi	gibi
	Nächster Tag		tollpatschig		Hexe/	Nächster Tag			jetzt	wie	früher
	siyah		değildi.								
	schwarz		nicht-PRÄT-3.SG								

Am nächsten Taag (war) die tollpatschige Hexe/Am nächsten Tag war Vinbur nun nicht mehr schwarz wie früher.

        Parlak   yeşildi.
        Strahlend grün-PRÄT-3.SG
(Er) war strahlend grün.

(ESEMSakarcadıvini042012, 6;02)

In weiteren Aufnahmen findet man zahlreiche Beispiele dafür, dass die Mutter während der Wiedergabesequenzen u.a. dieses Wiederaufnahme-Element einbringt. Die Vielzahl solcher sprachlicher Handlungen lässt vermuten, dass sie diese bewusst als sprachfördernde Maßnahme verwendet. Esma soll vermutlich eine Hilfestellung bekommen und daran erinnert werden, weiterzuerzählen, wenn sie vom Thema abweicht oder herumalbert. Die Beispiele veranschaulichen, dass sie sprachliche Strukturen aufgreift und einsetzt. Vor allem der nahezu sichere Gebrauch unterschiedlicher TAM-Formen ist in Esmas Wiedergaben auffällig, wie etwa bei dem Wechsel zwischen Evidential und Aorist.

5 Mehrsprachiges Handeln und Sprachwechsel in den Bilderbuchrezeptionen

„Kinder sind nicht nur sehr effiziente und systematische Lerner; sie können auch früh mit der Koexistenz von Sprachen und dem damit einhergehenden Wettbewerb und Kooperationspotenzial umgehen, und zwar sowohl zur temporären Entlastung der 'schwächeren' oder langsameren Sprache, als auch, um das mit der Mehrsprachigkeit einhergehende mehrstimmige Potenzial auszuschöpfen.", so Tracy (2011: 90). In diesem Sinne soll in diesem Teil des Beitrags beleuchtet werden, inwiefern Esma ihr mehrsprachiges Potenzial im Rahmen der Bilderbuchrezeptionen nutzt und welche Bedeutung diese für die Interaktionen haben.

In den vorherigen Abschnitten wurde veranschaulicht, dass die türkische Sprache in den Interaktionen zwischen Esma und ihren Eltern dominiert. Beide Elternteile lesen die Bilderbücher in türkischer Sprache vor. Wenngleich die Gespräche während und im Anschluss an die gemeinsame Bilderbuchrezeption in türkischer Sprache stattfinden, werden einzelne sprachliche Mittel oder gar ganze Äußerungen von Esma auch in deutscher Sprache vorgenommen. Es lassen sich unterschiedliche Sprachwechselmuster erkennen, die Esma vornimmt.

Codeswitching-Phänomene gehen u.a. einher mit Fragen zum Inhalt oder zu unbekannten Begriffen. In (B21) handelt es sich um eine Sequenz, die während des Vorlesens des Bilderbuches *Devekuşu Dudu (Strauß Dudu)* stattfindet. Esma unterbricht in diesem Ausschnitt ihren Vater, um nach der Bedeutung des Begriffs *gaga* (Schnabel) zu fragen:

(B21)

V: (liest vor) ‚Dudu gözlerini oğuşturdu, annesi
                  Augen-POSS-3.SG-AKK reiben-PRÄT-3.SG Mutter-POSS-3.SG
       gülümsedi.
       lächeln-PRÄT-3.SG
       Dudu rieb sich die Augen, seine Mutter lächelte.

       Fakat Dudu'nun kuyruk tüyleri anne deve kuşunun
       Aber Dudu-POSS-3.SG Schwanz Federn-AKK Mutter Strauß (Vogel)-POSS-3.SG
       gagasına kalmıştı.' He he he (lacht).
       Schnabel-POSS-3.SG-AKK bleiben-EVID-PRÄT
       Aber Dudus Schwanzfedern blieben (wohl) am Schnabel der Straußmutter hängen.

Esma: Was bedeutet ‚gaga' baba?
                      Schnabel Vater
       Was bedeutet „gaga", Papa?

                                              (ESEMDevekuşududu062012, 6;03)

An der Frage *Was bedeutet ‚gaga' baba?* sehen wir, dass Esma wichtige Regeln der deutschen Satzstruktur bereits erworben hat (z.B. Thoma & Tracy 2006). Sie kann vollständige W-Fragen formulieren, was nicht nur einen Fortschritt im Spracherwerbsprozess darstellt (Schulz et al. 2008: 29f.), sondern zudem zeigt, dass sie beide Sprachen für das Verstehen der Geschichte nutzt, wenn sie Verständnisfragen offensichtlich auch in ihrer L2 stellt, obwohl die Geschichte auf Türkisch vorgelesen wurde. Im weiteren Verlauf übersetzt Esmas Vater nicht etwa das ihr unbekannte Wort ins Deutsche, sondern gibt den vorgelesenen Abschnitt auf Türkisch wieder und fährt anschließend mit dem Vorleseprozess fort. In (B23) ist ein weiteres Codeswitching-Phänomen auf lexikalischer Ebene zu finden. Es handelt sich um die türkische Version des Märchens *Das hässliche Entlein*. Dieses Beispiel zeigt exemplarisch, wie Esma in ihrer Wiedergabe lexikalische Ausdrücke aus ihrer Zweitsprache verwendet, um ihre Äußerung zu präzisieren oder zu vervollständigen:

(B23)

Esma: Üç tane Gans ördek varmış. Boyları böyle uzun.
        Drei Stück Gans Ente existieren-EVID. Größe-POSS-3.PL so lang

Es gibt wohl drei Gänse. Ihre Größen (meint: Hälse) sind so lang.
(ESEMÇirkinördekyavrusu122011, 5;10)

Sie verwendet die spezifische Tierbezeichnung „Gans", die ihr möglicherweise im Kindergartenalltag in ihrer L2 vermittelt wurde, kombiniert die Bezeichnung mit dem türkischen Lexem *ördek* (Ente) und beschreibt anschließend das Tier in ihrer L1 *(Boylan böyle uzun)*. Bei *ördek* haben wir es mit einem im Alltag geläufigen Begriff zu tun, der ihr offenbar auch bekannt ist. Vor allem bei Kindern zeigt sich die lebensweltspezifische Ausdifferenzierung des mentalen Lexikons (Keim 2012: 150); bei Esma möglicherweise die Bezeichnung einzelner Tiere, die sie aus dem Kindergartenalltag kennt und die ihr andererseits in der Alltagssprache Türkisch (noch) unbekannt sind. Mit derartigen Sprachwechselphänomenen kann Esma den Erzählfluss aufrechterhalten und muss ihn nicht abbrechen oder eine längere Pause einfügen (Tracy 2008: 58). Auch wenn – oder gerade weil – Türkisch ihre dominante Sprache ist, gelingt es ihr, lexikalische Mittel in einer Äußerung in die andere Sprache zu übertragen. In (B24) sehen wir, dass sie während der Wiedergabe der Geschichte *Memo ve ay* (Memo und der Mond) auf Türkisch zwar den richtigen Ausdruck *ay* für *Mond* verwendet, dann aber auch den entsprechenden deutschsprachigen Ausdruck einführt und mit *yani demek istedim ki* (also ich wollte sagen, dass) einleitet. Man erkennt an diesem Verhalten erneut, dass Esma ihre mehrsprachigen Kompetenzen für die Rezeption der Geschichte und die Wiedergabe nutzt.

(B24)

Esma: Çünkü bu gökyüzündeki ay/ yani demek istedim ki
Weil diese/r Himmel-LOK-ATTR Mond/ also sagen wollen-PRÄT-1.SG ki
Mond'a çıkmak istiyo.
Mond-DAT hinaufsteigen wollen
Weil der auf den Mond am Himmel steigen will.

(ESEMMemoveay112011, 5;09)

Derartige morphosyntaktische Anpassungen deutschsprachiger Lexeme an die türkische Sprachstruktur wie in (B24) *Mond'a*, bei der das Dativ-Suffix *–a* an das Lexem *Mond* angehängt wurde, sind in Esmas Äußerungen häufig zu finden, obwohl sie die Wiedergaben in ihrer L1 vornimmt und hier durchaus auch sprachlich komplexe Äußerungen verwendet (Özdil 2010: 126ff.). In derselben Aufnahme finden wir ein weiteres Detail. Während Esmas Vater vorliest, wird er von seiner Tochter, die sich währenddessen die Bilder anschaut, kurz unterbrochen. Sie möchte die auf der Doppelseite abgebildeten Herzchen zählen und beginnt, ohne auf die Antwort des Vaters zu warten:

(B25)

Esma:	Şimdi sayacağım onları. Kaç tane.
	Jetzt zählen-FUT-1.SG die. Wie viele
	Jetzt werde ich sie zählen. Wie viele (es sind).
V:	Neyi sayacan?
	Was zählen-FUT-1.SG
	Was wirst du zählen?
Esma:	Kalpleri.
	Herzen
	Die Herzen
V:	Kalpleri mi? Tamam, ama çabuk ol.
	Herzen QUE Einverstanden aber schnell sein-IMP-2.SG
	Die Herzen? Einverstanden, aber sei (zähl) schnell.
Esma:	Eins, zwei, drei, vier, fünf, sechs, sieben, acht, neun, zehn, elf, zwölf, dreizehn, vierzehn.
V:	Onları saymadın mı?
	Diese zählen-NEG-PRÄT-2.SG QUE
	Hast du die nicht gezählt?
Esma:	Dooch, warte. ((3s)) Eins, zwei, drei, vier, fünf, sechs, sieben, acht, neun, zehn ((2s)) elf.
	••• bu elf. Elf Stück. Bunu yaptım bak.
	diese/r Diesen machen-PRÄT-1.SG gucken-IMP-2.SG
	Diesen habe ich gemacht (gezählt), guck.

(ESEMMemoveay112011, 5;09)

Obwohl der Vater auch weiterhin Türkisch mit Esma spricht, zählt sie die abgebildeten Herzchen auf Deutsch. Möglicherweise assoziiert sie diese sprachliche Handlung ebenfalls mit einer ihr bekannten Tätigkeit aus dem Kindergartenalltag und wechselt hier zum Zählen die Sprache, obwohl sie die Zahlen auch in ihrer L1 beherrscht.[13]

6 Fazit

Um auf die Frage zurückzukommen, wie sich der sprachliche Input in L1 im Elternhaus auf Esmas Spracherwerb in der Zweitsprache Deutsch auswirkt, kann festgehalten werden, dass sich die gemeinsame Bilderbuchrezeption mit ihren Eltern in der L1 förderlich auf die Entwicklung der L2 zeigt. Das Kind greift

---

13 In einem anderen Kontext hat Esma in beiden Sprachen das Alphabet (zum Teil fehlerhaft) aufgeschrieben und aufgesagt sowie auch Ziffern aufgeschrieben und gezählt. Es kann hier also davon ausgegangen werden, dass ihr die Zahlen bis vierzehn in beiden Sprachen bekannt sind.

auf sein Alltags- und Sprachwissen in der L2 zurück und nutzt diese Ressourcen für die Rezeptionen und ihre Wiedergaben. Die Daten zeigen, dass in der Familiensprache Türkisch komplexe Strukturen wie komplexe Subordinationen mittels Konverb-Konstruktionen verwendet werden. Faktoren wie literale Sozialisation in der Familie spielen für den Spracherwerb eine enorme Rolle. Bei mehrsprachigen Kindern bleibt sicher zu berücksichtigen, welche Sprache(n) die Eltern beherrschen und ob bzw. wie und in welchem Umfang literalitätsfördernde Maßnahmen in diesen Sprachen erfolgen. Bei Esma zeigen sich durchweg positive Anzeichen für die Sprachentwicklung in ihrer L1. Der sprachliche Input in den Eltern-Kind-Erzähl- und Vorlesediskursen zeigt einen großen Einfluss auf Esmas Wiedergaben. Sie greift vorgegebene komplexe grammatische Formen und narrative Mittel (sei es durch die Geschichten oder die Eltern) auf und baut sie in ihre Erzählungen ein. Am auffälligsten scheinen hier neben den TAM-Formen oder komplexen grammatischen Strukturen wie Konverbien auch weiterere Aktivitäten zu sein, so z.B. konkrete Hilfestellungen für Erzählanfänge. Andererseits veranschaulichen die Beispiele in Abschnitt 5, wie sich die beiden sprachlichen Lebenswelten (Deutsch als Institutionensprache und Türkisch als Familiensprache) positiv vermengen, gleichwohl die Erstsprache Türkisch dominiert. Esma nutzt offensichtlich ihre Sprachkenntnisse und ihr Alltags- und Weltwissen aus beiden Lebensbereichen, um den Bilderbuchrezeptionen zu folgen und die ihr vorgelesenen Geschichten wiederzugeben. Dieses Potenzial ermöglicht ihr, sich in allen Aufnahmen als aktive Zuhörerin und Erzählerin zu präsentieren.

Literatur

Aksu-Koç, Ayhan (1988): The acquisition of aspect and modality. The case of past reference in Turkish. New York (u.a.): Cambridge University Press.

Aksu-Koç, Ayhan (1994): Development of linguistic forms: Turkish. In Berman, Ruth & Slobin, Dan Ian (eds.): Relating events in narrativ: A crosslinguistic development study. Hillsdale, NJ: Erlbaum, 329–385.

Aksu-Koç, Ayhan (2000): Some aspects of the acquisition of evidentials in Turkisch. In Johanson, Lars & Utas, Bo (eds.): *Evidentials: Turkic, Iranian and neighbouring languages*. Berlin, New York: de Gruyter, 15–28.

Aksu-Koç, Ayhan & Ketrez, Nihan (2003): Early verbal morphology in Turkish: Emergence of inflections. In Bittner, Dagmar; Dressler, Wolfgang & Kilani-Schoch, Marianne (eds.): *Development of verb inflection in first language aquisition: A cross-linguistic perspective*. Berlin, New York: de Gruyter, 27–52.

Almgren, Margareta; Beloki, Leire & Manterola, Ibon (2008): The Acquisition of Narrative Skills by Spanish L1 and L2 Speakers. In Bruhn de Garavito, Joyce & Valenzuela, Elena (eds.):

Selected proceedings oft he 10th Hispanic Linguaistics Symposium. Somerville, MA: Cascadilla Proceedings Project, 146–156.

Apeltauer, Ernst (2003): Literalität und Spracherwerb. Flensburger Papiere zur Mehrsprachigkeit und Kulturvielfalt im *Unterricht.* Heft 32. Universität Flensburg.

Apeltauer, Ernst (2004): Sprachliche Frühförderung von zweisprachig aufwachsenden Kindern im Vorschulbereich. Bericht über die Kieler Modellgruppe. Flensburger Papiere zur Mehrsprachigkeit und Kulturenvielfalt im Unterricht. Sonderheft 1. Universität Flensburg.

Becker, Tabea (2013): Narrative Muster und literale Konzeptionalisierungen in mündlichen und schriftlichen Erzählungen. In Becker, Tabea & Wieler, Petra (Hrsg.): *Erzählforschung und Erzähldidaktik heute. Entwicklungslinien - Konzepte - Perspektiven.* Tübingen: Stauffenburg, 193–212.

Ehlich, Konrad & Rehbein, Jochen (1976): Halbinterpretative Arbeitstranskriptionen (HIAT). In *Linguistische Berichte,* 45, 21–41.

Ehlich, Konrad & Rehbein, Jochen (1981): Zur Notierung nonverbaler Kommunikation für diskursanalytische Zwecke. In Winkler, Peter (Hrsg.): *Methoden der Analyse von Face-to-Face-Situationen.* Stuttgart: Metzler, 302–329.

Feneberg, Sabine (1994): Die Bedeutung des Geschichtenvorlesens im Vorschulalter für die Leseentwicklung von Kindern. Neuried: ars una.

Givón, Talmy (1979): On understanding grammar. New York: Academic Press.

Givón, Talmy (1990): Syntax: a functional-typological grammar. 2. Auflage. Amsterdam: Benjamins.

Hausendorf, Heiko & Quasthoff, Uta (1991): Kinder erzählen, Erwachsene hören zu: Zur entwicklungstheoretischen Integration interaktiver, semantisch-pragmatischer und formaler Beschreibungsaspekte. *Linguistische Berichte* 134/1991, 253–275.

Hausendorf, Heiko & Quasthoff, Uta (1992): Patterns of adult-child interaction as a mechanism of discourse aquisition. *Journal of Pragmatics* 17/1992, 241–259.

Herkenrath, Annette & Karakoç, Birsel (2004): Zur Morphosyntax äußerungsinterner Konnektivität bei mono- und *bilingualen türkischen Kindern.* Hamburg: Sonderforschungsbereich 538, Universität Hamburg: Arbeiten zur Mehrsprachigkeit. Folge B, 55.

Hortsch, Wiebke & Panagiotopoulou, Argyro (2011): Literalitätsförderung beim Übergang in die finnische Schule: Vorlesen als Alltagspraxis in Vorschul- und Anfangsklassen. In Hüttis-Graf, Petra & Wieler, Petra (Hrsg.): *Übergänge zwischen Mündlichkeit und Schriftlichkeit im Vor- und Grundschulalter.* Freiburg im Breisgau: Fillibach, 17–36.

Johanson, Lars (1971): Aspekt im Türkischen. Vorstudien zu einer Beschreibung des türkeitürkischen Aspektsystems. Uppsala: Almquist & Wiksell.

Johnen, Thomas (2006): Redewiedergabe zwischen Konnektivität und Modalität: Zur Markierung von Redewiedergabe in Dolmetscheräußerungen in gedolmetschten Arzt-Patientengesprächen. Hamburg: Sonderforschungsbereich 538. Universität Hamburg: Arbeiten zur Mehrsprachigkeit. Folge B, 71.

Kalkavan-Aydın, Zeynep (2016): Frühes schriftsprachliches Lernen durch Vorlesen beim Übergang von der Kita in die Grundschule. In Barkow, Ingrid & Müller, Claudia (Hrsg.): *Frühe sprachliche und literale Bildung – Sprache lernen und Sprache fördern im Kindergarten und zum Schuleintritt.* Tübingen: Narr, i.Dr.

Kalkavan, Zeynep (2008): Spuren türkischer Kultur in Texten für die Primarstufe. Eine Untersuchung zu sprachlichen und kulturhistorischen Hintergründen für den Unterricht in multinationalen Klassen. Hamburg: Kovac.

Kalkavan, Zeynep (2013a): Verbale Strategien in erst- und zweitsprachlichen Nacherzählungen von Kindern mit Türkisch als Erstsprache: Ein Fallbeispiel. In Becker, Tabea & Wieler, Petra (Hrsg.): *Erzählforschung und Erzähldidaktik heute. Entwicklungslinien - Konzepte - Perspektiven*. Tübingen: Stauffenburg, 99–119.

Kalkavan, Zeynep (2013b): Redeindizierende Verben in kindlichen erst- und zweitsprachlichen Redewiedergaben. In Decker-Ernst, Yvonne & Oomen-Welke, Ingelore (Hrsg.): *Zweitsprache Deutsch: Beiträge zu durchgängiger sprachlicher Bildung*. Freiburg im Breisgau: Fillibach/Klett, 51–71.

Karakoç, Birsel (2007): Connecitvity by means of finite elements in monolingual and bilingual Turkish discourse. In Rehbein, Jochen; Hohenstein, Christiane & Pietsch, Lukas (2007): *Connectivity in grammar and discourse*. Amsterdam: John Benjamins Publishing Co., 199–227.

Keim, Inken (2012): *Mehrsprachige Lebenswelten. Sprechen und Schreiben der türkischstämmigen Kinder und Jugendlichen*. Tübingen: Narr Francke Attempto.

Kuyumcu, Reyhan (2005): Metasprachliche Entwicklung bei zweisprachig aufwachsenden türkischen Kindern im Vorschulalter. In Apeltauer, Ernst (Hrsg.): *Möglichkeiten zur Bestimmung von Sprachentwicklungstendenzen*. Flensburger Papiere zur Mehrsprachigkeit und Kulturvielfalt im Unterricht. Heft 38/39, 28–43.

Müller, Claudia (2013): „Ich lese Anfang, dann sie erzählt" – Familiales Sprachlernen und seine Bedeutung für die Entwicklung kindlicher Erzählfähigkeiten in der Zweitsprache. In Becker, Tabea & Wieler, Petra (Hrsg.): *Erzählforschung und Erzähldidaktik heute. Entwicklungslinien - Konzepte - Perspektiven*. Tübingen: Stauffenburg, 233–254.

Nickel, Sven (2007): Beobachtung kindlicher Literacy-Erfahrungen im Übergang von Kindergarten und Grundschule. In Graf, Ulrike & Moser Optiz, Elisabeth (Hrsg.): *Diagnose und Förderung im Elementarbereich und Grundschulunterricht*. Baltmannsweiler: Schneider Hohengehren, 87–104.

Özdil, Erkan (2010): *Codeswitching im zweisprachigen Handeln*. Münster u.a.: Waxmann.

Rehbein, Jochen & Herkenrath, Annette (2015): Converbs in Monolinguals' and Bilinguals' Turkish. In Zeyrek, Deniz; Sağın-Şimşek, Çiğdem; Ataş, Ufuk & Rehbein, Jochen: Ankara *Papers in Turkish and Turkic Linguistics*. Series Turcologica. Wiesbaden: Harrassowitz (i.Dr.).

Rehbein, Jochen (2007): Erzählen in zwei Sprachen - auf Anforderung. In Meng, Katharina & Rehbein, Jochen (Hrsg.): *Kindliche Kommunikation*. Münster u.a.: Waxmann, 393–459.

Rehbein, Jochen (1999): Konnektivität im Kontrast. Zur Struktur und Funktion türkischer Konverben und deutscher Konjunktionen, mit Blick auf ihre Verwendung durch monolinguale und bilinguale Kinder. In Johanson, Lars & Rehbein, Rehbein (Hrsg.): *Türkisch und Deutsch im Vergleich*. Wiesbaden: Harrassowitz, 189–243.

Rehbein, Jochen (1980): Sequentielles Erzählen. In Ehlich, Konrad (Hrsg.): *Erzählen im Alltag*. Frankfurt a. M.: Suhrkamp, 64–108.

Rehbein, Jochen (1987): Diskurs und Verstehen. Zur Rolle der Muttersprache bei der Textverarbeitung in der Zweitsprache. In Apeltauer, Ernst (Hrsg.): *Gesteuerter Zweitspracherwerb: Voraussetzungen und Konsequenzen für den Unterricht*. München: Hueber, 113–173.

Rehbein, Jochen & Karakoç, Birsel (2004): On Contact-induced language change of Turkish Aspects. In Darbelsteen, Christine & Jørgensen, Normann (eds.): *Languaging and languaging practices. Copenhagen Studies in Bilingualism*. Vol. 36. Copenhagen: University of Copenhagen, 125–149.

Schroeder, Christoph (1999): *The Turkish Nominal Phrase in Spoken Discourse*. Wiesbaden: Harrassowitz.

Schroeder, Christoph (2001): Prädikation im Türkischen. In Hackmack, Susanne & Wagner, Karl-Heinz (Hrsg.) *Prädikation*. Bremer Linguistik Workshop 2. Institut für Allgemeine und Angewandte Sprachwissenschaft Bremen (Hrsg.) Bremen: Staats- und Universitätsbibliothek, 73–90.

Schroeder, Christoph & Dollnick, Meral (2013): Mehrsprachige Gymnasiasten mit türkischem Hintergrund schreiben auf Türkisch. In Brandl, Heike; Arslan, Emre; Langelahn, Elke & Riehmer, Claudia (Hrsg.): *Mehrsprachig In Wissenschaft und Gesellschaft. Mehrsprachigkeit, Bildungsbeteiligung und Potenziale von Studierenden mit Migrationshintergrund*. Bielefeld, 101–114. http://biecoll.ub.uni-bielefeld.de/volltexte/2013/5274/index_de.html. (06.01.2013)

Schroeder, Christoph & Şimşek, Yazgül (2014): Das Türkische. In Krifka, Manfred; Jblaszczak, Joana; Leßmöllmann, Annette; Meinunger, André; Stiebels, Barbara; Tracy, Rosemarie & Truckenbrodt, Herbert (Hrsg.): Das mehrsprachige Klassenzimmer. Heidelberg: Springer, 115–133.

Schulz, Petra; Tracy, Rosemarie & Wenzel, Ramona (2008): Linguistische Sprachstandserhebung – Deutsch als Zweitsprache (LiSe-DaZ): Theoretische Grundlagen un derste Ergebnisse. In Ahrenholz, Bernt (Hrsg.): *Zweitspracherwerb. Diagnosen, Verläufe, Voraussetzungen*. Freiburg im Breisgau: Fillibach, 17–41.

Slobin, Dan Ian (1988): The development of clause chaining in Turkish child language. In Koç, Sabri (Hrsg.): *Studies on Turkish linguistics: Proceedings of the Fourth International Conference on Turkish Linguistics*, 17–19, Ankara: Middle East Technical University, 27–54.

Slobin, Dan Ian (1995): Converbs in Turkish child language: The grammaticalization of event coherence. In: Haspelmath, Martin & König, Ekkehard (Hrsg.): *Converbs in crosslinguistic perspective. Structure and meaning of adverbial verb forms – adverbial participles, gerunds*. Berlin: De Gruyter, 349–371.

Thoma, Dieter & Tracy, Rosemarie (2006): Deutsch als frühe Zweitsprache: zweite Erstsprache? In Ahrenholz, Bernt (Hrsg.): *Kinder mit Migrationshintergrund. Spracherwerb und Fördermöglichkeiten*. Freiburg im Breisgau: Fillibach, 58–79.

Tracy, Rosemarie (2008): Wie Kinder Sprachen lernen. Und wie wir sie dabei unterstützen können. 2. Auflage. Tübingen: Narr Francke Attempto Verlag.

Tracy, Rosemarie (2011): Mehrsprachigkeit: Realität, Irrtümer, Visionen. In Eichinger, Ludwig; Plewina, Albrecht & Steinle, Melanie (Hrsg.): Sprache und Integration. Über Mehrsprachigkeit und Migration. Tübingen: Narr Verlag, 69–100.

Weinhold, Swantje (2005): Narrative Strukturen als Sprungbrett in die Schriftlichkeit? In Wieler, Petra (Hrsg.): *Narratives Lernen in medialen und anderen Kontexten*. Freiburg im Breisgau: Fillibach, 69–84.

Wieler, Petra (1997): Vorlesen in der Familie: Fallstudien zur literarisch-kulturellen Sozialisation von Vierjährigen. Weinheim, München: Juventa.

Wildemann, Anja (2011): Mulitliteralität als Ausgangspunkt und Zielperspektive auf dem Weg in die Schrift. In Hüttis-Graf, Petra & Wieler, Petra (Hrsg.): *Übergänge zwischen Mündlichkeit und Schriftlichkeit im Vor- und Grundschulalter*. Freiburg im Breisgau: Fillibach, 273–290.

Anhang

Liste der verwendeten türkischsprachigen Bilderbücher

Aç tırtıl (Die kleine Raupe Nimmersatt), Eric Carle. Mavibulut, 2010.
Bremen mızıkaları (Die Bremer Stadtmusikanten), Grimm kardeşler. Mor Fil Yayınları, 2007.
Çirkin ördek yavrusu (Das hässliche Entleind), Grimm kardeşler. Mor Fil Yayınları, 2007.
Devekuşu Dudu (Dudu, der Strauß), Rachel Chaundler. kidz Redhouse kidz çocuk kitapları, 2008.
Kırmızı başlıklı kız (Rotkäppchen), Grimm kardeşler. Mor Fil Yayınları, 2007.
Küçük kertenkele (Die kleine Eidechse), Aytül Akal. Uçanbalık, 2009.
Koş balkabağım koş (Lauf, mein Kürbis, lauf), Eva Mejuto. kidz Redhouse kidz çocuk kitapları, 2007.
Memo ve Ay (Memo und der Mond), Alice Brière-Haquet. Mavibulut, 2011.
Sakar cadı Vini (Die tollpatschige Hexe Vini/ Hexe Zilly), Valerie Thomas. Türkiye İş Bankası Kültür Yayınları, 2007.

Transkriptionskonventionen nach HIAT (Ehlich; Rehbein 1976, 1981

Äußerungsendzeichen

. *Punkt* (Äußerungen mit deklarativem Modus)
? *Fragezeichen* (Äußerungen mit interrogativem Modus)
... *Ellipse-Punkte* (Abgebrochene Äußerungen)
– *Gedankenstrich* (Nicht abschließender Teil einer gemeinsam konstruierten Äußerung, Vorsprechen)

Pausenzeichen

• *einfacher Pausenpunkt* (kurzes Stocken im Redefluss)
•• *doppelter Pausenpunkt* (geschätzte Pause bis zu einer halben Sekunde)
••• *dreifacher Pausenpunkt* (geschätzte Pause bis zu einer dreiviertel Sekunde)
((5s)) *numerische Pausenangabe* (gemessene Pause oder geschätzte Pause ab einer Sekunde)

Zeichen für intrasegmentale Phänomene und sonstige Zeichen

, *Komma* (Sprechhandlungsaugmente, Herausstellungen und Ausklammerungen, Nebensätze, Reihung)
- *Bindestrich* (Teilwörter)
– *Gedankenstrich* (Parenthesen)
/ *Schrägstrich* (Reparatur)
' *Apostroph* (Glottalverschluss)

Verwendete Abkürzungen für transliterale Übersetzungen

1.	erste Person	IMP	Imperativ	POT	Potential
2.	zweite Person	IMPF	Imperfekt	PRÄS	Präsens
3.	dritte Person	INF	Infinitiv	PRÄT	Präteritum
ABIL	Abilitativ	KOND	Konditional	PRF	Perfektiv
AKK	Akkusativ	KONJ	Konjunktiv	PRT	Partizip
AOR	Aorist	KONV	Konverb (Gerundium)	SG	Singular
ATTR	Attributsmarker	LOK	Lokativ	TAM	Tempus/Modus/Aspekt
DAT	Dativ	NEG	Negation	QUE	Interrogativelement
DIM	Diminutiv (-cik)	NOM	Nominalisierung		
FUT	Futur	PL	Plural		
GEN	Genitiv	POSS	Possesiv		

Heike Baake, Henriette Hoppe
Schreibphasen in der Narration – Mehrsprachigkeit genutzt?

1 Schreibprozesse

Schreiben stellt eine komplexe Handlung dar; darüber ist sich die Forschungsgemeinschaft einig. Wie Schreiben modellhaft abgebildet werden kann, ist durchaus umstritten. Nichtsdestotrotz liegt mit dem kognitiven Modell des Schreibens von Hayes & Flower (1980) ein Schreibmodell vor, das seit mehreren Jahrzehnten großen Einfluss auf die Schreibprozessforschung hat (vgl. zur Übersicht Sieber 2006; Wrobel 2014). Hayes & Flower zufolge lässt sich der Schreibprozess in die Komponenten Planen, Formulieren und Überprüfen unterteilen; diese drei Komponenten werden durch den Monitor gesteuert. Auf den Schreibprozess wirken das Aufgabenumfeld und das kognitive Umfeld ein. Die einzelnen Phasen werden nicht als in sich abgeschlossene Module angenommen, die nacheinander durchlaufen werden. Stattdessen können sie sich, so Hayes & Flower (1980), gegenseitig beeinflussen, so dass auch Sprünge zwischen den einzelnen Modulen möglich sind.

Da dieses Modell Mehrsprachigkeit nicht berücksichtigt, hat Grießhaber (2010) es so modifiziert, dass diejenigen Komponenten, auf die die Sprachhintergründe einwirken, sichtbar gemacht werden. So geht er von L2-Einflüssen im Aufgabenumfeld, im Langzeitgedächtnis wie auch beim Formulieren und in einem Teilbereich der Überprüfung aus.

Nach Grießhaber „sind die größten unmittelbaren sprachbezogenen Besonderheiten des L2-Schreibens [in der `Prozess-Werkstatt´] anzunehmen, da hier Wortschatz und Grammatik der verschiedenen Sprachen eine zentrale Rolle zukommt" (Grießhaber 2010:233). Als Prozesswerkstatt gelten die Komponenten Planen, Formulieren und Überarbeiten. Zum Bereich des Planens gehören das Ideen-Generieren, das Strukturieren und das Ziele-Setzen. Dieser Bereich ist, so Grießhaber, frei von L2-Einflüssen, wird jedoch durch das Langzeitgedächtnis genährt, in das L2-Einflüsse auf die Wissensbereiche Thema, Adressat und Schreibpläne einwirken können. Auch für das Lesen in der Überprüfungs-Komponente wird von einem Einfluss der L2 ausgegangen. Der Bereich des Formulierens, also das Modul, das bei Hayes & Flower als *Translating* bezeichnet wird, rekurriert auf das L1- und das L2-Lexikon wie auch auf die L1- und die L2-Grammatik. Wrobel (2014:89) bezeichnet dieses Modul von Flower & Hayes als „das problematischste", da es „mehr benannt als begriffen und nicht weiter differenziert" ist. Auch Grießhaber führt nicht weiter aus, wie das *Translating* zudem im Zusammenspiel zweier oder mehrerer Sprachen gedacht werden kann.

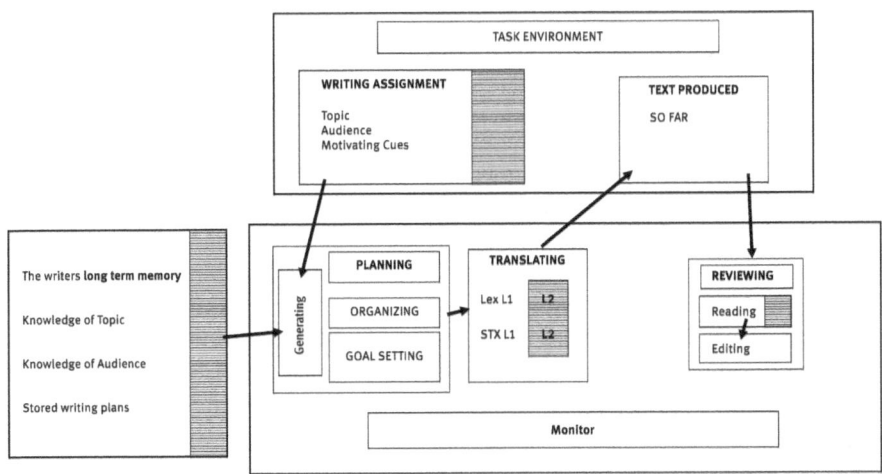

Abb. 1: Grießhabers modifiziertes Modell von Hayes & Flower, zit. nach Grießhaber 2010:232

Dieser Bereich erscheint uns generell, aber besonders bei Mehrsprachigen ein höchst interessanter und bedarf deshalb der genaueren Betrachtung. In Bezug auf die Schreib- (wie auch Sprech-) Kompetenzen stellt sich die Frage, wie Mehrsprachige ihre beiden Sprachen verwalten, wie auf Wörter, grammatische Strukturen, Routinen etc. der einen oder anderen zugegriffen wird. Vor dem Hintergrund der Ressourcennutzung von Mehrsprachigkeit stellt sich weiterhin die Frage, wie jeweils spezifische sprachliche Anteile der einen Sprache ausgewählt und die andere(n) gehemmt werden. Gleichzeitig scheint vor dem Hintergrund, ob und wie durch das Verfügen über mehrere Sprachen und damit verbundene Erfahrungen, Emotionen, verknüpftes Wissen etc. dieses „Mehr" in spezifischen Situationen vorteilhaft sein kann.

Der *Translating*-Bereich wird daher um Modelle des mentalen Lexikon erweitert, um Modellierungen der L1- und L2-Lexika spezifischer zu berücksichtigen[1].

---

[1] Für einen Überblick siehe Costa 2005; Murre 2005; Thomas & Van Heuven 2005; Wartenburger 2010.

Zunächst wären daher die im Langzeitgedächtnis benannten Aspekte im Modell von Hayes & Flower bzw. in Grießhabers Adaption um das mentale Lexikon zu erweitern. Ohne diese Ergänzung scheint nicht nachvollziehbar, auf was der/die Schreibende sich im *Translating*-Modul bezieht bzw. woher die notwendigen semantisch-konzeptuellen und lexikalischen Informationen generiert werden. Auch wenn in der Forschergemeinde keine Einigkeit über die genaue Konzeption des bzw. der mehrsprachigen mentalen Lexika besteht, lässt sich anhand der vorliegenden Modelle jeweils nachvollziehen, wie die sprachlichen Informationen im Gehirn gespeichert sein könnten und wie darauf zugegriffen wird. Viele Modelle dieser Art sind neuronale Netzwerkmodelle, bei denen (Teil-)Informationen in Neuronen lokalisiert werden.

Die heutige Forschungslage weist darauf hin, dass von einem für alle Sprachen gemeinsamen semantisch-konzeptuellen System auszugehen ist (Wartenburger 2010: 179).

Teils wird jedoch angenommen, dass alle weiteren sprachlichen Informationen, egal welcher Sprache sie angehören, in einem gemeinsamen mentalen Lexikon gespeichert sind; teils besteht die Annahme, dass es pro Sprache ein eigenes mentales Lexikon gibt. So vertreten beispielsweise Dijkstra & van Heuven (1998, zit. nach Thomas & van Heuven 2005: 206ff.) mit dem *Bilingual Interactive Activation Model* (BIA) und der überarbeiteten Version BIA+ (Dijstra & Van Heuven 2002), dass von einem gemeinsamen mentalen Lexikon für alle Sprachen auszugehen ist. Sie gehen von einem Sprachknoten aus, der über der Wort-, Buchstaben- und Einzelkennzeichen-(*feature*)-Ebene steht. Bei einer Aktivierung erfolgt keine Trennung in Einzelsprachen, d.h. es werden alle Wörter aus allen Sprachen aktiviert. Jeder Anfangsbuchstabe aktiviert Wörter, die diesen Buchstaben an derselben Position haben und hemmt diejenigen, die einen anderen Anfangsbuchstaben aufweisen. Alle Wörter sind miteinander verbunden, so dass sie in einer so genannten lateralen Hemmung ihre Aktivierung gegenseitig hemmen können. Das Aktivierungsniveau der Wörter ist neben der Frequenz jedoch auch vom Kompetenzniveau in der jeweiligen Sprache abhängig.

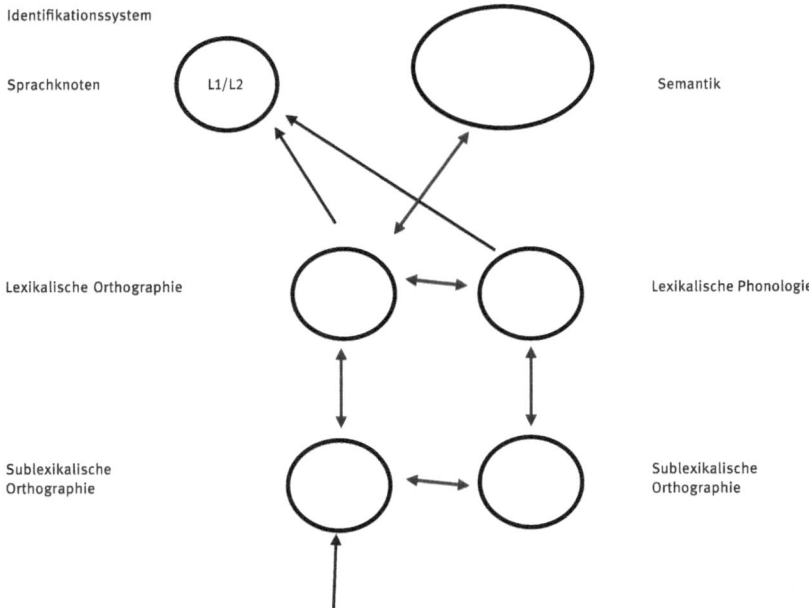

Abb. 2: erweitertes Bilingual Interactive Activation Model (BIA+) von Dikstra & Van Heuven 2002, zit. nach Dijkstra 2005:197

Demgegenüber gehen Kroll & Stewart (1994, zit. nach Wartenburger 2010) mit dem *Revised-Hierarchical-Model* (RHM) davon aus, dass die Lexika der einzelnen Sprachen getrennt voneinander zu betrachten sind, auch wenn sie das semantisch-konzeptuelle System teilen. Während Wörter, die im mentalen Lexikon als L1 erworben worden sind, eine direkte und starke Verbindung zum semantisch-konzeptuellen System besitzen, sind Wörter in einer später hinzutretenden L2 zunächst indirekt über die L1-Einträge mit ihm verbunden (vgl. Abb. 2). Erst mit einem höheren Kompetenzniveau in der L2 bauen sich die Verbindungen zum semantisch-konzeptuellen System unabhängig auf. Mit dem RHM lassen sich insbesondere zeitliche Verzögerungen in der zweitsprachlichen Produktion erklären, diese werden zumindest so lange angenommen, solange es größere Kompetenzunterschiede zwischen der L1 und der L2 gibt.

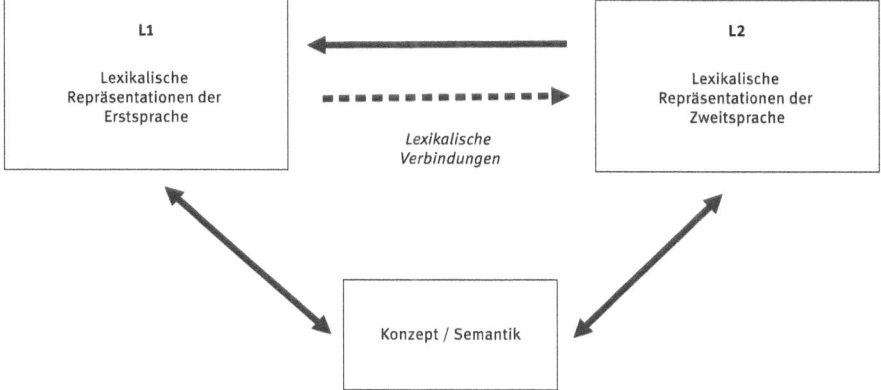

Abb. 3: Revised-Hierarchical-Model (RHM) nach Kroll & Stewart, zit. nach Wartenburger 2010:180

Ein Sprachwechsel während der Planungsphase einer Schreibaufgabe könnte daher anhand beider Modelle erklärt werden. In beiden Modellen spielt das Kompetenzniveau wie auch die Frequenz eine wichtige Rolle für die Auswahl (*selection*) eines Wortes in einer spezifischen Sprache. Beispielsweise ist das Nutzen einer narrativen Routine wie *e poi* („und dann") auf diese Weise erklärbar.

2 Schriftspracherwerb

Der Schriftspracherwerb rekurriert nicht nur auf den motorischen und orthographischen Aspekt, sondern vor allem auch auf die „Fähigkeit, schriftliche Texte zu verfassen" (Feilke 2006: 179). Er wird deshalb „als die Aneignung der Formen der *schriftlichen Sprache* (Formaspekt, konzeptionell schriftlich) und der Normen der *Schriftsprache* (Normaspekt) im Medium *geschriebener Sprache* (medialer Aspekt)" (Feilke 2006: 179; Hervorhebungen im Original) verstanden. Er bezieht die gesamte sprachliche Kompetenz mit ein und restrukturiert sie (vgl. auch Vygotskij 2002).

> „Schriftsprachlichkeit eröffnet (...) im Erwerb ein neues Feld für die Synthese sprachlicher Formen (...). Morphologisch komplexe Wörter, der komplexe Satz, ebenso das Feld differenzierter textualer Sprachhandlungen, Prozeduren und Sorten sind – indem sie hochgradig funktional motiviert sind – an die Bedingungen von Schriftlichkeit gekoppelt (...)".
> (Feilke 2006: 178)

Auf die im Hayes & Flower-Modell bezogenen Komponenten umreißt Pohl (2014) die Forschungslage der Entwicklungstendenzen. Für die Entwicklung der Planungskompetenz fasst er zusammen, dass Schreibhandlungen in den ersten Grundschuljahren durch keine oder lediglich geringe Planungskompetenz geprägt sind.[2] Dieses Anfangsstadium des Schriftspracherwerbs wird eben, so die einschlägigen Forschungsergebnisse, von einer assoziativen Textentfaltungsstrategie dominiert (Pohl 2014: 114). Diese Kompetenz nimmt jedoch mit zunehmender Jahrgangsstufe, auch schon in der Grundschule, zu. Die Entwicklung der Formulierungskompetenz hingegen kann in der Tendenz „von sprechsprachlicher, durch die online-Produktion affizierten, zu schriftsprachlichen durchkonstruierten Struktur- und Ausdrucksformen" (Pohl 2014: 115) charakterisiert werden. Am Anfang werden noch viele dem konzeptionell mündlichen Kommunikationsbereich entstammende Wörter und grammatische Strukturen benutzt, während mit zunehmendem Schreibalter syntaktisch, phrasal und morphologisch komplexere Strukturen gebildet werden können. Die Überarbeitungskompetenz entwickelt sich von Überarbeitungen an der Textoberfläche zu denen der Texttiefenstruktur einerseits und andererseits von lokalen zu globalen Überarbeitungen. Ersteres beinhaltet vorzugsweise Korrekturen an der Orthographie, letzteres beispielsweise Überarbeitungen hinsichtlich der Kohärenz.

Für mehrsprachige Schüler/-innen findet dieser bereichernde Aneignungsprozess zudem in einem erweiterten Feld statt, da das bereits erworbene Sprachwissen in mehreren Sprachen vorliegt, sicherlich nicht als schlicht gedoppeltes oder verdreifachtes Wissen, sondern mit anderen Kompetenzen versehen als bei einsprachigen. In den meisten Fällen wird das vorhandene Wissen nicht in allen Sprachen in gleicher Weise im schriftlich-konzeptionellen Bereich gefördert[3]. Mehrsprachige Schüler/-innen verfügen aber auch unabhängig von dieser konzeptuell-schriftlichen Bildung über sprachliche Erfahrungen und Sprachwissen, das ihren einsprachigen Mitschüler/-innen nicht zur Verfügung steht.

---

2 Für eine kritische Betrachtung, in der eher von unterschiedlichen Schreibtypen als von allgemeinen Entwicklungstendenzen dieser Einzelkategorien Planen, Formulieren und Überarbeiten ausgegangen wird, siehe Ortner 2000.
3 Eine Ausnahme bilden die bilingual ausgerichteten Staatlichen Europaschulen, deren Zielsetzung die Bildung, also sowohl die „kulturelle" als auch die schulische, in und mit den jeweiligen zwei Partnersprachen ist.

3 Erzählung und Erzählerwerb

3.1 Zur Erzählung

Die Erzählung ist eine Darstellungsform, die sich von anderen Darstellungsformen u.a. durch ihren emotionalen Gehalt und vor allem dadurch abgrenzen lässt, dass ein Geschehen erzählt wird. Die Funktion des Erzählens liegt unter anderem darin, Erfahrungen und subjektive Erlebnisse zu organisieren und mit einem anderen Menschen zu teilen (vgl. Klann-Delius 2005: 13). In Bezug auf die Darstellungssituation kann zwischen mündlichen und schriftlichen sowie zwischen monologischen und dialogischen Erzählungen unterschieden werden; innerhalb dieser Konstellationen können weitere inhaltliche Differenzierungen vorgenommen werden wie zum Beispiel hinsichtlich des Wirklichkeitsbezugs einer Erzählung.

Als Prototyp der Textsorte Erzählung wird häufig die Höhepunkterzählung (vgl. Labov & Waletzky 1967) angeführt, die in der mündlichen Alltagskommunikation angesiedelt ist. Als Bestandteile einer solchen idealtypischen Alltagskommunikation gelten die Orientierung, die Handlungskomplikation, die Evaluation und das Resultat[4]. Weitere Versuche, die Struktur von Erzählungen zu beschreiben, münden in sogenannte *Story grammars*, narrative Strukturmodelle wie beispielsweise von Boueke und Schülein (1988), die hierarchisch organisiert sind. Diese Strukturmodelle wurden auf der Grundlage von Texten entwickelt und bilden eine mögliche Form des fertigen Texts ab, verweisen aber gleichzeitig auf Elemente der Entstehung der Geschichte. Es sollen damit außerdem kognitive Strukturen abgebildet werden, über die Erzähler bzw. Hörer von Geschichten verfügen müssen.

3.2 Der Erzählerwerb

Zur Analyse von Erzählhandlungen liegen mit Boueke et al. (1995) sowie Hausendorf / Quasthoff (1996) empirische Studien[5] vor, die unterschiedliche theoretische Annahmen zugrunde legen und dennoch zu vergleichbaren Ergebnissen

---

[4] Grundlegend sind nach Boueke nur die Linearisierung, der Bruch des erwarteten Ereignisverlaufs und die emotionale Qualifizierung (vgl. August 2010: 63).
[5] Eine kritische Wertung des Versuchsaufbaus der Studien hat Knapp (2001) vorgenommen; auch insofern liegt die Relativierung der Stufenmodelle nahe.

kommen[6]. Da Hausendorf / Quasthoff einen Fokus auf die Erzählhandlungen im Dialog legen und Aufgaben formulieren, die vom Sprecher und Zuhörer in der Interaktion geleistet werden, wird im Folgenden das Modell von Boueke et al. (1995) ausführlicher dargestellt:

Boueke et al. entwickeln ein Modell mit vier Stufen, die aufeinander aufbauen und grundsätzlich verschiedenen Altersgruppen zugewiesen werden können:

Auf der Stufe des isolierten Erzählens (1), die bei der Gruppe der Kindergartenkinder nachgewiesen werden konnte, werden die Ereignisse eher unverbunden nebeneinander gesetzt. Der Texttyp des linear strukturierten Erzählens (2) zeichnet sich durch eine stärkere Verknüpfung der Ereignisse aus, wobei die Ereignisse noch additiv aneinandergereiht werden. Er wird von Kindergartenkindern und Zweitklässlern angewandt. Die Stufe des kontrastiv strukturierten Erzählens (3) ist erreicht, wenn die Ereignisfolge episodisch markiert und strukturiert ist. Ein bestimmtes Ereignis kann damit gegenüber den vorangegangenen Ereignissen hervorgehoben werden. Dazu sind Zweit- und Viertklässler in der Lage. Die vierte Stufe zeichnet sich dadurch aus, dass die Erzählung in Exposition, Komplikation und Auflösung gegliedert ist und dass eine affektive Markierung vorliegt, d.h. der Zuhörer wird in die Erzählung einbezogen und die Ereignisse werden vom Sprecher gewertet[7]. Das Fortschreiten von einer Stufe zur nächsten resultiert aus der kognitiven Entwicklung des Kindes sowie der vom Kind empfundenen Unzulänglichkeit der jeweiligen Stufe; weiter spielen sprachliches Wissen und der Einfluss der Umgebung eine Rolle.

Mitunter werden die verschiedenen Stufen des Erzählerwerbs als paradigmatisch für andere Textsorten bzw. als die „treibende Kraft aller anderen Textsorten" (August 2010: 64) angesehen und sind in Teilen mit verschiedenen Modi der Textproduktion vergleichbar (vgl. Feilke 2006: 184).

An den Stufenmodellen ist allerdings auch Kritik geübt worden. Während die emotionale Qualifizierung im Stufenmodell erst auf der vierten Stufe auftritt, kann August z.B. nachweisen, dass die „emotionale Qualifizierung ein eigenständiges Phänomen ist, das die erzählenden Kinder von Anfang an beschäftigt" (August 2010: 65). Die Struktur einer Geschichte und die emotionale

---

6 Obgleich diese Studien sich auf das mündliche Erzählen beziehen, können die herausgearbeiteten Stufen (u.a. wegen der standardisierten Erhebungssituation) auf das schriftliche Erzählen übertragen werden (vgl. Gantefort 2013: 149).

7 Da der Erzählerwerb individuell sehr unterschiedlich verläuft, sind die Alterszuordnungen nicht durchgängig aufrechtzuerhalten. Köhler weist nach, dass bereits Zweitklässler die vierte Stufe nach Boueke et al. erreicht haben (vgl. Köhler 2014).

Involvierung können nach Augst nur „im Redestrom oder schriftlich Zeile für Zeile linear realisiert werden" und seien daher „aufs Engste miteinander verwoben wie ein Seil, das aus zwei Fäden gewirkt ist" (Augst 2010: 65). Gerade beim schriftlichen Erzählen liege nun die Herausforderung darin, „analoge schriftliche Ausdrucksformen zu finden, die an die Stelle der paraverbalen Merkmale treten" (Augst 2010: 90). Während Augst (2010: 91) verschiedene Stilmerkmale in Texten bereits von Zweitklässlern festmacht und resümiert, dass die Kinder beim fiktionalen Erzählen vor allem auf die schulische Anleitung zurückgreifen, können in den Texten der mehrsprachigen Schülerinnen und Schüler des vorliegenden Korpus weitere Stilmittel bzw. individuelle Ausdrucksformen narrativer Kompetenz nachgewiesen werden, die dafür sprechen, dass diese Schüler schon sehr früh einen eigenen Erzählton ausprägen, der möglicherweise die Fähigkeiten im Bereich der Strukturierung überlagert.

Vor diesem Hintergrund ist auf die generelle Problematik von Stufenmodellen hinzuweisen. Zu hinterfragen sind diese Modelle, weil sie zum einen entwicklungspsychologisch nicht haltbar sind; andererseits konnte gezeigt werden, dass Kinder zum selben Erhebungszeitpunkt unterschiedliche Strukturtypen produzieren und die Produktion zudem von verschiedenen Kontextbedingungen abhängig ist (vgl. Andresen 2013; Andresen 2005).

Tendenz neuerer Forschungsarbeiten ist die Analyse des Erzählerwerbs nach weiter ausdifferenzierten Erzählformen. Es wird nachgewiesen, dass die Organisation von Erzählungen bei Kindern je nach dem Genre variiert (vgl. Becker 2013; Becker 2011; Köhler 2014); außerdem kann der positive Einfluss von aus der Literatur stammenden narrativen Modellen auf die Erzählfähigkeit von Kindern (vgl. Ohlhus 2011) sowie der Einfluss von interaktiven Aneignungskontexten auf den Erwerb von Textproduktionskompetenz (vgl. Quasthoff; Ohlhus & Stude 2009) nachgewiesen werden. Für die gegenwärtige Erzählforschung kann resümiert werden, dass nicht mehr die Erforschung der Entwicklung einer umfassenden Erzählkompetenz im Vordergrund steht, sondern die Varianz narrativer Formen und das Interesse an verschiedenen narrativen Genres und kontextuellen Bedingungen des Erzählens in den Blick rücken. Für die vorliegende Studie ist der Fokus wie oben beschrieben auf die prozess- und produktbezogenen Einflüsse der Mehrsprachigkeit gerichtet.

3.3 Schriftliches Erzählen im mehrsprachigen Kontext

Der aktuelle Forschungsstand zum schriftlichen Erzählen im mehrsprachigen Kontext ist laut Gantefort (vgl. Gantefort 2013) stark ausdifferenziert: Die Studien unterscheiden sich im Hinblick auf die Auswahl der Sprachenpaare, auf die

Medialität, die verwendeten Elizitierungstechniken, die Forschungstechniken und die untersuchten sprachlichen Aspekte der Erzählungen (vgl. Gantefort 2013). Ein Schwerpunkt von empirischen Untersuchungen, die sich dem Erzählerwerb im Grundschulalter widmen und im deutschen Sprachraum angesiedelt sind, liegt in der Untersuchung der Unterschiede zwischen dem mündlichen und dem schriftlichen Erzählerwerb (z.B. Belke 1990; Schmölzer-Eibinger 2008)[8].

Wichtiges Ergebnis verschiedener Untersuchungen in Bezug auf verschiedene Sprachkonstellationen ist, dass die „Fähigkeit zur Bildung von Makrostrukturen [...] wahrscheinlich weitgehend von der einzelnen konkreten Sprache unabhängig [ist]" (Knapp 1997: 228). Die Erzählkompetenz als eine Makrostruktur muss damit nicht für „jede konkrete Sprache gesondert erworben werden" (Knapp 1997: 228). Auch aktuelle empirische Untersuchungen aus anderen Sprachzusammenhängen belegen, dass die Kompetenzen in narrationsspezifischen Diskursfunktionen in „stärkerem Maße von allgemeinen (Erwerbs-) Prinzipien menschlicher Kognition ab[hängen] als von den einzelsprachlichen Möglichkeiten, die bestimmte Sprachen dazu bieten" (Gantefort 2013: 157).

4 Forschungsdesign

Die hier vorgestellten Daten stellen ein Teilkorpus eines Forschungsprojekts zum Umgang mit und Einsatz von Materialien im bilingualen Unterricht dar und wurden im Schuljahr 2013/14 erhoben.

An dieser Stelle wird der Frage nachgegangen, ob mehrsprachige Schülerinnen und Schüler sprachliche Kompetenzen, die aus der Mehrsprachigkeit resultieren, in narrativen Schriftproduktionen einsetzen. Fokussiert werden dabei die Schreibphasen, in denen Einflüsse der Mehrsprachigkeit sichtbar werden können: Kommt und wenn ja, in welchen Phasen kommt eine Nutzung der Mehrsprachigkeit vor? Unter der Voraussetzung einer Nutzung: In welcher Weise beeinflusst die Mehrsprachigkeit die Planungs-, Formulierungs- oder auch Überarbeitungsphase des Schreibprozesses?

---

8 Des Weiteren sind zwei Zeitschriftenbände zu nennen, die sich dem Thema schriftliche Mehrsprachigkeit in verschiedenen Hinsichten widmen: In LiLi 174/2014 wird unter anderem das Verhältnis der Aneignung von Mündlichkeit und Schriftlichkeit im Kontext von Mehrsprachigkeit zum Gegenstand gemacht; in der Ausgabe von OBST 82/ 2013 werden unter anderem Rahmenbedingungen mehrsprachiger Sprachaneignung sowie Aspekte der Alphabetisierung zum Thema gemacht.

4.1 Probanden

Probanden sind sechs Schüler/-innen (SuS) der 4. Klasse einer deutsch-italienischen Grundschule in Baden-Württemberg: Roberto (10,10 Jahre), Marco (9,10 Jahre), Carla (10,10 Jahre), Anna (10,10), Lara (10,9 Jahre) und Rosalia (10,4 Jahre). Die Erst- und Familiensprache der Kinder ist Italienisch, sie sind jedoch in Deutschland aufgewachsen und sprechen fließend Deutsch. Schulisch sind sie als dominant italienisch eingeteilt worden[9].

Die bilingualen Klassen dieser Schule werden im Sinne der Europaschulen mit der Zielsetzung der schulischen Bildung in zwei Sprachen und Kulturen geführt. Beide Sprachen gelten als gleichberechtigt und werden als „Partnersprachen" verstanden. In der Umsetzung bedeutet das, dass Sprachunterricht in beiden Sprachen erteilt wird. Daneben gibt es Klassenteilungsstunden, in denen Inhalte zunächst in der einen und im Anschluss in der anderen Sprache vermittelt werden. Außerdem wird Unterricht im *Teamteaching* von jeweils einer deutschen und einer italienischen Lehrkraft gemeinsam, eben zweisprachig, durchgeführt. Der Schriftspracherwerb erfolgt für die SuS ab der ersten Klasse in beiden Sprachen.

4.2 Methoden

Die Schreibaufgabe, die den SuS im vorliegenden Setting gestellt wurde, ist dem FörMig-Instrument Tulpenbeet entnommen[10], welches als förderdiagnostisches Instrument entwickelt wurde.

Die im Tulpenbeet-Instrument gestellte Aufgabe verlangt von den Schreibern, aus den abgebildeten fünf Bildern eine Geschichte schriftlich jeweils in der Erst- und der Zweitsprache zu erzählen. Das der Geschichte zugrundeliegende Script kann wie folgt beschrieben werden (vgl. Gantefort & Roth 2008: 30): Ein Vater möchte bei einem Spaziergang im Park seine beiden Kinder fotografieren. Er weist die Kinder an, sich auf eine Bank zu setzen, und versucht nun, das Foto zu schießen. Da der gewählte Ausschnitt zu groß ist, geht der

---

9 Es gibt zu Schulbeginn eine Einteilung der Schüler/-innen je nach dominanter Sprache zu den jeweiligen Sprachgruppen (Deutsch, Italienisch). Diese erfolgt in der Regel informell durch die Eltern.
10 Die Ausführungen in diesem Unterpunkt sind den Erläuterungen zur Konzeption des Tulpenbeet-Instruments entnommen: Vgl. Gantefort & Roth 2008: 29ff. Wir danken an dieser Stelle Hans-Joachim Roth für die Erlaubnis, das Instrument innerhalb unseres Forschungssettings zu benutzen.

Vater ein paar Schritte zurück und stürzt dabei rückwärts in ein Tulpenbeet. Das letzte Bild der Bildergeschichte zeigt dieses Motiv als Fotographie, die die Kinder vom im Tulpenbeet liegenden Vater gemacht haben.

Anstelle des dritten Bildes ist in dem Test ein Fragezeichen vermerkt, welches die Kinder selbst mit Inhalt füllen sollen. Sie sollen „die ‚auslösende Komplikation' der Ereignisfolge eigenständig heraus[zu]arbeiten, also sprachlich [darstellen], wie es zu dem Sturz ins Tulpenbeet gekommen ist." (Gantefort & Roth 2008: 30).

Um eine mögliche Nutzung der Mehrsprachigkeit während des Schreibprozesses sichtbar zu machen, wurde eine Phasierung des Schreibprozesses durch die Aufgabenstellung evoziert. So sind die Schüler/-innen vor dem Schreibprozess aufgefordert worden zu überlegen, wie sie die Aufgabe bewältigen wollen. Ebenso wurden sie auf die Möglichkeit von Überarbeitungen und Verbesserungen nach dem (ersten) Schreiben hingewiesen. Die Textproduktion fand in unmittelbarer Folge zunächst auf Deutsch und im Anschluss auf Italienisch statt.

Während der Aufgabenbearbeitung, also während des Planens, Schreibens und Überarbeitens, sind zusätzlich Lautes-Denken-Protokolle erstellt worden, die als Audioaufnahme festgehalten wurden. Die Methode des Lauten Denkens gehört zu den introspektiven Verfahren. Sie dient dem Sichtbarmachen von Gedanken, Gefühlen und Wahrnehmungen während der Bearbeitung einer Aufgabe. „Wie Ericsson und Simon (1993) feststellten, ist die engste Verbindung zwischen Denken und verbalen Berichten dann nachweisbar, wenn das Individuum seine Gedanken unmittelbar im Zuge der Aufgabenbearbeitung in Worte fasst (*Introspektion*)" (Konrad 2010: 476). Daher wird eben diese Form der Lautes-Denken-Protokolle eingesetzt. Diese Methode ist inzwischen in der Fremdsprachenforschung als auch der Psychologie anerkannt und weitgehend etabliert (Heine 2014: 122f.). Sie fußt theoretisch auf Informationsverarbeitungsmodellen, die die Informationsverarbeitung und -speicherung im Gehirn konzipieren.

Vor der eigentlichen Aufgabenbearbeitung sind die Probanden in Kleingruppen durch eine Trainingsaufgabe mit der Methode des Lauten Denkens vertraut gemacht worden. Die Aufforderung laut zu denken, während eine Aufgabe bearbeitet wird, stellt eine ungewohnte und herausfordernde Aufgabe insbesondere für Grundschulkinder dar, die sehr dialogisch ausgerichtet sind. Daher waren Erinnerungen, Bestätigungen und wiederholte Aufforderungen zum lauten Denken während der Bearbeitung teilweise nötig. Die eigentliche Bearbeitung fand einzeln in separaten Räumen mit einer Interviewerin (vgl. Abschnitt 5.1) statt.

Die Probanden erhielten die explizite Möglichkeit, bei der Verbalisierung ihrer Gedanken zwischen den Sprachen frei zu wählen. Zudem wurde die Aufforderung zum lauten Denken bzw. die Nachfrage nach den Gedanken nicht nur auf Deutsch, sondern auch auf Italienisch gegeben. Die aufgenommenen Audio-Daten wurden im Nachhinein nach GAT-Konventionen transkribiert.

5 Auswertung

5.1 Grundlagen der Analyse

Bei der vorliegenden Analyse handelt es sich um eine datengeleitete Analyse mit dem Ziel, Einflüsse der Mehrsprachigkeit auf verschiedenen Ebenen (s.o.) zu rekonstruieren. Aufgrund der durch die Interviewerinnen angelegte Phasierung des Schreibprozesses werden Sprachwechsel in der Planung offenbar, die im Textprodukt bereits bereinigt sind, so dass Rückgriffe auf die jeweils andere Sprache sichtbar werden. Da Textproduktionen in beiden Sprachen vorliegen, kann nachvollzogen werden, in welcher Hinsicht die Textproduktion in einer der Sprachen eine Folie für die Produktion in der jeweils anderen Sprache darstellt und wie die Formulierungsentscheidungen für den aktuell bearbeiteten Text durch den jeweils anderen beeinflusst wurden[11].

Anhand von Beispielen soll im Folgenden nachvollzogen werden, in welcher Weise sich die narrative Textkompetenz durch den Rückgriff auf die eine oder andere Sprachen konstituiert und wie die Verwendung der Erstsprache während des Schreibens auf den Schreibprozess wirkt.

Vorab ist darauf hinzuweisen, dass – analog zur allgemeinen Forschungslage (s. Punkt 2) – die Schüler/-innen kaum Gebrauch von Planungshandlungen machten, wie durch die Lautes- Denken-Protokolle sichtbar wird. Die Schüler/-innen formulierten die Erzählung mit äußerst geringer zeitlicher Verzögerung und/oder Überlegungen auf einer globalen Ebene so, wie sie sie im Anschluss aufschrieben. Erst in Sequenzen des Überarbeitens scheinen teils „innere" Fragen nach der Grobplanung der Erzählung aufgetaucht zu sein.

---

11 Vgl. zur differenzierten Betrachtung von Indikatoren des Sprachvergleichs im Schriftlichen und Mündlichen Gantefort & Roth 2008: 212.

5.2 Impulse der Mehrsprachigkeit

5.2.1 Formulierungsfundus Mehrsprachigkeit[12]

Die Ausprägung eines Erzähltons, also die individuell geprägte Verwendung typischer narrativer Elemente im schriftlichen Text, kommt in unterschiedlicher Hinsicht zum Ausdruck: Bei Roberto zum Beispiel liegen affektive Markierungen wie die wörtliche Rede vor, z.B. heißt es:

> (1) *Der Vater sagt Könnt ich euch bitte hinsezen weil ich möchte euch ein Foto machen, will.*

Außerdem werden Erklärungsansätze für das Verhalten der Figuren geliefert:

> (2) *es hat im Bild nich gans reingepast deswegen ist er no etwa 2-3 schrite nach hinen gelaufen....*

Der Erzählton kann an anderer Stelle gerade durch die sprachlichen Merkmale konzeptueller Schriftlichkeit wahrgenommen werden. Anna formuliert zum Beispiel zweimal einen indirekten Fragesatz mit „ob", wohingegen in der italienischen Erzählung die wörtliche Rede vorkommt, die aber nicht als solche markiert ist. Ebenfalls indirekte Fragesätze wählt Marco, wenn er zu dem in der Bildergeschichte fehlenden Bild schreibt:

> (3) *Er fragt den Kindern, ob jemand von ihnen ein Foto schiesen könnte.*

In seiner italienischen Fassung heißt es:

> (4) *e da a uno dei due bambini la macchina fotografica* [und er gibt einem der beiden Kindern den Fotoapparat].

Während in der Erstsprache demnach viel konkreter das Bild beschrieben wird, wird für die zweitsprachliche Erzählung eine komplexere Formulierung gewählt, nämlich wie bei Lara die indirekte Frage.

In einigen Texten fällt die inflationäre Verwendung des temporalen Adverbs *dann* auf, die zum Teil durch den Rückgriff auf die italienischen Texte erklärt werden kann:

---

[12] Im Folgenden werden die Zitate aus den schriftlichen Schülertexten in kursiver Schrift markiert. Die italienischen Texte werden in eckigen Klammern übersetzt.

Bei Annas schriftlicher Erzählung klingt der Schluss (5) Dann ist das foto schön geworden zwar wie ein Abschluss; allerdings ist die Formulierung mit „dann" unpassend, da sie eher eine Aneinanderreihung von Handlungsschritten zum Ausdruck bringt, um die es sich hier nicht handelt. In der in der Planungsphase mündlich vorgetragenen Fassung der Erzählung hieß es:

(5) da ist das foto halt schön geworden

was den Schluss nahelegt, dass es sich in der schriftlichen Erzählung nicht um ein temporales „dann" handeln soll, sondern um eine zusammenfassende Aussage. Die Wahl des temporalen Adverbs findet sich auch in der italienischen Erzählung, in der sie schreibt:

(6) E il fotografo e caduto nelle fiori [Und der Fotograph ist in die Blumen gestürzt.]
(7) E la fote e venuta bella. [Und das Foto ist schön geworden.]

Der hier durch die im Italienischen vorgenommene Parallelisierung realisierte Erzählmodus ist auch im Deutschen umgesetzt worden:

(8) Dann ist der fotograf in den blumen gefallen [...]. Dann ist das foto schön geworden.

Die im Italienischen gewählte Formulierung wird nicht etwa übersetzt, sondern die Entscheidung für die Erzählfigur der Parallelisierung wird im Deutschen beibehalten, aber anders umgesetzt; somit kann die Wahl für das weniger zutreffend „dann" an dieser Stelle unter Umständen durch den Versuch erklärt werden, die schriftliche Erzählung besonders zu gestalten.
Dasselbe Resultat findet sich auch in einem anderen Text, in dem Rosalia schreibt:

(9) die Kinder haben den Mann ausgedruckt und dann sah er bisschen komisch aus.

Also auch hier wird das temporale „dann" zum Anzeigen eines Resultats genutzt. Dies kann hier nicht aus dem italienischen Text abgeleitet werden, weil dort der Schlusssatz fehlt. Aber der deutsche Schlusssatz stellt ebenso wie in Annas Formulierung einen Abschluss dar. Diese Interpretation lässt sich bei Rosalia durch die Wahl des Tempus begründen. Sie verwendet nämlich nur im letzten Satz ihrer Geschichte das Präteritum, welches eine Distanznahme ausdrückt und damit als Resultat gewertet werden kann.
Auch Lara benutzt für den Abschluss der Geschichte die Formulierung „dann", nämlich:

(10) Aber am Ende sieht es dann aus, als wäre der Fotograph hingesetzt.

Diese komplexe Formulierung, mit der das letzte Bild im Übrigen gut beschrieben wird, weist deutliche Bezüge zum italienischen Text auf, in dem es heißt:

(11) E Quand elevano[13] finito.... [Und als sie schließlich fertig waren...]

Wie aus dem italienischen Text abzuleiten ist, wird hier tatsächlich von einem Nacheinander ausgegangen, es wird sogar das Tempus der Vorzeitigkeit konstruiert. Das Resultat erscheint im Deutschen aber als detailreiche Wiedergabe des letzten Bildes der Bildergeschichte. Denn durch die von der realen Handlungsfolge abstrahierte Formulierung (10) am Ende sah es dann aus wird auch in diesem Text der Abstand des Erzählers zur Geschichte markiert und gemäß einem prototypischen Erzählschluss wieder in das Hier und Jetzt übergeleitet. Dadurch wird genau der Abstand zwischen Ereignisfolge und Resultat ausformuliert, der durch die Darstellungsweise innerhalb der Bildergeschichte angedeutet ist; denn auf dem letzten Bild der Geschichte wird das Foto, das fast das ganze Bild einnimmt, von einer Hand gezeigt.

Besonderheiten in Bezug auf die Vorstellungsbildung und die Interaktion mit dem Leser zeigt ein weiterer Text, der explizit das fehlende Bild thematisiert: In Robertos Text heißt es zu dem Fragezeichen:

(12) es hat im bild nich gans reingepast deswegen ist er no etwa....

An dieser Stelle wird zum einen die Erklärung für den weiteren Verlauf der Geschichte geliefert und somit das fehlende Bild ergänzt. Zum anderen sticht diese Formulierung innerhalb des Textes hervor, weil der Leser an dieser Stelle selbst durch den Sucher der Kamera blickt und somit Zeuge des Auslösers der Komplikation der Geschichte wird. Eine besondere Markierung der Szene wird auch in der italienischen Fassung vorgenommen, in der es heißt:

(13) Non ci entrate sedete vi un po piu vicini cosi entrate. Non ci entrarno cosi il padre va 2-3 passi indietro. [Ihr passt nicht rein. Setzt euch ein bisschen näher zusammen sodass ihr reinpasst. Sie passen nicht rein sodass der Vater zwei bis drei Schritte zurückgeht.]

Die Wiederholung desselben Verbs in wörtlicher Rede und Erzählrede (*entrate / entrate / entrarno*) findet im Deutschen keine Entsprechung, wohl aber der Perspektivenwechsel von der Anrede des Vaters an die Kinder, die im Deut-

---

13 Es scheint sich bei dem gewählten Verb um eine lexikalische /orthographische Ungenauigkeit zu handeln: *elevare* („erhöhen", „emporrichten"); intendiert ist vermutlich das Auxiliar *avevano*, das zur Bildung des Trapassato *avevano finito* benötigt wird.

schen in der Redewiedergabe realisiert wird, hin zu der unmittelbaren Aussage des Erzählers

(14) Es hat aber im Bild nicht gans reingepast...,

durch die der Leser mit einer indirekten Involvierungsstrategie in die Geschichte hineingeholt wird. Diese Interpretation einer filmischen Schreibweise kann dadurch gestützt werden, dass die Erzählung von Roberto in medias res mit wörtlicher Rede beginnt.

5.2.2 Einflüsse ausgeprägter Language Awareness auf die Textproduktion

In den Überarbeitungsphasen im Anschluss an die Textproduktion werden etliche Überarbeitungen an der Textoberfläche vorgenommen. Diese Überarbeitungen werden in einigen Fällen mit Erklärungen versehen, die auf eine ausgeprägte Language Awareness schließen lassen. So zum Beispiel erklärt Lara nach einer Pause beim Schreiben des Wortes „schmeisten":

8 I was hast du gedacht?
9 L dass mans halt (.) weil WIE mans schreibt (.) das TUT man und das ist klein. [...]

Sie ändert den zunächst groß geschriebenen Anfangsbuchstaben in einen kleinen Buchstaben. Derselbe Fehler unterläuft ihr später noch einmal, als sie den Text um eine Ergänzung erweitert und denselben Satz erneut aufschreibt. Auch hier erklärt sie genauso und verbessert entsprechend korrekt.

In der Überarbeitungsphase wird bei Roberto deutlich, dass er verschiedene Register des Deutschen unterscheiden kann: Er ändert das Modalverb aus:

(15) weil ich euch ein foto machen will

in

(16) ich möchte euch ein foto machen,

wählt also die weniger umgangssprachliche Variante, wobei er bei seiner Überarbeitung die Satzstellung nicht berücksichtigt. Ebenso ändert er bei der Überarbeitung

(17) tun sie zeigen

in

(18) Danach habe sie das Foto den Vater zeigen;

er entscheidet sich in seinem schriftlichen Text also gegen die umgangssprachliche Variante.

Ebenfalls durch Rückgriff auf die Erstsprache wird im deutschen Text von Roberto das Lexem „rutschen" bearbeitet. In der Planungsphase formuliert Roberto mündlich „setzt euch ein bisschen näher", er verschriftet dann:

(19) Danach hat der Vater gesagt, dass sie noch einbischen Rutsch sollo.

Wie aus dem Protokoll Lauten Denkens hervorgeht, klingt die erste schriftliche Formulierung für Roberto zunächst missverständlich.

9 R dass sie noch ein bisschen rutschen solln (.) ne (.) dann haben die kinder sich hingesetzt. danach hat der vater gesagt, dass sie noch (6)
10 I was denkst du?
11 R noch NÄher rutschen solln (.) näher aneinander
12 I sag das ruhig was du gerade gemacht hast und warum
13 R ich habs durchgestrichen weil rutschen ist em ist so wie von der rutsche

Es ist anzunehmen, dass dieser Impuls aus der im Italienischen zugrundeliegenden Formulierung kommt. Roberto schreibt im Italienischen:

(20) sedete vi un po piu vicini [setzt euch ein bisschen näher zusammen],

wodurch deutlich wird, dass nicht etwa das Verb *rutschen* im Deutschen ausgetauscht wird – welches im Kontext ja sehr gut passt – sondern dass die unpassende Konnotation „von der Rutsche rutschen" durch die an die italienische Phraseologie (*sedere un po piu vicini; [sich näher zusammen setzen]*) angelehnte Präzisierung aufgehoben werden kann.

Auf der Ebene des Wortschatzes zeigt der Text von Marco eine stilistische Feinheit durch eine wörtliche Übersetzung aus dem Italienischen. Sie wird ebenfalls zur episodischen Markierung genutzt: Das Italienische *il signore* kann im Deutschen mit „Mann" und mit „Herr" übersetzt werden. Während im italienischen Text von Marco bereits zu Beginn *signore* verwendet wird, entscheidet sich Marco erst bei der Pointe für die emotionale Markierung, in dem er mit „Herr" übersetzt:

(21) und die Kinder schießen auch das Foto für den Herren.

Durch diese Formulierung wird die Pointe markiert, was durch die Formulierung (22) Da müssen sie aber lachen noch unterstrichen wird.

Auch in der Fortsetzung kann in der italienischen wie in der deutschen Fassung die Wahl einer literarischen Formulierung ausgemacht werden: Der Parallelismus

>   (23) Lui si sedraia su un campo dei fiori... Loro devono ridere [Er streckt sich auf einem Blumenbeet aus ... Sie müssen lachen.]

wird im Deutschen in Form einer kausal-konsekutiven Verknüpfung

>   (24) Der Herr liegt im Blumenbeet. Da müssen sie aber lachen.

realisiert. Die im Italienischen gewählte narrative Struktur wird im Deutschen auf einer anderen Formulierungsebene umgesetzt, die aber durch Wortwahl („Herr") und die kausale Darstellung („Da... aber") gleichwohl eine affektive Markierung darstellt.

Ebenfalls auf Wortschatzebene fällt die Formulierung „ein Foto schießen" in immerhin zwei der Texte des Korpus auf. Anna schreibt:

>   (25) dann haben sie das Foto geschossen

Bei Marco heißt es:

>   (26) Ein Mann möchte einen Foto von zwei Kindern schiesen

Über die Gründe kann spekuliert werden: Es kann vermutet werden, dass hier die besondere, wenn auch umgangssprachliche bzw. regionale Variante, die im Deutschen beim wiederholten Gebrauch eher aufdringlich klingt, als stilistische Variante gewählt wurde, um so den Erfordernissen der Textsorte zu entsprechen. Möglich ist aber auch, dass die Variante „ein Foto machen" im zielsprachlichen Wortschatz als zu neutral erachtet wurde und die elaboriertere Variante „ein Foto aufnehmen" für das im Vergleich dazu elaborierte, aber frequentere italienische *scattare una foto* noch nicht präsent ist.

Daneben nutzt Carla beispielsweise "fotografieren" und "Foto machen" und zeigt dadurch ihre Kenntnis um Unterschiede zwischen der mündlichen und schriftlichen Variante:

>   (27) Der Fotograf fotografiert die Kinder

In der wörtlichen Rede ihres Textes heißt es jedoch:

>   (28) „Könnt ihr och bitte hinsitzen damit ich euch ein Foto mache?"

5.2.3 Sprachübergreifende narrative Routinen als Motor für den Schreibprozess

Routineformeln können als Phraseologismen bezeichnet werden, die Funktionen unter anderem bei der Herstellung immer wiederkehrender kommunikativer Handlungen einnehmen (Burger 2007: 36). Rosalia ist die einzige, die in der Planungsphase ihre beiden Sprachen parallel nutzt.

```
6  R  signore vuole fare una foto con i bambini (3) e poi (.) darf
7     man auch gemischt reden?
8  I  darf man auch (-) du darfst reden wie du willst
9  R  und dann macht (-) der mann fotos von den zwei kindern (3) dann wollen die kinder n
      foto von dem mann machen (2) hm danach ist der mann in die blumen reingefallen e poi
      (.) l´hanno fatto (2) fotografiert und er sah n bisschen komisch aus (.) ende
```

Auffällig ist der Einsatz des *e poi* („und dann"). Bei *e poi* kann davon ausgegangen werden, dass es im Familienleben mündlich häufig auftritt, um ausführlichere kindliche Erzählungen zu evozieren, aber auch um zu signalisieren, dass das Rederecht weiter beansprucht wird. Es wird als Frage eingesetzt und von den Kindern als Textgliederungssignal aufgegriffen. Daher scheint es als narrative Routine benutzt zu werden, die als „Motor" für den Fortgang der Erzählung dient. Das italienische *e poi* wird von Rosalia gesetzt, bevor die Frage geklärt wird, ob ein Sprachwechsel möglich ist, dann wird mit der Wiederholung auf Deutsch „und dann" die Erzählung fortgesetzt. Der zweite Einsatz von *e poi* leitet wiederum – etwas versetzt – einen Sprachwechsel ein und markiert das Bestehen auf dem Rederecht. Rosalia scheint die italienische Routine zu nutzen, um im Erzählfluss zu bleiben und ihre Erzählung in Gedanken fortsetzen zu können. In der Schreibphase selbst nutzt sie im Gegensatz dazu das rein deutschsprachige Repertoire. Das italienische *e poi* scheint seinen Zweck erfüllt zu haben; die Erzählung ist gedanklich vorbereitet.

6 Fazit

Betrachtet man die Schülertexte vor dem Hintergrund des FörMig-Instruments, so fällt auf, dass die Texte zum Teil Gemeinsamkeiten aufweisen, die mit Kompetenzen aus der Erstsprache Italienisch oder mit der hohen Flexibilität dieser Schüler, sich in zwei Sprachen zu bewegen, erklärt werden können. Dies legt einen zum Teil direkten Einfluss der Erstsprache bei der Textproduktion nahe; dieser wird an verschiedenen Stellen im Schreibprozess sichtbar. Gleichzeitig sind die Texte weder reine Doubletten, die von der Erst- in die Zweitsprache erstellt worden sind, noch ließe sich ableiten, dass die jeweils in der schwächeren Sprache Deutsch geschriebenen Texte weniger kompetent geschrieben worden seien. Stattdessen gelingt es den Schülerinnen und Schülern, ihr breites sprachliches Repertoire für die Textproduktionen auszuschöpfen, was teils in eventuell sprachlich-kulturell bedingten unterschiedlichen Realisierungen mündet, teils aber auch in Bearbeitungen, in denen die Mehrsprachigkeit zu einer Matrix für weitere Bearbeitungen und Reflexionen dient.

Als weiteres Ergebnis der qualitativen Analyse kann festgehalten werden, dass die Einordnung der Schülertexte in die von der Erzählforschung vorgelegten Stufenmodelle den Texten nicht gerecht wird. Während die Texte zum einen Planbruch oder eine Pointe aufweisen, sind sie dennoch insgesamt nicht so strukturiert, dass sie den gesamten Text auf diese Pointe hin ausrichten. Zum anderen lassen sich Elemente finden, die die Ereignisse emotional markieren bzw. eine Gewichtung vornehmen. Die dabei gewählten sprachlichen Strukturen können bei einer Detailanalyse in einigen Fällen durch Formulierungen in L1 erklärt werden.

Abschließend lässt sich zusammenfassen, dass mehrsprachige Schüler/-innen ihre mit der Mehrsprachigkeit verbundenen Erfahrungen (im Falle der Routinen) und ihr sprachliches Wissen (im Formulierungsfundus Mehrsprachigkeit) sowie ausgeprägte Language Awareness zu ihrem Nutzen beim Schreiben narrativer Texte einsetzen. Selbstverständlich muss dieses Ergebnis vorsichtig formuliert werden, da es sich um eine kleine Probandenzahl handelt, die sich zudem in einer sehr spezifischen Bildungssituation – einem bilingual ausgerichteten Schulkontext – bewegt. Untersuchungen in einem größeren Forschungsumfang wären demnach wünschenswert.

Literatur

Andresen, Helga (2005): Vom Sprechen zum Schreiben: Sprachentwicklung zwischen dem vierten und siebten Lebensjahr. Stuttgart: Klett-Cotta.

Andresen, Helga (2013): Zur Problematik von Stufenmodellen der Erzählentwicklung in Spracherwerbsforschung und Sprachdidaktik. In Becker, Tabea; Wieler, Petra (Hrsg.): *Erzählforschung und Erzähldidaktik heute: Entwicklungen, Konzepte, Perspektiven.* Tübingen: Stauffenberg, 19–38.

Augst, Gerhard (2010): Zur Ontogenese der Erzählungskompetenz in der Primar- und Sekundarstufe. In Pohl, Thorsten; Steinhoff, Torsten (Hrsg.): *Textformen als Lernformen. Kölner Beiträge zur Sprachdidaktik.* Duisburg: Gilles & Francke Verlag, 63–96.

Becker, Tabea (2011): Kinder lernen erzählen. Zur Entwicklung der narrativen Fähigkeiten von Kindern unter Berücksichtigung der Erzählform. Baltmannsweiler: Schneider Verlag Hohengehren.

Becker, Tabea (2013): Narrative Muster und literale Konzeptionalisierungen. In Becker, Tabea & Wieler, Petra (Hrsg.): *Erzählforschung und Erzähldidaktik heute*. Tübingen: Stauffenburg, 193–212.

Belke, Gerlind (1990): Empirie und Didaktik: Schrifterwerb und Schreibenlehren in einer multinationalen Regelklasse. *Germanistische Linguistik* 104–105/1990, 91–108.

Boueke, Dietrich.; Schülein, Frieder (1988): „Story Grammars". Zur Diskussion um ein erzählstrukturelles Konzept und seine Konsequenzen für die Erzähldidaktik. *Wirkendes Wort* 1988/1, 125–142.

Boueke, Dietrich; Schülein, Frieder; Büscher, Hartmut; Wolf, Hartmann & Terhorst, Wolf (1995): *Wie Kinder erzählen. Untersuchungen zur Erzähltheorie und zur Entwicklung narrativer Fähigkeiten*. München: Fink.

Burger, Harald (2007): Phraseologie. Eine Einführung am Beispiel des Deutschen. Berlin: Schmidt.

Costa, Albert (2005): Lexical Access in Bilingual Production. In Kroll, Judith F.; De Groot, Annette M.B. (eds.): *Handbook of Bilingualism. Psycholinguistic Approaches*. Oxford: University Press, 308–325.

Dijkstra, Ton (2005): Bilingual Visual Word Recognition and Lexical Access. In Kroll, Judith F.; De Groot, Annette M.B. (eds.): *Handbook of Bilingualism. Psycholinguistic Approaches*. Oxford: University Press, 179–201.

Dijkstra, Ton; Van Heuven, Walter J.B. (2002): Modeling bilingual word recognition: Past, present and future. *Bilingualism: Language and cognition*, 2002, Vol 5, 219–224.

Feilke, Helmut (2006): Entwicklung schriftlich-konzeptualer Fähigkeiten. In Bredel, Ursula; Günther, Hartmut; Klotz, Peter; Ossner, Jakob & Siebert-Ott, Gesa (Hrsg.): *Didaktik der deutschen Sprache*. Paderborn, München, Wien, Zürich: Schöningh, 178–192.

Gantefort, Christoph (2013): Schriftliches Erzählen mehrsprachiger Kinder. Entwicklung und sprachübergreifende Fähigkeiten. Münster: Waxmann.

Gantefort, Christoph & Roth, Hans-Joachim (2008): Ein Sturz und seine Folgen. Zur Evaluation von Textkompetenz im narrativen Schreiben mit dem FörMig-Instrument ‚Tulpenbeet'. In Klinger, Torsten; Schwippert, Knut & Leiblein, Birgit (Hrsg.): *Evaluation im Modellprogramm FörMig. Planung und Realisierung eines Evaluationskonzepts*. Münster: Waxmann, 29–51.

Grießhaber, Wilhelm (2010): Schreiben in der Zweitsprache Deutsch. In Ahrenholz, Bernt & Oomen-Welke, Ingelore (Hrsg.): *Deutsch als Zweitsprache*. Baltmannsweiler: Schneider Verlag Hohengehren, 228–238.

Hausendorf, Heiko & Quasthoff, Uta (1996): Sprachentwicklung und Interaktion. Eine linguistische Studie zum Erwerb von Diskursfähigkeiten. Opladen: Westdeutscher Verlag.

Hayes, John R. & Flower, Linda S. (1980): Identifying the organization of writing processes. In Gregg, Lee W. & Steinberg, Erwin R. (eds.): *Cognitive Processes in Writing*. Hillsdale: Erlbaum, 3–30.

Heine, Lena (2014): Introspektion. In Settinieri, Julia; Demirkaya, Sevilen; Feldmeier, Alexis; Gültekin-Karakoç, Nazan & Riemer, Claudia (Hrsg.): *Empirische Forschungsmethoden für Deutsch als Fremd- und Zweitsprache*. Paderborn, München, Wien, Zürich: Schöningh, 123–135.

Klann-Delius, Gisela (2005): Erzählen in der kindlichen Entwicklung. In Wieler, Petra (Hrsg.): *Narratives Lernen in medialen und anderen Kontexten*. Freiburg im Breisgau: Fillibach, 13–27.
Knapp, Werner (1997): *Schriftliches Erzählern in der Zweitsprache*. Tübingen: Max Niemeyer.
Knapp, Werner (2001): Erzähltheorie und Erzählerwerb. Zur Diskussion neuerer Forschungsergebnisse. *Didaktik Deutsch* 10, 26–48.
Konrad, Klaus (2010): Lautes Denken. In Mey, Günter & Mruck, Katja (Hrsg.): *Handbuch qualitativer Forschung in der Psychologie*. Wiesbaden: VS Verlag, 476–489.
Köhler, Linda (2014): Erzählfähigkeit von Zweitklässlern. In Frederking, Volker & Krommer, Axel (Hrsg.): *Taschenbuch des Deutschunterrichts Band 3. Aktuelle Fragen der Deutschdidaktik*. Baltmannsweiler: Schneider Verlag Hohengehren, 502–527.
Kroll, Judith F.; Van Hell, Janet G.; Tokowicz, Natasha & Green David W. (2010): The Revised Hierarchical Model: A critical Review and assessment. *Bilingualism: Language and cognition*, 2010, vol. 13, 373–381.
Labov, William & Waletzky, Joshua (1967): Narrative analysis: Oral versions of personal experiences. In Helm, June (ed.) *Essays on the verbal and visual arts*. Seattle: University of Washington Press, 12–44.
Murre, Jaap M.J. (2005): Models of Monolingual and Bilingual Language Acquisition. In Kroll, Judith F. & De Groot, Annette M.B. (eds.). *Handbook of Bilingualism. Psycholinguistic Approaches* . Oxford: University Press, 154–169.
Ohlhus, Sören (2011): Kontextuelle und literarische Ressourcen im Erzählerwerb. *Schweizer Zeitschrift für Bildungswissenschaften* 33 (2) 2011, 231–249.
Ortner, Hanspeter (2000): *Schreiben und Denken*. Tübingen: Niemeyer.
Osnabrücker Beiträge zur Sprachtheorie (OBST): Mehrsprachigkeit und Mehrschriftigkeit: Sprachliches Handeln in der Schule. 83/2013.
Pohl, Thorsten (2014): Entwicklung von Schreibkompetenzen. In Feilke, Helmut & Pohl, Thorsten (Hrsg.): *Schriftlicher Sprachgebrauch. Texte verfassen*. Baltmannsweiler: Schneider Verlag Hohengehren, 101–140.
Quasthoff, Uta; Ohlhus, Sören & Stude, Juliane (2009): Der Erwerb von Textproduktionskompetenz im Grundschulalter: Ressourcen aus der Mündlichkeit und ihre unterschiedliche Nutzung. *Zeitschrift für Grundschulforschung 2. Jg* (2009) Heft 2, 56–68.
Schmölzer-Eibinger, Sabine (2008): Lernen in der Zweitsprache. Grundlagen und Verfahren der Förderung von Textkompetenz in mehrsprachigen Klassen. Tübingen: Narr.
Sieber, Peter (2006): Modelle des Schreibprozesses. In Bredel, Ursula; Günther, Hartmut.; Klotz, Peter; Ossner, Jakob & Siebert-Ott, Gesa (Hrsg.): *Didaktik der deutschen Sprache*. Paderborn, München, Wien, Zürich: Schöningh, 208–223.
Thomas, Michael S.C. & van Heuven, W.J.B. (2005): Computational Models of Bilingual Comprehension. In Kroll, Judith.F. & De Groot, Annette.M.B. (eds.): *Handbook of Bilingualism. Psycholinguistic Approaches*. Oxford: University Press, 202–225.
Vygotskij, Lev Semenovic (2002): *Denken und Sprechen*. Weinheim, Basel: Beltz.
Wartenburger, Isabell (2010): Mehrsprachigkeit. In Höhle, Barbara (Hrsg.). *Psycholinguistik*. Berlin: Akademie Verlag, 173–188.
Wrobel, Arne (2014): Schreibkompetenz und Schreibprozess. In Feilke, Helmut & Pohl, Thorsten (Hrsg.). *Schriftlicher Sprachgebrauch. Texte verfassen*. Baltmannsweiler: Schneider Verlag Hohengehren, 85–100.
Zeitschrift für Literaturwissenschaft und Linguistik (LiLi): Spracherwerb: Schreiben. 174/2014

Anhang

Was ist hier passiert?

Sieh dir die Bildfolge genau an und schreibe die Geschichte auf. Dabei soll zu jedem Bild etwas geschrieben werden. Bei dem Fragezeichen ist ein Bild verloren gegangen. Schreibe hierzu auf, was nach deiner Meinung passiert ist.

An einem Tag, war der Fotograf mit zwei kleinen Kinder im Park um Fotos machen. Die Kinder schmeissen den Fotografen in ein Blumenmeer. Sie haben dem Fotograf ein Foto gemacht. Am Ende sieht es dann hin gesetzt aus als wäre der Fotograf hin gesetzt.

An einem schönen Tag, war der Fotograf mit zwei fremden Kinder. Um im Park Fotos zu machen. Dann wurde es den Kindern langweilig. Die Kinder überlegten: Wenn er uns Fotos nicht macht, machen wir ihn doch Fotos. Und schmeisten ihn in ein Blumenbeet.

Lara, Deutsch

Jh un giorno bello wa un Fotografo san due bimbi nel parko a fare le foto. Alle bimbi ce anolato el lanno buttato in un grande vaso di fiori. E q quand erevano finito sempraua come il fotografo fosse seduto.

Lara, Italienisch

Was ist hier passiert?

Sieh dir die Bildfolge genau an und schreibe die Geschichte auf. Dabei soll zu jedem Bild etwas geschrieben werden. Bei dem Fragezeichen ist ein Bild verloren gegangen. Schreibe hierzu auf, was nach deiner Meinung passiert ist.

Der Fotograf hat gefragt ob sie sich auf die banck setzen könnten, dann haben Sie das Foto geschossen und dan haben sie den fotograf gefragt ob sie ihn ein foto machen können. Dann ist der fotograf in den blumen gefallen und die kinder haben ihn ein Foto gemacht. Dann ist dass foto schön geworden

Anna, Deutsch

Loro devono sedersi sull la banchina e il Fotografo ha fatto una foto. E le bambini hato deto posiamo farti una foto? e il Fotografo e è cadute nelle fiori e la fote è venuta bella.

Anna, Italienisch

Was ist hier passiert?

Sieh dir die Bildfolge genau an und schreibe die Geschichte auf. Dabei soll zu jedem Bild etwas geschrieben werden. Bei dem Fragezeichen ist ein Bild verloren gegangen. Schreibe hierzu auf, was nach deiner Meinung passiert ist.

Der Mann möchte die Kinder Fotografieren. Dan setzen sich die Kinder auf die Bancke und Fotografiert sie. Danach möchten die Kinder ein Foto vom demey Mann machen und der Hann Mann felt davin die Blumen. die Kinder Halten den Mann ausgedruckt und dann sah es bisschen komisch aus.

Rosalia, Deutsch

Questo singiore vuole fare un Foto delle bambine e paoi si siedano e il singiore fa un voto delle bambine. Puoi vogliano fare i bambine bambini una Foto dello singiore. Pero il singiore e caduto nelle fiori dentro e poi hann trovato il singiore.

Rosalia, Italienisch

Was ist hier passiert?

Sieh dir die Bildfolge genau an und schreibe die Geschichte auf. Dabei soll zu jedem Bild etwas geschrieben werden. Bei dem Fragezeichen ist ein Bild verloren gegangen. Schreibe hierzu auf, was nach deiner Meinung passiert ist.

Der Vater sagt könnt ich euch bitte hinsezeen weil ich möchte euch ein Foto machen, will. Dann haben die Kinde sich hinge-
sezt. Danach hat der Vater gesagt dass sie noch ~~einbischen Rutsch sotto no~~ einbischen neben einander rutsch sollen.
Es hat im bild nich ganz reingepast desweegen ist er
so etwa 2–3 schrite nach hinten gelaufen und wie
zu sehn ist er im rossen Beet reingeflogen. Die
kinder nehmen di Kammera und Michen in ein Foto. Danach
~~tost~~ habe sie das Foto den Vater zeigen.

Roberto, Deutsch

Il padre a detto sidete vi su quel banco così vi
faccio una foto nou ci entrate sedete vi un po più vicini
così euttate. Non ci entrarno così il padre va 2–3 passi
indietro. Hu cade dove ci sono i fiori così i bambini
di prendono la camera e ci fanno una foto e dopo
di fanno vedere ca foto.

Roberto, Italienisch

Was ist hier passiert?

Sieh dir die Bildfolge genau an und schreibe die Geschichte auf. Dabei soll zu jedem Bild etwas geschrieben werden. Bei dem Fragezeichen ist ein Bild verloren gegangen. Schreibe hierzu auf, was nach deiner Meinung passiert ist.

Der Fotograf fotografiert die Kinder. Der Fotograf fällt ins Blumenbeet. Die Kinder machen einen Foto von ihm. Der Fotograf geht nach hinten und fällt in den Blumenbeet. Fotograf sagt: „Könnt ihr ech bitte hinsitzen damit ich euch ein Foto mache?"

Carla, Deutsch

il singiore skatta una Foto delle bambini. Il signore dice potete sdarvi per fare una Foto. Il sinior kade nel Blumenbeet e i bambini skattono una Foto.

Carla, Italienisch

Was ist hier passiert?

Sieh dir die Bildfolge genau an und schreibe die Geschichte auf. Dabei soll zu jedem Bild etwas geschrieben werden. Bei dem Fragezeichen ist ein Bild verloren gegangen. Schreibe hierzu auf, was nach deiner Meinung passiert ist.

ein Mann möchte einen Foto von zwei Kindern schiesen. Die Kinder setzen sich auf einer Bank und lächeln. ✗ Der Mann schiest das Foto und er möchte auch ein Foto von sich haben. Er fragt den Kindern ob jemad von ihnen ein Foto schiesen könnte. Er legt sich gleich auf einer Blumenwiese und die Kinder schiesen auch das Foto für den Herren. Da müssen sie aber lachen. ✗ ganz frölich

Marco, Deutsch

Un signore vuole fare una foto di due bambini. I bambini si sedono su una panchina e fanno la foto per il signore. Ma il signore vorrebbe una foto di se stesso e da a uno dei due bambini la macchina fotografica. Lui si sdraia su un campo di fiori e i bambini fanno la foto. Loro devono ridere.

Marco, Italienisch

Teil 2: Bedingungen und Prozesse des mehrsprachigen Schriftspracherwerbs

Yazgül Şimşek
Schriftlichkeit in der Dreisprachigkeitskonstellation: Kurmanjî (-Kurdisch), Türkisch und Deutsch

1 Einleitung

Die beiden Kinder, deren Sprachproben im Folgenden besprochen werden, sind zwei mehrsprachige Kinder im Grundschulalter, bei denen es sich aber um eine Form der natürlichen Dreisprachigkeit handelt. Entsprechend der Definition von Hoffmann (2001: 3) gehören sie zu den „trilingual children who are brought up with two home languages which are different from the one spoken in the wider community". Im familiären Umfeld haben die Kinder die beiden Migrantensprachen Kurmanjî(-Kurdisch) und Türkisch gelernt. Das Deutsche als dritte Sprache ist in den Erwerbsprozess involviert noch bevor die Kinder mit dem Eintritt in die Schule in einem formellen Rahmen intensiver damit in Kontakt gekommen sind.

Bei einer solchen Art natürlicher Mehrsprachigkeit stellt sich die Frage, nach welchen Kriterien vorhandenes Wissen um sprachliche Strukturen und das Wissen über deren Funktionen in Kommunikationsprozessen festgestellt und an einem gegebenen Standard der jeweiligen sprachlichen Systeme gemessen werden können. Frühere Konzeptionen sehen die beteiligten Systeme im Wissen des Mehrsprachigen als hierarchisch geordnet; So bilden nach Voorwinde (1981) die drei Sprachen eines Dreisprachigen eher ein Kontinuum, in dem eine erste Sprache, eine „native language", vorhanden ist und eine zweite Sprache, als eine im Vergleich zu einem Standard weitgehend intakte Sprache, simultan gelernt worden ist. Zu diesen beiden tritt dann eine dritte nicht-native Sprache hinzu, eine, die nach Voorwinde besonders anfällig für Interferenzen aus den beiden bereits gelernten Sprachen ist. Dieser Ansicht liegt ein Verständnis von Sprachen als strikt abgegrenzte Regelsysteme zugrunde. In neuerer Forschung setzt sich die Erkenntnis durch, dass ein komplexe Mehrsprachigkeit erfassendes Modell ein dynamisches sein muss, das die Variabilität sprachlichen Wissens entsprechend – sowohl der in den jeweiligen Systemen gegebenen Variation auf struktureller Ebene als auch der durch die Veränderungen sozialer Faktoren sich ergebenden Variationen – berücksichtigt. Ein solches Modell stellen beispielsweise Herdina und Jessner (2002) auf, das sogenannte *Dynamic Model of Multilingualism (DMM)*, das Mehrsprachigkeit als eine kontinuierliche Veränderung der Kompetenzen des Mehrsprachigen in den einzelnen beteiligten Sprachen charakterisiert. Dynamik kann in diesem Zusammenhang sowohl als Sprachvariation verstanden werden – auch Sprachsysteme übergreifend, in Abhängigkeit von Situation, Gesprächspartner, Thema und Interaktionszweck – als auch als Veränderung der Gebrauchspräferenzen.

Für den hier betrachteten Fall gilt, dass es sich um eine Momentaufnahme der sprachlichen Kompetenzen der Kinder, um strukturelle Variation, handelt und nicht um eine longitudinal angelegte Studie, die auch biographische Veränderungen hätte berücksichtigen müssen. Dynamik ist also hier so zu verstehen, dass die Kompetenzen eines Mehrsprachigen sich sozusagen aus Elementen mehrerer Systeme zusammensetzen, die ein miteinander verbundenes Ganzes formen, aus dem der Sprecher je nach kommunikativen Bedürfnissen variabel schöpfen kann; was Jessner (1997: 27) mit den Worten „consisting of dynamically interacting linguistic subsystems which themselves do not necessarily represent any kind of constant but are subject to variation" beschreibt und was hier unter dem Begriff der Ressourcen zusammengefasst wird.

Sicherlich ist eine Einzelfallstudie nicht dazu geeignet, die Frage zu beantworten, ob das Konzept der Ressource im Falle der Dreisprachigkeit die angemessenere Betrachtungsweise ist oder ob die Prozessierung von Sprache beim Mehrsprachigen in Form voneinander abgegrenzter Systeme erfolgt. Eine Einzelfallbetrachtung kann aber dabei helfen, aus diesem bisher wenig geklärten linguistischen Feld eine konkrete Fragestellung für weitere Forschungsarbeiten zu formulieren. Sind etwa Strategien erkennbar, durch die ersichtlich wird, dass tatsächlich alle drei Sprachen in der konkreten Sprech- und Schreibsituation aktiv sind und sich gegenseitig beeinflussen? Bildet das Deutsche als dritte Sprache bei jungen Mehrsprachigen diejenige, die stärker dem Einfluss der anderen ausgesetzt ist? Insbesondere letztere Frage lässt sich anhand schriftsprachlicher Produkte untersuchen, denn nur das Deutsche ist in schriftlicher Form erlernt, während die Kinder in den Schriftsystemen der Familiensprachen nicht instruiert sind und gerade aus diesem Grund beim Schreiben zu Lösungen kommen, aus denen erkennbar wird, in welcher Weise sie Strukturen analysieren.

Die den Kindern gestellte Aufgabe, in einer Bildergeschichte dargestellte Handlungen und Ereignisse für einen anonymen Leser nachvollziehbar wiederzugeben, impliziert auch die Anwendung des Wissens über sprachliche Register gemäß der Definition von Maas (2010: 38). Das qualitative Vorgehen soll daher Phänomene erfassen, an denen das Ausmaß des sprachlichen Wissens der Kinder in allen drei Sprachen deutlich wird und die zudem zeigen, wie sie dieses Wissen dem Sprech- und Schreibanlass gemäß situativ nutzen. Folglich wird

Schriftlichkeit hier nicht nur als Orthographie begriffen sondern als Prozessierung sprachlichen Wissens auf allen sprachlichen Ebenen verstanden.

Nach einigen Anmerkungen allgemeiner Art zur Charakterisierung des betrachteten Falles der Dreisprachigkeit (Abschnitt 2) werden im Folgenden (Abschnitt 3) einige typologische Eigenschaften der drei Sprachsysteme, die im Hinblick auf das Schreiben und Schriftlichkeit relevant erscheinen, der qualitativen Analyse der Sprachprodukte der Kinder in allen drei Sprachen (Abschnitt 4) vorangestellt.

2 Dreisprachigkeitskonstellation

Wie einleitend angedeutet, wird natürliche Dreisprachigkeit meist unter Mehrsprachigkeit subsumiert bzw. als „a kind of multiple bilingualism" (Haugen 1956) aufgefasst. Auch in neuerer Forschung sind kaum Untersuchungsmethoden auszumachen, die auf einen Fall wie den der Migrantenkinder mit mehr als einer Familiensprache anwendbar wären. Der Fokus linguistischer Forschung liegt vielmehr auf der Betrachtung des Tertiärspracherwerbs (vgl. Klein 1995; Genesee 1998; Cenoz 1998). Auf strukturelle Aspekte bezogene Studien (Hoffmann 1985, 1999, 2001 und Hoffmann & Widdicombe 1998) deuten aber darauf hin, dass Phänomene des Transfers und des Code-Switchings oder Code-Mixings in der natürlichen Dreisprachigkeit ihre spezifischen Ausprägungen haben. In ihren Beschreibungen der Kompetenz von Dreisprachigen kommt Hoffmann (1999, 2001) zu dem Ergebnis, dass Code-Switching in dieser Konstellation, im Vergleich zum bilingualen Sprachgebrauch, ein seltenes Phänomen ist (nur etwa 10 % aller Sprachwechsel), wenn dabei Sprachwechsel zwischen allen drei beteiligten Sprachen betrachtet werden. Damit im Einklang steht Clynes Ergebnis (1997, 2003), dass die Typologie der beteiligten Sprachen darüber entscheidet, welche Muster von Code-Switching auftreten und dass Merkmale, die sich zwei der drei Sprachen teilen, auch auf die dritte übertragen werden.

Es ist jedoch fraglich, ob und inwieweit die Beobachtungen von Hoffman und Clyne auf die Sprachprozessierung bei Kindern, die simultan alle drei Sprachen erwerben, übertragbar sind. Denn obwohl die Immigranten, die seit 50 Jahren aus der Türkei eingewandert sind, das Türkische und das Kurdische als Erstsprachen mitbrachten und zum größten Teil bereits Kurdisch-Türkisch-Bilinguale waren, ist bisher noch wenig über die Auswirkungen dieses Sprachkontakts insbesondere bei jungen Migranten bekannt.

Die Tatsache, dass das Kurdische häufig von erwachsenen Migranten verschwiegen wird und daher das Bekenntnis zur Dreisprachigkeit erst durch genaue Nachfrage zutage tritt (vgl. Brizić & Hufnagl 2011), weist auf unterschiedliche Einstellungen der Migranten zu ihren Sprachen, Extra und Yağmur (2008) beobachten dennoch eine hohe Vitalität des Kurdischen in der Altersgruppe von Migrantenkindern zwischen 6 und 11 Jahren. Im Gegensatz zum Kurdischen genießt das Türkische offenbar auch außerhalb des familiären Kreises ein hohes Prestige, insbesondere in großstädischen Migrantenmilieus fungiert es unter jugendlichen Migranten unterschiedlicher Muttersprachen als Kommunikationssprache (vgl. Dirim & Auer 2004). Dementsprechend sind auch Kontaktphänomene zwischen dem Deutschen und dem Türkischen weitaus intensiver erforscht, vor allem im Hinblick auf die Entstehung neuer Varietäten (s. Kallmeyer et al. 2002; Cindark & Keim 2003; Wiese 2009). In den Familien wird offenbar den Kindern ausreichend Input geboten, um die grundlegenden Strukturen des Türkischen zu erwerben, auch wenn dieser Input gegenüber der geschriebenen türkeitürkischen Standardvarietät bereits Veränderungen zeigt (vgl. Rehbein et al. 2009; Rehbein & Karakoç 2004; Karakoç 2007).[1] Die Rolle des Kurmanjî-Kurdischen dagegen ist bisher nur in Bezug auf Kontaktsituationen mit dem Türkischen in der Türkei in Ansätzen erforscht (Dorleijn 2006; Haig & Matras 2002). Welche Auswirkungen der Kontakt in einer Konstellation wie der der Dreisprachigkeit auf das Deutsche der Migrantenkinder haben mag, bleibt bisher unklar.

3 Ein Überblick über relevante typologische Eigenschaften: Kurmanjî(-Kurdisch) – Türkisch – Deutsch

Ausgehend von der Annahme, dass Strukturen in den Schreibprodukten der dreisprachigen Kinder als Ergebnis einer Analyse auf der Basis ihres Wissens über alle drei Sprachen zu deuten sind, werden einige Merkmale der drei Sprachen zunächst, wie in Tabelle 1 aufgeführt, vergleichend betrachtet, um erwartbare Interferenzen und Transferprozesse nachvollziehbar zu machen. Phonologische und morphologische Merkmale sind dabei vorrangig, da vor allem bei der Wortausgrenzung die Andersschreibungen der Kinder auf eine von einem

---

[1] Der Erwerb des Türkischen bei Kindern im Vorschulalter ist, im Vergleich zu Monolingualen in der Türkei, beispielsweise durch den verzögerten Erwerb von Formen, gekennzeichnet, wie etwa der sprachlichen Mittel zur Herstellung äußerungsinterner Konnektivität durch den Gebrauch nicht-finiter Verbformen, vgl. dazu Herkenrath & Karakoç (2004). In den späteren Erwerbsphasen und im Jugendalter fällt eine Zunahme des Einflusses des Deutschen auf (s. dazu Pfaff 2001).

der drei Sprachsysteme geleitete Analyse deuten mögen. Mit Andersschreibungen in den Texten der Kinder sind hier Schreibvarianten gemeint, die nicht nur bloße Regelverstöße darstellen sondern innovative Lösungen der Kinder auf der Basis ihres sprachlichen Repertoires sind. Abweichende Lösungen der Kinder bei der Umsetzung segmentaler Einheiten in die Schrift, Phonem-Graphem-Korrespondenzen, sind weniger im Deutschen, sondern vielmehr in den Familiensprachen zu erwarten. Ein Vergleich der Phoneminventare aller drei Sprachen zeigt beispielsweise, dass das Kurmanjî über acht Vokale verfügt, wobei die in den beiden anderen Sprachen vorhandene Qualität [y] fehlt. Dass das Graphem <ü> dennoch in der Kurmanjî-Version eines der Texte auftaucht, zeigt nicht nur die Unkenntnis des Alphabets des Kurmanjî sondern auch einen Einfluss der beiden anderen Sprachen auf segmentaler Ebene.

Tab. 1: Türkisch-Deutsch-Kurmanjî(-Kurdisch) im Überblick

Türkisch	Deutsch	Kurmanjî
Typologie		
altaisch, Turksprache, agglutinierende Sprache	indoeuropäisch, germanisch, flektierende Sprache	indoeuropäisch, iranisch, flektierende Sprache
Phonologie		
keine komplexen Silbenonsets	komplexe Silbenonsets	wenig komplexe Silbenonsets
wenig komplexe Silbenkoda	komplexe Silbenkoda	komplexe Silbenkoda
keine systematische Opposition zwischen Lang- und Kurzvokalen; acht Kurzvokale	systematische Opposition zwischen Lang- und Kurzvokalen; acht Kurzvokale und acht Langvokale	systematische Opposition zwischen Lang- und Kurzvokalen; acht Vokale; fünf Lang- und drei Kurzvokale
Vokalharmonie	feststehender rhythmischer Wechsel zwischen betonter und reduzierter/unbetonter Silbe	Wechsel zwischen betonter und reduzierter bzw. unbetonter Silbe
Rhythmus = silbenzählend	Rhythmus = akzentzählend	Rhythmus = akzentzählend (?)
veränderlicher Wortakzent: jeweils letzte Silbe im Wort (mit Ausnahmen)	feststehender Wortakzent	feststehender Wortakzent, i.d.R. letzte Stammsilbe
Syntax		
Satz: S-O-V NP: Det-Attr-N	Satz: S-V1-O/Adv-V$_2$ NP: Det-Adj-N-Adv	Satz: S-O-V NP: Det-N-Attr
infinite Subordination	finite Nebensatzstrukturen	finite Nebensatzstrukturen

Türkisch	Deutsch	Kurmanjî
Schriftsystem		
Lateinisch; mit Diakritika (‹ı›, ‹i›, ‹ö›, ‹ü›, ‹ş›, ‹ç›; ‹ğ› für Vokalquantität; keine Mehrgrapheme	Lateinisch; mit Diakritika und Sonderzeichen ‹ä›, ‹ö›, ‹ü›, ‹ß›; Mehrgrapheme ‹sch›, ‹ch›, ‹ng›; Diphthongschreibungen ‹au›, ‹eu›, ‹ei›	Lateinisch; Diakritika für Vokalquantität (‹û›, ‹î›, ‹ê›; wie im Türkischen: ‹ş›, ‹ç›); wie im Deutschen: ‹x›, ‹q›, ‹w›; keine Mehrgrapheme
Interpunktion		
Punkt als Abgrenzung von Sätzen; Komma koordinierend und pragmatisch (graphische Ausgrenzung), nicht subordinierend; weitere Satzzeichen anstelle des Punkts, die den Satztyp anzeigen	Punkt als Abgrenzung von Sätzen; Komma koordinierend und subordinierend; Semikolon koordinierend; weitere Satzzeichen anstelle des Punkts, die den Satztyp anzeigen	Punkt als Abgrenzung von Sätzen; Komma koordinierend und subordinierend; weitere Satzzeichen anstelle des Punkts, die den Satztyp anzeigen

Kurmanjî (Konsonantenkluster CCV im Anlaut, CCC Strukturen im Auslaut; vgl. dazu McCarus (2009: 593)) gilt im Türkischen das morphophonologische Merkmal der Vokalharmonie. Nicht nur Silbenstrukturen werden durch dieses Merkmal als salienter wahrgenommen, da es auch keine Silbenreduktionen gibt, sondern auch die Wortgrenzen; auch in der orthographischen Repräsentation gilt innerhalb eines Wortes die Vokalharmonie, so dass die Grenzen von Wörtern mit den Grenzen der Vokalharmonie übereinstimmen. Bei dreisprachigen Schreibern mit zwei Sprachen, die dieses Prinzip nicht kennen, ergibt sich die Frage, inweiweit sie sich dieses Merkmals noch bewusst sind und Wörter entsprechend analysieren.

Das Kurmanjî wird mit einem modifizierten lateinisch basierten Alphabet geschrieben[2], in dem, analog zum Türkischen, aber im Gegensatz zum Deutschen, Mehrbuchstabengrapheme vermieden werden.[3] Das graphematische Wort ist im Kurmanjî, wie auch im Deutschen, vornehmlich morphologisch definiert. Der Stamm und angefügte wortbildungs- oder grammatische Suffixe werden durch Spatien von anderen Einheiten getrennt. Unsicherheiten für den

---

[2] Eingeführt bereits durch Bedir-Khan in (1932).
[3] Zu weiteren Eigenheiten des Schriftsystems s. Haig & Paul 2001:399; McCarus 2009: 595f. und Aygen 2007: 4ff..

ungeübten Schreiber stellen Elemente dar, deren morphologischer Status nicht unmittelbar ersichtlich ist. Dazu zählt vor allem die Schreibung der Ezafê-Partikel. Das Ezafê verbindet nachgestellte Modifizierer mit dem Kopf der Nominalphrase.[4] Ein ähnliches Problem stellt die Schreibung des Indefinitmarkierers-*(y)ek* dar; sowohl der Indefinitmarkierer als auch die Ezafê-Partikel werden mit dem vorangehenden Nomen zusammen geschrieben. Dagegen ist der morphologische Status des Kopulaverbs und der Funktionswörter (Pronomen, Prä- und Postpositionen, Konnektoren wie *û* („und"), Fokuspartikel wie *jî* („auch") klar: sie werden als eigenständige Wörter geschrieben. Unsicherheiten bei der Schreibung bestehen auch bei verbalen Komplexen aus Nomen und sogenannten Leichtverben wie *kirin* („machen/tun"), die in prädikativer Funktion getrennt, in Nominalisierungen hingegegen zusammen geschrieben werden (vgl. Haig 2002).

Eben diese spezifischen Regeln der Schriftsysteme, die phonologische, morphologische und syntaktische Prinzipien in unterschiedlicher Stärke nutzen, erweisen sich dann auch in Schriftprodukten mehrsprachiger Schreiber als Quelle von Andersschreibungen.

4 Ein Fallbeispiel

Bei den beiden Mädchen – hier mit den häufigen kurdischen Namen Berfin und Dilan bezeichnet –, handelt es sich um zwei Geschwisterkinder, deren Eltern über eine etwa 20-jährige Migrationsgeschichte in Deutschland verfügen. Berfin (11 Jahre) und Dilan (10 Jahre) wurden in Berlin geboren und leben in dem Stadtteil Wedding, der sich durch eine hohe Migrantendichte auszeichnet. Wie der Großteil der Migrantenfamilien in diesem Milieu, ist der sozio-ökonomische Status als niedrig einzustufen. Keines der Elternteile verfügt über eine abgeschlossene Ausbildung.

Diese Informationen über die Kinder und ihre Familie wurden mit Hilfe eines jeweils für Eltern und Kinder konzipierten Fragebogens erhoben. Im Fragebogen für die Kinder wurden sowohl Fragen zu den alltäglichen Sprachgewohnheiten gestellt als auch eigene Einschätzungen der Sprachkompetenzen (Einschätzung der Fähigkeiten wie Sprechen, Lesen, Schreiben und Verstehen in allen drei Sprachen) verlangt. Von der Mutter und den Kindern wurde das

---

4 Zur Struktur der Nominalphrase im Kurmanjî vgl. Schroeder (2002); für weitere typologische Eigenschaften des Kurmanjî, die vom Deutschen und Türkischen abweichen, s. Matras (1997).

Kurmanjî als die häufiger verwendete Familiensprache angegeben, vgl. Tabelle 2 (eigene Einschätzung der Kompetenzen auf einer Skala von „sehr gut, gut, ich schlage mich durch, eher schlecht" bis „überhaupt nicht"):

Tab. 2: Selbsteinschätzung der Sprachkompetenzen bei Berfin und Dilan

		Deutsch	Türkisch	Kudisch	Englisch
Sprechen	Berfin	gut	gut	sehr gut	eher schlecht
	Dilan	gut	sehr gut	sehr gut	ich schlage mich durch
Verstehen	Berfin	gut	ich schlage mich durch	gut	ich schlage mich durch
	Dilan	gut	ich schlage mich durch	gut	ich schlage mich durch
Lesen	Berfin	sehr gut	gut	überhaupt nicht	gut
	Dilan	sehr gut	ich schlage mich durch	ich schlage mich durch	gut
Schreiben	Berfin	gut	ich schlage mich durch	eher schlecht	gut
	Dilan	gut	sehr gut	eher schlecht	ich schlage mich durch

Diesen Angaben gemäß erscheint im privaten Kontext das Kurmanjî als die stärkere der Familiensprachen, während das Deutsche den Kindern vor allem aus dem schulischen Kontext vertraut ist, aber ebenfalls in den privaten Bereich gehört, indem mit den Geschwistern und Freunden in dieser Sprache kommuniziert wird.

Die linguistischen Daten bestehen aus der Wiedergabe der Bildergeschichte „Frog where are you?" (Mayer 1969)[5] in allen drei Sprachen. Die Kinder wurden in einem zeitlichen Abstand von jeweils einer Woche gebeten, die Bildergeschichte zunächst mündlich zu erzählen und sie dann schriftlich festzuhalten. Bei der Verschriftung durften sie sowohl die Bilder zu Hilfe nehmen als auch bei

---

[5] Es handelt sich hierbei um eine Bildergeschichte bestehend aus insgesamt 24 Bildern, in denen eine Kette von Ereignissen und Handlungen dargestellt wird, dessen Versprachlichung für etwa 10jährige Kinder als durchaus noch eine kognitiv anspruchsvolle Aufgabe bezeichnet werden kann.

Nachfrage ihre mündliche Erzählung, die aufgezeichnet wurde, nochmals abhören. Die Testleiterin war bemüht, bei Fragen und Problemen des Kindes ein Feedback zu geben, das möglichst wenig den sprachlichen Ausdruck beeinflussen sollte. Die Elizitierung des Deutschen und Türkischen wurde von der gleichen Testleiterin und des Kurmanjî von einer weiteren Testleiterin durchgeführt. Die Kinder wurden instruiert, jeweils nur eine Sprache, Deutsch, Türkisch oder Kurmanjî, zu verwenden. Dabei war aber den Kindern klar, dass die Testleiterinnen auch mehrsprachig waren. Die Schreibinstruktion bestand aus der Bitte, die Bilder so zu verschriften, dass eine Person, die die Bilder nicht kennt, die Geschichte nachvollziehen kann; eine Instruktion, die der Prämisse folgte, dass die Kinder desto mehr Details der Bilder versprachlichen und sich umso mehr auf die Aufgabe einlassen, je mehr ihnen die entsprechenden sprachlichen Ressourcen zur Verfügung stehen.

4.1 Die Sprachprodukte von Berfin und Dilan in allen drei Sprachen

Betrachtet man zunächst die mündlichen und schriftlichen Produkte insgesamt, fallen Abweichungen von den Standards der drei Sprachen auf lexikalischer und morphologischer Ebene auf, wobei betont werden muss, dass der Bereich der Verbalmorphologie weitgehend ausgebaut ist und in keiner der drei Sprachen als besonders problematisch erscheint, obwohl im Deutschen z.T. Hinweise auf Unsicherheiten im Gebrauch der trennbaren Verben vorhanden sind, sich aber allein aus den vorliegenden Daten nicht konkretisieren lassen.

Bei beiden Mädchen fällt auf, dass sie in allen drei Sprachen die Aufgabe als Beschreibung der auf den Bildern sichtbaren Handlungen auffassen und keine erzähltypische Ereigniskette konstruieren. Dementsprechend werden die Aktanten und ihre Handlungen gelistet: *der Junge und der Hund, oğlan ve köpek* und *kurik û kûçik*. Dabei gelingt es der älteren Berfin in allen drei Sprachen sowohl mündlich als auch schriftlich mehr Details der Bilder zu versprachlichen. Im schriftlichen Deutschen und im mündlichen Kurmanjî stellt eine interpretierende Einheit wie *ditirsin* („sie ängstigen sich") den Versuch dar, über die reine Wiedergabe der Bilder hinaus eine Geschichte zu erzählen. In den türkischen Versionen hingegen fehlt diese Einheit. Die jüngere Dilan baut nur am Schluss der deutschen Version die Verabschiedungsszene mit *Tschüss* als wörtliche Rede aus. Es gelingt Dilan am wenigsten im Türkischen alle Bilder zu versprachlichen.

Beim Vergleich der mündlichen Versionen fällt darüber hinaus auf, dass beiden Mädchen die Verbalisierung in ihren Familiensprachen sichtlich schwer fällt, vgl. dazu Beispiel 1:

(1) Berfin, mündlich, Kurmanjî[6]

1	BER	ew kurik û ew: (--) kûçik li: (-) also frosche dinherin; (1,9) .h
		Der Junge und der Hund gucken nach dem Frosch
2		<all>> ew kurik û kûçik radisen>, (1,2)
		Der Junge und der Hund schlafen
3		frosch ji: h. <leicht lachend>> derdikeve>, (1,0)
		Und (der) Frosch kommt/geht raus
4		direve diçe; (1,5) .h
		Läuft/geht weg
5a		ew kurik û ew kûçik li ewke (-) li: (2,3)
5b		<creaky>> li:> (1,4) also GLAS dinherin; (1,4)
		Der Junge und der Hund gucken nach dem Ding, nach dem Glas
6		ew: frosch tinne li we, ((blättert um))
		Der Frosch ist nicht dort
7		<all>> (ica)> (di)tirsin; ((blättert um)) (2,1)
		Dann haben sie Angst
8		.h ew kurik newe (d) pêlavê dinhere, (-)
		Der Junge guckt in dem Schuh

Selbst wenn man die Pausen, die beim Umblättern entstehen, außer Acht lässt, so ist dennoch die enorme Häufigkeit und Länge der Pausen auffällig. Die gelängten Elemente, wie die Präposition *li* in Zeile 5a/5b und das deutsche *also* in Zeile 1, weisen auf eine Wortsuche hin. Insbesondere das *also* signalisiert eine Reformulierung mit einem Äquivalent aus dem Deutschen. Zur Benennung der Aktanten fehlen offensichtlich grundlegende lexikalische Elemente, wie in in Zeile 1 *beq* („Frosch") oder in Zeile 5b („Glas"). Begriffe hingegen, die aus dem Alltag eher vertraut sein dürften, wie *pêlav* („Schuh"), sind offenbar leicht abrufbar, denn in der Äußerung in Zeile 8 lassen sich keine Planungsindikatoren, Verzögerungssignale und Pausen finden. Während Berfin fehlende Lexeme

---

[6] Die Transkription der mündlichen Erzählungen ist entsprechend den Konventionen des gesprächsanalytischen Transkriptionssystems GAT 2 vorgenommen worden. Zum GAT-Transkriptionssystem vgl. Selting et al (2009).

durch den Sprachwechsel ins Deutsche kompensiert, wendet Dilan z.T. eine andere Strategie an, vgl. dazu Beispiel 2:

(2) Dilan, mündlich, Kurmanjî

1	DIL	kurkek î dirûne, (1,2)
		Ein Junge sitzt
2		kuçke kuçikek î: keleki wi yê, (2,8) ((blättert um))
		Hund / Ein Hund ist an seiner Seite
3		kurik radise
		(Der) Junge schläft
4		ew tiş(.)t (-) diçe, (2,9)
		Dieses Ding geht
5		kurik radibe, (2,5)
		(Der) Junge steht auf
6		û ew (-) yani ew ewk (-) çû yê, (5,2) ((blättert um))
		Und dieses also dieses Ding ist gegangen

Dilan wendet hier beide möglichen Strategien des Kurmanjî im Diskurs fehlende Elemente zu kompensieren an: In Zeile 4 gebraucht sie das nominale Element *tişt* („Ding/Gegenstand") anstelle von *beq* („Frosch")[7] und in Zeile 6 eine deiktische Form *ewk/ewik* („dies/jenes"). Diese Deixis des Kurmanjî ist im Deutschen funktional mit den deiktischen Artikeln vergleichbar, im Türkischen wird die Personaldeixis der 3. Person Singular *o* („er/sie/es") in ähnlichen Kontexten gebraucht. Dilan bezeichnet auch in ihrer schriftlichen Version Gegenstände oder Aktanten, die sie nicht benennen kann, mit *tişt* („Ding/Gegenstand"). Über die Gründe, warum sie in Zeile 4 und 6 nicht ins Deutsche wechselt, denn dies tut sie in der schriftlichen türkischen Version, kann man nur spekulativ sagen, dass ihr möglicherweise insbesondere im Kurmanjî noch die Einsicht in die differierenden Explizitheitsgrade der mündlichen und schriftlichen Sprache fehlt.

---

[7] Semantisch leere Ausdrücke wie *dings* im Deutschen und *şey* im Türkischen stellen Äquivalente dar. Zum Gebrauch des deutschen *dings* und des türkischen *şey* bei Türkisch-Deutsch-Bilingualen vgl. Şimşek (2011).

4.2 Verschriftungsstrategien in den Familiensprachen und im Deutschen

Die oben bereits für die mündlichen Produkte in den Familiensprachen angesprochene Strategie des Sprachwechsels setzt sich auch im Schriftlichen fort, vgl. dazu Tabelle 3:

Tab. 3: Textlänge und Sprachwahl in den geschriebenen Bildergeschichten von Berfin und Dilan

Texte in...	Kurmanjî				Türkisch			Deutsch
Wörter in...	Kurmanjî	Türkisch	Deutsch	total	Türkisch	Deutsch	total	–
Wörter Dilan	71	6	2	79	49	20	69	185
Berfin	137	9	17	163	94	12	106	236
Sätze Dilan	22	–	–	22	20	4	24	35
Berfin	36	–	–	36	23		23	33

Während eine größere Anzahl an Wörtern im Kurmanjî und in den deutschen Texten nicht auch mit einer höheren Kapazität der Kinder gleichgesetzt werden kann, spricht das völlige Fehlen von Sprachwechseln in den deutschen Texten für eine Dominanz dieser Sprache. Somit ist der Umstand, dass beispielsweise Dilan im Türkischen vier ganze Sätze auf Deutsch schreibt, als Strategie des Kindes interpretierbar, sich die Aufgabe zu erleichtern und der Sprache möglichst auszuweichen, die offenbar mehr kognitiven und zeitlichen Aufwand erfordert.

4.2.1 Kurmanjî

Dass sie in den Orthographien ihrer Familiensprachen nicht insturiert sind, fällt bei beiden Mädchen am deutlichsten in ihren Texten in Kurmanjî auf. Lösungen, die sie bei der Umsetzung segmentaler bzw. phonologischer Strukturen finden, werden durchgehend angewandt und weisen darauf hin, dass die Kinder nicht nach Regeln schreiben, sondern nach ihrer eigenen Analyse, die wiederholt geleistet werden muss und zwar an jeder Stelle, an der ein bestimmtes Problem erneut auftritt.

Zwei dieser durchgängig auftretenden Formen betreffen die Schreibung der Konjunktion <û> („und") in Form von *<o> und die Schreibung des Lexems

<kurik> („Junge") mit abweichender Vokalqualität, obwohl in der gesprochenen Version keine entsprechenden phonetischen Abweichungen auffallen. Zudem zeigt die Schreibung dieses Lexems als *<Gorik> einen anlautenden Konsonanten mit jeweils der stimmhaften Variante /g/ anstelle von /k/. Näher an der phonetischen Struktur des Kurmanjî hingegen, abgesehen von dem fehlenden diakritischen Zeichen, ist die durchgehende Schreibung von <kûçik> als *<kuçik> („Hund"). Beide Lexeme werden von der jüngeren Dilan anders repräsentiert – <kurik> als *<korik> und <kûçik> als *<Kuschik> –, vgl. dazu Beispiel 3:

(3) Der erste Satz aus Dilans Text in Kurmanjî

Text Dil	Korik nava av dicht da dihine Kuschik schi
Standard	Kurik nava avî da tiṣt dibine, kûçik jî.
Deutsch	*Der Junge sieht im Wasser etwas/ein Ding, der Hund auch.*

Die abweichende Repräsentation der Vokalqualität bei [u] trifft auch auf Dilan zu. Weiterhin fehlt bei *<av> („Wasser") in diesem Satz das <î>, das die feminine Ezafê-Verbindung repräsentiert. Zunächst scheint es so, als ob Dilan spezifische Grapheme wie <ṣ> und <ç> nicht kennt und daher die Wörter, in denen die entsprechenden Laute vorkommen – <tiṣt> als *<dicht> („Ding") und <kûçik> („Hund") als *<Kuschik> –, entsprechend ihres Wissens aus dem Deutschen anders schreibt. In diesem ersten Satz von Dilan fällt außerdem die Schreibung der Fokuspartikel *jî* („und/auch") auf, die sie zwar korrekt als eigene Einheit schreibt, jedoch kann sie die Wiedergabe des Phonems [ɣ] nicht mit dem aus dem Deutschen bekannten <j> verbinden. Die Funktionswörter, hauptsächlich Präpositionen wie *li* („in/auf"), werden auch von Berfin korrekt als eigenständige Wörter geschrieben, aber auch eine Variante wie *<çi> anstelle von <jî> („und/auch") fällt auf. Auf eine hohe Analysefähigkeit weist eine Übergeneralisierung bei Berfin hin: Sie schreibt die Deixis <vir> („hier"), die den Approximanten [ʋ] enthält, als *<wi>. Vermutlich kennt sie die Schreibung von Personalpronomina (bspw. *wî* Pronomen der 3. Pers. Sing.) mit <w>. Die Kombination von Präposition und Deixis *li vir* („dort") (*li*=Präposition + *vir*=Deixis) wird allerdings von Dilan als eine Einheit interpretiert und zusammen geschrieben. Auf eine gewisse Vertrautheit mit der Orthographie des Kurmanjî bei Berfin deutet auch die Getrenntschreibung des Kopulaverbs *bûn* („sein") (*bûn* = Infinitiv; *ê* = 3SG, Präsens) in dem Satz *<Gorik çi ê we ja ka hiltine.> anstatt <Kurik çu yê ku wî hiltine.> („Der Junge ist gegangen, um ihn zu holen"). Für einen Kontakt mit dem Schriftbild des Kurmanjî spricht auch, dass Berfin das Graphem <x> verwendet, so für das Lexem *hard* („Boden"), das sie wiederholt, entgegen der Standardaussprache [haɾd] als *<xar> anstatt <hard> schreibt.

Bei der Ausgrenzung von Wörtern wird das morphologische Wissen der Kinder dadurch sichtbar, dass sie die jeweiligen Wortkategorien, die spezifisch für das Kurmanjî sind, anders schreiben: Ein Problem tritt dabei im Bereich verbaler Strukturen wie die der Leichtverben auf. Berfin und Dilan sind sich dessen in unterschiedlichem Maße bewusst, dass diese Verbform als ein eigenständiges Wort getrennt geschrieben wird. Dilan schreibt sie nur in einem Fall getrennt. Einen größeren Aufwand bei der Analyse erfordert die Schreibung, wenn das Verb als Teil einer morphologisch gemischten Struktur gebraucht wird; vgl. Beispiel (4):

(4) Aus dem Text von Dilan in Kurmanjî:

Text DIL	diche korik kichte ser kevire barmis dike.
Morphologie	danach Junge kletter-PRÄT auf Stein-OBL.F tr:schrei-PRF IND-mach-3SG
Standard	(Pîşti) kurik kişte ser kevirê û (bağırmış) çirîni dike.
Deutsch	*(Danach der) Junge steigt auf den Stein, macht schreien.*

In diesem Fall gebraucht Dilan nicht die Kollokation des Kurmanjî *çirîni kirin* („schreien/wörtlich: schreien machen") sondern greift stattdessen auf das entsprechende Verb des Türkischen *bağırmak* („schreien") zurück, wobei der Stamm des Verbs mit dem Perfektivsuffix *-mış* kombiniert wird.[8]

Bei der Verschriftung des Kurmanjî ist zwar ein Einfluss des Deutschen auf phonologischer oder morphologischer Ebene nicht erkennbar, jedoch eine starke Orientierung an dem im schulischen Unterricht vermittelten Regelwissen, was anhand der Großschreibung der Nomen sichtbar wird.

4.2.2 Türkisch

Während Variationen der Vokal- und Konsonantenqualitäten im Kurmanjî und eine entsprechend abweichende Repräsentation in graphematischer Form zum

---

[8] Zur Besonderheit der Leichtverben als Phänomens des Code-Mixings bei Mehrsprachigen vgl. Gardner-Chloros & Edwards (2007); eine ausführlichere Analyse für die Sprachpaarung Kurmanjî und Türkisch findet sich bei Bulut (2006).

größten Teil mit dialektaler Variation erklärt werden mögen, geht die Abweichung bei Vokalen im Türkischen teilweise soweit, dass dadurch die Vokalharmonie erheblich gestört wird.[9] Bei der orthographischen Repräsentation der türkischen Vokale ist eine durchgehende Schreibung des [ɯ] als <i> zu verzeichnen, vor allem bei der Schreibung der Verbformen wie *kaçıyor* („er/sie/es läuft weg") und *bakıyor* („er/sie/es guckt") in Dilans Text (11x). Berfin schreibt [ɯ] ebenfalls als <i> (26x, in Verben wie çıkmak bzw. çık-ıyor „heraus_komme-IPFV&3SG"). Stellen wie *<oğlan ve köpeiği> statt <oğlan ve köpeği> („der Junge und sein Hund") (1x) *<kurbağ> statt <kurbağa> („Frosch") (2x), an denen Vokale hinzugefügt oder ausgelassen werden, können als mögliche Konzentrationsschwächen interpretiert werden, da beispielsweise Berfin die genannten Wörter an anderer Stelle in ihrem Text korrekt schreibt.

Weitere Schwierigkeiten der Kinder treten bei der Notation der Laute auf, für die das türkische Alphabet spezifische Grapheme einsetzt, so <ş> für [ʃ]. Im Text von Dilan tauchen folgende Wörter auf: *<ashağa> und *<achağa> anstatt <aşağı>, *<düsüyor> anstatt <düşüyor>, *<bischey> anstatt <birşey> und *<düstü> anstatt <düştü>. In Berfins Text sind zwar weniger Fälle zu finden, jedoch findet auch sie ähnliche Lösungen: *<ashaha> anstatt <aşağıya>, *<düschüyor> anstatt <düşüyor>, *<koshiyor> anstatt <koşuyor>. Beide Kinder verwenden das Mehrbuchstabengraphem <sch> des Deutschen. Auch Schreibungen als <s> ohne das Diakritikum kommen vor. Auffällig ist aber, dass neben diesen weitgehend plausiblen Lösungen, *<sh> als eine Variante auftaucht, was durch ihre Fremdsprache Englisch beeinflusst sein könnte.

Ein weiteres Phänomen betrifft die Wiedergabe der Vokallängung im Türkischen, wofür im Alphabet das sogenannte *yumuşak g* („das weiche G") verwendet wird. Es handelt sich um eine phonologische Schreibung, die ebenso einsprachigen Kindern in der Türkei Probleme bereitet. Auch hier fällt bei Berfin und Dilan auf, dass das Graphem <ğ> offenbar bereits bekannt ist. Im Zusammenhang mit diesem Problem tauchen vermehrt Schreibungen auf, in denen fehlende Grapheme auf eine Silbenreduktion hinweisen. Fälle, in denen das *yumuşak g* zwischen zwei Vokalen stehen muss, wie in <ağaç> („Baum") machen eine komplexere Analyse notwendig, die die Kinder z.T. zu sehr abweichenden Schreibungen führen, wie *<aça> statt <ağaca>; durch die Auslautverhärtung, die bei der Suffigierung von <ağaç> wirksam wird, ist die Schreibung

---

9 Ähnliche Abweichungen sind auch in den mündlichen Erzählungen zu finden; bspw. weist die Artikulation von *yukarı bakıyo* [jɔkɑrɑ bɑkɪjo] („guckt nach oben") bei Dilan keine vokalharmonische segmentale Struktur auf, die bei der Standardartikulation [jukɑrɯ bɑkɯjo] gegeben ist.

solcher Wörter besonders schwer zu bewältigen. Fehlende Grapheme aber, wie in *<bischey> oder *<ashaha> anstatt <aşağıya>, lassen sich z.T. auf Reduktionen in der gesprochenen Sprache zurückführen.

Auf abweichende Analyse morphologischer Einheiten weisen die Schreibungen von Dilan hin, die bereits auch bei türkisch-deutsch-bilingualen Kindern beobachtet worden sind[10], so die Getrenntschreibung von Suffixen wie bei *<gidiyorlardi> statt <gidiyorlardı> („sie waren dabei zu gehen") (gidi-yor-lar-dı = gehe-IPFV-PL-PRÄT)). Häufiger taucht die Getrenntschreibung grammatischer Morpheme auch dann auf, wenn der Stamm aus dem Deutschen übernommen wird, wie bei *<Loch da Eule çikiyor> („Aus dem Loch kommt eine Eule heraus"). Bei einem weiteren Problem, das monolinguale Lerner der türkischen Orthographie ebenfalls haben, geht es um die formale und orthographische Übereinstimmung zwischen dem Lokativsuffix <da/de> und der Fokuspartikel <da/de> wie in <Reh de> („Und das Reh ... auch"). Im Vergleich zu ihrer Schwester schreibt Dilan nicht nur Suffixe als eigenständige Einheiten sondern trennt auch Stämme, indem sie <yukarı> („nach oben") als *<yo kari> schreibt.

In Anbetracht der genannten abweichenden Schreibungen erscheint das Wissen der jüngeren Dilan über das Türkische nicht das Niveau zu erreichen, das ihre Schwester bereits erreicht hat. Bei der Kasuszuweisung jedoch liegen beide im Vergleich zu monolingualen Kindern in der Türkei in ihrem Erwerb weit zurück, vgl. Fehlertypen in Tabelle 4, die in den türkischen Texten bei dieser Kategorie auftauchen:

Tab. 4: Kasuszuweisungen in den geschriebenen türkischen Bildergeschichten von Berfin und Dilan

	korrekt		falsch		Fehlendes Suffix	
Dilan	Dativ:	3x	Dativ statt Ablativ:	1x	–	
	Lokativ:	1x	Lokativ statt Ablativ:	1x		
Berfin	Dativ:	7x	Dativ statt Ablativ:	2x	Dativ:	1x
	Kommitativ:	1x	Lokativ statt Dativ:	3x		
			Lokativ statt Ablativ:	4x		
Beispiel	Falsch: *pencereye bağiriyo* (pencere-Dativ „schreit das Fenster an")					
	Korrekt: *pencereden bağiriyo* (pencere-Ablativ, „schreit aus dem Fenster")					

---

10 Vgl. dazu Schroeder & Şimşek (2010).

Bei der Schreibung ist z.T. der Ausfall von Kasussuffixen zu beobachten, während fehlerhafte Kasusmarkierung sich am häufigsten auf die übermäßige Verwendung des Lokativs bezieht. Aus dem Einzelfall der dreisprachigen Mädchen lässt sich zwar keine zufriedenstellende Erklärung dafür ableiten, warum die Kasusmorphologie im Türkischen ein besonders großes Problem darstellt, jedoch bleibt festzuhalten, dass die drei Sprachen der Kinder in Bezug auf diese Kategorie typologisch höchst unterschiedlich sind: Kurdisch differenziert beispielsweise hier nur zwischen dem Kasus Rectus und dem Kasus Obliquus, während Türkisch ein ausgeprägtes System an Kasussuffixen (Nominativ, Akkusativ, Dativ, Genitiv, Ablativ, Lokativ und Instrumental) einsetzt. Die Auswirkungen dieser typologischen Distanz auf den Erwerb des deutschen Kasussystems bleiben noch völlig unklar.

4.2.3 Deutsch

Da Berfin und Dilan bereits über die ersten Erwerbsschritte der Orthographie des Deutschen hinaus sind, auf der Schwierigkeiten bei der Phonem-Graphem-Korrespondenz zu erwarten wären – wie beispw. <sch> für [ʃ], <pf> für [f], <schp> anstelle von <sp> und <ng> für [ŋ] – finden sich in den Texten nur wenige Fälle dieser Art. Zu den Abweichungen beim Gebrauch der Mehrbuchstabengrapheme gehört die Schreibung von *<Frosh> statt <Frosch> bei Berfin. Ob diese Form auf eine mögliche Interferenz mit der Fremdsprache Englisch hindeutet, bleibt nur zu vermuten, erscheint aber deshalb wahrscheinlich, da es in den ersten Sätzen viermal in gleicher Weise vorkommt. Eine Andersschreibung, die bei beiden Kindern durchgängig auftritt, ist die Schreibung des Verbs <gucken> als *<kucken>, wobei die große Abweichung von der Lautung auch bei deutschen Muttersprachlern ähnlich für Unsicherheiten sorgt.

Abgesehen von einigen wenigen Wortschreibungen, bei denen an- und auslautende Silben nach dem Vorbild der gesprochenen Sprache reduziert repräsentiert sind, zeigen die Kinder keine großen Lücken in ihrem phonologischen Wissen über die Silbenstrukturen des Deutschen. Bei den fraglichen fehlerhaften Repräsentationen handelt es sich um *<schrein> statt <schreien> (1x bei Berfin) und um *<ne Maus> statt <eine Maus> und *<was> statt <etwas> bei Dilan. Diese Beispiele sind weniger mit Blick auf das orthographische System auffällig, vielmehr zeigen sie, dass die Kinder noch wenig mit Formen der geschriebenen Sprache vertraut sind.

Ein noch problematischer Bereich beim Schreiben ist die Darstellung der Vokallängung. Interessanterweise gilt dies stärker für die ältere Berfin, die in ihren Familiensprachen die kompetentere Schreiberin ist. Sie schreibt zwar ein Wort wie <fliegen> korrekt, aber das wiederholt verwendete Wort <Biene> kann sie nicht entsprechend analysieren und schreibt es in allen Fällen als *<Bine>, auch im Kompositum *<Binen netz> statt <Bienennest>. Bei Dilan tauchen zwei Formen auf, die auf eine Übergeneralisierung deuten, so *<wahr> statt <war> bzw. *<wahren> statt <waren>. Aber *Biene* wird von ihr wiederholt korrekt geschrieben.

Auffällig ist ein offenbar noch sehr unsicheres Wissen über das Regelsystem der deutschen Orthographie an den Stellen, an denen die Regeln auf morphologischen Kriterien basieren. Dabei sind Schreibungen mit Doppelkonsonanten weniger problematisch. In Berfins Text finden sich hierfür drei Belege: *<kletert>, *<stopt> und *<das> statt der Konjunktion <dass>, wobei der letzte Fall wesentlich komplexer zu analysieren ist, da die Schreibung bei gleicher Lautung nach syntaktischen Kriterien erfolgen muss. Dilans Text enthält keine Fehler in dieser Kategorie.

Die weitaus größte Anzahl an fehlerhaften Schreibungen lässt sich bei beiden Mädchen dem Bereich der Groß- und Kleinschreibung zuordnen, s. die Übersicht in Tabelle 5:

Tab. 5: Groß- und Kleinschreibungen in den geschriebenen deutschen Bildergeschichten von Berfin und Dilan

	Großschreibung bei Satzbeginn		Nomen		andere Fälle falscher Großschreibung	
	richtig	falsch	richtig	falsch	Anzahl	Beispiel
BER	12	14	53	11	7	*<Der Junge und mit sein Hund Rufen>
DIL	3	28	17	26	6	*<der Junge ist runter Gefallen>

Bei Dilan sind 5 der insgesamt 6 falschen Großschreibungen (andere Fälle, vgl. Spalte rechts der Tabelle 5, z.B. Großschreibung von Verben) Großschreibungen am Beginn einer neuen Zeile. Dies weist darauf hin, dass die Großschreibung noch als strukturierendes Mittel eingesetzt wird. Diese Deutung wird durch die Beobachtung in den familiensprachlichen Texten unterstützt, die zeigt, dass in diesen Großschreibung jeweils auch am Beginn der Zeile und undifferenziert bei Verben und Substantiven (insbesondere im türkischen Text) erfolgt. Obwohl bei der fälschlichen Großschreibung von Verben nicht erkennbar, wird der aus dem Altersunterschied abzuleitende Lernfortschritt bei Berfin bei der syntaktisch bestimmten Regel der Großschreibung am Satzbeginn deutlich.

Die Wiedergabe der Genus und Kasusformen, wie auch in den mündlichen Äußerungen, weist auf ein noch im Aufbau befindliches Wissen über die Morphologie des Deutschen hin; ein sicheres Dreikasussystem scheint noch nicht entwickelt.[11] Die z.T. häufige Großschreibung der Artikel legt hier eine Analyse nahe, der zufolge Artikel den Beginn der NP markieren. Fehlschreibungen, die die Kasusmarkierung in Nominalphrasen betreffen, zeigen insgesamt, dass beide Mädchen zwar pronominale Objekte korrekt verwenden, aber in lexikalischen Objekt-NPs nicht immer Akkusativ und Dativ korrekt zuweisen können, insbesondere auch bei präpositionalen Objekt-NPs, vgl. dazu Tabelle 6:

Tab. 6: Nominalphrasen in den geschriebenen deutschen Bildergeschichten von Berfin und Dilan

Verwendete NP-Strukturen mit Beispielen	Berfin		Dilan	
	falsch	korrekt	falsch	korrekt
Pronominale Subjekt-NPs: „Sie kugen durchs fenster"	–x	5x	2x	9x
Lexikalische Subjekt-NPs: „der Frosch" / „der Hund" / „der Eule"	4x	16x	4x	18x
Ausgedehnte lexikalische Subjekt-NPs: „der Junge und der Hund"	2x	4x	–x	–x
Pronominale Objekt-NPs: „und der Junge nimmt ihn"	–x	2x	2x	4x
Lexikalische Objekt-NPs: „der Uhu geht den jungen hinterher"	1x	2x	5x	2x
Präpositionale Objekt-NPs: „zu den Frosch" / „mit sein Hund"	14x	10x	5x	5x

Obwohl Beispiele wie <schreit nach seinem frosch> zeigen, dass die Kasuszuweisungen, wie hier präpositionale Dativobjekte, nicht durchgehend falsch gemacht werden, fällt dennoch eine noch unsichere Verwendung des Dativs auf. Entsprechend der Mündlichkeit schreiben die Kinder Präpositionalphrasen in verschmolzener Form: *<Der Junge geht aufs stein> oder *<der junge kugkt durchs Loch>. Die noch große Unsicherheit bei der Analyse dieser morphologischen Strukturen und ein möglicher Einfluss des Türkischen wird an einem Beispiel wie *<beißt auf den Jungens Nase> statt <beißt in die Nase des Jungen> deutlich, einer Struktur, mit der Berfin versucht, eine Genitivkonstruktion zu bilden.

---

11 Obwohl eine ihrer Familiensprachen die Kategorie Genus kennt, ist diese im Deutschen noch nicht sicher erworben. Nomen, Tierbezeichnungen, die auch in den Familiensprachen der Mädchen offenbar nicht zum Alltagsvokabular gehören – *Eule*, *Reh* und *Bienennest* –, werden als Maskulina gebraucht. Zu den Erwerbssequenzen des Kasussystems des Deutschen bei mehrsprachigen Kindern vgl. Tracy (1986).

Berfin und Dilan unterscheiden sich auch im Bereich der Zusammen- und Getrenntschreibungen deutlich voneinander; Komposita beispielsweise sind für Dilan weniger problematisch. Wörter wie <Fensterbrett> und <Bienennest> schreibt sie korrekt, während Berfin zu Lösungen wie *<Binen netz> (2x) oder *<Baum stamm> (2x) kommt. Schreibungen wie *<hinter her> und *<über all> zeigen, dass Berfin nicht nur bei Komposita unsicher ist.

Im Bereich der Syntax sind nur vereinzelt Strukturen zu beobachten, die als nicht-zielsprachlich bezeichnet werden können. Dies ist sicherlich auch eine Folge der einfach strukturierten Texte. Eine noch sehr starke Orientierung an der Mündlichkeit weist der Text des jüngeren Kindes auf; hier sind Informationseinheiten wie <finden ihn nicht> und <schreit> zu verzeichnen, in denen weder pronominale noch lexikalische NPs zur Explizierung ergänzt werden. Wie im mündlichen Diskurs verlässt sich das Kind hier auf das im Text bereits aufgebaute Wissen des Lesers.

5 Zusammenfassung und Bewertung der Ergebnisse

Zusammenfassend kann aus den Schreibungen in allen drei Sprachen abgeleitet werden, dass die Geschwister in ihrem Erwerb der drei Sprachen auf unterschiedlichen Ebenen jeweils unterschiedlich weit vorangeschritten sind.

Dabei lassen sich die Phonetik und die Morphologie, besonders die Kasusmorphologie, als die sensitiven Bereiche bezeichnen. Während die Verschriftungen phonologischer Einheiten wie Silben weder im Deutschen noch im Kurmanjî auf einen verzögerten Erwerb weisen, ist im Falle der Vokalharmonie des Türkischen eine deutliche Abweichung festzustellen. Unter dem Einfluss des Kurmanjî und des Deutschen scheint eine sehr saliente Struktur des Türkischen aufgebrochen zu werden. Die Beobachtungen bei Berfin und Dilan legen weiterhin nahe, dass der Erwerb der Kasusmorphologie des Türkischen sich erheblich verzögert; im Erwerb des Kasussystems des Deutschen sind sie mit anderen gleichaltrigen DaZ-Lernern vergleichbar, d.h. besonders die Genus und Kasuszuweisung in lexikalischen Objekt-NPs ist mit großen Unsicherheiten verbunden.

Insgesamt werden in den Texten die Einflüsse des Deutschen auf die beiden Familiensprachen, hierbei stärker auf das Türkische, sichtbar. Auch wenn ihnen elaborierte Strukturen der Familiensprachen nicht zur Gänze zur Verfügung stehen und sie stellenweise abweichende Formen verwenden oder die Sprache wechseln und auch mit den Schriftsystemen nicht vertraut sind, so reicht ihr strukturelles Wissen soweit aus, um beim Schreiben plausible Lösungen zu finden. Bei der Verschriftung der Familiensprachen fällt, trotz gleicher Sprachpraxis im familiären Umfeld, die höhere Kompetenz der älteren Schwester Berfin auf. So ist die Phonologie des Türkischen bei ihr weniger auffällig. Die bei beiden Kindern gefundenen abweichenden Schreibungen in den deutschen Texten betreffen die Bereiche der deutschen Orthographie, die nicht durch eigene Analyse zu erschließen sind, wie die Groß- und Kleinschreibung. Wie die Unsicherheiten in den Kategorien Genus und Kasus und die Groß- und Kleinschreibung bereits zeigen, muss bei beiden Kindern morphologisches Wissen im Deutschen noch aufgebaut werden; darauf weist auch die Unsicherheit bei der Schreibung von Komposita hin. Interessanterweise ist die jüngere Dilan bei der Repräsentation der Vokallängung und beim Schreiben der Komposita und der Wörter mit Doppelkonsonanten besser als ihre ältere Schwester.

Die gefundenen Hinweise auf Interferenzen zwischen den drei Sprachen lassen sich nicht so einfach als tatsächlich an die Oberfläche tretende mentale Prozessierungsvorgänge identifizieren. Dennoch gibt es im Korrekturverhalten der Kinder beim Schreiben einige Vorkommen, die als Indikatoren der Analyse und der Monitoringprozesse, die beim Schreiben ablaufen, gewertet werden können; vgl. Beispiel (5):

(5): Aus dem Text von Berfin in Türkisch

Text BER	di kok Loch da hayvan çikiyor
Morphologie	in kr:Loch Loch tr:LOK/kr:POST Tier heraus-komme-IPFV
Standard	Lochdan bir hayvan çıkıyor.
Deutsch	*Aus dem Loch kommt ein Tier heraus.*

Berfin beginnt den fraglichen Satz in Kurmanjî und schreibt <di kok>, was die Präposition *di* („in") und den Stamm *kok* („Loch") beinhaltet. Dann bemerkt sie offenbar, dass sie in Türkisch schreiben soll und streicht dieses durch. Im nächsten Schritt findet sie nicht ein geeignetes Lexem des Türkischen und wechselt ins Deutsche. Das an das Nomen angeschlossene *da* kann angesichts der durchgestrichenen NP in Kurmanjî sowohl als Kurmanjî als auch als Türkisch interpretiert werden: <di kok da> („aus dem Loch") = NP in Kurmanjî oder *<Loch da> anstatt <Lochdan> („aus dem Loch") = NP mit Code-Mixing = deutsches Nomen + türkische Kasusmarkierung des Abblativs. Beide Interpretationen ergeben mit der folgenden restlichen Formulierung (hayvan çıkıyor „kommt ein Tier heraus") eine sinnvolle Informationseinheit. Hinzu kommt, dass *da* als deiktische Form des Deutschen ebenfalls in den Satzzusammenhang passen würde. Zunehmend gegen Ende des Textes und bei abnehmender Konzentration schwindet offenbar die Barriere zwischen den Sprachen. Dennoch ist das Kind in diesem Fall in der Lage, die formale Übereinstimmung und die funktionale Äquivalenz der Lokalisierungskonzepte zu analysieren.

Um bei der Bewertung des Wissens der dreisprachigen Kinder über linguistische Subsysteme ihrer drei Sprachen und insbesondere ihrer hohen Analysefähigkeit gerecht zu werden, erscheint es sinnvoll von sprachlichen Ressourcen zu sprechen (entsprechend dem Ansatz von Grosjean 2001 und Clyne 2003). Die Grenzen zwischen den Sprachsystemen sind als fließend zu definieren (vgl. dazu auch das Modell des Code-Switchings bei Franceschini 1998), so dass alle drei Sprachen sich im Arbeitsgedächtnis als gleichermaßen aktiv und prozessierbar zeigen, ohne eine Abgrenzung, die die Bezeichnungen L1, L2 und L3 nahelegen.

6 Fazit

Die Ergebnisse der Sprachprodukte in dem vorgestellten Einzelfall legen die Vermutung nahe, dass die Kinder jeweils an den Stellen die sprachlichen Grenzen überspringen, an denen der Input die jeweiligen sprachspezifischen Strukturen nicht vorgibt, die erforderlich wären, um die Aufgabe angemessen zu erfüllen. An diesen Stellen schöpfen sie aus ihren Gesamtressourcen. Der Einzelfall läßt weiterhin vermuten, dass die Sprachverarbeitung im Falle der Dreisprachigen nicht grundsätzlich anders zu sehen ist als bei bilingualen Kindern; nur setzen sich vorhandene Ressourcen anders zusammen und bieten eine größere Möglichkeit für Analyseschritte. Wie Bilinguale Kinder auch, bringen sie genug kognitive Fähigkeiten mit, um fehlendes Wissen zu kompensieren, wenn sie denn dazu angeleitet werden, sich nur in einem Sprachsystem auszudrücken.

Bezüglich des Erwerbs der deutschen Schriftsprache kann hier festgehalten werden, dass negative Erwerbsverläufe nicht Resultat des Einflusses der beteiligten Familiensprachen sind. Vielmehr zeigt sich gerade ein positiver Effekt der Dreisprachigkeit beim Schreiben dadurch, dass eine hohe Analysekapazität der Kinder entsteht. Diese Kapazitäten könnten für den Erwerbsprozess im Deutschen besser genutzt werden, hätten die Kinder mehr Unterstützung beim Ausbau der Familiensprachen; denn offenbar erzeugen differierende Typologien der beteiligten Sprachen in der Dreisprachigkeitskonstellation auch spezifische Dynamiken im Erwerbsprozess, was in dem Einzelfall anhand des Erwerbs der

Kasussysteme deutlich wird und was sicherlich auch noch weiterer Untersuchungen bedarf.

In der späteren Erwerbsphase der Orthographie des Deutschen, in der sich die Kinder im Übergang von der Grundschule in die Sekundarstufe befinden, wäre der Unterricht als Lokalität des Problems für negative Erwerbsverläufe in Betracht zu ziehen. Probleme bei der Repräsentation der Vokallänge und bei der Groß- und Kleinschreibung weisen auf Schwierigkeiten der Kinder mit dem deutschen Schriftsystem und noch unzureichendes morphologisches Wissen hin. Die Vermittlung entsprechender Regeln ist Gegenstand des Unterrichts. Dabei soll hier keinesfalls eine kontrastive Analyse der Kinder, die den Erwerbsprozess abweichend beeinflussen mag, ausgeschlossen werden. In diesem Fall besteht der Lösungsansatz darin, einen Unterricht anzubieten, der kontrastiv angelegt ist und der auch stärker Regelwissen in der deutschen Grammatik und Orthographie vermittelt. Dass dies zu wenig geschehen ist, wird in dem hier präsentierten Einzelfall dadurch deutlich, dass die ältere Schwester trotz des einjährigen Vorsprungs in der Schule in etwa auf dem gleichen Stand ist wie ihre jüngere Schwester und in einigen Bereichen sogar hinter ihr zurückliegt. Das frühe Einführen morphologischer Einheiten im Unterricht würde beispielsweise insbesondere den drei- und mehrsprachigen Kindern das Erkennen unterschiedlicher Einheiten erleichtern und sie im Erwerbsprozess des Deutschen, das ja bereits ihre dominante Sprache ist, stärker unterstützen.

Literatur

Aygen, Gülşat (2007): *Kurmanjî Kurdish*. München: LINCOM.
Bedir-Xan, Celadet (1932): Elfabêya kurdi. Bingehên gramera kurdmancî. [Das kurdische Alphabet. Die Grammatik des Kurmanjî] Neuauflage 1998. Istanbul: NEFEL.
Brizić, Katharina & Hufnagl, Claudia (2011): Multilingual Cities. Forschungsbericht. http://ec.europa.eu/ewsi/UDRW/images/items/docl_24583_440720303.pdf (20.04.2015).
Bulut, Christiane (2006): Turkish elements in spoken Kurmanji. In Johanson, Lars & Boeschoten, Hendrik (eds.): *Turkic Languages in Contact*. Wiesbaden: Harrassowitz, 95–121.
Cenoz, Jasone (1998): Multilingual education in the Basque Country. In Cenoz, Jasone & Genesee, Fred (eds.): *Beyond bilingualism. Multilingualism and multilingual education*. Clevedon: Multilingual Matters, 175–191.
Cindark, Ibrahim & Keim, Inken (2003): Deutsch-türkischer Mischcode in einer Migrantinnengruppe: Form von 'Jugendsprache' oder soziolektales Charakteristikum? In Neuland, Eva (Hrsg.): *Jugendsprachen – Spiegel der Zeit*. Frankfurt am Main: Lang, 377–394.
Clyne, Michael (2003): *Dynamics of language contact. English and immigrant languages*. Cambridge: Cambridge University Press.

Clyne, Michael (1997): Some of the things trilinguals do. In: *The International Journal of Bilingualism* 1, 95–116.
Dirim, Inci & Auer, Peter (2004): Türkisch sprechen nicht nur die Türken. Über die Unschärfebeziehung zwischen Sprache und Ethnie in Deutschland. Berlin, New York: de Gruyter.
Dorleijn, Margareet (2006): Turkish-Kurdish language contact. In Johanson, Lars & Boeschoten, Hendrik (eds.): *Turkic Languages in Contact*. Wiesbaden: Harrassowitz, 74–94.
Extra, Guus & Yağmur, Kutlay (2008): Mapping immigrant minority languages in multicultural cities. In Barni, Monica & Extra, Guus (eds.): *Mapping Linguistic Diversity in Multicultural Contexts*. Berlin, New York: de Gruyter, 139–162.
Franceschini, Rita (1998): Code-switching and the notion of code in linguistics. Proposal for a dual focus model. In Auer, Peter (ed.): *Code-switching in conversation: Linguistic perspectives on bilingualism*. London, New York: Routledge, 51–72.
Gardner-Chloros, Penelope & Edwards, Malcolm (2007): Compound verbs in codeswitching: Bilinguals making do? In *International Journal of Bilingualism* 2007, 11, 73–91.
Genesee, Fred (1998): A case study of multilingualism in Canada. In Cenoz, Jasone & Genesee, Fred (eds.): *Beyond Bilingualism: Multilingualism and Multilingual Education*. Clevedon: Multilingual Matters, 243–258.
Grosjean, Françoise (2001): The bilingual's language modes. In Nicol, Janet L. (ed.)(2001): *One mind, two languages. Bilingual language processing*. Malden, Oxford: Blackwell, 1–22.
Haig, Geoffrey (2002): Complex predicates in Kurdish: Argument sharing, incorporation, or what? In *Sprachtypologie und Universalienforschung / Language typology and universals* 551, 25–48.
Haig, Geoffrey & Matras, Yaron (2002): Kurdish Linguistics. In *Sprachtypologie und Universalienforschung / Language typology and universals* 55, 1, 64–79.
Haig, Geoffrey & Paul, Ludwig (2001): Kurmanjî Kurdish. In Garry, Jane & Rubino, Carl (eds.): *An encyclopaedia of the World's major languages, past and present*. New York: Wilson, 398–403.
Haugen, Einar (1956): *Bilingualism in the Americas*. Alabama: American Dialect Society.
Herdina, Philip & Jessner, Ulrike. (2002): *A dynamic model of multilingualism*. Clevedon: Multilingual Matters.
Herkenrath, Anette & Karakoç, Birsel (2004): *Zur Morphosyntax äußerungsinterner Konnektivität bei mono- und bilingualen türkischen Kindern*. Sonderforschungsbereich 538, Universität Hamburg.
Hoffmann, Charlotte (1985): Language acquisition in two trilingual children. In *Journal of Multilingual and Multicultural Development* 6, 6, 479–495.
Hoffmann, Charlotte (1999): Trilingual competence: linguistic and cognitive issues. In *Applied Linguistic Studies in Central Europe* 3, 16–26.
Hoffmann, Charlotte (2001): Towards a description of trilingual competence. In: *International Journal of Bilingualism* 5, 1–17.
Hoffmann, Charlotte & Widdicombe, Sue (1998): The language behaviour of trilingual children: developmental aspects. In *AILE Proceedings of the EUROSLA VIII Conference*. Paris. Vol. I, Special Issue, 51–62.
Jessner, Ulrike (1997): Towards a dynamic view of multilingualism. In Pütz, Martin (ed.): *Language Choice. Conditions, Constraints and Consequences*. Amsterdam: John Benjamins, 17–30.

Kallmeyer, Werner; Keim, Inken; Aslan, Sema & Cindark, Ibrahim (2002): *Variationsprofile. Zur Analyse der Variationspraxis bei den Powergirls.* Mannheim: IDS. http://www.ids-mannheim.de/prag/sprachvariation/publik.htm (20.07.2015).
Karakoç, Birsel (2007): Connectivity by means of finite elements in monolingual and bilingual Turkish discourses. In Rehbein, Jochen; Hohenstein, Christiane & Pietsch, Lukas. (eds.): *Connectivity in Grammar and Discourse.* Amsterdam: Benjamins, 199–230.
Klein, Elaine C. (1995): Second versus third language acquisition: is there a difference? In *Language Learning* 54, 3, 419–466.
Maas, Utz (2010): Literat und orat. Grundbegriffe der Analyse geschriebener und gesprochener Sprache. In *Grazer Linguistische Studien* 73, 21–150.
Matras, Yaron (1997): Clause combining, ergativity, and coreferent deletion in Kurmanji. In *Studies in Language* 21, 3, 613–653.
Mayer, Mercer (1969): Frog, where are you? New York: Dial Press.
McCarus, Ernest N. (2009): Kurdish. In Windfuhr, Gernot (ed.): *The Iranian languages.* Landon: Routledge, 587–633.
Pfaff, Carol (2001): The development of co-constructed narratives by Turkish children in Germany. In Verhoeven, Ludo & Strömqvist, Sven (eds.): *Narrative development in a Multilingual Context.* Amsterdam: Benjamins, 153–188.
Rehbein, Jochen & Karakoç, Birsel (2004): On contact-induced language change of Turkish aspects: Languaging in bilingual discourse. In Dabelsteen, Christine B. & Jørgensen, Normann J. (eds.): *Languaging and language practices.* University of Copenhagen, Faculty of Humanities: Copenhagen Studies in Bilingualism 36, 125–149.
Rehbein, Jochen; Herkenrath, Anette & Karakoç, Birsel (2009): Turkish in Germany – On contact-induced language change of an immigrant language in the multilingual landscape of Europe. In Ferraresi, Gisella & Rinke, Esther (eds.): *Multilingualism and Universal Principles of Linguistic Change. (Sprachtypologie und Universalienforschung/ Language Typology and Universals* 1), 6–43.
Schroeder, Christoph (2002): Zur Nominalphrasenstruktur des Kurmancî. In Bublitz, Wolfram; von Roncador, Manfred & Vater, Heinz (eds.): *Philologie, Typologie und Sprachstruktur. Festschrift für Winfried Boeder zum 65. Geburtstag.* Frankfurt/Main: Lang, 191–210.
Schroeder, Christoph & Şimşek, Yazgül (2010): Die Entwicklung der Kategorie Wort im Türkisch-Deutsch bilingualen Schrifterwerb in Deutschland. In Weth, Constanze (Hrsg.): *Schrifterwerb unter den Bedingungen von Mehrsprachigkeit und Fremdsprachenunterricht.* IMIS-Beiträge, Band 37, Universität Osnabrück, 55–79.
Selting, Margret; Auer, Peter; Barth-Weingarten, Dagmar; Bergmann JR; Bergmann, Pia, Birkner, Karen; Couper-Kuhlen, Elisabeth; Deppermann, Arnulf; Gilles, Peter; Günthner, Susanne & Hartung, Martin (2009): Gesprächsanalytisches Transkriptionssystem 2 (GAT 2). In *Gesprächsforschung - Online-Zeitschrift zur verbalen Interaktion* 10, 353–402. http://www.gespraechsforschung-ozs.de/heft2009/px-gat2.pdf (20.07.2015).
Şimşek, Yazgül (2011): Post-Positioning in the Constructions with the Turkish 'şey' and the German 'dings' in Turkish-German-Conversations. In Kern, Friederike & Selting, Margret (eds.): *Ethnic Styles of Speaking in European Metropolitan Areas.* Amsterdam: Benjamins, 191–216.
Tracy, Rosemarie (1986): The acquisition of case morphology in German. In *Linguistics* 24: 47–78.
Voorwinde, Stephen (1981): A lexical and grammatical study in Dutch-English-German trilingualism. In *International Review of Applied Linguistics* 52, 3–30.
Wiese, Heike (2009): Grammatical innovation in multiethnic urban Europe: New linguistic practices among adolescents. In *Lingua* 119, 782–806.

Anhang

Verwendete Abkürzungen:

Adj.	Adjektiv
Adv.	Adverb
Attr.	Attribut
C	Konsonant
Det.	Determinierer
F	feminin
IND	Indikativ
IPFV	Imperfektiv
kr.	kurmanjî
LOK	Lokativ
N	Nomen
NP	Nominalphrase
O	Objekt
OBL	Obliquus
PL	Plural
POST	Postposition
PRÄT	Präteritum
PRF	Perfekt
S	Subjekt
SG	Singular
tr.	türkisch
V	Verb / Vokal

Simone Lechner
Literale Fähigkeiten als Ressource beim Erwerb von Fremdsprachen in mehrsprachigen Kontexten

1 Einleitung und Stand der Forschung

Mehrsprachigkeit ist weltweit, entgegen weitläufigen Annahmen, schon immer die Norm und nicht die Ausnahme, und die Anzahl mehrsprachiger Menschen auf der Welt nimmt weiterhin zu. Insbesondere in Großstädten ist, infolge von Globalisierung und daraus bedingter zunehmender Migration, in den letzten Jahren ein Anstieg ethnischer, kultureller und sprachlicher Diversität in Gegenden zu verbuchen, die sich in der Tradition der Nationalstaatenbildung des 19. Jahrhunderts als weitgehend monolingual begriffen haben (vgl. Gogolin 1994). Um diese Vielfalt besser beschreiben zu können, hat in den letzten Jahren der Begriff der Super-Diversität Einzug in die Forschungslandschaft erhalten (Vertovec 2007, Blommaert 2010).

Englisch, als *lingua franca* der Wirtschaft und der Populärkultur, genießt momentan weltweit einen sehr hohen Stellenwert. Englisch zu können ist in Europa eine regelrechte Notwendigkeit, um an einer transnationalen, europäischen Gesellschaft teilnehmen zu können (Hoffmann 2000: 20). Im Gegensatz hierzu stehen die Sprachen, die Migranten aus Osteuropa, Asien und Afrika mit sich bringen. Obwohl sich die Europäische Union also Zwei- und Mehrsprachigkeit als Bildungsziel setzt, sind hier in der Regel Prestigesprachen gemeint. In der deutschen Forschungslandschaft gibt es Stimmen, die sich gegen die Förderung von Migrantensprachen aussprechen, da sie keinen Mehrwert erzeugen (vgl. Esser in Burghardt und Esser 2008).

Obwohl also Bilingualismus immer noch kontrovers diskutiert wird (Gogolin und Neumann 2009), ist gerade in den letzten Jahren Forschung in den Vordergrund getreten, die Zweisprachigkeit als Ressource begreift, die zu positiven kognitiven Effekten führt. Diese positiven Effekte schlagen sich insbesondere in solchen Feldern nieder, in denen es um exekutive Kontrolle in kognitiven Prozessen (z.B. selektive Aufmerksamkeit) und mentale Flexibilität geht (Bialystok 2009, Bialystok und Poarch 2014). Gleichzeitig ist es so, dass Berichte aus der internationalen und nationalen Bildungsforschung immer wieder auf signifikante Nachteile von Kindern mit Migrationshintergrund hinweisen. Dies ist insbesondere auch für Deutschland der Fall (OECD 2014, Klieme et al. 2010). Um diesen scheinbaren Widerspruch zu erklären, gab es in den vergangenen Jahrzehnten viele Studien aus unterschiedlichen Forschungsansätzen. Gerade wenn es um Minoritätssprachen von Personen mit Migrationshintergrund geht, scheint neben dem Beherrschen der Majoritätssprache auch der Stand in der Herkunftssprache eine Rolle zu spielen. So postuliert Cummins in seiner Schwellenhypothese (1979) beispielsweise, dass ein zweisprachiges Kind mit Migrationshintergrund ein bestimmtes Niveau in beiden Sprachen erreicht haben muss (d.h. also zwei separate Schwellen überschritten haben muss), damit kognitive Vorteile zum Tragen kommen. Für Kinder mit Migrationshintergrund sei dies oft nicht gegeben, da sie die Schwellen in den Sprachen ihres Gesamtrepertoires oftmals nicht überschreiten würden. Die Schwellenhypothese von Cummins ist in den Folgejahren stark kritisiert worden – nicht zuletzt deshalb, weil Cummins hier noch den Begriff *semilingualism* („Halbsprachigkeit") verwendet. Später wird diese Terminologie zwar revidiert, die Schwellenhypothese selbst jedoch bleibt umstritten (für eine ausführliche Kritik siehe MacSwan 2000). In diesem Rahmen wird oft auch der Begriff des subtraktiven Bilingualismus kritisiert, der gemeinhin im Sinne Skutnabb-Kangas, (1981) als eine Zweisprachigkeit verstanden wird, bei der eine der beiden Sprachen nicht vollständig ausgeprägt ist. Subtraktiver Bilingualismus wird also gemeinhin als eine Form von nicht balancierter Zweisprachigkeit verstanden, bei der eine der beiden Sprachen die andere Sprache "bedroht", d.h. also durch den Erwerb der Zweitsprache die Erstsprache in Gefahr gerät und es zu einer unvollständigen Ausprägung kommt. Gemeint ist allerdings oft vielmehr, dass eine der beiden Sprachen aufgrund der gesellschaftlichen Stellung der anderen Sprache – in den meisten Fällen also der Majoritätssprache – nicht im selben Maße gefördert wird. Speziell werden bestimmte Register der Minoritätssprache nicht in schulischen Kontexten vermittelt, insbesondere das bildungssprachliche Register. Migrantensprachen sind hiervon also besonders betroffen, vor allem wenn es um die Förderung von Schriftlichkeit geht, die gemeinhin nicht zu Hause gelehrt wird. Subtraktiv bezieht sich in diesem Artikel also nicht auf die grundsätzliche sprachliche Kompetenz der Probanden, sondern vielmehr auf die aus gesellschaftlichen Umständen des Erwerbs und der Sprachpraxis erwachsenen performativen Unausgeglichenheit in den beiden Sprachen des bilingualen Individuums, die sich in Unterschieden im messbaren Sprachstand zeigen lassen.

Im Bereich des Drittspracherwerbs gibt es mittlerweile einen allgemeinen Konsens, dass Mehrsprachigkeit einen insgesamt positiven Einfluss auf den Erwerb einer weiteren Sprache hat (Cenoz 2003). Dies hängt nicht zuletzt mit einer höheren metalinguistischen Bewusstheit der Probanden zusammen

(Jessner 2006). Allerdings scheint dies gerade in Bereichen, in denen es um bestimmte sprachliche Phänomene, wie zum Beispiel den Erwerb spezifischer Flexionsmorpheme, geht nicht notwendigerweise der Fall zu sein (Cenoz 2003: 80). Zudem sind positive Effekte beim Erwerb der Drittsprache – insbesondere dann, wenn die zweite Sprache auch eine außerhalb des familiären Umfelds erworbene Sprache ist – stark abhängig von der Erwerbsstufe in der Zweitsprache (Cenoz 2013). In der Übersicht zu den additiven Effekten von Zweisprachigkeit beim Erwerb einer zusätzlichen Sprache von Cenoz (2003: 83) zeigt sich außerdem, dass die Ergebnisse für subtraktiv bilinguale Probanden nicht eindeutig sind. Swain et al. (1990) argumentieren, dass es vor allem ein hoher Grad an Schriftlichkeit in der Erstsprache sei, der zu positiven Effekten in der Drittsprache führe.

DESI (2006) konnte in einer einjährigen Studie Vorteile für den Erwerb des Englischen bei mehrsprachigen Jugendlichen in Deutschland gegenüber ihren deutsch monolingualen Altersgenossen nachweisen, sofern sozioökonomische Voraussetzungen mit einbezogen wurden. Hier handelte es sich größtenteils auch um Jugendliche, deren Herkunftssprache eine sogenannte Migrantensprache war, die nicht gefördert wurde. Allerdings wurde hier nach curricularen Zielsetzungen, d.h. also laut den Sprachzielen nach europäischem Referenzrahmen wie sie im Lehrplan festgesetzt wurden, gemessen und die Ergebnisse waren nicht eindeutig.

Allgemein existiert also, was den Erwerb einer zusätzlichen Sprache durch bilinguale Kinder in subtraktiven Situationen betrifft, noch erheblicher Forschungsbedarf.

Der hier vorliegende Artikel untersucht den Einfluss von Mehrsprachigkeit auf den Erwerb von Schriftlichkeit in der Drittsprache. Untersucht werden subtraktiv-bilinguale Kinder mit Türkisch, Vietnamesisch und Russisch als Herkunftssprache und Deutsch als Zweitsprache, die seit der Grundschule Englisch als erste Fremdsprache erwerben. Dass die Sprachen bei den untersuchten Probanden ungleichmäßig ausgeprägt waren, wurde in einer separaten Studie untersucht. Untersucht werden in diesem Beitrag allgemeine Ergebnisse für die Fremdsprache Englisch, Aspekte der Aufgabenbewältigung sowie das mikrolinguistische Phänomen Subjekt-Verb-Kongruenz. So soll zum einen der Gesamtsprachstand in Betracht gezogen werden, zum anderen auf ein konkretes sprachliches Phänomen eingegangen werden um zu untersuchen, ob sich Unterschiede in etwaigen Vor- oder Nachteilen mehrsprachiger Probanden gegenüber monolingualen Probanden zwischen den Gesamtergebnissen und bestimmten Phänomenen zeigen lassen.

2 Methodik

Die hier vorgestellten Daten sind Teil einer Teilstichprobe, die im Rahmen einer Pilotstudie (LiPS) für eine geplante Panelstudie erhoben wurden (LiMA-LiPS 2013). Im Rahmen dieser Pilotstudie wurden lebensweltlich mehrsprachig aufgewachsene und lebensweltlich monolingual aufgewachsene Kinder im Alter von sechs, elf und fünfzehn Jahren im urbanen Raum Hamburgs untersucht. Die lebensweltlich mehrsprachigen Kinder kamen aus russisch-deutschen, türkisch-deutschen und vietnamesisch-deutschen Familien unterschiedlicher sozialer Milieus, mit unterschiedlichen Bildungsvoraussetzungen und Sprachgebrauchsfrequenzen. Das Hauptvorhaben der Pilotstudie war die Untersuchung der Machbarkeit einer Panelstudie, die sich mit der Entwicklung der Herkunftssprachen sowie der Umgebungssprache Deutsch befassen soll. Für dieses Vorhaben wurde der Sprachstand in der Herkunftssprache und im Deutschen mittels verschiedener, in vorherigen Studien pilotierten Bilderimpulsen erhoben. Dieser Studie angehängt war eine Reihe von Zusatzstudien (sogenannten Satelliten), die sich – ebenfalls als Pilotstudien – mit dem Erwerb verschiedener Fremdsprachen in diesen lebensweltlich mehr- und einsprachigen Kontexten befassten. Hier nun werden Daten aus einer dieser Zusatzstudien betrachtet, in der es um den Erwerb des Englischen als erster Fremdsprache ging (E-LiPS).

Im Rahmen von E-LiPS wurden insgesamt 160 Probanden der beiden älteren Kohorten - d.h. also denjenigen Probanden, die zum ersten Messzeitpunkt in LiPS 11 bzw. 15 Jahre alt waren -zum zweiten Messzeitpunkt in LiPS im Juni 2012 getestet. Hierbei kamen insgesamt drei Aufgaben zum Einsatz. In der ersten Aufgabe sollten die Probanden auf der Grundlage einer Bildergeschichte eine schriftliche Narrative produzieren. In der zweiten Aufgabe wurden die Probanden gebeten, eine zweite Bildergeschichte mündlich zu beschreiben. Dieser Impuls führte trotz der Darstellungsform (d.h. trotz der Tatsache, dass es sich um eine Geschichte handelte) in erster Linie zu Beschreibungen und nicht zu einer zusammenhängenden Narration. Die dritte Aufgabe wurde nur mit der ältesten Kohorte (n=80) durchgeführt, d.h. mit den Probanden, die zum zweiten Messzeitpunkt in LiPS im Schnitt sechzehn Jahre alt waren. Eingesetzt wurde hier eine englischsprachige Version des Instruments *Fast Catch Bumerang*, das zur Produktion eines bildungssprachlichen Textes führte (Reich et al. 2009). Alle Instrumente wurden vor der Erhebung erfolgreich pilotiert. Ein kultureller und/oder geschlechtsspezifischer Bias konnte nicht festgestellt werden.

Aufgrund der niedrigen Fallzahl sowie der Heterogenität der Daten wird hier eine deskriptive Herangehensweise gewählt. Da sich dieser Artikel mit Schriftlichkeit als Ressource der Mehrsprachigkeit befasst, wollen wir uns im

Folgenden insbesondere den Ergebnissen der schriftlichen Narrative widmen, die mit beiden Altersgruppen durchgeführt wurde. Insgesamt sollen n=40 Probanden untersucht werden. Wir fokussieren uns auf diejenigen Probanden mit dem jeweils höchsten und dem niedrigsten sozioökonomischen Status in der jeweiligen Sprachgruppe. Dieser wird auf der Grundlage des HISEI, das heißt dem höchsten ISEI[1], festgelegt (Ehmke und Siegle 2005). In diesem Artikel werde ich mich zum einen auf den Teilbereich der Aufgabenbewältigung, zum anderen auf den linguistischen Teilbereich der Subjekt-Verb-Kongruenz konzentrieren. Da die Daten für die Herkunftssprache und für Deutsch gerade neu skaliert werden[2], wird sich dieser Artikel auf die Daten aus E-LiPS beschränken. Die hier verwendeten englischen Datensätze wurden von zwei englischen Muttersprachlern und einem dritten Nicht-Muttersprachler ausgewertet, um eine höhere *interrater reliability* zu gewährleisten.

3 Ergebnisse

3.1 Sozioökonomischer Status und Bildungsstand der Familien

Es sollen im Folgenden also n=10 Probanden aus jeder Sprachgruppe (jeweils 5 mit den höchsten bzw. niedrigsten HISEI-Werten) untersucht werden. Um weitergehende Vergleiche anstellen zu können, wird hier ein Sample verwendet, das an anderer Stelle bereits auf lexikalischen Transfer hin untersucht wurde (vgl. Lechner und Siemund 2015, im Erscheinen). Pro Sprachgruppe gibt es zwei Untergruppen, eine H- und eine N-Gruppe, wobei H für diejenigen Probanden mit den höheren HISEI-Werten und N für diejenigen Probanden mit niedrigeren HISEI-Werten steht. Tabelle 1 zeigt eine Auflistung der Gruppen nach ihrem durchschnittlichem HISEI- und HISCED-Wert. HISCED ist ein Index zur Messung des Bildungsstandes in der Familie, basierend auf dem höchsten Bildungsabschluss der Eltern (Ehmke und Siegle 2005).

---

1 Der ISEI ist eine Maßeinheit zur Bestimmung des sozioökonomischen Status auf der Grundlage des Haushaltseinkommens der Familie. Der HISEI ist der höchste ISEI, d.h. es wird das akkumulierte Haushaltseinkommen der Familie zur Bemessung herangezogen.
2 Die grundsätzliche Differenz im Sprachstand zwischen den Ergebnissen im Deutschen und in den Herkunftssprachen bleibt auch nach der Neuskalierung bestehen.

Tab. 1: Mittelwerte des HISEI und HISCED-Indexes nach Sprachgruppe

Gruppe	HISEI		HISCED	
	12 jährig	16-jährig	12-jährig	16-jährig
DEU_H	74.8	71.0	6.0	5.4
DEU_N	58.0	37.6	5.2	4.6
RUS-DEU_H	49.6	70.8	5.0	6.0
RUS-DEU_N	23.2	30.4	5.3	4.8
VIET-DEU_H	52.6	57.0	4.4	5.6
VIET-DEU_N	26.0	28.2	4.0	3.0
TÜRK-DEU_H	46.0	49.0	2.5	3.0
TÜRK-DEU_N	31.3	33.5	4.0	2.75

Es zeigt sich hier, dass insbesondere bei den Zwölfjährigen die deutsch monolinguale Gruppe den vergleichsweise höchsten Wert sowohl in der H- als auch in der N-Gruppe vorzuweisen hat. Die insgesamt niedrigsten HISEI-Werte aus den H-Gruppen sind in der türkisch-deutschen Gruppe vorzuweisen, wobei allerdings die vietnamesisch-deutsche Gruppe niedrigere HISEI-Werte in den N-Gruppen hat. Was nun den Bildungsstand der untersuchten Familien betrifft, so zeigt sich, dass die türkisch-deutschen H- und N-Gruppen hier die niedrigsten Werte haben, der allerdings in der Gruppe der Zwölfjährigen nicht mit dem sozioökonomischen Stand korreliert. Problematisch ist hier, auch wenn wir Probanden mit den jeweils höchsten und niedrigsten Indexwerten heraussuchen, die Vergleichbarkeit der Probanden untereinander. Dies liegt zum einen daran, dass in der türkisch-deutsch bilingualen Gruppe Probanden insgesamt einen niedrigeren sozioökonomischen Status haben als die anderen Gruppen. Gleichzeitig haben die deutsch monolingualen Probanden einen vergleichsweise höheren sozioökonomischen Status als die übrigen Gruppen. Vergleichbare Probandengruppen zu bilden ist somit äußerst schwierig.

3.2 Ergebnisse der Sprachstandsanalyse

3.2.1 Gesamtscores

Bevor es in den nächsten beiden Teilkapiteln um die Bereiche der Aufgabenbewältigung und Subjekt-Verb-Kongruenz geht, macht es Sinn, die Gesamtscores für Englisch für die untersuchten Probanden zu betrachten. Die Gesamtscores in E-LiPS wurden als kombinierter Score aus grammatisch-struktureller Komplexität (Hauptsätze vs. Nebensätze, Anzahl der Relativsätze und Passivkonstruktionen) lexikalischer Vielfalt (Type/Token und Lemma/Token-Frequenz) und zielsprachlichen vs. nicht-zielsprachlichen Elementen (Gesamtanzahl von Abweichungen vom Standardenglischen vs. zielsprachliche Verwendung des Standardenglischen, wobei mit dem Standardenglischen die RP bzw. Standard American English gemeint sind) berechnet. Der Score-Maßstab ist ein einheitlicher, altersunabhängiger Maßstab; es gab keine Unterschiede in der Berechnung des Scores in der Gruppe der Zwölfjährigen vis-à-vis der Gruppe der Sechzehnjährigen. Da Englisch als Fremdsprache in der Schule unterrichtet wird, können wir in diesem Fall die Zielsprache recht gut definieren, nämlich als das standardisierte Englisch, das in der Schule unterrichtet wird (d.h. standardisiertes britisches bzw. amerikanisches Englisch). Zielsprachlich bedeutet hier also normgerechtes standardisiertes amerikanisches bzw. britisches Englisch, unter nicht-zielsprachlich sind Abweichungen von den beiden Standardvarietäten zu verstehen. Da es sich im Folgenden um schriftsprachliche Daten handelt, kann der Begriff 'Fehler' synonym zu nicht-zielsprachlich verstanden werden, allerdings wird der Begriff nicht-zielsprachlich im Folgenden vorgezogen. In den hier betrachteten Fällen wurde ein maximaler Score von 70 erreicht. Dies entspricht in etwa einem Gesamtniveau von C1 laut europäischem Referenzrahmen (vgl. Little 2006). Abbildungen 1 und 2 zeigen die Mittelwerte der erreichten Scores pro Gruppe.

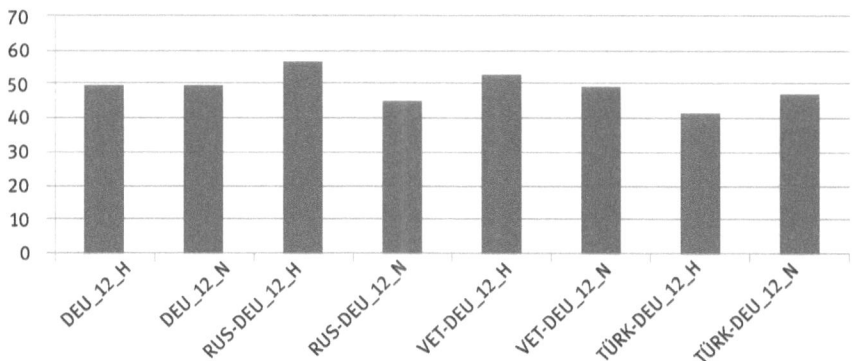

Abb. 1: Scores schriftliche Narrative, Zwölfjährige

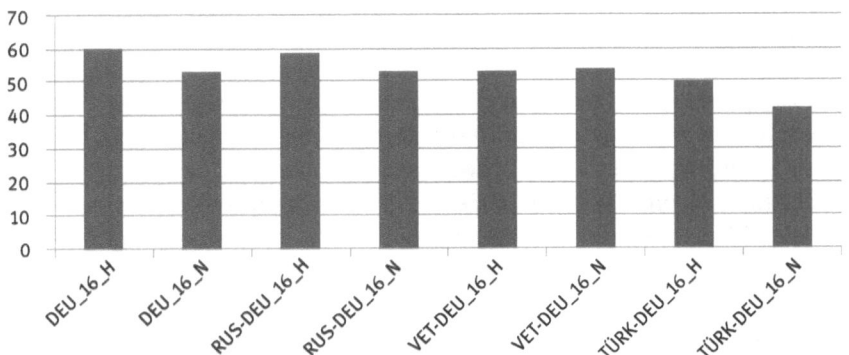

Abb. 2: Scores schriftliche Narrative, Sechzehnjährige

Statistisch unterscheiden sich die Scores nicht signifikant voneinander, und zwar auch dann nicht, wenn man die Gruppe der Sechzehnjährigen mit der Gruppe der Zwölfjährigen vergleicht, auch wenn die Sechzehnjährigen im Schnitt jeweils etwas höhere Scores erzielen als die Zwölfjährigen. Auffällig ist aber in der Gruppe der Zwölfjährigen, dass die russisch-deutsche und die vietnamesisch-deutsche Gruppe mit den jeweils höheren HISEI-Werten höhere Scores erzielt als die deutsch monolinguale H-Gruppe – und das, obwohl die deutsch monolinguale Gruppe in dieser Altersgruppe im Durchschnitt vergleichsweise höhere HISEI- und HISCED-Werte hat. Interessant ist auch, dass die zwölfjährigen türkisch-deutschen Probanden der N-Gruppe höhere Scores erzielen als die türkisch-deutschen Probanden der H-Gruppe. Dies lässt sich vermutlich damit erklären, dass der Bildungsstand der türkisch-deutschen Probanden sowohl in der H- als auch in der N-Gruppe signifikant niedriger ist als in den anderen Gruppen, in der H-Gruppe der Bildungsstand eine größere Rolle spielt als der sozioökonomische Hintergrund der Probanden. Für die türkisch-deutschen Probanden fällt zudem auf, dass in der Gruppe der 16-Jährigen niedrigere Scores erzielt werden als in der Gruppe der 12-Jährigen.

3.2.2 Aufgabenbewältigung

Unter Aufgabenbewältigung ist ein weitestgehend sprachexterner Messwert gemeint, der sich allerdings auf metasprachliche Fähigkeiten bezieht. Gemessen wird hier auf der Grundlage der pilotierten Bildergeschichte, ob die entstandene

Narrative vollständig ist – das heißt alles, was auf den Bildern abgebildet ist, auch wiedergegeben wird – oder ob Handlungshergänge ausgelassen werden. Für jedes Bild in der Sequenz wurden auf der Grundlage der pilotierten Daten die Hauptinhalte in zwei Sätzen festgelegt. Die Probanden konnten selbstverständlich auch eine detaillierte Erzählung wiedergeben, das heißt die Erzählung konnte über die Geschehnisse der Bildergeschichte hinausgehen. Gemeinhin korreliert der Score in der Aufgabenbewältigung signifikant mit dem Gesamtscore. Dies bedeutet, dass es einen vermuteten Zusammenhang zwischen der Aufgabenbewältigung und dem Sprachstand der Probanden gibt. Dies ist auch in den von uns erhobenen Daten der Fall, wie Tabellen 2 und 3 für die Gesamtstichprobe belegen. Tabelle 2 bezieht sich auf die Zwölfjährigen, Tabelle 3 auf die Sechzehnjährigen. Hinzuweisen ist darauf, dass nicht in allen Fällen eine Narration verfasst wurde. Der Score für Auswertungskategorien der Aufgabenbewältigung in Fällen, in denen es keine Narration - und somit auch keine Beschreibung der Handlungsabläufe in den jeweiligen Bildern – gab, nicht erstellt werden. Es gibt daher nicht für alle Narrationen einen Score für die Aufgabenbewältigung.

Tab. 2: Zweiseitige Pearson-Korrelation Aufgabenbewältigung (Exposition Elements)/ Gesamtscore schriftliche Narrative (Zwölfjährige)

		Gesamtscore schriftliche Narration	Score Aufgabenbewältigung
Gesamtscore schriftliche Narration	Pearson Korrelation	1	,677**
	Signifikanz (2-seitig)		,000
	N	79	79
Score Aufgabenbewältigung	Pearson Correlation	,677**	1
	Signifikanz (2-seitig)	,000	
	N	79	84

**. $p<.001$

Tab. 3: Zweiseitige Pearson-Korrelation Aufgabenbewältigung (Exposition Elements)/ Gesamtscore schriftliche Narrative (Sechzehnjährige)

		Gesamtscore schriftliche Narration	Gesamtscore Aufgabenbewältigung
Gesamtscore	Pearson Korrelation	1	0,749**

schriftliche Narration	Signifikanz (2-seitig)	0,000	
	N	85	83
Score Aufgabenbewältigung	Pearson Korrelation	,749**	1
	Signifikanz (2-seitig)	0,000	
	N	83	83

**. p<.001

Im Folgenden sollen nun die Durchschnittsscores für die Aufgabenbewältigung der jeweiligen Gruppen betrachtet werden. Die Tabellen 4 und 5 zeigen die durchschnittlichen Werte der Scores für die Zwölfjährigen mit hohem bzw. niedrigem HISEI.

Tab. 4: Durchschnitt Scores Aufgabenbewältigung Zwölfjährige, H-Gruppe Aufgabenbewältigung

Sprachgruppe	Mittelwert	N	Std. Abweichung
1 Russisch-Deutsch	20,60	5	3,435
2 Türkisch-Deutsch	15,20	5	3,701
3 Vietnamesisch-Deutsch	21,60	5	2,881
4 Deutsch monolingual	16,80	5	4,087
Gesamt	18,55	20	4,236

Tab. 5: Durchschnitt Scores Aufgabenbewältigung Zwölfjährige, N-Gruppe Aufgabenbewältigung

Sprachgruppe	Mittelwert	N	Std. Abweichung
1 Russisch-Deutsch	12,00	5	5,431
2 Türkisch-Deutsch	13,00	5	5,916
3 Vietnamesisch-Deutsch	18,40	5	2,608
4 Deutsch Monolingual	16,20	5	3,347
Gesamt	14,90	20	4,919

Es fällt auf, dass die Werte für die Aufgabenbewältigung für die russisch-deutschen und vietnamesisch-deutschen Zwölfjährigen der H-Gruppe höher sind als für die deutsch monolinguale und die türkisch-deutsche Gruppe. In der N-Gruppe fallen die Werte niedriger aus, insbesondere für die russisch-deutsche Gruppe gibt es hier im Vergleich zu der H-Gruppe einen starken Unterschied. Allerdings sind für die deutsch monolinguale Gruppe die Unterschiede zwischen der H-Gruppe und der N-Gruppe marginal. Innerhalb der Gruppen gibt es keinen signifikanten Unterschied.

Interessant wird die Beobachtung dann, wenn man sie mit den Ergebnissen der Sechzehnjährigen vergleicht. Die Durchschnittswerte der sechzehnjährigen Probanden sind in Tabelle 6 für die H- und in Tabelle 7 für die N-Gruppe abgebildet.

Tab. 6: Aufgabenbewältigung Sechzehnjährige, H-Gruppe, schriftliche Narration

Sprachgruppe	Mittelwert	N	Std. Abweichung
1 Russisch-Deutsch	17,60	5	3,782
2 Türkisch-Deutsch	15,40	5	3,209
3 Vietnamesisch-Deutsch	17,20	5	7,855
4 Deutsch Monolingual	22,00	5	3,391
Gesamt	18,05	20	5,176

Tab. 7: Aufgabenbewältigung Sechzehnjährige, N-Gruppe, schriftliche Narration

Sprachgruppe	Mittelwert	N	Std. Abweichung
1 Russisch-Deutsch	16,60	5	5,320
2 Türkisch-Deutsch	11,20	5	4,324
3 Vietnamesisch-Deutsch	17,60	5	6,229
4 Deutsch Monolingual	20,60	5	6,542
Gesamt	16,50	20	6,262

Auffällig ist hier die Tatsache, dass die deutsch monolinguale Gruppe nun sowohl in der N- als auch in der H-Gruppe besser abschneidet. Besonders erstaunt aber, dass die Werte der Sechzehnjährigen der H-Gruppe in fast allen Gruppen unter denen der Zwölfjährigen in der H-Gruppe liegen. Die Ausnahme bildet hier die deutsch monolinguale Gruppe, für die der Wert für die Sechzehnjährigen über dem der Zwölfjährigen liegt. Wenn wir den niedrigen Bildungsstand laut HISCED in Betracht nehmen und die türkisch-deutsche Gruppe ausklammern, so schneiden in der Gruppe der Zwölfjährigen mit besseren sozioökonomischen Voraussetzungen die lebensweltlich mehrsprachigen Probanden besser ab. Die Scores der Mehrsprachigen sind im Hinblick auf den familiären Bildungsstand relativ gesehen höher zu bewerten, da dieser in den mehrsprachigen Familien niedriger ist als in der Gruppe der monolingual deutschen Probanden. Auch dann, wenn die Scores der Mehrsprachigen verhältnismäßig niedriger ausfallen, so ist dennoch der Bildungsstand den mehrsprachigen Familien deutlich in der Relation niedriger als die Differenz in den Scores für die Aufgabenbewältigung. Dies ist allerdings für die Sechzehnjährigen nicht der Fall. Allerdings sei bei der Interpretation der Daten an dieser Stelle noch einmal klar darauf hingewiesen, dass die Fallzahl selbstverständlich sehr klein ist und die Daten keine longitudinalen Daten sind. Zudem sind die Unterschiede in den Ergebnissen zwischen den Gruppen nicht statistisch signifikant, was bei einer Gruppengröße von N=5 unmöglich ist.

3.2.3 Subjekt-Verb-Kongruenz

Im Folgenden sollen die Ergebnisse für Subjekt-Verb-Kongruenz betrachtet werden. Subjekt-Verb-Kongruenz wird in den untersuchten Sprachen unterschiedlich realisiert. Vietnamesisch ist eine isolierende Sprache ohne Subjekt-Verb-Kongruenz. Das Türkische ist eine agglutinierende Sprache, in der Subjekt-Verb-Kongruenz gemeinhin im Suffix realisiert wird. Die Pluralkongruenz der dritten Person fakultativ. Im Deutschen flektiert das Verb je nach grammatischer Person und Numerus. Russisch schließlich weist recht komplexe Kongruenzparadigma nach Person, Genus und Numerus auf.

Im Deutschen, Russischen und Türkischen gibt es eine Subjekt-Verb-Kongruenz, die mittels flektierter Verben hergestellt wird, während dies im Englischen und Vietnamesischen nicht der Fall ist.

An anderer Stelle wurde mit anderen Daten aus demselben Sample gezeigt, dass die deutsch-vietnamesisch-sprachigen und deutsch-russischsprachigen Probanden für das Phänomen insgesamt signifikant besser abschneiden als die deutsch monolinguale Gruppe (Siemund und Lechner 2015).

Betrachtet werden hier lediglich zielsprachliche und nichtzielsprachliche Vorkommnisse im Verhältnis zu Gesamtvorkommnissen, obwohl detaillierte Auswertungen vorliegen. Als nichtzielsprachlich wurden keine Rechtschreib- oder Satzzeichenfehler gewertet, sondern lediglich nicht-zielsprachliche Vorkommnisse, die das grammatische Phänomen an sich beeinflussen. Beispiele eines solchen nichtzielsprachlichen Vorkommens sind in (1) und (2) gegeben. Das nichtzielsprachliche Element ist mit Klammern markiert.

(1) *He <look>* (Vietnamesisch-Deutsch, zwölfjährig)
(2) *They<goes>* (Deutsch monolingual, sechzehnjährig)

Subjekt-Verb-Kongruenz wurde nicht nur für die 3. Per. Sg. untersucht, sondern auch für die Continuous-Formen. Falsche Realisierungen sind hier selten, wobei hier Fehler stets eine Auslassung der Kopula statt einer falsch realisierten Kongruenz derselben sind.

Für das Phänomen Subjekt-Verb-Kongruenz muss darauf hingewiesen werden, dass im Englischen das 3. Per. Sg. -s sowohl im Erst-, insbesondere aber im Zweitspracherwerb erst spät erworben wird (vgl. Herschensohn 2007: 127). Auslassungen sind hier in der Interlanguage von Lernern unabhängig von ihrem Sprachhintergrund erwarten. Allerdings besteht die Möglichkeit, dass, ganz im Sinne der auf Pienemann's *Processability Theory* aufbauenden *Developmentally Moderated Transfer Hypothesis* (2002) von Håkansson Entwicklungsstufen im Spracherwerbsprozess von Lernern, die auf mehr als eine Sprache zurückgreifen können, eher erreicht werden. Sodenn das Phänomen in der Zielsprache ähnlich realisiert wird, wie das Phänomen in einer der Herkunftssprachen, ist eine denkbare Hypothese, dass dieser Effekt dann noch verstärkt wird.

Für die Zwölfjährigen sind die Durchschnittswerte für Subjekt-Verb-Kongruenz in Tabelle 8 (H-Gruppe) und in Tabelle 9 (N-Gruppe) abgebildet. Agreement TL bezieht sich auf zielsprachliche Subjekt-Verb-Kongruenz, Agreement NTL auf nichtzielsprachliche Subjekt-Verb-Kongruenz und Agreement (Total) auf die Gesamtvorkommnisse von Subjekt-Verbkongruenz, die sich aus der Summe nichtzielsprachlicher und zielsprachlicher Vorkommnisse ergibt.

Tab. 8: Subjekt-Verb-Kongruenz Sechzehnjährige, H-Gruppe

Sprachgruppe		Agreement TL	Agreement NTL	Agreement (Total)
1 Russisch-Deutsch	Mittelwert	20,00	0,40	20,40
	N	5	5	5
	Std. Abweichung	6,557	0,548	6,804
2 Türkisch-Deutsch	Mittelwert	10,60	2,20	12,80
	N	5	5	5
	Std. Abweichung	7,403	1,924	5,718
3 Vietnamesisch-Deutsch	Mittelwert	13,60	2,00	15,60
	N	5	5	5
	Std. Abweichung	6,387	2,000	7,127
4 Deutsch Monolingual	Mittelwert	22,00	1,60	23,60
	N	5	5	5

		Std. Abweichung	14,577	2,074	13,221
		Mittelwert	16,55	1,55	18,10
Gesamt		N	20	20	20
		Std. Abweichung	9,822	1,761	9,084

Tab. 9: Subjekt-Verb-Kongruenz Sechzehnjährige, N-Gruppe

Sprachgruppe		Agreement TL	Agreement NTL	Agreement (Total)
1 Russisch-Deutsch	Mittelwert	13,00	4,80	17,80
	N	5	5	5
	Std. Abweichung	5,788	3,114	7,855
2 Türkisch-Deutsch	Mittelwert	8,60	1,80	10,40
	N	5	5	5
	Std. Abweichung	4,278	1,304	3,975
3 Vietnamesisch-Deutsch	Mittelwert	10,00	3,80	13,60
	N	5	5	5
	Std. Abweichung	6,205	4,025	3,286
4 Deutsch Monolingual	Mittelwert	14,80	1,00	15,80
	N	5	5	5
	Std. Abweichung	8,044	1,414	7,918
Gesamt	Mittelwert	11,60	2,85	14,40
	N	20	20	20
	Std. Abweichung	6,236	2,943	6,303

In der Gruppe der Sechzehnjährigen schneidet sowohl in der H- als auch in der N-Gruppe die deutsch monolinguale Gruppe deutlich zielsprachlicher ab, insbesondere in der N-Gruppe. Auch hier ist darauf hinzuweisen, dass die Standardabweichung hoch ist und daher von einer erheblichen individuellen Variation auszugehen ist.

Zusammengefasst zeigen sich in der Gruppe der Zwölfjährigen vietnamesisch-deutschen Gruppe höhere nichtzielsprachliche Werte als in den anderen Gruppen. Die monolingual deutsche N-Gruppe schneidet erheblich besser ab als alle anderen Sprachgruppen. Deutliche Unterschiede lassen sich zwischen der H- und N-Gruppe sowohl für die Zwölf- als auch für die Sechzehnjährigen für die russisch-deutsche und die vietnamesisch-deutsche Gruppe feststellen.

Insgesamt betrachtet sind die Unterschiede zwischen den Sprachgruppen im Bereich der Subjekt-Verb-Kongruenz nicht signifikant. Einzig die russisch-deutsch bilinguale Gruppe zeigt für die Zwölfjährigen der H-Gruppe deutlich zielsprachlichere Ergebnisse als die anderen Gruppen.

3.2.4 Gesamtscores Herkunftssprachen vs. Gesamtscores Englisch

Da die errechneten Gesamtscores für die Herkunftssprachen derzeit neu zusammengesetzt werden, können an dieser Stelle nur bedingt die Ergebnisse für das Englische mit den Ergebnissen für die Herkunftssprachen verglichen werden. Zudem ist anzumerken, dass in LiPS unterschiedliche Instrumente zur Erhebung narrativer Daten je nach Altersgruppe eingesetzt wurden, was die Vergleichbarkeit zusätzlich erschwert. Eine zweiseitige Korrelation der Gesamtscores der Narrationen in den Herkunftssprachen und des Deutschen mit denen des Englischen kommt anhand der vorliegenden Daten zu keinen signifikanten Ergebnissen - auch die Ergebnisse für das Deutsche korrelieren nicht signifikant mit denen aus dem Englischen, wenngleich es für kleinere Subsamples in Bezug auf bildungssprachliche Elemente signifikante Korrelationen gibt (Lechner und Siemund 2014). Die Scores der russisch-deutschen Probanden sind allerdings für die Herkunftssprache Russisch vergleichsweise höher als die Scores für die Herkunftssprachen der anderen Probanden. Zudem zeigen erste Ergebnisse aus der Analyse der sprachexternen Variablen, dass russisch-deutsche Probanden vergleichsweise oft an Förderprogrammen im Russischen, auch außerhalb der Schule, teilnehmen.

4 Diskussion der Ergebnisse

Die hier vorgestellten Ergebnisse zeigen insgesamt leichte Vorteile für zwölfjährige subtraktiv mehrsprachige Kinder mit höheren HISEI-Werten, die Englisch als zusätzliche Sprache erwerben. Allerdings sind die Ergebnisse nicht statistisch signifikant, und es handelt sich um eine Pilotstudie mit geringen Fallzahlen. Zudem darf bei der Interpretation der Ergebnisse der Bildungsstand der Familien nicht außer Acht gelassen werden.

Wie in früheren Studien zeigt sich außerdem (Cenoz 2003; Aronin und Singleton 2012), dass sich etwaige Vorteile insbesondere für die allgemeine Performanz zeigen lassen. Die Auswertung des mikrolinguistischen Phänomens Subjekt-Verb-Kongruenz muss jedoch aufgrund der geringeren Fallzahl im Kontext gesehen werden. Interessant ist, dass sowohl in der H- als auch in der N-Gruppe der Sechzehnjährigen die lebensweltlich deutsch monolinguale Gruppe deutlich zielsprachlicher abschneidet als die anderen Gruppen. Dieses Ergebnis deckt sich mit bisherigen veröffentlichten Studien auf der Grundlage des Samples, aus dem hier auch die Teilstichprobe entnommen wurde (Siemund und Lechner 2015, im Erscheinen; Lechner und Siemund 2014).

Es zeichnet sich ab, dass die zwölfjährigen mehrsprachigen Probanden größere Vorteile haben als die sechzehnjährigen mehrsprachigen Probanden. Die Signifikanz dieser Tendenzen muss jedoch in einer longitudinalen Studie überprüft werden.

Die Tatsache, dass die gemessenen Vorteile in dem hier untersuchten Fall nicht signifikant sind, kann allerdings auch als eine Konsequenz der allgemeinen typologischen Nähe von Deutsch und Englisch gesehen werden (Rothman 2011; Jarvis und Pavlenko 2010: 176-182). Da sich die Sprachen so ähnlich sind, können hohe literale Fertigkeiten im Deutschen als größerer Indikator für positive Effekte im Englischen gesehen werden als ein hohes Maß an *literacy* in den Herkunftssprachen – je besser die Probanden im Deutschen abschneiden, desto besser schneiden sie im Englischen ab, da insgesamt die Sprachen eine größere typologische Nähe zueinander aufweisen als zu den Herkunftssprachen, unabhängig von der typologischen Nähe einzelner sprachlicher Phänomene. In der Transferforschung wird auch die Möglichkeit des L2 *Status Factor*-Modells vertreten (Falk und Bardel 2011). In diesem Modell hat die Zweitsprache, gerade im Initialstadium des Spracherwerbs, stets den größeren Einfluss auf die Drittsprache. Allerdings wird in diesem Modell davon ausgegangen, dass die Zweitsprache bereits eine formell in der Schule erworbene Sprache ist. Zudem passt das Modell auch nicht ganz auf die hier vorliegenden Ergebnisse: Es scheint im Fall typologischer Nähe plausibel, dass für die Sechzehnjährigen ein höheres metalinguistisches Bewusstsein der sprachlichen Nähe zu stärkeren Effekten führt (*psychotypological proximity*, siehe Rothman 2011). Im Falle des L2 *Status Factor*-Modells müssten aber Effekte aus dem Deutschen insbesondere bei den Zwölfjährigen stark durchschlagen. Tatsächlich aber ist es so, dass insbesondere für die vietnamesisch-deutschen Probanden die Auslassung des -s für die dritte Person Singular eher für einen Transfer der Nicht-Markierung aus dem Vietnamesischen spricht. Dies gilt natürlich nur dann, wenn man allgemeine Erwerbsstufen außer Acht lässt, welche zwar eine Erklärung für die Art der nichtzielsprachlichen Elemente bei den Zwölfjährigen geben, allerdings nicht die verhältnismäßig zielsprachlicheren Gesamtscores der vietnamesisch-deutschen und russisch-deutschen Gruppen erklärt.

Zuletzt soll noch kurz darauf eingegangen werden, dass insbesondere die russisch-deutschen Probanden zielsprachlichere Ergebnisse zeigen, vor allem in der Gruppe der Zwölfjährigen. Hier zeigen erste Auswertungen der herkunftssprachlichen Daten, dass diese Probanden im Schnitt einen vergleichbaren höheren Grad an literalen Fähigkeiten im Russischen aufweisen als die übrigen lebensweltlich mehrsprachigen Probanden in ihren Herkunftssprachen. Zudem geben die erhobenen Hintergrunddaten darüber Aufschluss, dass die russisch-deutschen Probanden in ihrer Freizeit oft an Förderprogrammen für die russische Sprache teilnehmen. Dies ist auch für die hier untersuchte Teilstichprobe der Fall.

5 Fazit

Für die hier analysierten Daten lassen sich keine signifikanten Unterschiede zwischen lebensweltlich mehrsprachigen und lebensweltlich monolingualen Probanden feststellen. Zwar gibt es für die lebensweltlich mehrsprachigen zwölfjährigen vietnamesisch-deutschen und russisch-deutschen Probanden, die anhand des HISCED-Index gemessenen Bildungsstands her eher mit der lebensweltlich monolingual deutschen Gruppen vergleichbar sind als die türkisch-deutschen Gruppen, leicht höhere Ergebnisse für die Gesamtscores und den Bereich der Aufgabenbewältigung. Allerdings sind diese Ergebnisse in Anbetracht der Gruppengröße auch im Rahmen einer rein deskriptiven Analyse noch wenig aussagekräftig.

Festzuhalten bleibt, dass die russisch-deutschen Probanden mit vergleichsweise höheren Ergebnissen in der schriftlichen Narrative gleichzeitig eine höhere Schriftlichkeit im Russischen aufweisen als die übrigen bilingualen Gruppen in ihren Herkunftssprachen. Es scheint also die Schriftlichkeit in der Erstsprache ein wichtiger Indikator für positive Effekte zu sein, was sich mit anderen Befunden deckt (Swain et al. 1990, Lechner und Siemund 2014). Weitere Forschung anhand longitudinaler Daten mit größeren Fallzahlen ist allerdings notwendig, um die hier gefundenen Tendenzen zu überprüfen.

Literatur

Aronin, Larissa & Singleton, David (2012): *Multilingualism (=Impact Studies in Language and Society 30)*. Amsterdam und Philadelphia: John Benjamins.

Burghardt, M. & Esser, Hartmut (2008): Pro & Contra: Muttersprachlicher Unterricht für Immigranten? Klett Themendienst Heft 42 (6/08), 23.

Bialystok, Ellen (2009): Effects of Bilingualism on Cogitive and Linguistic Performance. In Gogolin, Ingrid & Neumann, Ulrike (Hrsg.). *Streitfall Zweisprachigkeit - The Bilingualism Controversy*. Wiesbaden: VS-Verlag, 53–67.

Bialystok, Ellen & Poarch Gregory J. (2014): Language Experience Changes Language and Cognitive Ability. *Zeitschrift für Erziehungswissenschaft* 14 (3), 1–14.

Blommaert, Jan (2010): *The sociolinguistics of globalization*. Cambridge: Cambridge University Press.

Cenoz, Jasone (2013) Definingmultilingualism. *Annual Review of AppliedLinguistics* 33, 3–18 DOI:http://dx.doi.org/10.1017/S026719051300007X (letzter Zugriff am 23.05.2015)

Cenoz, Jasone (2003): The additive effect of bilingualism on third language acquisition: A review. *International Journal of Bilingualism* 7 (1), 71–87.

Cummins, Jim. (1979): Linguistic interdependence and the educational development of bilingual children. *Review of Educational Research* 49 (2), 222–251.

DESI-Konsortium (eds.) (2006): Unterricht und Kompetenzerwerb in Deutsch und Englisch. Zentrale Befunde der Studie Deutsch-Englisch Schülerleistungen International (DESI). Frankfurt am Main: Deutsches Institut für Internationale Pädagogische Forschung.

Ehmke, Timo & Siegle, Thilo (2005): ISEI, ISCED, HOMEPOS, ESCS. *Zeitschrift für Erziehungswissenschaft* 8 (4), 521–539.

Esser, Hartmut. (2009): Der Streit um die Zweisprachigkeit: Was bringt die Bilingulität? In Gogolin, Ingrid & Neumann, Ulrike (Hrsg.). *Streitfall Zweisprachigkeit - The Bilingualism Controversy*. Wiesbaden: VS-Verlag, 69–89.

Falk, Ylva & Bardel, Camila (2011): Object pronouns in German L3 syntax. Evidence for the L2 status factor. *Second Language Research* 27 (1), 59–82.

Gogolin, Ingrid. (1994): *Der monolinguale Habitus der multilingualen Schule*. (Buchveröffentlichung der Habilitationsschrift). Münster, New York: Waxmann.

Gogolin, Ingrid & Neumann, Ulrike (Hrsg.) (2009): *Streitfall Zweisprachigkeit - The Bilingualism Controversy*. Wiesbaden: VS-Verlag.

Håkansson, Gisela; Pienemann, Manfred & Sayheli, Susan (2002): Transfer and typological proximity in the context of second language processing. *Second Language Research* 18, 250–73.

Herschensohn, Julia (2007): *Language Development and Age*. Cambridge: Cambridge University Press.

Hoffmann, Charlotte. (2000): The Spread of Europe and the Growth of Multilingualism in Europe. In Jasone Cenoz & Ulrike Jessner (Hrsg.). *English in Europe. The Acquisition of a Third Language*. Clevedon: Multilingual Matters, 1–21.

Jarvis, Scott & Pavlenko, A. (2010): *Crosslinguistic Influence in Language and Cognition*. Paperback Edition. New York: Routledge.

Jessner, Ulrike. (2006): *Linguistic Awareness in Multilinguals: English as a Third Language*. Edinburgh: Edinburgh University Press.

Klieme, Eckhard; Jude, Nina; Baumert, Jürgen & Prenzel, Manfred (2010): PISA 2000–2009: Bilanz der Veränderungen im Schulsystem. In Klieme, Eckhard; Artelt, Cordula; Hartig, Johannes; Jude, Nina; Köller, Olaf; Prenzel, Manfred; Schneider, Wolfgang & Stanat Petra (Hrsg.) *PISA 2009. Bilanz nach einem Jahrzehnt.* Münster: Waxmann, 23–66.

Lechner, Simone & Siemund, Peter (2014): Double Threshold: Preconditions for positive language influence in English as an additional language in bi- and multilingual contexts. *Frontiers in Psychology: Language Sciences* 5, 546. doi: 10.3389/fpsyg.2014.00546.

Lechner, Simone & Siemund, Peter (2015, im Erscheinen): Learning English on Bilingual Substrate. In Kupisch, Tanja & Peukert, Hagen (Hrsg.). *Multilingual Societies, Multilingual Individuals 2. Conference Proceedings* (Hamburg Studies on Linguistic Diversity 5). Amsterdam: John Benjamins.

LiMA - Linguistic Diversity Management in Urban Areas: *LiMA Panel Study (LIPS); 2009–2013*; Projektkoordination LiPS: Prof. Dr. Dr. h.c. Ingrid Gogolin; © LiMA-LiPS 2013.

Little, David (2006): The Common European Framework of Reference for Languages: Content, purpose, origin, reception and impact. *Language Teaching* 39 (3), 167–190.

MacSwan, Jeff (2000) The Threshold Hypothesis, semilingualism, and other contributions to a deficit view of linguistic minorities. *Hispanic Journal of Behavioral Sciences* 22 (1), 3–45.

OECD. (2014): PISA 2012 Results: What students Know and Can Do (Volume I, revised edition, February 2014). Paris: OECD Publishing.

Reich, Hans, Roth, Hans-Jürgen. & Döll, Marion (2009). Fast Catch Bumerang. Deutsche Sprachversion. Auswertungsbögen und Auswertungshinweise. In Lengyel, Drorit; Reich, Hans; Roth, Hans-Jürgen & Döll, Marion (Hrsg.). *Von der Sprachdiagnose zur Sprachförderung. FÖRMIG Edition Band 5* Münster: Waxmann, 209–241.

Rothman, Jason (2011): L3 syntactic transfer selectivity and typological determinacy. The typological primacy model. *Second Language Research* 27 (2), 107–127.

Skutnabb-Kangas, Tove. 1981. *Bilingualism or not - the education of minorities*. Clevedon, Avon: Multilingual Matters.

Siemund, Peter & Lechner, Simone (2015): Transfer Effects when acquiring English as a foreign language in bi- and multilingual contexts. In Peukert, Hagen (Hrsg.). *Transfer Effects in Multilingual Language Development* (Hamburg Studies on Linguistic Diversity 4). Amsterdam: John Benjamins.

Swain, Merril; Lapkin, Sharon, Rowen, Norman & Hart, Doug (1990). The role of mother tongue literacy in third language learning. *Language, Culture and Curriculum* 3 (1), 65–81.

Vertovec, Steven (2007): Super-diversity and its implications. *Ethnic and Racial Studies 30* (6), 1024–1054.

Jule Böhmer
Ausprägungen von Biliteralität bei deutsch-russisch bilingualen Schülern und die daraus resultierenden Konsequenzen für den schulischen Russischunterricht

1 Einleitung

Migrationsbedingte Mehrsprachigkeit ist ein in Deutschland stark verbreitetes Phänomen. Verschiedene Forschungsrichtungen untersuchen die Ausprägungen, Prozesse und Folgen der gesellschaftlichen sprachlichen Diversität. In dem vorliegenden Beitrag[1] wird aus linguistisch-erziehungswissenschaftlichen Perspektive eine bisher wenig im Fokus stehende Ausprägung von migrationsbedingter Mehrsprachigkeit untersucht: die Biliteralität. Anhand von empirischem Datenmaterial wird der Frage nachgegangen, inwieweit deutsch-russisch bilinguale[2] Schüler[3] auch *biliteral* sind, d.h. sie die deutsche und die russische Schriftsprache rezipieren und produzieren können. Der interdisziplinäre Zugang hat das Ziel, ausgehend von den empirischen Ergebnissen Rückschlüsse für das Unterrichten herkunftssprachlicher Lerner zu ziehen. Der Umgang mit herkunftssprachlichen Lernern im schulischen Russischunterricht wirft aus didaktischer und methodischer Sicht in Deutschland noch viele Fragen auf.

---

1 Der vorliegende Beitrag basiert auf der von der Autorin vorgelegten Dissertation (Böhmer 2015).
2 In der vorliegenden Untersuchung wurde auf die Definition der „funktionalen Zweisprachigkeit" nach Gogolin (1994) zurückgegriffen. Demnach besetzen die Sprachen von Mehrsprachigen unterschiedliche Register. Während die Herkunftssprache meist die Rolle der Familiensprache einnimmt, ist das Deutsche die zuerst gelernte Schriftsprache.
3 Aus Gründen der besseren Lesbarkeit wurde die männliche Form für alle Personenbezeichnungen gewählt. Die weibliche Form wird stets mitgedacht.

2 Interdisziplinäre Zweisprachigkeitsforschung

In Deutschland hat die Zweisprachigkeitsforschung im Kontext von Migration während der letzten zwei Jahrzehnte viele wichtige Forschungsergebnisse erzielt. Dennoch gibt es bis heute noch viele Forschungsdesiderata, von denen einige die Motivationsgrundlage für den vorliegenden Beitrag bilden.

Grundlage vieler linguistischer Forschungsprojekte zu migrationsbedingter Zweisprachigkeit sind mündliche Sprachdaten, gewonnen in Spontansituationen. Erziehungswissenschaftliche Studien untersuchen zwar schriftsprachliche Proben von zweisprachigen Schülern, allerdings werden nur deutsche Sprachproben untersucht. Für eine mehrsprachige Perspektive greift diese Datengrundlage daher auch zu kurz. Hinzu kommt, dass bei der Untersuchung der Auswirkungen von sprachlichen Fähigkeiten auf den Schulerfolg auf den linguistischen Begriff des *Registers* zurückgegriffen und eine Differenzierung von *oraten* und *literaten* Strukturen vorgenommen werden muss. Unter dem Begriff Register wird in der Linguistik eine „für einen bestimmten Kommunikationsbereich charakteristische Sprech- oder Schreibweise" (Bußmann 2008: 577) verstanden. Maas beschreibt literat als

> eine Dimension der Sprachpraxis, die ihr Maximum da hat, wo mit solchen förmlichen Ressourcen etwas Neues hergestellt wird, wo also schriftliche Texte nicht nur die Wiedergabe von etwas sind, die es zuvor auch schon mündlich gegeben hat, sondern sie zur Verfertigung von kognitiv anders zu verarbeitenden Texten dienen.
> (2009: 146)

Orate bzw. literate Strukturen können sowohl im Medium der Mündlichkeit als auch der Schriftlichkeit auftreten. Bildungssprache, die Sprache der Schule, ist ein Register, dem literate Strukturen immanent sind und das mit fortschreitender Bildungsbiographie unabhängig vom Medium durch den Ausbau literater Strukturen gekennzeichnet ist.

Werden mündliche Spontandaten und schriftliche am Curriculum bzw. an Literacy-Konzepten orientierte Paper-Pencil-Tests erhoben, unterscheiden sich diese nicht nur hinsichtlich des Mediums (mündlich vs. schriftlich), sondern auch hinsichtlich der beobachtbaren Sprachstrukturen (orat vs. literat). Aus erziehungswissenschaftlicher Perspektive ist die Beschäftigung mit den Fähigkeiten mehrsprachiger Schüler im Umgang mit literaten Strukturen insofern wichtig, als dass bildungssprachliche Fähigkeiten bedeutsam für den Schulerfolg sind (Gogolin 2006). Ausgehend von den Annahmen der Interdependenzhypothese (Cummins & Swain 1986; Cummins 2008) ist zu erwarten, dass sich auch literate Fähigkeiten von einer auf eine andere Sprache transferieren lassen.

Die Untersuchung schriftsprachlicher Mehrsprachigkeit rückt erst in den letzten Jahren in den Forschungsfokus. Angelehnt an die angloamerikanische Forschung (Hornberger 2000) wird in der Auseinandersetzung mit Bilingualität nun auch Biliteralität untersucht, worunter die produktiven und rezeptiven Fähigkeiten eines Individuums im Umgang mit zwei verschiedenen Schriftsprachen verstanden wird. Nach Maas (2004) sind ein wichtiger Bestandteil *literater* Fähigkeiten die *skribalen* Fähigkeiten, zu denen einerseits die graphisch-motorische Fähigkeiten eine Schriftsprache zu produzieren gehören und andererseits Orthographiekenntnisse hinzuzählen. Unter literaten Fähigkeiten sind hingegen die Fähigkeiten eines Individuums zu verstehen, die es nutzt, um die spezifischen Strukturen einer Schriftsprache (= literate Strukturen) produzieren und rezipieren zu können.

Neben Untersuchungen zu Ausprägungen von biliteralen[4] Fähigkeiten (Maas 2010; Böhmer 2013) untermauern erste Studien zum schulischen Fremdsprachenerwerb die Annahmen der Mehrsprachigkeitsforschung, indem sie zeigen, dass bilinguale Schüler mit biliteralen Fähigkeiten im Deutschen und ihrer Herkunftssprache bessere Ergebnisse beim Erwerb des Englischen erzielen als bilingual-monoliterale Probanden (Rauch, Jurecka & Hesse 2010; Goebel, Rauch & Vieluf 2011).

In der vorliegenden Studie mit deutsch-russisch bilingualen Schülern soll der Frage nachgegangen werden, inwieweit die Probanden über biliterale Fähigkeiten im Deutschen und Russischen verfügen. Die erhobenen Sprachdaten sollen außerdem dahingehend untersucht werden, welche grammatischen Bereiche von der Situation des deutsch-russischen Sprachkontakts beeinflusst werden. Die Datenanalyse führt zu einer Klassifikation der Probanden hinsichtlich ihrer sprachlichen Fähigkeiten. Im zweiten Teil des vorliegenden Beitrags sollen ausgehend von den Ergebnissen der linguistischen Untersuchungen Rückschlüsse auf didaktische und methodische Herangehensweisen an das Unterrichten von herkunftssprachlichen Lernern im schulischen Russischunterricht gezogen werden.

---

4 Für den englischen Terminus biliterate werden die beiden Adjektive biliteral und biliterat im Deutschen synonym verwendet.

3 Studie

Die Daten der vorliegenden Studie wurden im Rahmen des Projekts „GIM – Ganztagsschule und die Integration von Migrantenkindern" in Hamburg erhoben. Hierfür wurden an 16 Sekundarschulen in Hamburg Schüler der fünften bzw. sechsten Klasse im Abstand von einem Jahr zweimal mit Sprachstandserhebungsinstrumenten (s. 3.2) getestet. Alle deutsch-russisch bilingualen Schüler aus der Gesamtstichprobe wurden für die vorliegende Untersuchung mit einigen zusätzlichen Sprachstandserhebungsinstrumenten getestet.

3.1 Stichprobe

Die untersuchte Stichprobe besteht aus 33 deutsch-russisch bilingualen Schülern, von denen verschiedene Sprachdaten erhoben wurden. Als Kontrollgruppen wurden jeweils gleichaltrige, dieselbe Klassenstufe besuchende, monolingual deutsch bzw. russisch aufwachsende Schüler mit denselben Sprachstandserhebungsinstrumenten getestet. Alle befragten Schüler befanden sich zum Erhebungszeitpunkt in der Sekundarstufe I. Der sozioökonomische Hintergrund der bilingualen und monolingual deutschen Probanden unterscheidet sich dahingehend, dass die Eltern der Bilingualen über höhere Bildungsabschlüsse verfügen als die der monolingual deutschen Probanden.

Unter den bilingualen Probanden befanden sich 20 Jungen und 13 Mädchen. 13 der Schüler wurden in einem Nachfolgestaat der Sowjetunion geboren und immigrierten bis zum Schuleintritt mit ihren Eltern nach Deutschland. Die übrigen 20 Probanden waren in Deutschland geboren worden und gehörten dementsprechend der zweiten Generation an. Acht Schüler aller befragten Bilingualen gaben an, regelmäßig an Russischunterricht teilzunehmen. Sechs von ihnen besuchten ein schulisches Angebot, zwei von ihnen ein außerschulisches. Die Beantwortung der Fragen nach einem gesteuerten Schriftspracherwerb und die vorhandenen realisierten russischen Schriftproben waren inkonsistent (s. 4.1).

3.2 Erhebungsinstrumente

Zur Erhebung des Sprachstandes der Bilingualen wurden die Schüler mit verschiedenen Erhebungsinstrumenten getestet. Alle Erhebungsinstrumente lagen in einer deutschen und in einer russischen Version vor. Alle bilingualen Probanden wurden dementsprechend aufgefordert, die Instrumente auf Deutsch und auf Russisch zu bearbeiten. Falls die bilingualen Probanden während der Erhebung angaben, nicht auf Russisch schreiben bzw. lesen zu können, wurden sie aufgefordert, die Nacherzählung (s.u.) mit lateinischen Buchstaben zu schreiben, bzw. die transkribierte russische Version zu verwenden.[5] Da nicht alle Bilingualen zur Bearbeitung der Sprachtests im Russischen in der Lage waren, variiert die Datenlage im Russischen stark.

Mithilfe des Sprachstandsdiagnoseinstruments *Der Sturz ins Tulpenbeet* wurden die schriftlichen produktiven Erzählfähigkeiten untersucht. Die Schüler bekamen die Aufgabe, eine Abfolge von fünf Bildern unter der Fragestellung *Was ist hier passiert?* schriftlich nachzuerzählen (Gantefort & Roth 2008).

Zur Erfassung der mündlichen produktiven Fähigkeiten wurde den Schülern eine kurze Filmsequenz der bekannten sowjetischen und im russischsprachigen Fernsehen sehr populären Trickfilmserie *Ну погоди!* (Na warte!) vorgestellt und die Schüler wurden anschließend aufgefordert, das Gesehene nachzuerzählen.

Zur Untersuchung des Leseverständnisses wurden den Schülern Aufgaben aus der IGLU-Testung zur Bearbeitung vorgelegt (Bos et al. 2003). Zur Erfassung der Lesefähigkeiten im Deutschen wurde der Text *Die Nächte der jungen Papageientaucher*, im Russischen der Text *Заяц предупреждает о землетрясении* („Der Hase kündigt das Erdbeben an") von den Schülern gelesen und anschließend ein Multiple-Choice-Test ausgefüllt.

Außerdem wurde den Probanden ein schriftlicher Test zur Erfassung des passiven Wortschatzes vorgelegt. Bei dem Test handelt es sich um einen Subtest des CFT-20R, der für die Testung des deutschen Wortschatzes normiert ist. In dem Test werden den Probanden 30 Wörter (Items) vorgelegt, denen jeweils aus fünf Distraktoren das passende Äquivalent zugeordnet werden muss (Weiß 2007). Im Rahmen der Studie wirkte ich an einer Adaption dieses Tests für das Türkische und Russische mit. Für die Erhebung des russischen Wortschatzes der Probanden wurde diese noch nicht standardisierte Version eingesetzt.

Zur Erfassung sozioökonomischer und sprachbiographischer Informationen wurde den bilingualen Probanden ein Fragebogen vorgelegt, der sich an dem standardisierten Fragebogen zur Erfassung der Vitalität des Russischen als Herkunftssprache in Deutschland (Achterberg 2005) orientiert.

---

5 Die russischen Versionen des Lese- und des Wortschatztests lagen den Bilingualen auch in transkribierter Form zur Bearbeitung vor. Die Transkription erfolgte nach der Dudentranskription, die sich nur lateinischer Grapheme bedient und ansatzweise die Aussprache berücksichtigt (Mulisch 1996: 34).

4 Ergebnisse

In Abhängigkeit von den vorliegenden Daten wurde auf qualitative bzw. quantitative Analyseverfahren zurückgegriffen. In den folgenden Abschnitten werden die verwendeten Verfahren und die Ergebnisse zu den jeweiligen untersuchten Domänen vorgestellt.

4.1 Skribale Fähigkeiten

Da sich die deutsche und die russische Schriftsprache zweier verschiedener Alphabete bedienen, das Deutsche des lateinischen, das Russische hingegen des kyrillischen, ist zur Untersuchung biliteraler Fähigkeiten zunächst wichtig, die skribalen Fähigkeiten zu erfassen. Auf Grundlage der verfassten Nacherzählungen und der verwendeten Formen des Wortschatztests wurden die rezeptiven und produktiven skribalen Fähigkeiten der Probanden ermittelt.

Alle 33 bilingualen Schüler haben erwartungsgemäß keine Schwierigkeiten im rezeptiven und produktiven Umgang mit dem lateinischen Alphabet. Bei dem kyrillischen Alphabet ist es anders: Die Folgen eines fehlenden kontinuierlichen gesteuerten Schriftspracherwerbs äußern sich dadurch, dass nur 14 Bilinguale über rezeptive und / oder produktive skribale Fähigkeiten mit dem kyrillischen Alphabet verfügen. Dies bedeutet, dass die Grundlage für deutsch-russisch biliterale Fähigkeiten bei weniger als der Hälfte der bilingualen Schüler aus der vorliegenden Stichprobe gegeben ist.

4.2 Wortschatz

Studien mit bilingualen Sprechern zum Wortschatz haben zwei Ergebnisse hervorgebracht, die für die vorliegende Untersuchung wichtig sind. Sie zeigen zum einen, dass der Wortschatz den Leselernprozess beeinflusst (Adams 1994; Bialystok 2002: 171), und zum anderen, dass sich ein enger Zusammenhang zwischen lexikalischen und grammatischen Fähigkeiten nachweisen lässt (Polinsky 2006a: 50).

Die quantitative Datenanalyse des Wortschatztests replizierte bekannte Ergebnisse: Die monolingualen Kontrollgruppen erreichten jeweils höhere Mittelwerte als die bilingualen Probanden in der jeweiligen Sprache.

Werden die Mittelwerte im Wortschatztest der bilingualen Probandengruppen nach unterschiedlichen sozioökonomischen Faktoren untersucht, so gelangt man zu folgenden Ergebnissen: Im Russischen erzielen Bilinguale der ersten Generation doppelt so hohe Mittelwerte wie die bilingualen Schüler der zweiten Generation. Zwischen den beiden Gruppen gibt es im Deutschen keine signifikanten[6] Unterschiede.

Werden die lexikalischen Fähigkeiten mit dem Schriftspracherwerb zusammengebracht, so zeigt sich auch in den vorliegenden Daten ein Zusammenhang lexikalischer und literaler Fähigkeiten, der sich in höheren Mittelwerten im Russischen in der Gruppe derer, die vermutlich über einen gesteuerten Schriftspracherwerb verfügen – da sie den Wortschatztest mit kyrillischen Buchstaben ausgefüllt haben – niederschlägt. Probanden, die über keinen gesteuerten Schriftspracherwerb verfügen, verfügen den Daten zufolge über geringere Wortschatzkenntnisse.

4.3 Lesefähigkeiten

Aus der am anglo-amerikanischen „Literacy"-Konzept orientierten internationalen IGLU-Studie (Bos et al. 2003) wurden zwei Sub-Tests ausgewählt: der Informationstext *Die Nächte der jungen Papageientaucher* auf Deutsch und der literarische Text *Заяц предупреждает о землетрясении* („Der Hase kündigt das Erdbeben an") auf Russisch. Für beide Texte liegt mit dem Multiple-Choice-Test ein standardisiertes Auswertungsverfahren vor.

Die Datenanalyse zeigt, welche Einflüsse der Schriftspracherwerb auf die untersuchten Lesefähigkeiten hat. Ein T-Test für gepaarte Stichproben zeigt zunächst, dass die bilingualen Schüler stark unterschiedliche Mittelwerte im Deutschen und Russischen erzielen (N=22, $p<0{,}001$). Die Ergebnisse der russischen Lesetests liegen dabei hinter den Ergebnissen in den deutschen Lesetests. Werden anschließend in der Analyse die skribalen Fähigkeiten berücksichtigt, werden interlinguale Einflüsse sichtbar: Die Bilingualen, die die kyrillische Version des russischen Lesetests bearbeitet haben, erreichen auch höhere Werte im deutschen Lesetest. Ein signifikanter Zusammenhang zwischen lexikalischen und Lesefähigkeiten, wie von McElvany, Becker & Lüdtke (2009) aufgezeigt, konnte in den vorliegenden Daten nur für das Deutsche (mit $\varphi={,}395$; N=25; $p<0{,}05$) nachgewiesen werden. Folglich ist die Wahrscheinlichkeit, dass

---

6 Aufgrund der vorliegenden Stichprobenauswahl und -größe wird darauf hingewiesen, dass der Signifikanzbegriff nur approximativ und nicht generalisierbar verwendet wird. Dies bedeutet, dass Ergebnisse nur im Rahmen der vorliegenden Stichprobe signifikant erscheinen können und angenommen werden kann, dass aufgezeigt Zusammenhänge zufallsunabhängig sind.

die Schüler, die im Wortschatztest eine hohe Punktzahl erreichen, auch im Lesetest gut abschneiden, hoch.

4.4 Schriftliche Produktion literater Strukturen

Die mit dem Sprachstandserhebungsinstrument „Der Sturz ins Tulpenbeet" erhobenen deutschen und russischen Sprachdaten wurden zunächst mit einem standardisierten Verfahren ausgewertet, das die Inhalte und die sprachlichen Oberflächenstrukturen der Texte in den Blick nimmt (Gantefort & Roth 2008). Anschließend wurden in einem explorativen Analyse-prozess ermittelt, welche Normabweichungen in den Bereichen Morphologie, Morpho-Syntax, Lexik und Orthographie auftreten.

Die Ergebnisse der Analyse des Inhalts und der sprachlichen Oberflächen der deutschen und russischen schriftlichen Nacherzählungen können folgendermaßen zusammengefasst werden: Die mittlere Textlänge (gemessen in der Anzahl der Tokens pro Text) unterscheidet sich im Deutschen und Russischen generell und auch individuell (p<0,001). Die deutschen Texte sind im Mittel deutlich länger als die russischen Texte.

Eine inhaltliche Analyse wurde durch zwei Variablen mit den Bezeichnungen „Aufgabenbewältigung" und „Textbewältigung" durchgeführt. Die Ausführlichkeit der einzelnen Bildbeschreibungen wurden in dem Summenscore „Aufgabenbewältigung" zusammengefasst. Zur Bewertung der verwendeten literarischen Elemente wurden fünf Variablen[7], die mutmaßlich zur Entstehung einer „Narration" beitragen, ausgewertet und in der Skala „Textbewältigung" zusammengefasst. Die Annahme des Transfers metasprachlichen Strukturwissens schlägt sich in dem Ergebnis derart nieder, dass die bilingualen Schüler, die auf Deutsch und Russisch Texte verfasst haben, auf der Skala „Textbewältigung" im Deutschen und Russischen korrelierende Werte (φ=,454; p<0,05; N=19) erzielen.

Für eine kleine Lexikanalyse wurden die verwendeten Verb- und Substantivtypes gezählt. Den bilingualen Schüler stehen für ihre deutschen Texte signifikant mehr Verb- und Substantivtypes zur Verfügung als für ihre russischen Texte. Signifikant hohe Korrelationskoeffizienten in den russischen Texten zwischen den Verbtypes, der „Aufgaben-" und der „Textbewältigung"

---

[7] Die Skala „Textbewältigung" setzt sich aus den folgenden Variablen zusammen: „Gestaltung des Anfangs", „Gestaltung des Endes", „Beschreibung der Thematisierung des Vaters", „Beschreibung der Thematisierung der Kinder", „Anzahl der beschriebenen Bilder".

lassen vermuten, dass ein reduzierter russischer Wortschatz die Möglichkeit der Textproduktion insgesamt minimiert.

Die Satzkomplexität wurde mithilfe der Mittleren Satzlänge (MSL)[8] untersucht. Während sich im Deutschen die MSL von mono- und bilingualen Schülern nicht unterscheidet, ist in den russischen Texten der monolingualen Kontrollgruppe die MSL signifikant höher. Die bilingualen Schüler verfassten ihre Nacherzählungen hauptsächlich mit kurzen, unerweiterten Elementarsätzen. Formulierungen mit Nebensätzen, Partizipien und Adverbialpartizipien wurden nicht verwendet.

Die Zusammenführung einzelner Variablen, die inhaltliche bzw. sprachstrukturelle Aspekte abbilden, geschieht durch die Bildung der „Schriftlichen allgemeinsprachlichen Skala". Hierfür wurden die vier Variablen „Aufgabenbewältigung", „Anzahl der Substantivtypes", „Anzahl der Verbtypes" und „Anzahl der Satzverbindungstypes" mithilfe einer Faktorenanalyse in dieser Skala zusammengefasst.

Auch hier wiederholen sich die Beobachtungen des interlingualen Transfers: Die Werte der „Schriftlichen allgemeinsprachlichen Skala" im Deutschen und Russischen korrelieren hoch signifikant bei bilingualen Schreibern ($\varphi=,567$; $p<0,05$; $N=19$), die in beiden Sprachen Nacherzählungen produziert haben.

Die linguistische Feinanalyse der deutschen Texte zeigt, dass im Bereich der Morphologie v.a. bei Verben, genauer bei der Bildung des Präteritums (*rufte; *bittete)[9] und bei Präfix- bzw. Partikelverben (sie *hinsetzte sich) Abweichungen[10] auftreten. Diese Abweichungen sind in den Texten der monolingualen Probanden kaum zu beobachten.

Auf der morpho-syntaktischen Ebene dominieren Abweichungen im Bereich des Kasus- und des Artikelgebrauchs sowie bei der Kongruenz. Abweichungen beim Kasusgebrauch lassen sich im Bereich der Valenz (sie sah *ihm nicht) und von Präpositionen (zu *ihn) finden. Normabweichungen beim Gebrauch des Artikels lassen sich in syntaktische und semantische unterteilen, die beide beobachtet wurden, wie die Beispiele *das Fotokamera und er bemerkte *Tulpenbeet nicht zeigen. Artikelfehler treten bei monolingualen Schreibern

---

[8] Die im Deutschen ungenaue Bezeichnung „Satz" wird in der vorliegenden Untersuchung folgendermaßen verstanden: Eine Äußerung als interpunktorische Einheit kann aus mehreren Elementarsätzen bestehen.
[9] Das Asterisk weist in der Linguistik auf Formen hin, die von der standardsprachlichen Norm abweichen. Alle Beispiele wurden in der Schreibung der Schülertexte wiedergegeben.
[10] Grundlage der Analyse der Normabweichungen bilden die Beschreibungen zur deutschen Grammatik und Orthographie von Eisenberg (1999, 2000, 2001).

nicht auf. Fehlende Kongruenz von Prädikat und Subjekt wurden hingegen als häufige Fehlerquelle bei beiden Gruppen ausgemacht (*die Kinder *stand auf*).

Auf lexikalischer Ebene fällt der Gebrauch semantisch unpassender Wörter (**Vor kurzen nimt Karina den fotoaparat und fotografirt*) und umgangssprachlicher Lexik (*Damit alles *drauf passte ging er ein paar Schritte zurück und *Bamm!*) ins Auge.[11] Auf eine ausgeprägtere Sensibilität dafür, welches Register bei der Anfertigung einer Kurzgeschichte zurückgegriffen werden soll, weist die sehr viel geringere Anzahl von Abweichungen in diesem Bereich in den Texten der monolingualen Schreiber hin.

Als letzter Bereich wurden orthographische Normabweichungen analysiert. Neben der Groß- und Kleinschreibung (**kinder*) treten vor allem Verletzungen von Graphem-Phonem-Korrespondenzregeln (**Fotoapperat*) auf. Orthographische Regeln, die auf dem silbischen Prinzip aufbauen, sind häufig Fehlerquellen, wie die fehlerhafte Markierung des Silbengelenks (**wolte*; Folge der morphologischen Konstantschreibung), eine Übergeneralisierung der Markierung des Silbengelenks (**stollperte*), fehlerhafte Schreibung der historischen Ausnahmen des Silbengelenks (**dan*) und fehlerhafte Realisierung der Dehnungsgraphie zeigen. Letztere Abweichungen lassen sich unterteilen in eine Übergeneralisierung der Dehnungsgraphie (**Bluhmbeht*), Abweichungen in der Schreibung des Dehnungs-h (**nam*) sowie in der Realisierung von Doppelvokalen (**Blumenbet*) und der Schreibung von k/ck (**ausgedrukt*). Der Vergleich der Texte in Hinblick auf orthographische Abweichungen von deutsch monolingualen und bilingualen Schüler zeigt keine Unterschiede. Die beschriebenen Abweichungen werden von beiden Gruppen gleichermaßen gemacht.

Auch in den russischen Texten wurden anhand der linguistischen Feinanalysen zahlreiche Quellen für Abweichungen gefunden und nach grammatischen Bereichen kategorisiert.

Im Bereich der Morphologie wurden Beobachtungen bei Verben, z.B. bei der Stammbildung (**фатаграфили* statt *фотографировали*, für Präteritumsbildung wurde auf den Präsensstamm anstelle des Infinitivstamms zurückgegriffen) und bei der Präsensbildung (*deti *igrajat* statt *играют*, Verwendung der falschen Konjugationsklasse), sowie bei der Kasusbildung festgehalten. Fehlerhafte Kasusbildungen lassen sich in inkorrekte Schreibungen (*к *Мами* statt *к Маме*) und die Wahl falscher Deklinationsparadigmata (**сасвоиме детаме* statt *со своими детьми*, statt der unregelmäßigen Bildung des Instrumental Plurals von *дети* ist eine Übergene-

---

[11] Da syntaktische Normabweichungen kaum beobachtet wurden und generell Akzeptabilität im Bereich der Syntax zu konstatieren ist, wurde auf eine Kategorisierung und Beschreibung syntaktischer Normabweichungen in der Arbeit verzichtet.

ralisierung zu finden) unterscheiden. Schwierigkeiten mit dem Kasussystem setzen sich auch im morpho-syntaktischen Bereich fort. So zeigen sich beim Kasusgebrauch viele Normabweichungen: Statt obliquer Kasus wird die Form des Nominativs verwendet (*deti birud *kamero* statt *камеру*; **у Папа* statt *Папы*, Nominativ statt Akkusativ/Genitiv). Weiterhin sind Abweichungen in der Kongruenz von Subjekt und Prädikat zu beobachten. Der Einfluss der deutschen Umgebungssprache zeigt sich durch den Gebrauch von Demonstrativpronomen und Numeralia in Anlehnung an die Artikel im Deutschen. Das Demonstrativpronomen этот wird für den definiten, das Zahlwort один für den nicht-definiten Artikel gesetzt (*adna semja guljala*; *Мушина *этих детей фотографируйт*, Setzung eines nicht notwendigen Artikels). Einige wenige morphologische Abweichungen waren in den Texten der Monolingualen im Bereich der Kasusmorphologie zu beobachten. Die einzigen Abweichungen auf morphologisch-syntaktischer Ebene, die in den Texten der russisch monolingualen Schüler zu finden waren, lagen im Bereich der Kongruenz.

Auf lexikalischer Ebene sind zunächst ebenfalls auf stilistischer Ebene Abweichungen zu beobachten. Der Gebrauch von für das gesprochene Russische charakteristischen Diminutiva und umgangssprachlicher Lexik (**лавочка*; **дифчонка*) sowie semantisch nicht passender Lexik (**стул* statt *скамейка*) sind zu beobachten. Der Gebrauch von Diminutiva ist auch bei den monolingualen Schreibern zu beobachten. Die Einflüsse des Deutschen machen sich auf der lexikalischen Ebene durch Transfer einzelner Lexeme (*an on upal na *blumengarten*) und Code-Switching (*dwa ditej sadetza na *Bank. Und der Vater chotschit adin Foto sdelat*) bemerkbar.

Auf der orthographischen Ebene sind mit Abstand die meisten Abweichungen zu finden: Die meisten Abweichungen sind bei der Schreibung der Reduktionsstufen[12] zu beobachten. Vor allem der Vokalbuchstabe o wird in der 1. und 2. Reduktionsstufe immer wieder als Graphem a wiedergegeben, aber auch andere reduzierte Vokalbuchstaben werden fehlerhaft schriftlich realisiert (**стаял*, **цвити* statt *стоял, цветы*). Eine weitere Fehlerquelle bildet die Markierung der Palatalisierung von Konsonantphonemen, die entweder durch ein Weichheitszeichen oder durch die Schreibung von jotierten Vokalen erfolgt: **dada*; **син* **далше* (statt *дядя, сын, дальше*). Die Beispiele zeigen, dass die Palatalisierung nicht realisiert wird, weil sie möglicherweise nicht wahrgenommen

---

12 Unter Reduktionsstufen versteht man die Abschwächung von Dauer und Qualität nebentoniger und unbetonter Vokale. Abhängig von der Position zum Wortakzent werden die 1. Reduktionsstufe (Wortanlaut und die unmittelbar vortonige Silbe) und die 2. Reduktionsstufe (andere vortonige und nachtonige Silben) unterschieden.

wird, da es im Deutschen keine Palatalisierung gibt. Eine andere Erklärungsmöglichkeit ist, dass orthographische Regeln (noch) nicht erworben wurden.

Der ungesteuerte Schriftspracherwerb zeigt sich auch in drei weiteren beobachteten Abweichungen: Sprachgeschichtliche Relikte, die sich bis heute als historische Schreibkonventionen in der russischen Orthographie erhalten haben, werden nicht richtig realisiert (*етово statt этого; *отошол statt отошёл). Die Schreibungen des Stimmtonverlusts (*назат statt назад) und der Stimmassimilation (*зделать statt сделать) weisen ebenfalls darauf hin, dass die Schreibenden schreiben, was sie hören. Ein noch nicht vollständig abgeschlossener Erwerb des kyrillischen Alphabets zeigt sich bei der Verwendung von falschen Graphemen (*себаь statt себя) und der Vermischung von dem lateinischen und kyrillischen Alphabet innerhalb eines Wortes (*Папу statt Папу). Die Wirkung des gesteuerten Schriftspracherwerbs zeigt sich auf der orthographischen Ebene am deutlichsten. Die Texte der Monolingualen zeigen kaum orthographische Fehler. Die einzigen beobachtbaren Abweichungen, aber qualitativ unbedeutsam, sind bei der Schreibung der Reduktionsstufe und bei falscher Phonem-Graphem-Korrespondenz zu beobachten.

Zusammenfassend lässt sich festhalten, dass die Analyse der deutschen und russischen Sprachdaten gezeigt hat, dass sich metasprachliches Wissen von einer in die andere Sprache transferieren lässt. Auf der Mikroebene zeigen die Analysen, dass einige Bereiche von der Zweisprachigkeit beeinflusst werden. Im Deutschen zählen auf sprachstruktureller Ebene die Verbmorphologie und der Gebrauch von Artikeln hierzu, auf der Ebene des Registergebrauchs sind Unsicherheiten bei dem Gebrauch semantisch passender Lexik zu beobachten. Im Russischen gehören auf der sprachstrukturellen Abweichungen im Bereich der Verb- und Kasusmorphologie, des Kasusgebrauchs und des Gebrauchs von Pronomen und Numeralia in Analogie zu den deutschen Artikeln hierzu. Der Gebrauch von stilistisch markierter bzw. unpassender Lexik, Transfer und Code-Switching weisen auf die zweisprachigen Lebenswelten der bilingualen Probanden hin.

Das Auftreten von Abweichungen in den Texten von mono- und bilingualen Probanden hingegen zeigt, dass sich alle untersuchten Schüler noch im Schreiberwerbsprozess befinden.

4.5 Mündliche Produktion literater Strukturen

Die vorliegenden mündlichen Daten wurden in Analogie zu den schriftlichen Daten ausgewertet. Zu dem vorliegenden standardisierten Auswertungsverfahren wurde ein vergleichbares Verfahren entwickelt, mit dem Inhalt und Oberflächenstrukturen der mündlichen Nacherzählungen ausgewertet werden konnten. Anschließend erfolgte wiederum eine explorative linguistische Feinanalyse.

Das entwickelte Verfahren zur Analyse des Inhalts und der sprachlichen Oberflächen-strukturen ermöglichte teilweise Vergleiche mit den schriftlichen Daten. Die Analyse zeigt, dass nicht nur der Umfang der russischen Aufnahmen individuell signifikant kleiner ist ($p<0,01$; $N=12$), sondern auch das Sprechtempo im Russischen bei den Bilingualen im Ver-gleich mit den Monolingualen hoch signifikant langsamer ist ($p<0,01$) und auch im inter-lingualen Vergleich hinter dem Sprechtempo im Deutschen liegt ($p<0,001$; $N=12$). Die Aus-zählung der Verb- und Substantivtypes im Deutschen und Russischen ergibt, dass die zur Sprachproduktion zur Verfügung stehende Lexik inter- und intralingual zusammenhängen. Die auch für die mündlichen Sprachdaten gebildete „Mündliche allgemeinsprachliche Skala" reproduziert die Beobachtungen aus den schriftlichen Sprachdaten: Ein hoch signifikanter Korrelationskoeffizient ($\varphi=,707$; $p<0,05$; $N=12$) weist darauf hin, dass sich das Deutsche und das Russische gegenseitig beeinflussen.

Die Ergebnisse der linguistischen Feinanalyse der mündlichen Sprachdaten spiegeln im Großen und Ganzen die Analyseergebnisse der schriftlichen Daten wider.

Im Deutschen[13] ist die Bildung des Partizips Perfekt auf morphologischer Ebene eine Fehlerquelle (*gegießt*). Auf morpho-syntaktischer Ebene sind Abweichungen beim Gebrauch von Artikeln (*dann fällt *das Müll heraus*), beim Kasusgebrauch (*hat sie *aufm Dach geschmissen*) und in der Kongruenz (*dann *sind die Polizei an ihm vorbeigefahren*) zu finden.

Auf lexikalischer Ebene fallen in den mündlichen Äußerungen semantisch fehlerhafte Verbpartikel (*hat das Häschen das Seil *mitgeschnitten*), der Gebrauch von semantisch nicht passenden Wörtern (*wirft ihn hoch, zu einem *Satelliten*) und der Gebrauch von Umgangssprache (*dann ist er *abgehaun*) auf.

Als für mündliche Äußerungen charakteristische Kategorie (ohne Äquivalent in der Schriftsprache) wurden die Daten in Hinblick auf pragmatische Aspekte untersucht. Selbstverbesserungen, die Verwendung sprachlicher Joker und die Verbalisierung der Fragen zu fehlenden Lexeme konnten häufig beobachtet werden. Die Übersetzung des Abschlusssatzes *Ну погоди!* („Na warte!") ins Deutsche unterstreicht die pragmatische Fähigkeit, auf die Gesprächssituation angemessen reagieren zu können.

---

[13] Es liegen keine mündlichen Sprachdaten der monolingual deutschen Kontrollgruppe vor, so dass ein direkter Vergleich der sprachlichen Fähigkeiten der beiden Gruppen hier nicht möglich ist.

In den mündlichen russischen Daten sind wie im Schriftlichen auf morphologischer Ebene besonders die Kasus- (*с *сожигалку* statt *с зажигалкой*) und die Verbmorphologie von Abweichungen betroffen. Bei den Verben bereitet besonders die Auswahl des richtigen Präfixes Schwierigkeiten (*этот шнур тоже *порезал*).

Auf morpho-syntaktischer Ebene sind ebenfalls der Gebrauch von Demonstrativpronomen und Numeralia in Anlehnung an die Artikel im Deutschen (*там проходил *один волк*), Verletzungen der Kongruenz (*там *был и кошки два штук*) sowie fehlerhafter Kasusgebrauch (*он увидел *заяц* statt *заяца*) zu beobachten.

Häufiger als im Schriftlichen ist der Transfer von einzelnen deutschen Wörtern in den russischen Satz auf lexikalischer Ebene auffällig (**полицисты проехали* statt *полиция проехала*). Auch sind häufiger als im Schriftlichen Bedeutungsentlehnungen aus dem Deutschen zu finden (*сигарета *ушла* statt *затухла*). Stilistisch markiert sind der Gebrauch von semantisch nicht passenden Wörtern (*он взял *ленточку* statt *верёвку*) und von umgangssprachlichen Wörtern (*он пнул эту *фигню* statt *мусороное ведро*).

Die Analyse der Daten in Hinblick auf pragmatische Aspekte zeigt, dass Selbstverbesserungen ebenfalls im Russischen häufig vorkommen. Der Gebrauch deutscher Modalpartikel (*он пошел *also потом он туда залез*) und der Ausdruck über fehlende Lexeme auf Deutsch (*он взял *ich weiß nicht, wie das heißt!*) unterstreicht die Rolle des Deutschen als Matrixsprache.

Die Analyse der mündlichen Sprachdaten auf der Makro- und Mikroebene unterstreichen die Ergebnisse aus den schriftlichen Daten: Während einige Abweichungen von mono- und bilingualen Schreibern gleichermaßen realisiert werden, treten andere Abweichungen nur bei den bilingualen Probanden auf. So sind im Deutschen u.a. der fehlerhafte Gebrauch von Artikeln und von falschen Präpositionen/Verbpartikeln und im Russischen u.a. die normabweichende Kasus- und Verbmorphologie, der Gebrauch von Pronomen und Numeralia in Analogie zu den deutschen Artikeln, lexikalische Transfers und Bedeutungsentlehnungen als interlinguale Einflüsse des Deutschen und Russischen zu beobachten.

4.6 Identifikation „Bilingualer Sprechertypen"

Um die Ergebnisse der vorliegenden Abschnitte zusammenzufassen, wurde die Stichprobe einer Clusteranalyse unterzogen.

Die bilingualen Schüler, von denen Sprachdaten aller Sprachstandserhebungsinstrumente (N=25) vorlagen, wurden hinsichtlich von drei dichotomen Variablen unterschiedlichen Gruppen zugeteilt. Die drei Variablen geben, dichotom codiert (vorhanden/nicht vorhanden), Auskunft über beobachtete mündliche Sprachfähigkeiten im Russischen und Fähigkeiten im produktiven und rezeptiven Umgang mit russischer Schriftsprache.

Die Clusteranalyse identifizierte vier Gruppen[14], die sich sowohl mithilfe statistischer Verfahren als auch auf inhaltlicher Ebene trennscharf unterscheiden lassen. Diese ermittelten Gruppen werden im Folgenden als *bilinguale Sprechertypen* bezeichnet.

Zu Typ A gehören die bilingualen Schüler, von denen keine mündlichen russischen Sprachdaten vorliegen. Wenige können unter Zuhilfenahme des lateinischen Alphabets einen russischen Text lesen bzw. produzieren, allerdings sind all diese Ergebnisse auf sehr niedrigem Niveau.

Die Schüler, die Typ B zugeordnet wurden, produzierten mündliche Äußerungen im Russischen. Dass die meisten von ihnen über keinen gesteuerten Schriftspracherwerb im Russischen verfügen, wird sichtbar an der Verwendung der transkribierten Varianten der russischen Testversionen.

Zu Typ C gehören die Probanden, die deutsche und russische mündliche Sprachdaten produzieren können und die alle vorgelegten russischen Tests im kyrillischen Alphabet bearbeitet haben. Die Rezeption und Produktion russischer Schriftsprache (in Kyrilliza) weist auf einen gesteuerten Schriftspracherwerb hin. Diese Gruppe kann dementsprechend als bilingual-biliteral bezeichnet werden.

Die Abbildungen 1 und 2 zeigen die relativierten Mittelwerte der Sprechertypen in den verschiedenen Sprachstandserhebungsinstrumenten im Deutschen und Russischen.

---

14 Aufgrund der geringen Gruppengröße des Typs D (N=2) wird dieser Sprechertyp bei den folgenden Analysen nicht mehr berücksichtigt. Bilinguale des Typs D waren zwar in der Lage, mündliche und schriftliche russische Sprachdaten zu produzieren. Hingegen konnten sie keine russischen Texte mit kyrillischen Buchstaben rezipieren, so dass unklar bleibt, inwieweit sie über einen gesteuerten Schriftspracherwerb verfügen.

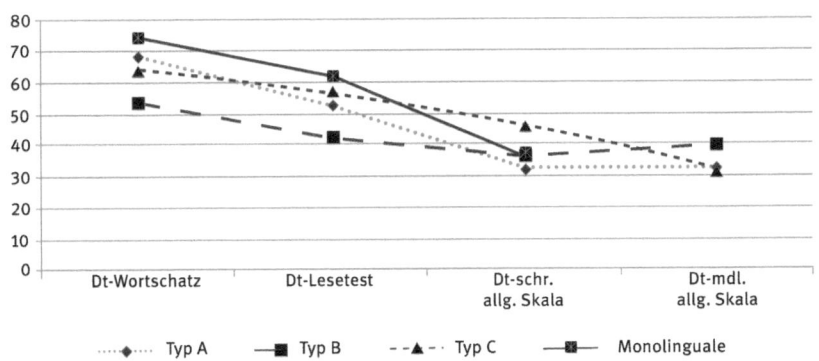

Abb. 1: Relativierte Mittelwerte der unterschiedlichen Sprechertypen im Deutschen

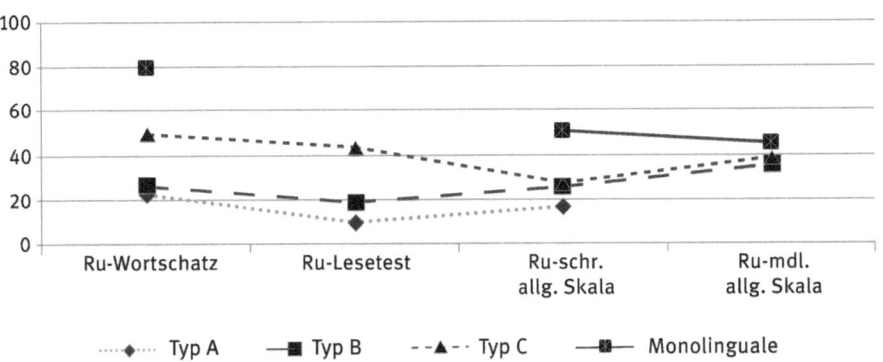

Abb. 2: Relativierte Mittelwerte der unterschiedlichen Sprechertypen im Russischen

Anhand der Abbildungen 1 und 2 wird deutlich, dass Typ C sowohl im Deutschen (mit Ausnahme vom Wortschatz und der mdl. Sprachproduktion) als auch im Russischen unter den Bilingualen die höchsten Mittelwerte erzielt und die Biliteralität sich positiv auf beide Sprachen auszuwirken scheint. Die Annahmen des interlingualen Transfers können dementsprechend auch hier als bestätigt gesehen werden.

Die Einbeziehung individueller Hintergrundinformationen unterstreicht die Bedeutung der Inputqualität für die Herkunftssprache. Die bilingualen Probanden des Typs C gaben am häufigsten an, in ihren Familien mit literaten Strukturen im Russischen in Kontakt zu treten. Dies führt die Beobachtungen von

Leseman, Scheele, Mayo & Messer (2007) und McElvany, Becker & Lüdtke (2009) zur Bedeutung der familiären (prä-)literalen Praxis für späteren Schulerfolg fort.

Die bilingualen Probanden wurden im Fragebogen gebeten, Aussagen zur Häufigkeit des Russischgebrauchs in ihrer Lebenswelt zu machen. Diese Angaben des Russischen spiegeln sich hingegen nicht unbedingt in den beobachteten Fähigkeiten der Schüler wider.

Die gezeigte Vielzahl von Ausprägungen von Biliteralität decken sich mit der Definition des Terminus „Herkunftssprache" von Benmamoun, Montrul & Polinsky (2010: 8f.), die eine große Varianz von sprachlichen Fähigkeiten in verschiedenen Registern als Charakteristikum von Herkunftssprachen konstatieren. Weiter schreiben sie der Herkunftssprache die Rolle der Familiensprache zu und gehen von einem (möglichen) Wechsel der Sprachpräferenz zugunsten der Umgebungssprache mit Schuleintritt aus.

Die Clusterbildung zeigte jedoch, dass sich die herkunftssprachlichen Sprecher durchaus in Gruppen zusammenfassen lassen, was für die Förderung der individuellen Sprachentwicklung in der schulischen Praxis sehr wichtig ist.

5 Transfer auf die schulische Praxis: herkunftssprachliche Sprecher im Russischunterricht

Wie können nun diese Forschungsergebnisse für die schulische Praxis genutzt werden und inwieweit ermöglichen sie Rückschlüsse für die didaktische und methodische Gestaltung von Russischunterricht?

Das Fach Russisch hat in Deutschland eine lange Tradition als Schulfremdsprache an Sekundarschulen. Mit Beginn der Hauptimmigrationswelle der Spätaussiedler Anfang der 1990er Jahre stieg die Nachfrage nach herkunftssprachlichen Angeboten.

Je nach Bundesland und individueller Schulausstattung gibt es unterschiedliche Organisationsformen des Russischunterrichts. Es dominieren zwei Organisationsformen: Der fremdsprachliche Russischunterricht, der sich in erster Linie an Fremdsprachenlerner richtet, an dem aber häufig auch herkunftssprachliche Lerner teilnehmen, und der herkunftssprachliche Russischunterricht[15], der sich nur an Lerner mit herkunftssprachlichen Vorkenntnissen richtet (KMK 2014). So stehen Russischlehrer an Schulen und Universitäten immer stärker vor der Herausforderung, die wachsende Heterogenität der Lernenden im Unterricht zu berücksichtigen.

Schon seit den 1970er-Jahren wurde der herkunftssprachliche Unterricht von Seiten der KMK als „Hilfe bei der Eingliederung in weiterführende Schulen" unterstützt (Hecker & Reich 2013: 38). Durch die rechtliche Gleichstellung der Herkunftssprache mit anderen Fremdsprachen und durch seine Versetzungsrelevanz bzw. die Möglichkeit der Kompensation einer zweiten Fremdsprache hat der herkunftssprachliche Unterricht in den letzten Jahren offiziell an Bedeutung gewonnen. Auch die kompetenzorientierten Bildungspläne, die sich an den Rahmenplänen der fremdsprachlichen Schulfächer orientieren, haben zur Aufwertung des herkunftssprachlichen Unterrichts beigetragen. Allerdings gibt es zwei inhaltliche Alleinstellungsmerkmale, die den herkunftssprachlichen Unterricht vom fremdsprachlichen Unterricht abgrenzen.

Zum einen zeigt sich der Einbezug wissenschaftlicher Erkenntnisse in den Beschreibungen der sprachlichen Kompetenzen. Die sprachliche Ausgangslage der Herkunftssprache als vorwiegend mündlich verwendete Familiensprache gibt das Ziel auf funktional kommunikativer Ebene vor: die Förderung der Schriftsprache (im Folgenden das Beispiel des Hamburger Bildungsplans für herkunftssprachlichen Unterricht):

> Die Unterrichtssprache wird zunehmend zu einer konzeptionell schriftlichen Sprache, in der verdichtete, kognitiv immer anspruchsvollere Informationen in kontextarmen Konstellationen angeboten werden. Der herkunftssprachliche Unterricht fördert bildungssprachliche Kompetenzen in der Herkunftssprache, indem er explizit, systematisch und kontinuierlich Differenzen zwischen Bildungs- und Alltagssprachgebrauch thematisiert.
> (FHH 2011: 17)

Als zweite Besonderheit ist die Ausrichtung auf die interkulturelle Kompetenz (z.B. im FHH 2011: 28) zu nennen. So sollen im herkunftssprachlichen Unterricht neben der Geschichte auch (aktuelle) gesellschaftliche, politische, kultu-

---

15 Unter der Aufsicht des jeweiligen Schulamts stehenden, von staatlich geprüften Lehrkräften angebotenen Herkunftssprachenunterricht gibt es in folgenden Bundesländern: HB, NI, HH, NW, RP, HE, SN. In BW und dem SL gibt es herkunftssprachliche Unterrichtsangebote, die organisiert durch das sog. Konsulatsmodell finanziell und organisatorisch nicht unter staatlicher Aufsicht stehen. Die Bildungspläne können auf dem Bildungsserver des jeweiligen Bundeslandes heruntergeladen werden. Je nach Bundesland variiert die Bezeichnung des Unterrichtsangebots.

relle und religiöse Themen des Herkunftslandes[16] behandelt und die individuelle Migrationserfahrung bzw. die der Familie thematisiert werden.

Trotz der stetig angewachsenen Zahl russischer Herkunftssprecher im schulischen Russischunterricht steckt die Entwicklung einer eigenen Herkunftssprachen-Didaktik in Deutschland noch in den Kinderschuhen. In den USA ist aufgrund der länger andauernden Erfahrungen, einer stärkeren Verbreitung derartiger Unterrichtsangebote und der intensiven linguistischen Auseinandersetzung mit dem „American Russian" (Polinskaya 2010; Polinsky 2006b) die fachdidaktische Auseinandersetzung mit herkunftssprachlichen Lernern im Russischunterricht weiter vorangeschritten als in Deutschland. Die enge Zusammenarbeit von Wissenschaftlern und Didaktikern in den USA schlägt sich in zahlreichen Publikationen (u.a. Andrews 2000; Bermel & Kagan 2000; Kagan & Dillon 2001; Valdés, Fishman, Chávez & Pérez, 2006), Lehrwerken (s.u.) und der Einrichtung des National Heritage Language Resource Centers[17] nieder.[18]

Anhand der linguistischen Forschungsergebnisse zur russischen Varietät in den USA werden konkrete Vorschläge für den Unterricht von herkunftssprachlichen Russischlernern von Bermel & Kagan in den *Implications for the Teaching of Russian* (2000: 430ff.) gemacht, auf spezielle pädagogische Bedürfnisse von Herkunftssprachlern in den unterschiedlichen sprachlichen Domänen wird von Kagan & Dillon eingegangen (2001: 513). Diese fachdidaktischen Ansätze können bis auf zwei Aspekte für das Unterrichten von Herkunftssprechern in Deutschland übernommen werden. Als didaktische Grundlagen für das Unterrichten herkunftssprachlicher Schüler nennen die beiden Autoren den stetigen Rückgriff auf die interne Grammatik der Lernenden, das Konstatieren grammatischer Regeln durch selbstentdeckendes Ableiten, die Sensibilisierung für stilistische und lexikalische Unterschiede und das Thematisieren von Entlehnungen aus der Umgebungssprache (Englisch bzw. Deutsch). Als konkret zu behandelnde (grammatische) Schwerpunkte nennen sie die Markierung von Kongruenz, Orthographie (u.a. die Schreibung der Reduktionsstufen und die Markierung der Palatalisierung) und Interpunktion. Außerdem müsse das methodische Lernen bezüglich der sprachlichen Ressourcennutzung (wie die Nutzung von Wörterbüchern) trainiert werden. Inhaltlich sollen die im Unterricht behandelten Themen die Auseinandersetzung und Diskussion unterschiedlicher kultureller Aspekte ermöglichen (Bermel & Kagan 2000: 430ff.). Die auf

---

16 Für Russisch ist dies der gesamte postsowjetische russischsprachige Raum.
17 www.nhlrc.ucla.edu (31.07.2014).
18 Aber auch andere europäische Länder (z.B. Schweden) haben schon lang andauernde didaktische und methodische Erfahrungen mit herkunftssprachlichem Unterricht (Löser 2010).

das Englische als Kontaktsprache zurückzuführenden Inhalte wie die Thematisierung des Aspekts und der Anredeformen (2. Sg./Pl.) sind für herkunftssprachliche Russischsprecher in Deutschland nicht vorrangig nötig. Der thematischen Ausgestaltung der funktional kommunikativen Unterrichtsdomänen widmen sich Kagan & Dillon (2001). Im Vergleich zu den Ansprüchen von fremdsprachlichen Russischlernern konstatieren sie, dass herkunftssprachliche Lerner von Beginn an auf der Makro-Ebene mit den verschiedenen Domänen konfrontiert werden können (Kagan & Dillon 2001: 513). So könnten z.B. im Bereich der Grammatik die Deklinationsparadigmen gleichzeitig besprochen werden (statt der schrittweisen Einführung verschiedener Kasus im fremdsprachlichen Unterricht), die Domäne Lesen könne von Beginn an mit längeren und komplexen Texten ausgestaltet werden, der Schwerpunkt in der Domäne Schreiben sei sofort auf die Inhalte zu richten und parallel an der Verbesserung von orthographischen, grammatischen und stilistischen Defiziten zu arbeiten (2001: 512f.).

Aus meiner Sicht fehlt den Vorschlägen der explizite Bezug zur Umgebungssprache. Denn ein wichtiger didaktischer und methodischer Ansatz des Unterrichtens herkunftssprachlicher Schüler ist die explizite Förderung und Entwicklung der individuellen Mehrsprachigkeit. Unter den funktional kommunikativen Kompetenzen sind in den Bereichen „Reflexion über Sprache" und „Sprachmittlung" (FHH 2011: 24; 27) die Bezüge zum Deutschen bzw. anderen Fremdsprachen als anzustrebende Ziele explizit formuliert.

Ausgehend von den Annahmen der Interdependenzhypothese sollen vorhandene Strukturen einer Sprache genutzt werden, um diese auf eine zweite zu übertragen. In der Konsequenz kann dies bedeuten, dass ein deutsch-russisch bilingualer Schüler, der erst seit wenigen Monaten eine Schule in Deutschland besucht, im Russischunterricht derart gefördert wird, dass er gleichzeitig seine bildungssprachlichen Fähigkeiten im Deutschen verbessert.

Die vorgestellten Beobachtungen in den deutschen und russischen Sprachdaten zu Abweichungen können Ausgangspunkt für das Unterrichten herkunftssprachlicher Lerner sein. Aufgrund der Heterogenität von herkunftssprachlichen Lernern muss allerdings jede Lehrperson die sprachlichen Fähigkeiten „ihrer" herkunftssprachlichen Schüler analysieren, um den Russischunterricht an den individuellen Bedürfnissen auszurichten. Die direkte Kommunikation mit den Schülern über sprachbiographische Hintergründe und eine Analyse von Schreibproben ermöglichen eine erste Einschätzung der herkunftssprachlichen Fähigkeiten.

Als Rahmen für die Unterrichtsgestaltung lassen sich die Vorschläge von Gogolin et al. (2011) für Qualitätsmerkmale für den Unterricht auch im herkunftssprachlichen Unterricht einsetzen, da gezielte und kontinuierliche Förderung der Bildungssprache einzelsprachunabhängig erfolgen kann. Diese Vorschläge beinhalten u.a. die Diagnose der sprachlichen Fähigkeiten seitens der Lehrkraft, die Gegenüberstellung von Alltags- und Bildungssprache, die Bereitstellung bildungssprachlicher Mittel und die Unterstützung bei den individuellen Sprachlernprozessen.

Für das individualisierte Arbeiten mit herkunftssprachlichen Russischlernern lohnt sich der Blick in Lehrwerke, die in den letzten Jahren in den USA und Israel publiziert worden sind. In diesen steht das Erlernen der russischen Schriftsprache im Vordergrund, indem das schriftsprachliche Register in Bezug auf Stilistik und Lexik der mündlichen Umgangssprache gegenübergestellt wird und orthographische und interpunktorische Regeln am sprachlichen Vorwissen der Schüler anknüpfen. Die Lehrwerke richten sich an unterschiedliche Zielgruppen, z.B. an Kinder (Niznik, Vinokurova & Vorontsova 2009), an junge Erwachsene (Kagan & Kudyma 2012) und an Studierende (Kagan, Akishina & Robin 2002; Vlasova & Bel'skaya 2009).

6 Fazit und Ausblick

Die Untersuchung der Sprachdaten der deutsch-russisch bilingualen Schüler hat gezeigt, dass nur sehr wenige Probanden als bilingual-biliteral bezeichnet werden können. Voraussetzung dafür ist, dass die Sprecher über skribale Fähigkeiten, neben dem lateinischen auch das kyrillische Alphabet produzieren und rezipieren zu können, verfügen.

Die Untersuchung der lexikalischen Fähigkeiten, des Leseverständnisses und der schriftlichen und mündlichen Produktion literater Strukturen zeigte, dass die bilingualen Schüler, die vermutlich einen gesteuerten Schriftspracherwerb im Russischen erfahren haben, ermittelt anhand der Verwendung der russischen Testinstrumente in Kyrilliza, über bessere Fähigkeiten verfügen als ihre bilingualen Mitschüler ohne gesteuerten Schriftspracherwerb.

Mithilfe der Feinanalyse der schriftlichen und mündlichen Sprachdaten im Deutschen und Russischen wurden Normabweichungen in den Bereichen Morphologie, Morpho-Syntax, Lexik und Orthographie aufgezeigt.

Schließlich wurden die qualitativen und quantitativen Ergebnisse zusammengeführt und bilinguale Sprechertypen identifiziert, die sich in Hinblick auf ihre biliteralen Fähigkeiten unterscheiden.

Um den Ansprüchen und Herausforderungen modernen Russischunterrichts, die aus der zunehmenden Heterogenität der fremd- und herkunftssprachlichen Schülerschaft hervorgehen, gerecht zu werden, wurde versucht, die Erkenntnisse der linguistischen Untersuchung in Vorschläge für die didaktische und methodische Gestaltung von Unterricht für herkunftssprachliche Sprecher einfließen zu lassen.

Die in Deutschland beginnende verstärkte wissenschaftliche interdisziplinäre Fokussierung auf Biliteralität und die ersten Forschungsergebnisse zu den positiven Effekten biliteraler Fähigkeiten auf den schulischen Fremdsprachenerwerb (Goebel, Rauch & Vieluf 2011; Rauch, Jurecka & Hesse 2010) unterstreichen die Notwendigkeit, dass auch in Deutschland eine Herkunftssprachen-Didaktik entwickelt wird. Deutsch-, Fremdsprachen- und Herkunftssprachendidaktiker aller herkunftssprachlichen Angebote sollten gemeinsam an dieser arbeiten. Unabhängig von der Angebotsform (als eigenständiger Unterricht oder, wie häufig im Falle des Russischunterrichts, in heterogenen Lerngruppen mit fremd- und herkunftssprachlichen Lernern) ist dies notwendig, um herkunftssprachliche Lerner angemessen zu fördern.

Durch die Anerkennung und Förderung individueller Mehrsprachigkeit im Rahmen herkunftssprachlichen Unterrichts wäre es wünschenswert, dass dem herkunftssprachlichen Unterricht schulintern ein höherer Stellenwert eingeräumt wird und die Vernetzung und Zusammenarbeit mit Kollegen anderer Fremdsprachen und Fächer gefördert wird. Die didaktische und methodische Einbeziehung in das schulische Gesamtsprachenkonzept nach den Erkenntnissen einer Mehrsprachdidaktik (Mehlhorn 2014) sowie die fächer- und sprachübergreifende Projektarbeit (s. Vorschläge von Hecker & Reich 2013: 40f.) würden zur Aufwertung des herkunftssprachlichen Unterrichts beitragen.

Speziell für den Russischunterricht ist es wichtig, dass die Entwicklung didaktischer und methodischer Handreichungen für den Unterricht herkunftssprachlicher Sprecher voranschreitet, um einerseits die Russischlehrkräfte bei den großen Herausforderungen, die durch die starke Heterogenität verursacht werden, zu unterstützen, andererseits aber auch, um die individuelle Mehrsprachigkeit der herkunftssprachlichen Sprecher entwickeln und fördern zu können.

Literatur

Achterberg, Jörn (2005): Zur Vitalität slavischer Idiome in Deutschland. München: Sagner.
Adams, Marilyn Jager (1994): Beginning to read. Thinking and learning about print. Cambridge, Mass: MIT Press.
Andrews, David (2000): Heritage Learners in the Russian Claasroom: Where Linguistics Can Help. ADFL Bulletin 31, 3, 39–44.
Anstatt, Tanja (2008): Lexikalisierung des Aspekts? Alpha- und Beta-Verben bei bilingualen russisch-deutschen Kindern. In Brehmer, Bernhard (Hrsg.): Aspekte, Kategorien und Kon-

takte slavischer Sprachen. Festschrift für Volkmar Lehmann zum 65. Geburtstag. Hamburg: Kovac, 13–28.
Benmamoun, Elabbas; Montrul, Silvina & Polinsky, Maria (2010): White Paper: Prolegomena to Heritage Linguistics.
Bermel, Neil & Kagan, Olga (2000): The Maintenance of Written Russian in Heritage Speakers. In Kagan, Olga & Rifkin, Benjamin (eds.): The Learning and Teaching of Slavic Languages and Cultures. Bloomington: Slavica, 405–436.
Bialystok, Ellen (2002): Acquisition of Literacy in Bilingual Children: A Framework for Research. Language Learning 52, 1, 159–199.
Böhmer, Jule (2015): Biliteralität. Eine Studie zu literaten Strukturen in Sprachproben von Jugendlichen im Deutschen und Russischen. Münster: Waxmann.
Böhmer, Jule (2013): Biliterale Fähigkeiten von bilingualen Schülern im Deutschen, Türkischen und Russischen. Diskurs Kindheits- und Jugendforschung 8, 1, 57–70.
Bos, Winfried; Lankes, Eva-Maria; Prenzel, Manfred; Schwippert, Knut; Walther, Gerd & Valtin, Renate (Hrsg.) (2003): Erste Ergebnisse aus IGLU. Schülerleistungen am Ende der vierten Jahrgangsstufe im internationalen Vergleich. Münster: Waxmann.
Bußmann, Hadumod (Hrsg.) (2008): Lexikon der Sprachwissenschaft. Stuttgart: Kröner.
Cummins, Jim (2008): Total Immersion or Bilingual Education? Findings of International Research on Promoting Immigrant Children's Achievement in the Primary School. In Ramseger, Jörg & Wagener, Matthea (Hrsg.): Chancenungleichheit in der Grundschule: Ursachen und Wege aus der Krise. Wiesbaden: VS, 45–56.
Cummins, Jim & Swain, Merrill (1986): Bilingualism in education: Aspects of theory, research and practice. London: Longman.
Eisenberg, Peter (2000): Grundriss der deutschen Grammatik. Das Wort. Stuttgart: Metzler.
Eisenberg, Peter (1999): Grundriss der deutschen Grammatik. Der Satz. 2. Aufl. Stuttgart: Metzler.
Eisenberg, Peter (2001): Sprache, Schrift, Orthographie. Orthographiereform und historisch gewachsener Sprachbau. In Henning-Kaufmann-Stiftung zur Pflege der Reinheit der Deutschen Sprache (Hrsg.): Deutscher Sprachpreis 1995 - 1999. Schliengen, 58–72.
Freie und Hansestadt Hamburg. Behörde für Schule und Berufsbildung [FHH] (2011): Bildungsplan Gymnasium Sekundarstufe I. Herkunftssprachen.
http://www.hamburg.de/contentblob/2376238/data/herkunftssprachen-gym-seki.pdf (05.08.2014).
Gantefort, Christoph & Roth, Hans-Joachim (2008): Ein Sturz und seine Folgen. Zur Evaluation von Textkompetenz im narrativen Schreiben mit dem FörMig-Instrument 'Tulpenbeet'. In Schwippert, Knut; Klinger, Thorsten & Leiblein, Birgit (Hrsg.): Evaluation im Modellprogramm FörMig. Planung und Realisierung eines Evaluationskonzepts. Münster: Waxmann, 29–50.
Goebel, Kerstin; Rauch, Dominique & Vieluf, Svenja (2011): Leistungsbedingungen und Leistungsergebnisse von Schülern türkischer, russischer und polnischer Herkunftssprachen. Zeitschrift für Interkulturellen Fremdsprachenunterricht 16, 2, 50–65.
Gogolin, Ingrid (1994): Der monolinguale Habitus der multilingualen Schule. Münster: Waxmann.
Gogolin, Ingrid (2006): Chancen und Risiken nach PISA - über Bildungsbeteiligung von Migrantenkindern und Reformvorschläge. In Auernheimer, Georg (Hrsg.): Schieflagen im Bildungssystem. Die Benachteiligung der Migrantenkinder. Wiesbaden: VS, 33–50.

Gogolin, Ingrid; Lange, Imke & Hawighorst, Britta (2011): Durchgängige Sprachbildung: Qualitätsmerkmale für den Unterricht. Münster: Waxmann.

Hornberger, Nancy (2000): Revisiting the Continua of Biliteracy: International and Critical Perspectives. Language and Education 14, 2, 96–122.

Hecker, Burkhard & Reich, Hans H. (2013): Herkunftssprachen in den Sekundarstufen. Wie kann der Herkunftssprachenunterricht in das Gesamtsprachenkonzept der Sekundarschulen integriert werden? Pädagogik 65, 4, 38–41.

Kagan, Olga & Dillon, Kathleen (2001): A new perspective on teaching Russian: Focus on the heritage learner. SEEJ 45, 3, 507–518.

Kagan, Olga & Kudyma, Anna (2012): Uchimsya pisat' po-russki. Ekspress-kurs dlya dvuyazychnykh vzroslykh. Sankt Peterburg: Zlatoust.

Kagan, Olga; Akishina, Tatjana & Robin, Richard (2002): Russian for Russians. Bloomington: Slavica.

Kultusministerkonferenz (2014): Zur Situation des Russischunterrichts in der Bundesrepublik Deutschland. Bericht der Kultusministerkonferenz vom 07.03.2014. http://www.kmk.org/fileadmin/veroeffentlichungen_beschluesse/2014/2014_03_07-Situation_Russischunterricht.pdf (03.07.2014).

Leseman, Paul; Scheele, Anna F.; Mayo, Aziza Y. & Messer, Marielle H. (2007): Home Literacy as a Special Language Environment to Prepare Children for School. Zeitschrift für Erziehungswissenschaft 10, 3, 334–355.

Löser, Jessica (2010): Herkunftssprachen in der Schule. Eine international vergleichende Perspektive. In Fürstenau, Sara & Gomolla, Mechthild (Hrsg.): Mehrsprachigkeit. Wiesbaden: VS, 203–214.

Maas, Utz (2010): Schriftkultur in der Migration – ein blinder Fleck in der Migrationsforschung. Grazer Linguistische Studien, 73, 151–168.

Maas, Utz (2009): Sprache in Migrationsverhältnissen: "Sprachausbau (Schriftsprache) vs. mehrsprachige Kommunikation". In Gogolin, Ingrid & Neumann, Ursula (Hrsg.): Streitfall Zweisprachigkeit - The Bilingualism Controversy. Wiesbaden: VS, 145–161.

Maas, Utz (2004): Geschriebene Sprache / Written Language. In Ammon, Ulrich; Dittmar, Norbert; Mattheier, Klaus & Trudgill, Peter (Hrsg.): An International Handbook of the Science of Language and Society. Berlin: de Gruyter, 633–645.

McElvany, Nele; Becker, Michael & Lüdtke, Oliver (2009): Die Bedeutung familiärer Merkmale für Lesekompetenz, Wortschatz, Lesemotivation und Leseverhalten. Zeitschrift für Entwicklungspsychologie und Pädagogische Psychologie 41, 3, 121–131.

Mehlhorn, Grit (2014): Interkomprehension im schulischen Russischunterricht? Ein Experiment mit sächsischen Schülern der Klassenstufe 8. Zeitschrift für Interkulturellen Fremdsprachenunterricht 19, 1, 148–166.

Mulisch, Herbert (1996): Handbuch der russischen Gegenwartssprache. 2. Aufl. Leipzig: Langenscheidt.

Niznik, Marina; Vinokurova, Anna & Vorontsova, Irina (2009): Russkiy bez granits. Uchebnik dlya detey iz russkogovoryashchikh semey. Jaffa: Mannsohn House. http://www.iaic.org.il/RusskiyYazik.ru (08.07.2014).

Polinskaya, Maria (2010): Russkiy yazyk pervogo i vtorogo pokoleniya émigrantov, zhivushchikh v SSHA. Slavica Helsingiensia 40, 314–328.

Polinsky, Maria (2006a): Acquisition of Russian: Uninterrupted and Incomplete Scenarios. Duke University. http://seelrc.org/glossos/ (27.09.2012).

Polinsky, Maria (2006b): Incomplete Acquisition: American Russian. Journal of Slavic Linguistics 14, 2, 191–262.

Rauch, Dominique; Jurecka, Astrid & Hesse, Hermann-Günter (2010): Für den Drittspracherwerb zählt auch die Lesekompetenz in der Herkunftssprache. Untersuchung der Türkisch-, Deutsch- und Englisch-Lesekompetenz bei Deutsch-Türkisch bilingualen Schülern. Zeitschrift für Pädagogik 56, 55. Beiheft, 78–100.

Valdés, Guadalupe; Fishman, Joshua; Chávez, Rebecca & Pérez, William (2006): Developing Minority Language Resources. The Case of Spanish in California. Clevedon: Multilingual Matters.

Vlasova, Nina & Bel'skaya, Lyubov' (2009): Russkyy yazyk kak inostrannyy. Prodvinutyy kurs. Khayfa: Gutenberg.

Weiß, Rudolf (2007): WS / ZF-R. Wortschatztest und Zahlenfolgentest - Revision. Ergänzungstest zum CFT-20R. Göttingen: Hogrefe.

Irina Usanova
Transfer in bilingual and (bi)scriptual writing: can German-Russian bilinguals profit from their heritage language? The interaction of different languages and different scripts in German-Russian bilinguals

Abstract: This contribution analyses the interactions of bilingual writing skills on the textual and orthographic level under consideration of the role of script for written language acquisition. Even though the development of writing competency belongs inseparably to the educational process, in the case of German-Russian bilingualism, children acquire writing skills in their heritage language almost unexceptionally within a family context. This results in various strategic applications of scriptural practices and high variation of proficiency level in a heritage language among selected groups. The results of the conducted analysis contribute to the research on the acquisition of writing skills by different-script bilinguals.

1 Introduction

Multilingualism is an indisputable, every-day reality in Germany. According to research conducted in Hamburg, near 35 percent of children are reported to speak a language other than German at home (Fürstenau & Yağmur 2003: 47). Alongside other languages, Russian as a heritage language is one of the most spoken languages among migrants in Germany (Brehmer 2007). The question still often arises as to whether heritage languages may have an impact on the development of the majority language (Duarte et al. 2014). International research pleads for the development of heritage language competencies as they may represent an additional resource, and a basis for the acquisition of the majority language (Bialystok 2002; Bialystok & Poarch 2014; Cummins 2000, 2013; Leseman et al. 2009; Verhoeven 1994). A crucial condition for children to successfully utilize these resources is the ability to read and write in a heritage language. Being bilingual does not necessarily mean being biliterate. Moreover, the thorough research of the heritage language competency is essential for researchers to be able to judge whether a heritage language hamper or foster language development. While studies on reading in both languages are well represented in the research on bilinguals (Goswami et al. 1997, Ziegler et al. 2006), writing still needs to be more precisely investigated. Particular attention should be devoted to the development of writing skills among different-script bilinguals. According to Hornberger (2003: 22), especially the continua of medium, which involve the knowledge of scripts, influence the development of biliteracy and could even predict the possibility of transfer. Thus, conducting a linguistic analysis at the level of micro-linguistic structures such as script, would allow us the understanding of global phenomena at the macro-level, such as the development of bilingual writing skills and their application in specific contexts. Following these assumptions, the current contribution should provide insights into the role of scripts for the writing ability of biliterate and monoliterate bilingual German-Russian adolescents, and track possible interactions among the languages and scripts in their repertoire.

2 Theoretical framework and research questions

2.1 Monolingual writing development and script acquisition

Writing is a complex process, which is learned, trained and developed with schooling experience. Various writing models attempted to describe the process of writing and its stages in relation to script. Thus, Becker-Mrotzeck (1997: 66) differentiates between text production and writing down itself, suggesting that writing includes two procedures. The first is the text production, which consists of planning, implementing, and revision. The second procedure is the writing down itself, involving the implementation of linguistic signs through script. Both procedures are relatively independent. In this model, text production reflects the planning and realization of a complex speech act. Let us consider that children are already somewhat acquainted with the text production, even before entering the school. They might have already attained some experience in producing speech acts, at least phonologically. In school, they go further and develop text production skills by learning how to organize such a speech act and by becoming familiar with an academic language (Gogolin 2009, 2011). They learn to distinguish between oral and written language structures (Schleppegrell 2012). However, a second procedure is completely new. The acquisition of spelling could be compared with the first language acquisition. By learning a script, children are exposed to a completely new coding system, containing new regularities and new symbols.

Thus, they have to learn the other, material way of implementing their speech acts: the process of writing down by transforming the linguistic signs to script. Spelling and its orthographic norm, which they have to learn to follow, represents a completely new world. The theories and models on the monolingual acquisition of written language are based to a large extent on the assumption that children acquire a writing system through systematic implementation of strategies. This is the way children react to dealing with orthography. Thus, acquiring script, children are passing through different stages: from logographic to alphabetical, and finally, to the orthographical stage (Frith 1985). The final, orthographical stage, in contrast, requires formal instruction, attention and writing experience. According to Gentry (1982), in order to master the orthographic stage, children have to pass through major cognitive changes and learn the application of new strategies. Keeping in mind the complexity of monolingual writing and script acquisition, let us consider what happens if children are bilingual and acquire not only more than one language, but more than one script.

2.2 Bilingual and biscriptual?

Being bilingual doesn't necessarily imply that one can write in both languages. The term "bilingual" doesn't provide us with any information on the writing or reading competency in both languages. That is why the term biliteracy was introduced and was primarily associated with reading. Fishman et al. (1985: 377, cited by Hornberger 2003) see biliteracy as "mastery of reading in particular, and also of writing, in two or more languages". Thus, being biliterate presupposes the mastery of a script - in this way one can read and write in a language. The research has shown that bilinguals are already aware of different scriptual systems and even of some of their properties at an early age (Kenner et al. 2004; Laursen 2012). In case of getting an instruction concerning both scripts, young children are not confused and even have some cognitive benefits (Kenner et al. 2004: 142). Multilingual writing triggers the comparison of two languages, thus, fostering the metalinguistic awareness of bilingual children (Laursen 2012). Furthermore, two scripts can provoke creative ways of writing. Thus, different scripts can be used within a sentence, a phrase, or even within a single word. Mor-Sommerfeld (2002: 99) provides a term *language mosaic* for transferences of one script to another. Maas (2003), in accordance with the Myers-Scotton model of Matrix language in code-switching, applied the term of *matrix script* for script switching to describe the process of orthography development of a Turkish-German bilingual girl. Thus matrix script is not static and changes over time in accordance with the developmental stage in both languages. But what happens if children do not acquire the script in their heritage language and are only acquainted with oral speech? Interestingly, the non-acquaintance with a script does not represent a barrier for writing in a heritage language. Bilinguals easily learn how to cope with this situation and find a creative way-out of this problem through applying a transliteration[1]. They use the script they have already mastered and instinctively incorporate the phonological principles for expressing the ideas in writing. Transliterating is not a seldom practice among biscriptual bilinguals. Thus, the research of Sunderman and Priya (2012) indicated that 90 percent of Hindi-English biscriptual bilinguals reported using transliteration on a regular basis. Analyzing the computer-mediated discourse, Androutsopoulos (2009) reports that Greek students transliterate the Greek alphabet with Latin script. Al-Azami et al. (2010: 697) describe transliteration as a *bridge to learning*, which provides children with a chance to be authors and "can be a step towards learning the script itself".

2.3 The interactive nature of bilingual writing development

First indices for the positive transfer of spelling skills come from studies conducted on second (foreign) language acquisition, in which researchers investigated the interaction of writing rules and regularities within the same script. Rymarczyk (2008) identifies that second language learners successfully apply their metalinguistic awareness for script learning in a foreign language. Thus, even without having been explicitly taught the regularities of English orthography, second-graders are able to transfer their skills from the first language, German, into English as a foreign language. Both, German and English are written with Latin characters, facilitating the transfer of phoneme-grapheme correspondence. In her study on primary school pupils, Weth (2010) presents the strategies of graphical writing down of phonemes applied by German fourth-graders learning French as the first foreign language. The results reveal that children apply German orthography for writing down French texts to different extents, mostly applying the phoneme-grapheme correspondence. Both studies show that bilingual children can transfer their literacy practices and strategies from one language to another. Positive evidence also comes from studies on reading in different-script bilinguals. Schwartz et al. (2005) compared the results on the reading skills of biliterate and monoliterate Hebrew-Russian bilin-

---

1 Sunderman and Priya (2012) define transliteration as "the practice of writing text of one script into another, based on the phonological equivalencies" (Sunderman and Priya, 2012: 1281)

gual children. Results reveal that biliterate bilinguals have an advantage in reading fluency and phonological awareness tasks, not only in comparison to monoliterate bilinguals, but also in comparison to monolingual Hebrew peers. Moreover, the results of monoliterate bilingual children were not significantly different from their monolingual counterparts. Even though the revised studies on transfer in writing and reading suggest some positive effects of different script bilinguals in reading, they often lack empirical research on writing skills in different-script bilinguals. Thus, the writing development in both languages in different-script bilinguals and the interaction of these languages is still an undeveloped field which requires a further extensive research.

2.4 The influence of social context

A social context should be mentioned here in order to give a brief insight into the particular situation which bilinguals face. Ortega and Carson (2010: 63) argued that more research is needed to track the writing development of bilinguals, suggesting that L2 writing competence may interact, destabilize and even transform the L1 competence under the given certain social context. An imaginable and ideal way for bilingual children to develop, preserve and enrich the scriptual competency in a heritage language is to attend bilingual schools or at least heritage language courses. Unfortunately, the reality looks rather different. According to Dehn (2011: 146), the families multilingual children come from are not only poorly educated but are also unfamiliar with script. Only some bilinguals attend heritage language classes in Germany (Riehl 2013). There are different reasons for the low attendance: the miscommunication between school and parents means that families are often unaware of such classes, or there may even be a lack of common conceptual planning in heritage language classes (Woerfel et al. 2014). The context described above for the acquisition of heritage language evokes vastly different levels of language proficiency among bilinguals. While spoken heritage language is relatively easily acquired through communication in a family setting, mastering writing in a heritage language requires educational support. Otherwise, children may fail to unlock their writing potential.

2.5 Research questions

The current article investigates the written data of 15-year-old German-Russian bilinguals. The aim is to compare the writing skills in Russian as heritage language and in the majority language German. An important aspect of the current analysis is the classification of the bilinguals into three groups: Latin, Mix, and Cyrillic according to their scriptual competency. The Latin group includes children who have composed their texts in Russian by applying a Latin script. The Mix group was formed in cases where both Cyrillic and Latin scripts were used for writing down. The third, Cyrillic group, produces written texts in Cyrillic. These three groups can be also seen as competence levels in heritage language scriptual skills. Thus, Latin is seen as the lowest level, Mix as the middle, and Cyrillic as the highest level of a scriptual skill. This classification allows us to differentiate between biliterate and mono-literate bilinguals and to conduct a thorough analysis of writing skills in each of these groups in both languages. The analysis should provide a hint for possible interactions between writing skills in the heritage and in the majority language, particularly considering the role of script. In order to track the possible scriptual influences, two categories representing the writing competency were selected: task accomplishment and spelling. The results on task accomplishment should reveal the overall general textual competency of bilinguals, whereas spelling results should cover the language-specific component, which is closely related to scriptual competency. The analysis of results should indicate whether the different scriptual groups – Latin, Mix, and Cyrillic – achieve different levels of competencies in both languages.

3 Methods

3.1 Participants

The current article investigates the interaction of scriptural writing practices of bilingual Russian-German students at orthographic and textual levels. The analysis is based on data gathered as a part of the LiPS project. The LiMA-Language Development Panel (LiPS) was conducted in Hamburg, Germany and included samples of 6, 11 and 15 year-olds with Russian, Vietnamese, Turkish and German as heritage language (Duarte et al. 2014; Klinger et al. 2015 (forthcoming)). For the current analysis, we have selected the written data of 15-year old (n=48) German-Russian bilinguals from the larger LiPS sample. Additionally, a group of monolingual German students (n=20) was included in the analysis. With regards to German-Russian bilingualism analyzed in this study, children are exposed to text-writing not only in different languages, German and Russian, but also in different alphabets: Latin and Cyrillic. The selected bilinguals were divided into three groups: Cyrillic, Latin and Mix according to the script applied for writing down Russian texts. The selected 48 bilinguals included 15 bilinguals who composed their texts in Cyrillic script, 16 in Latin, and 17 have mixed both scripts. This categorization was essential for the following analysis due to several reasons. First, it allows the detailed assessment of the heritage language competency for such a heterogeneous group. Second, it provides the possibility to compare the performance in both languages of biliterate bilinguals with monoliterate bilinguals. Finally, it should provide an insight into possible interactions between script and writing.

3.2 Instruments and procedure

Writing skills in German and Russian were assessed by trained research assistants within two separate home visits. The heritage language proficiency was measured within the first home visit and the proficiency in German was tested the week after. An enhanced version of "Fast Catch Boomerang", which was originally designed by the FöRMIG study to test academic language skills, was applied. This instrument consists of a picture sequence and requires children to write down a trial version of an article for a youth journal devoted to the topic, "How to construct a boomerang". A translated version of this instrument was applied for testing the heritage language skills.

3.2.1 Scoring scales – Task accomplishment

This contribution analyzes the task accomplishment in German and Russian. The impulse "Fast Catch Boomerang" involves nine pictures. Thus, task accomplishment includes nine sub-categories, each of them characterizing the pictures provided. Each of nine sequences is assessed according to the four step scale with points from 0 to 3 given respectively for the not mentioned, mentioned, simple, and extensive. A total number of points was calculated for the task performance in German and Russian. The assessment methods for task accomplishment are extensively described in the assessment guide and are provided with examples for each of the category.

3.2.2 Scoring scales – spelling

In order to analyze students' spelling performance in German and Russian, we selected a category "noun capitalization". While German prescribes the capitalization of all nouns in written language (Ossner 2001: 133), nouns in Russian are always capitalized at the beginning of the sentence. Furthermore, only several categories of nouns, including proper nouns, geographical and botanical names, names of public organizations, etc., are capitalized in Russian. This category is particularly interesting for the analysis of inter-language interactions. Thus, inappropriate capitalization of regular nouns in Russian would indicate a negative influence from German. Two scores were calculated: a score for the incorrect capitalization of nouns in German, and a score for falsely capitalized nouns in Russian. Each of the scores represents a quotient of miscapitalized nouns divided through the total amount of nouns within a text[2].

4 Results

4.1 Task accomplishment

The achieved results for task accomplishment in German and Russian are presented in Table 1.

Tab. 1: *Tab. 1* Mean scores, standard deviation, minimum and maximum for task accomplishment in German and Russian of Latin, Mix, Cyrillic and monolingual German groups

Language	Script group	Mean	SD	Min.	Max.
German	Latin	14.38	3.37	8	21
	Mix	4.82	3.84	7	22
	Cyrillic	14.731	5.15	10	25
	Controls	16.50	5.66	5	24
Russian	Latin	11.31	3.59	6	17
	Mix	13.82	5.59	3	24
	Cyrillic	16.07	4.84	9	25

---

[2] This method was also found by Tunç (2012). She applied this quotient for analyzing and comparing the spelling errors in German texts produced by bilingual Turkish, Croatian, and Greek students.

Results for task accomplishment in German

The first insight into results reveals that the monolingual German control group has the highest mean score in task accomplishment (16.50), whereas script groups have only minor difference in the mean scores. The analysis of the minimal and maximal scores within a group show that the lowest maximal score (21) belongs to the Latin group, and the highest score was achieved by the Cyrillic group (25). The lowest minimal score is in a monolingual German group. The highest minimal score in German is found in Cyrillic group. The next step of analysis reveals whether there are significant differences between the groups' results. A one-way ANOVA was carried out on the mean scores in German task accomplishment obtained in each of the four groups. An α level of 0.05 was adopted. The "Script"-factor was inserted as a fixed factor. The results indicate no statistically significant difference in German task accomplishment: $F(1,773) = 0.05$, $p = 0.95$ among selected groups.

Results for task accomplishment in Russian

The first insight into descriptive results in Russian reveals a difference in the mean scores between the groups. The Cyrillic group shows the highest mean score (16.07), followed by the Mix group (13.82), and the Latin group (11.31). Corresponding with the results in German, the lowest maximal score is achieved by the Latin group (17) and the highest by the Cyrillic (25). The lowest minimal score is achieved by the Mix group (3) and the highest minimal score- by the Cyrillic (9). Additionally, the Cyrillic group has the highest standard deviation in task accomplishment in comparison to the other groups. A one-way ANOVA approved significant difference in the results in Russian task accomplishment: $F(170,863) = 4.25$, $p = 0.02$. The post hoc comparisons conducted by Tukey-HSD test[3] illustrated that the Latin and the Cyrillic group differ significantly: $p = 0.04$, while no significant difference was observed between the Mix group and two other groups.

Comparing the performance of the Latin, Mix, and Cyrillic group in both languages Figure 1 illustrates means of task accomplishment for different script-groups in German and Russian.

---

[3] The Leven's F Test for Equality of Variances applied to test the assumption of homogeneity has shown no significant difference in the variance between three groups: $p=163$. That is why the Tukey-HSD-Test was applied to track the differences in the mean scores between the groups.

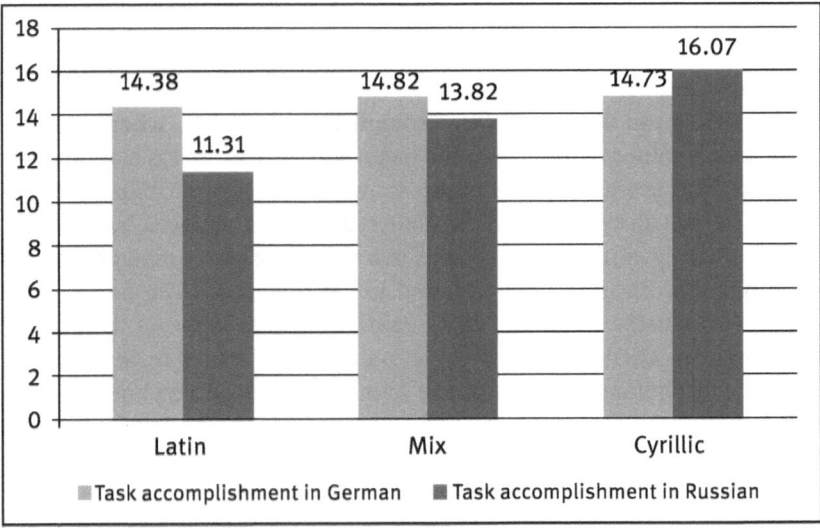

Fig. 1: Means in German and Russian task accomplishment, by script group

The results on task accomplished are represented differently across the languages, thus resembling no significant difference in scores in German, and significantly different results in Russian. Among all groups, the Latin script group exhibits the highest discrepancy between the mean scores on task accomplishment in both languages (3.07 points).

4.2 Incorrectly-capitalized nouns in German and Russian

Results of scores for incorrect capitalization of nouns in German and Russian are presented in Table 2.

Tab. 2: Mean percentages, standard deviation, minimum, maximum and median of incorrect capitalization scores of nouns in German and Russian of the Latin, Mix, Cyrillic and monolingual German groups

Language	Script group	Mean	SD	Min.	Max.	Median
German	Latin	12.00	13.94	0	50	8
	Mix	5.20	6.12	0	19	3
	Cyrillic	1.90	2.83	0	7	0

Language	Script group	Mean	SD	Min.	Max.	Median
	Controls	5.09	7.07	0	27	3
Russian	Latin	30.88	20.51	10	84	28
	Mix	17.70	27.72	0	96	4
	Cyrillic	6.90	21.38	0	83	0

Results for incorrect capitalization in German

The Latin group achieved the highest mean percentage (12.00%) of incorrectly capitalized nouns in German. The Mix group failed to capitalize on average 5.20 % of the nouns in the text. The Cyrillic group has the lowest mean quotient (1.90%) compared to other groups. The monolingual German group performed similarly to the Mix group and failed to capitalize an average of 5.90% of the nouns in the text. The highest standard deviation (13.94) appears in the Latin group, which reveals the highest maximum score of 50% among all groups. The lowest minimal score is the same in all groups. The median was included to provide additional information on the scores. Thus, the middle value of the incorrect capitalization lies at 8% in Latin, at 3% in the Mix, at 0% in the Cyrillic, and at 3% in the monolingual German group. Due to the high standard deviation value and the absence of normal distribution, the non-parametric Kruskal-Wallis test was applied to test whether the results reveal significant difference. The results of the Kruskal-Wallis test approved the significant difference among the groups: $p = 0.02$. In order to track the groups between which the difference occurred, a Tamhane test for non-homogenous groups was conducted. The Tamhane test indicated a significant difference of -10.14785, $p = 0.02$ between the Latin and the Cyrillic group. There was no significant difference found between the monolingual German and other three groups.

Results for incorrect capitalization in Russian

All script groups have incorrectly capitalized nouns in the Russian text. The Latin group has the highest mean percentage of incorrectly capitalized nouns in the text (30.88%), followed by the Mix (17.70%), and Cyrillic (6.90) groups. The highest maximum percentage is achieved by the Mix group (96%). The lowest minimum was found in the Mix and Cyrillic groups, whereas the highest minimal percentage was represented in the Latin group. The scores in Russian reveal a very high standard deviation and are not normally distributed. According to the median value, the middle value of the Latin group lies at 28%, whereas the Mix group has the middle value of 4% and the Cyrillic group revises the middle value of 0%. According to the median value, the half of the Mix group incorrectly capitalizes less than 5% of the nouns, whereas the half of the Cyrillic group has shown no false capitalization of nouns. The Kruskal-Wallis test has approved a highly significant difference in the results: $p = 0.001$. The Tamhane test indicated that the difference in the results occurs between the Latin and the Cyrillic group: -20.20388, $p = 0.04$. No significant difference in the results was found between the Mix group and the other 2 groups.

Figure 2 shows that all groups committed less capitalization errors in German than in Russian. The results are similar in both languages with the Latin group taking the highest percentage, followed by the Mix, and by the Cyrillic group. The Latin group also has the highest discrepancy between the results in both languages.

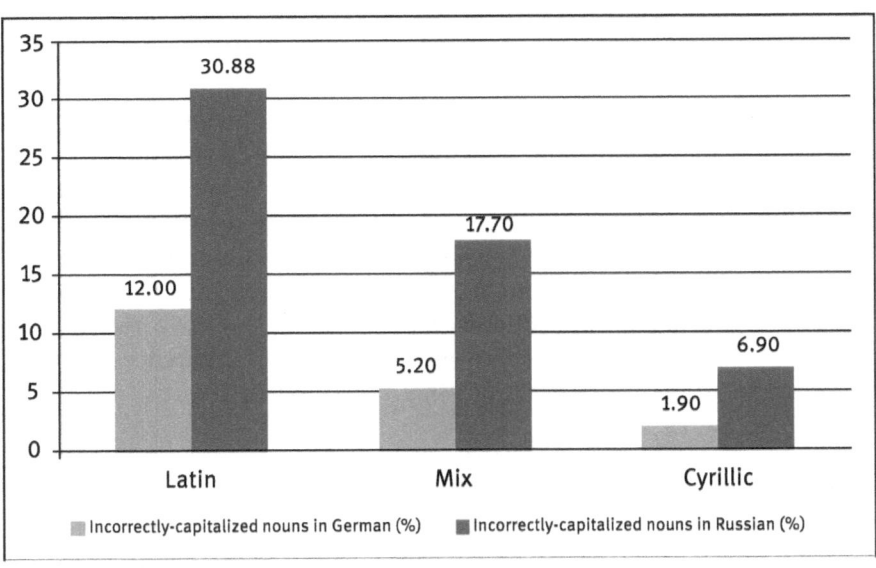

Fig. 2: Comparing the performance of the Latin, Mix, and Cyrillic group in both languages

5 Discussion

The aim of this study was to examine the writing in the heritage language Russian and the majority language German of selected 15-year-old bilinguals, who were classified into three groups according to their scriptual abilities in Russian. Two categories were selected to measure the writing proficiency: task accomplishment and incorrect capitalization of nouns. Both categories allow the analysis on different levels: textual and orthographic.

The results of task accomplishment in German were similar among all groups. Scriptual competency in a heritage language seems neither to contribute to the textual competency, nor to prevent the achievement of high results in German. Even though we cannot confirm the difference between the groups, the results provide a thought-worthy point: the highest maximal and minimal scores in task accomplishment belong to the Cyrillic script group. A significant difference between script groups was found in Russian task accomplishment. Corresponding to scriptual competencies, the Cyrillic group outperformed the Mix and Latin group, whereas the discrepancy in scores exists only between the first and the third group. The results here indicate a relationship between the script knowledge and the ability to perform on task accomplishment in Russian. The Cyrillic writing children seem to profit from their script knowledge, whereas the Latin group might probably have experienced minor difficulties with task accomplishment in Russian. Notwithstanding, it should be mentioned that the Latin script facilitated children's writing in Russian, providing them with possibilities to express their ideas in writing even without knowing the Cyrillic script. Without considering the quality of the text, the Latin script was a type of "window" into writing in a heritage language.

The second category of incorrect noun capitalization has indicated that script groups achieved significantly different results in German. The discrepancy in the results was found between the Latin and the Cyrillic group. The Latin group has the highest percentage of incorrectly un-capitalized nouns per text. The Cyrillic group seems to pay more attention to the written form of the words and so has only a minor percentage of false capitalization. The results correspond to previous findings that biliterate bilinguals possess above average metalinguistic awareness. Furthermore, the conducted research reveals that metalinguistic awareness is higher in those bilinguals who have successfully acquired both scripts. According to the results for incorrectly capitalized nouns in Russian, each of the script groups experienced an influence of German, probably due to its strong presence as the language of writing in school, and failed to avoid this error. Similarly to the results in German, the Cyrillic group has the lowest percentage of this type of error compared to the other two groups. Once again, by writing in Russian, the Cyrillic group has paid more attention to the form of words. In contrast, the scores of the Latin group in Russian, corresponding to their scores in German, represent the highest percentage of incorrectly capitalized nouns among all groups. In this case, the Latin script may serve as a trigger and facilitates the incorrect capitalization of nouns in Russian. Thus, transferring the Latin script into Russian texts might provoke the transfer of German orthographic norms as well. Similar performance on noun capitalization in both languages displays the interaction between the languages of bilinguals at an orthographic level. Unlike the task accomplishment, which merely requires the representation of the content in written text and pays no attention to the form of written words, spelling highlights the form and requires students to follow the orthographic norm. Overall, the results of the current analysis testify to the very heterogeneous nature of heritage language writing competency in different-script bilinguals. Further research should take into consideration that writing assessment needs to include the investigation of scriptual competency in the heritage language, especially in cases where the bilinguals are exposed to different scripts.

References

Al-Azami, Salman; Kenner, Charmian; Ruby, Mahera & Gregory, Eve (2010): Transliteration as a bridge to learning for bilingual children. *International Journal of Bilingual Education and Bilingualism* 13, 683–700.
Androutsopoulos, Jannis (2009): 'Greeklish': Transliteration practice and discourse in a setting of computer-mediated digraphia. In Georgakopoulou, Alexandra & Silk, Michael (eds): *Standard Languages and Language Standards: Greek, Past and Present*. Farnam: Ashgate, 221–249.
Becker-Mrotzeck, Michael (1997): Schreibentwicklung und Textproduktion. Der Erwerb der Schreibfertigkeit am Beispiel der Bedienungsanleitung. Opladen: Westdeutscher Verlag.
Bialystok, Ellen (2002): Acquisition of Literacy in Bilingual Children: A Framework for Research. *Language Learning* 52(1), 159–199.
Bialystok, Ellen & Poarch, Gregory (2014): Language experience changes language and cognitive ability. *Zeitschrift für Erziehungswissenschaft ZfE* 17(3), 433–446.
Brehmer, Bernhard (2007): Sprechen Sie Qwelja? Formen und Folgen russisch-deutscher Zweisprachigkeit in Deutschland. In Anstatt, Tanja (Hrsg.): *Mehrsprachigkeit bei Kindern und Erwachsenen. Erwerb, Formen, Förderung*. Tübingen: Attempto, 163–185.
Cummins, Jim (2000): Language, Power, and Pedagogy. Bilingual children in Crossfire. Clevedon, UK: Multilingual Matters.
Cummins, Jim (2013): Immigrant students' academic achievement: Understanding the intersections between research, theory and policy. In Gogolin, Ingrid; Lange, Imke; Michel, Ute &

Reich, Hans. H. (Hrsg.): *Herausforderung Bildungssprache und wie man sie meistert* [För-Mig Edition 9]. Münster: Waxmann,19–41.

Dehn, Mechthild (2011): Elementare Schriftkultur und Bildungssprache. In Fürstenau, Sarah & Gomolla, Mechtild (Hrsg.): *Migration und schulischer Wandel: Mehrsprachigkeit*. Wiesbaden: Verlag für Sozialwissenschaften, 129–151.

Duarte, Joana; Gogolin, Ingrid; Klinger, Thorsten & Schnoor, Birger (2014): Mehrsprachige Kompetenzen in Abhängigkeit von familialen Sprachpraxen. *Zeitschrift für Literaturwissenschaft und Linguistik 44* (174), 66–85.

Frith, Uta (1985): Beneath the surface of developmental dyslexia. In Patterson,K; Marshall, J. & Coltheart, M. (eds): *Surface Dyslexia, Neuropsychological and Cognitive Studies of Phonological Reading*. London: Erlbaum, 301–330.

Fürstenau, Sarah & Yağmur, Kutlay (2003): Verteilung und Klassifizierung der Herkunftssprachen. In Fürstenau, Sarah; Gogolin, Ingrid & Yağmur, Kotlay (Hrsg.): *Mehrsprachigkeit in Hamburg. Ergebnisse einer Sprachenerhebung an den Grundschulen in Hamburg*. Münster: Waxmann, 47–53.

Gentry, J. Richard (1982): An analysis of developmental spelling in GNYS AT WRK. *The Reading Teacher 36*, 192–200.

Gogolin, Ingrid (2009): Zweisprachigkeit und die Entwicklung bildungssprachlicher Fähigkeiten. In Gogolin, Ingrid & Neumann, Ursula (Hrsg.): *Streitfall Zweisprachigkeit- The Bilingualism Controversy*. Wiesbaden: VS Verlag für Sozialwissenschaften, 263–280.

Gogolin, Ingrid & Lange, Imke (2011): Bildungssprache und Durchgängige Sprachbildung. In Fürstenau, Sarah & Gomolla, Mechtild (eds*): Migration und schulischer Wandel: Mehrsprachigkeit*. Wiesbaden: Verlag für Sozialwissenschaften, 107–128.

Goswami, Usha; Porpodas, Costas & Wheelwright, Sally (1997): Children's orthographic representations in English and Greek. *European Journal of Psychology of Education*, 12, 273–292.

Hornberger, Nancy H. & Skilton-Sylvester, Ellen (2000): Revisiting the Continua of Biliteracy: International and Critical Perspectives. *Language and Education*, 14 (2). 96–122.

Hornberger, Nancy. H. (2003): Continua of biliteracy. In Hornberger, Nancy (ed): Continua of biliteracy: An ecological framework for educational policy, research and practice in multilingual settings. Clevedon: Multilingual Matters, 3–35.

Kenner, Charmian; Kress, Gunther & Alhatib, Hayat (2004): Finding the Keys to Biliteracy: How Young Children interpret Different Writing Systems. *Language and Education*. 18 (2), 124–144.

Klinger, Thorsten; Duarte, Joana; Gogolin, Ingrid; Schnoor, Birger & Trebbels, Marina (Hrsg.): *Sprach-entwicklung im Kontext von Mehrsprachigkeit - Hypothesen, Methoden, Forschungsperspektiven*. i.E.: Wiesbaden: Springer VS (forthcoming).

Laursen, Hellene P. (2012): Umbrellas and angels standing straight – a social semiotic perspective on multilingual children's literacy. *International Journal of Bilingual Education and Bilingualism* 16(6), 690–706.

Leseman, Paul .P. M.; Scheele, Anna F.; Messer, Marielle. H. & Mayo, Aziza.Y. (2009): Bilingual development in early childhood and the languages used at home: Competition for scarce resources? In Gogolin, Ingrid & Neumann, Ursula (Hrsg.): *Streitfall Zweisprachigkeit- The Bilingualism Controversy*. Wiesbaden: VS Verlag für Sozialwissenschaften, 289–316.

Maas, Utz (2003): Orthographie und Schriftkultur (nicht nur im Deutschen): Arbeitsskript zur Vorlesung im SS 2003. Osnabrück: Buchhandlung zur Heide.

Mor-Sommerfeld, Aura (2002): Language mosaic: Developing literacy in a second-new language: a new perspective. *Reading, Literacy and Language* 36 (3), 99–105.

Ortega, Lourdes & Carson, Joan. G. (2010): Multicompetence, social context, and L2 writing research praxis. In Silva, Tony & Matsuda, Paul .K. (eds): *Practicing theory in second language writing*. West Lafayette: Parlor Press, 48–71.

Ossner, Jakob (2001): Orthographische Formulare. In Feilke, Helmuth; Kappest, Klaus-Peter & Knobloch, Clemens (Hrsg.): *Grammatikalisierung, Spracherwerb und Schriftlichkeit*, Tübingen: Niemeyer, 127–153.

Reich, Hans H.; Roth, Hans-Joachim & Döll, Marion (2009): Fast Catch Bumerang. Deutsche Sprachversion. Auswertungsbogen und Auswertungshinweise. In Lengyel, Drorit; Reich, Hans H.; Roth, Hans-Joachim & Döll, Marion (Hrsg.): *Von der Sprachdiagnose zur Sprachförderung*. Münster: Waxmann, 209–241.

Riehl, Claudia Maria (2013): Multilingual discourse competence in minority children. Exploring the factors of transfer and variation. *European Journal of Applied Linguistics* 1 (2), 254-292.

Rymarczyk, Jutta (2008): Früher oder später? Zur Einführung des Schriftbildes in der Grundschule. In Böttger, Hainer (Hrsg.): *Fortschritte im Frühen Fremdsprachenlernen. Ausgewählte Tagungsbeiträge*. München: Domino, 170–182.

Schleppegrell, Mary J. (2012): Academic language in teaching and learning: Introduction to the special issue. *The Elementary School Journal* 112(3), 409–418.

Schwartz, Mila; Leikin, Mark & Share, David. L. (2005): Bi-literate bilingualism versus monoliterate bilingualism: A longitudinal study of reading acquisition in Hebrew (L2) among Russianspeaking (L1) children. *Written Language and Literacy* 8, 179–207.

Sunderman, Gretchen L. & Priya, Kanu (2012): Translation recognition in highly proficient Hindi-English bilinguals. The influence of different scripts but connectable phonologies. *Language and Cognitive Processes* 27, 1265–1285.

Tunç, Seda (2012): Der Einfluss der Erstsprache auf den Erwerb der Zweitsprache. Eine empirische Untersuchung zum Einfluss erstsprachlicher Strukturen bei zweisprachig türkisch-deutschen, kroatisch-deutschen und griechisch-deutschen Hauptschülern und Gymnasiasten. Münster: Waxmann.

Verhoeven, Ludo T. (1994): Transfer in Bilingual Development: The Linguistic Interdependence Hypothesis Revisited. *Language Learning* 44(3), 381–415.

Weth, Constanze (2010): Gesteuert-ungesteuerter Schrifterwerb in der Fremdsprache. *IMIS-Beiträge, 37*, 121–142.

Woerfel, Till; Koch, Nikolas; Yılmaz Woerfel, Seda & Riehl, Claudia (2014): Mehrschriftlichkeit bei mehrsprachig aufwachsenden Kindern: Wechselwirkung und außersprachliche Einflussfaktoren. *Zeitschrift für Literaturwissenschaft und Linguistik* 44 (174), 44–65.

Ziegler, Johannes & Gosswanni, Usha (2006): Becoming Literate in Different Languages: Similar Problems, Different Solutions. *Developmental Science* 9 (5), 429–436.

Teil 3: Sprachförderkonzepte und Unterrichtsmodelle in ihrer Wirkung auf den Erwerb von Schreibkompetenzen

Hans H. Reich
Auswirkungen unterschiedlicher Sprachförderkonzepte auf die Fähigkeiten des Schreibens in zwei Sprachen

1 Einführung

1.1 Ziel der Untersuchung

In den Schuljahren 2006/07 bis 2009/10 ermöglichte die Bezirksregierung Köln die Durchführung einer Untersuchung zur Sprachentwicklung türkisch-deutscher Schülerinnen und Schüler der Grundschule, die Aufschluss über die Wirkung unterschiedlicher Sprachförderkonzepte geben sollte.[1] Untersucht wurde die Entwicklung schriftsprachlicher Fähigkeiten bei türkisch-deutschen Kindern von ihrem Eintritt in die Grundschule bis zur vierten Jahrgangsstufe. Gewonnen werden sollte ein Bild ihres Könnens in beiden Sprachen. Ein kurzgefasster Untersuchungsbericht hierüber liegt als Veröffentlichung der Bezirksregierung vor (Reich 2011).[2] Der vorliegende Beitrag konzentriert sich auf die für die Schriftsprachentwicklung wesentlichen Ergebnisse.

---

1 In den ersten drei Jahren war die Untersuchung Teil des Modellversuchsprogramms FörMig in Nordrhein-Westfalen. Im vierten Jahr wurde sie durch die Bezirksregierung Köln mit Unterstützung des Zentrums für Mehrsprachigkeit und Integration fortgeführt. Ein kurzgefasster Untersuchungsbericht liegt als Veröffentlichung der Bezirksregierung vor (Reich 2011). Die Koordination der Erhebungsarbeiten und der direkte Kontakt mit den teilnehmenden Schulen lagen bei der FÖRMIG-Koordinatorin für die Region Köln, Frau Monika Lüth, die diese Arbeiten auch im vierten Untersuchungsjahr weiterführte. Sie hat überdies die Auswertung der deutschsprachigen Erhebungen übernommen. An der Auswertung der türkischen Daten haben Herr Dr. Erol Hacısalihoğlu und Frau Nurcan Kesici gearbeitet. Die wissenschaftliche Begleitung wurde durch Frau Dr. Anja Leist-Villis unterstützt, die insbesondere für die statistische Aufbereitung der erhobenen Daten zuständig war.
2 Hans Brügelmann sage ich herzlichen Dank für hilfreiche kritische Anmerkungen zum Inhalt dieser Veröffentlichung.

1.2 Stichprobe

An der Untersuchung haben sich zehn Grundschulen der Stadt Köln beteiligt, die drei verschiedene Förderkonzepte verfolgten:
- Koordinierte Alphabetisierung (KOALA),
- Kombination von Deutschförderung und Muttersprachlichem Ergänzungsunterricht (D+MU) sowie
- Deutschförderung ohne herkunftssprachliche Elemente (D).

Einbezogen waren ausgewählte türkisch-deutsche Schülerinnen und Schüler, die im Schuljahr 2006/07 Klassen der ersten Jahrgangsstufe besuchten, damals insgesamt 106 Kinder (56 Mädchen, 50 Jungen) aus 18 Klassen. Die Stichprobe erhebt keinen Anspruch auf Repräsentativität, die Ergebnisse sind zunächst nur für die teilnehmenden Schulen selbst relevant.

Durch Fortzüge und Nichtversetzungen hat sich bis zur vierten Jahrgangsstufe die Zahl der teilnehmenden Schülerinnen und Schüler auf 66 verringert. Aufgrund organisatorischer Umstellungen an den Schulen wurden die Klassen teilweise umgeschichtet, woraus insgesamt eine Verringerung auf 15 Klassen resultierte.

Die Untergruppen der Schülerinnen und Schüler, die nach einem bestimmten Konzept gefördert werden, umfassten im ersten Untersuchungsjahr 56 Schülerinnen und Schüler aus neun Klassen mit koordinierter Alphabetisierung, 25 Schülerinnen und Schüler aus vier Klassen mit Deutschförderung und zusätzlichem Türkischunterricht, 25 Schülerinnen und Schüler aus fünf Klassen mit ausschließlicher Deutschförderung. Im vierten Untersuchungsjahr sind 34 Schülerinnen und Schüler aus sechs Klassen mit koordinierter Alphabetisierung, 14 Schülerinnen und Schüler aus vier Klassen mit Deutschförderung und ergänzendem Türkischunterricht, und 18 Schülerinnen und Schüler aus fünf Klassen mit ausschließlicher Deutschförderung verblieben.

Eigens zu erwähnen ist eine Veränderung innerhalb der Stichprobe beim Übergang vom dritten zum vierten Jahr: Von den 18 Schülern und Schülerinnen einer Schule, die dem Förderkonzept D+MU folgte, sind acht nicht in die vierte Klasse versetzt worden; die verbleibenden zehn wurden danach in drei jahrgangsübergreifenden Klassen (Jahrgangsstufen 3 und 4) unterrichtet.

1.3 Förderkonzepte der Schulen

Das Konzept der „koordinierten Alphabetisierung" zielt zunächst darauf ab, zweisprachige Kinder gleichzeitig und in inhaltlicher und methodischer Abstimmung in das Schreiben des Deutschen *und* der Familiensprache einzuführen. Die Familiensprache wird dabei nicht nur in separaten Zusatzstunden, sondern auch in Team-Teaching-Stunden im Klassenverband mit einsprachig deutschen Kindern und Kindern anderer Sprachenprofile unterrichtet. Das Konzept richtet sich über die Alphabetisierung hinaus auf eine nachhaltige Erziehung zur Zweisprachigkeit, eingebettet in eine grundsätzliche Orientierung an sprachlicher und kultureller Vielfalt, die sich in einer Förderung des Sprachbewusstseins durch kontrastives Arbeiten und in einer durchgehenden Thematisierung interkultureller Inhalte zeigt.[3]

Die Kombination von Deutschförderung und dem – damals noch so genannten – Muttersprachlichen Ergänzungsunterricht (inzwischen allgemein: Herkunftssprachlicher Unterricht) ist das am weitesten verbreitete Konzept zweisprachiger Sprachförderung in Nordrhein-Westfalen. Der Muttersprachliche Unterricht ist dabei in der Regel organisatorisch vom übrigen Klassenunterricht getrennt, soll aber laut dem zum Untersuchungszeitraum gültigen Lehrplan (Ministerium ... 2000: 10) auch einen Beitrag zum allgemeinen Schulerfolg leisten, u. a. dadurch, dass „Brücken zum Deutsch- und später zum Fremdsprachenunterricht gebaut werden und Fähigkeiten, Einsichten und Kenntnisse zum Verstehen, Sprechen und Schreiben von Texten sowie zum sprachlichen Handeln in privater und öffentlicher Kommunikation mit anderen Fächern abgestimmt werden, so dass für die Kinder Transferleistungen und bewusste Koordination von mehreren Sprachen möglich werden".

Die Deutschförderung ohne herkunftssprachliche Elemente zielt auf eine konzentrierte Unterstützung der Schülerinnen und Schüler in der Sprache, die als Hauptmedium des Unterrichts dient und deren Beherrschung für Lernerfolge an der Schule unabdingbar ist. Sie kann in integrierter oder additiver Form stattfinden.

---

3 Dieses Konzept ist zuerst in Berlin in den 1980er Jahren erprobt worden (Nehr u.a. 1988) und hat dann auch in Hessen (vgl. Nakipoğlu-Schimang o.J.; iaf 2004) und Nordrhein-Westfalen (vgl. Deriner & Schwede 2002; Lummerich 2007; Scharfenberg 2008; Kawka-Wegmann 2011) sowie in Wien (vgl. de Cillia 2000; Sprachförderzentrum o.J.) Verbreitung gefunden. Die Berliner Umsetzung wurde anfangs der 1990er Jahre im Auftrag der Senatsverwaltung evaluiert. Im Ergebnis zeigte sich, dass die türkischsprachigen Schülerinnen und Schüler, die nach dem KOALA-Konzept unterrichtet worden waren, zu Beginn des dritten Schuljahrs keine besseren Rechtschreibleistungen im Deutschen aufwiesen als die türkischsprachigen Schülerinnen und Schüler, die einsprachig deutsch alphabetisiert worden waren (Felix 1993).

1.4 Erhebungen

Erhoben wurden im ersten Untersuchungsjahr Schreibungen von Einzelwörtern. Im zweiten Jahr wurden Erhebungen zur Rechtschreibung, zur Syntax einzelner Sätze und zur Fähigkeit, einen kleinen eigenen Text zu verfassen, durchgeführt. Im dritten Jahr wurde eine Bildergeschichte schriftlich nacherzählt. Im vierten Jahr wurden eine freie Erzählung zu einem Bildimpuls und einem Erzählanfang geschrieben und noch einmal die Rechtschreibkenntnisse getestet.[4]

Entsprechend der weiteren Zielsetzung der Untersuchung wurden im ersten Jahr mit HAVAS-5 (vgl. Reich & Roth 2007) die *mündlichen* Erzählfähigkeiten der Teilnehmenden als ein möglicher Einflussfaktor für die schriftlichen Fähigkeiten erfragt. Im ersten und im zweiten Jahr wurden Daten zu schul- und unterrichtsorganisatorischen Gegebenheiten wie Klassengröße, Migrantenanteil, Umfang und Sozialformen der Deutschförderung, erhoben. Im zweiten Jahr wurde eine Fragebogenerhebung zu den Einstellungen der Lehrkräfte hinsichtlich Mehrsprachigkeit und kultureller Vielfalt durchgeführt und die Lehrkräfte des Türkischunterrichts, des Deutschen als Zweitsprache und die Klassenlehrerinnen der teilnehmenden Klassen im Hinblick auf ihre Kooperationsgewohnheiten befragt.

2 Ergebnisse

2.1 Einstellungen zu Mehrsprachigkeit und kultureller Vielfalt

Die Erhebung zielte auf das Meinungsklima an den teilnehmenden Schulen; befragt wurden jeweils alle Lehrkräfte des Kollegiums. Die Befragten wurden gebeten, den Grad ihrer Zustimmung zu Statements wie „Ich ermuntere die Schüler/innen, ihre Familiensprachen in das Schulleben einzubringen" oder „Die Zweisprachigkeit der zweisprachigen Kinder sollte als besondere Kompetenz anerkannt werden" auf einer vierstufigen Skala (0 bis 3 Punkte) anzugeben. Die Durchschnittswerte bringen dann die Ausprägung des multikulturellen Klimas an der jeweiligen Schule zum Ausdruck.

---

4 Im dritten und vierten Jahr wurden auch Erhebungen zum Leseverstehen durchgeführt, die jedoch nicht Gegenstand der vorliegenden Darstellung sind.

Im Ergebnis liegt der Durchschnittswert *aller* teilnehmenden Schulen bei 2,02 Punkten. Dabei liegen die Werte der KOALA-Schulen mit durchschnittlich 2,2 Punkten deutlich höher als die Schulen, die dem D+MU- bzw. dem D-Konzept folgen und jeweils 1,8 Punkte erreichen.

2.2 Wortschreibung

Eine der wichtigsten Aufgaben des ersten Schuljahres bzw. der Schuleingangsphase ist die Einführung in den rezeptiven und produktiven Gebrauch der Schrift. In unterschiedlicher Weise werden dabei – je nach didaktischem Konzept – motorische und mentale, analytische und synthetische (Vor-)Übungen und Aktivitäten des Umgangs mit Wörtern und Texten aufeinander bezogen. Es kann aber davon ausgegangen werden, dass in allen Konzepten das Schreiben von Wörtern eine wesentliche Funktion hat.

2.2.1 Verfahren

Für die Untersuchung der Wortschreibung im ersten Jahr wurde das Verfahren der „Schreibprobe" nach Dehn (1994) gewählt. Dazu wurde eine eigene Auswahl von je zehn Wörtern im Türkischen und im Deutschen getroffen, die auf eine ausgewogene Verteilung der Schwierigkeiten „alphabetischer Schreibung" in beiden Sprachen ausgerichtet war. (Eine Untersuchung des „orthographischen" Schreibens, bei dem das Deutsche mehr und andere Herausforderungen zu bieten hat als das Türkische, erfolgte im zweiten Jahr.) Die Schreibungen werden nach vier Stufen der Annäherung an die korrekte Schreibung eingeschätzt: „diffus" (nicht nachvollziehbare Kombination von Buchstaben), „verständlich" (Schreibung mit Auslassungen und Umstellungen, die aber erkennbaren Bezug zum „gemeinten" Wort hat), „lesbar" (Schreibung, die auf einer weitgehend vollständigen und geordneten Lautanalyse beruht), „lesbar +" (lesbare Schreibung, die auch orthographisch richtig ist). Erreichbar sind maximal 4 Punkte.

Im zweiten Jahr wurde als deutscher Rechtschreibtest die „Hamburger Schreibprobe" HSP 2 (May 2002), eingesetzt. Verlangt ist das Schreiben von 15 Einzelwörtern und von drei Sätzchen, die zusammen ebenfalls 15 Wörter umfassen. Für diesen Test liegen Normwerte vor, die an einer repräsentativen Stichprobe gewonnen worden sind, welche Kinder mit und ohne Migrationshintergrund umfasst, wobei jedoch keine spezifischen Normwerte für Schüler und Schülerinnen mit bzw. ohne Migrationshintergrund mitgeteilt werden.

Der türkische Rechtschreibtest „Türkçe Yazı Testi" TYT2 ist in Anlehnung an die HSP für die Kölner Untersuchung konstruiert worden. Er verlangt 22 Schreibungen von Einzelwörtern und das Schreiben von vier Sätzchen, welche insgesamt 15 Wörter umfassen. Vergleichswerte liegen nicht vor.

Im vierten Jahr wurde als deutscher Rechtschreibtest die Hamburger Schreibprobe HSP 4-5 (May 2009) verwendet, die anhand von 16 Diktatwörtern und 5 Diktatsätzen die Zahl der richtig geschriebenen Wörter ermittelt und auf bundesweite Vergleichswerte bezieht.

Auch dazu wurde ein türkisches Pendant, der „Türkçe Yazı Testi" TYT4 für das vierte Schuljahr, konstruiert. Verlangt wird die Schreibung von 22 Einzelwörtern und drei Sätzen. Vergleichswerte liegen auch hierfür nicht vor.

2.2.2 Einzelsprachliche Ergebnisse

2.2.2.1 Erstes Jahr

Die deutschen und die türkischen Schreibproben des ersten Jahres wurden zu drei Zeitpunkten (November, Januar und Mai) durchgeführt. Das erlaubt es, Entwicklungen im Verlauf des ersten Schuljahrs zu verfolgen.

Im Deutschen steigt die durchschnittliche Leistung der teilnehmenden Schülerinnen und Schüler von Erhebung zu Erhebung deutlich an: von 2,6 über 3,0 auf 3,4 Punkte. Man kann zum Zeitpunkt der dritten Erhebung davon ausgehen, dass die meisten von ihnen die Grundzüge des alphabetischen Schreibens im Deutschen beherrschen. Die individuellen Unterschiede sind bei der ersten Erhebung noch sehr stark, gehen aber bei der zweiten und der dritten Erhebung deutlich zurück. Die Ergebnisse der drei deutschen Schreibproben korrelieren stark mit einander und diese Korrelationen sind hochsignifikant. Die Wortschreibungsfähigkeiten kommen also bereits in den frühesten Versuchen der Schülerinnen und Schüler zum Ausdruck und entwickeln sich von da aus kontinuierlich weiter.

Im Türkischen steigen die erreichten Werte von 2,4 bei der ersten über 3,0 bei der zweiten auf 3,2 bei der dritten Erhebung. Auch hier gehen die anfangs sehr starken individuellen Unterschiede von Schreibprobe zu Schreibprobe zurück. Auch im Türkischen hängen die Ergebnisse der Schreibproben eng und hochsignifikant miteinander zusammen.

2.2.2.2 Zweites Jahr

Im deutschen Rechtschreibtest des zweiten Jahres streuen die Ergebnisse fast über die gesamte Bandbreite. Die Zahl der richtig geschriebenen Wörter reicht von 3 bis zu den maximal möglichen 30, die meisten Schülerinnen und Schüler liegen zwischen 10 und 25 richtig geschriebenen Wörtern. In der kritischen Zone (11 oder weniger richtig geschriebene Wörter) liegen 14 Kinder. Der Mittelwert beträgt 17,1 (das sind 57% der maximal möglichen richtigen Schreibungen). Dieser Wert liegt etwas unter dem bundesweiten Vergleichswert (19 richtig geschriebene Wörter) und entspricht einem Prozentrang von 42.

Im Türkischen streuen die Ergebnisse noch stärker als im Deutschen, von 0 bis 36 (maximal erreichbar sind 40 Punkte). Durchschnittlich werden 15,5 Wörter richtig geschrieben, das sind 41,9% der maximal möglichen richtigen Schreibungen.

2.2.2.3 Viertes Jahr

Im deutschen Rechtschreibtest des vierten Jahres werden im Durchschnitt 28 Wörter richtig geschrieben (das sind 67% der maximal möglichen 42 richtigen Schreibungen). Dies entspricht einem Prozentrang von 35, liegt also, wie nicht anders zu erwarten, erkennbar unter dem Durchschnitt aller gleichaltrigen Schülerinnen und Schüler in Deutschland. Es bedeutet aber auch eine relative Verschlechterung gegenüber dem zweiten Jahr.

Im Türkischen werden im Durchschnitt 24,1 Wörter richtig geschrieben (das sind 59% der maximal 41 richtigen Schreibungen). Bei den Fehlschreibungen lassen sich „innertürkische Fehler" von „Schreibinterferenzen aus dem Deutschen" unterscheiden. „Innertürkisch" sind solche Fehlschreibungen, die durch spezifische Laut-Buchstabe-Strukturen des Türkischen und allgemeine Unsicherheiten der Schreibenden erklärt werden können. Auslassungen von Graphemen haben den größten Anteil daran, gefolgt von Fehlschreibungen von Konsonanten (Verwechslungen von „ş" und „ç", schwankende Schreibungen für [r], für [ğ] u. a.). „Interferenzen" sind Fehlschreibungen, die dadurch entstehen, dass Laut-Buchstabe-Zuordnungen, die für die Schreibung des Deutschen gelten, fälschlich auf die Schreibung des Türkischen übertragen werden. Prominent sind „i" statt „ı", im Auslaut auch „e" statt „ı", „w" statt „v" und „sch" statt „ş". In der Kölner Untersuchung sind innertürkische Fehler dreimal häufiger als Schreibinterferenzen.

2.2.3 Zusammenhänge

2.2.3.1 zwischen dem Türkischen und dem Deutschen

Bei den Schreibproben des ersten Jahres bestehen durchweg starke Korrelationen zwischen dem Türkischen und dem Deutschen (Korrelationskoeffizienten: .758**, .719** und .735** Pearson). Man kann somit von einem sprachenübergreifenden Charakter der alphabetischen Wortschreibungsfähigkeit sprechen. In den Rechtschreibtests des zweiten und vierten Jahrs sind diese Zusammenhänge weiterhin vorhanden, aber schwächer ausgeprägt; hier macht sich die einzelsprachliche Spezifik der orthographischen Schreibungen bemerkbar.

2.2.3.2 zwischen den Wortschreibleistungen, institutionellen Gegebenheiten und Einstellungen der Lehrkräfte

Im ersten Jahr wurden Daten zur Elternarbeit, zur Zusammensetzung der Klassen, zu den Zeitanteilen des Türkischen und des Deutschen in der Förderung, zu den inhaltlichen Schwerpunkten und den Sozialformen der Förderung erhoben und mit den Ergebnissen der sprachbezogenen Erhebungen korreliert. Dabei zeigen sich zwar einzelne signifikante Zusammenhänge, die jedoch eher schwach ausgeprägt und wenig konsistent sind. So besteht z.B. im ersten wie im zweiten Jahr ein schwacher negativer Zusammenhang zwischen der Klassengröße und den deutschen, nicht aber den türkischen Wortschreibungen. Durchschlagende plausible Erklärungen lassen sich daraus nicht ableiten. Auch die Daten des zweiten Jahres zur Organisation der Deutschförderung, zur Lehrwerknutzung, Sprachbeobachtung und Formulierung von Rückmeldungen lassen keine aussagekräftigen Zusammenhänge mit den Schreibleistungen erkennen.

Interessanter sind die Ergebnisse der Befragung des zweiten Jahres zu den Einstellungen hinsichtlich Mehrsprachigkeit und kultureller Vielfalt. Die Ergebnisse der Befragungen wurden mit den Wortschreibleistungen der Schülerinnen und Schüler korreliert: Im Deutschen gibt es *keine* signifikanten Zusammenhänge zwischen den Einstellungen der Lehrkräfte und den Ergebnissen des Rechtschreibtests. Im Türkischen dagegen besteht ein eindeutiger Zusammenhang mittlerer Stärke (Korrelationskoeffizient: ‚497** Pearson).

Die Werte für die Kooperation zwischen deutschen und türkischen Lehrkräften führen zu gleichen Ergebnissen.

2.2.3.3 zwischen den Wortschreibleistungen und den Konzepten der Sprachförderung

Bei allen deutschen Schreibproben des ersten Jahres liegt der Mittelwert derjenigen Schülerinnen und Schüler, die nach dem Konzept der koordinierten Alphabetisierung unterrichtet werden, über dem jeweiligen Gesamtdurchschnitt. Die Schülerinnen und Schüler, die Deutschförderung und Muttersprachlichen Ergänzungsunterricht erhalten, liegen zunächst auf der mittleren Position, machen aber nur langsame Fortschritte und nehmen bei der zweiten und dritten Erhebung den letzten Rang ein. Die Schülerinnen und Schüler, die nur auf Deutsch gefördert werden, nehmen bei der ersten Erhebung den letzten Rang ein, machen aber rasche Fortschritte und überholen die Gruppe mit Deutschförderung und Muttersprachlichem Ergänzungsunterricht:

Tab. 1: Mittelwerte der deutschen Schreibproben des ersten Jahres nach Förderkonzepten

	Schreibprobe Deutsch 1. Erhebung	N	Schreibprobe Deutsch 2. Erhebung	N	Schreibprobe Deutsch 3. Erhebung	N
KOALA	2,86	52	3,29	52	3,57	54
D+MU	2,41	17	2,50	25	3,10	25
D	2,17	25	2,99	23	3,43	23
insgesamt	2,59	94	3,02	100	3,38	102

Für die Ergebnisse der dritten Erhebung wurde ein Mittelwertvergleich durchgeführt. Er zeigt, dass der Unterschied zwischen den Schülerinnen und Schülern aus den KOALA-Klassen einerseits und den Schülern und Schülerinnen aus den Klassen, die nur auf Deutsch gefördert werden, *nicht* signifikant ist. Beim Vergleich der KOALA-Klassen mit den Klassen, die Deutschförderung und Muttersprachlichen Ergänzungsunterricht erhalten, zeigt sich dagegen ein signifikanter Unterschied auf dem 1%-Niveau. Das ist ein erklärungsbedürftiger Befund; doch soll die Diskussion diesbezüglicher Hypothesen aufgeschoben werden, bis die Ergebnisse der übrigen Erhebungen mit herangezogen werden können.

Im Türkischen zeigt sich ein ähnliches Bild wie im Deutschen: Die KOALA-Klassen erreichen bei allen drei Erhebungen des ersten Jahres die höchsten Mittelwerte. Der mittlere und der letzte Rang wechseln zwischen den beiden anderen Modellen:

Tab. 2: Mittelwerte der türkischen Schreibproben des ersten Jahres nach Förderkonzepten

	Schreibprobe Türkisch 1. Erhebung	N	Schreibprobe Türkisch 2. Erhebung	N	Schreibprobe Türkisch 3. Erhebung	N
KOALA	2,73	47	3,17	52	3,31	56
D+MU	1,98	23	2,89	25	2,98	24
D	2,07	25	2,77	21	3,09	23
insgesamt	2,38	95	3,01	98	3,18	103

Der Mittelwertvergleich für die Ergebnisse der dritten türkischen Schreibprobe zeigt *keinen* signifikanten Unterschied zwischen den KOALA-Klassen und den Klassen mit ausschließlicher Deutschförderung, während der Unterschied zwischen den KOALA-Klassen und den Klassen mit Deutschförderung und Muttersprachlichem Ergänzungsunterricht auch hier signifikant auf dem 1%-Niveau ist.

Die Ergebnisse der Rechtschreibtests des zweiten und vierten Jahres modifizieren dieses Bild. In den Tabellen 3 und 4 sind jeweils die Durchschnittswerte der richtig geschriebenen Wörter eingetragen:

Tab. 3: Mittelwerte der richtig geschriebenen Wörter im deutschen Rechtschreibtest nach Förderkonzepten

	HSP 2	N	HSP 4-5	N
KOALA	16,8	46	27,1	34
D+MU	17,8	23	29,2	14
D	16,9	19	28,9	18
insgesamt	17,1	88	28,0	66

Im Deutschen haben sich weder im zweiten noch im vierten Jahr signifikante Unterschiede zwischen den drei Förderkonzepten ergeben. Dadurch wird das Ergebnis der seinerzeitigen Berliner Evaluation (vgl. Anm. 3) bestätigt. Vorbehaltlich differenzierterer Analysen mit größeren Stichproben ist also davon auszugehen, dass sich die deutsche Rechtschreibung mit einem gewissen „Eigensinn" entwickelt. Für eine solche Annahme spräche z.B. auch das Ergebnis der DESI-Studie, wonach sich die Rechtschreibleistungen von Migrantenschülern im neunten Schuljahr nicht wesentlich von denen ihrer erstsprachig deutschen Mitschülerinnen und Mitschüler unterscheiden, während sie in allen anderen Leistungsbereichen des Deutschunterrichts deutliche Rückstände aufweisen (DESI-Konsortium 2008: 217).

Die Ergebnisse der türkischen Rechtschreibtests belegen einen klaren Rückstand der Schülerinnen und Schüler, die keine Unterweisung im Türkischen erhalten haben.

Tab. 4: Mittelwerte der richtig geschriebenen Wörter im türkischen Rechtschreibtest nach Förderkonzepten

	TYT 2	N	TYT 4	N
KOALA	20,1	46	29,5	34
D+MU	11,9	23	19,6	14
D	8,6	19	17,2	18
insgesamt	15,5	88	24,1	66

Der aus der Tabelle ersichtliche Vorsprung der KOALA-Klassen kann ohne weiteres auf die Türkischunterweisung in diesen Klassen zurückgeführt werden. Sehr erklärungsbedürftig ist dann allerdings auch hier wieder das Abschneiden der Klassen mit Deutschförderung und Muttersprachlichem Ergänzungsunterricht, deren Ergebnisse zwar etwas oberhalb der Klassen ohne Türkischunterweisung liegen, sich aber nicht signifikant von ihnen unterscheiden.

2.3 Textschreibung

Die Fähigkeit, kleinere Texte selbst zu verfassen, ist ein typisches Ziel des zweiten Schuljahrs (vgl. Ministerium . . . 2003: 36f). Am Ende der Grundschule wird erwartet, dass die Schülerinnen und Schüler „Texte verschiedener Textsorten funktionsangemessen" verfassen können (Ministerium . . . 2008: 29). Diesen curricularen Vorgaben gemäß wurden Textschreibungen erstmals im zweiten Jahr der Kölner Untersuchung erhoben, und dann in den beiden folgenden Jahren mit schwierigeren Aufgaben weiter verfolgt.

2.3.1 Verfahren

Im zweiten Jahr wurde als Schreibimpuls ein Situationsbild aus dem Bilderbuch „Kleiner DODO, was spielst du?" (Romanelli & de Beer 1995) eingesetzt, zu dem

die Schülerinnen und Schüler einen freien Text schreiben sollten. Die Auswertung richtete sich auf
- die syntaktischen Mittel der Textkohäsion (Personalpronomen, Demonstrativpronomen, rückverweisende Adverbialien),
- die Zahl der verschiedenen Aussagenverbindungen (Parataxen und Hypotaxen im Deutschen, konjunktionale Verbindungen und inkorporierte Verbalkonstruktionen im Türkischen),
- den Umfang, die Gegliedertheit und den inneren Zusammenhang (die Kohärenz) des Textes, zusammengefasst als Index Textqualität.

Die Schreibaufgabe des dritten Jahrs, „Der Sturz ins Tulpenbeet"/„Lâlelik", bestand aus einer Folge von fünf Bildern, die die Produktion eines Erzähltextes nahelegen. Eines der fünf Bilder ist durch ein Feld mit einem Fragezeichen ersetzt; sein Inhalt soll erraten werden. Bei der Auswertung der deutschen Texte
- wurde als einfaches quantitatives Maß der Textumfang berücksichtigt;
- dann als komplexes Maß der Index Textqualität, hier bestehend aus einem Block von vier Kategorien: (a) der „Aufgabenbewältigung", mit der die inhaltliche Vollständigkeit erfasst wird, (b) den Werten für die Gestaltung des Anfangs und des Schlusses und die Ausführlichkeit der Exposition (Index Gegliedertheit), (c) der Gestaltung der ausgelassenen Szene; sowie schließlich (d) der Anzahl der berücksichtigten Bilder;
- vertiefend dazu wurde die Nutzung von erzähltypischen („narrativen") Gestaltungselementen, wie z. B. direkte Rede, Verbalisierung von Empfindungen, Markierung von Plötzlichkeit, registriert (vgl. dazu Gantefort & Roth 2008);
- beim Wortschatz wurde die Zahl der unterschiedlichen Verben, Nomen und Adjektive erfasst;
- durch einen weiteren Block von Kategorien wurde erfasst, in welchem Maße die Schülerinnen und Schüler bereits über Elemente der schulischen Bildungssprache wie Nominalisierungen, adjektivische Attribute, Passivkonstruktionen (vgl. dazu Riebling 2013) verfügen;
- im Bereich der Syntax wurden wie im zweiten Jahr die verschiedenen Aussagenverbindungen betrachtet.

Bei der Auswertung der türkischen Texte wird der Textumfang wie im Deutschen durch die Zahl der Wörter ausgedrückt, wobei jedoch zu beachten ist, dass aufgrund des unterschiedlichen Sprachbaus türkische Texte stets eine geringere Anzahl von Wörtern aufweisen als deutsche Texte gleichen Inhalts. Die Textqualität und der Wortschatz werden im Türkischen mit den gleichen Kategorien erfasst wie im Deutschen. Nicht verwendet wird im Türkischen die Kategorie der Bildungssprache, da hierüber zu wenig Grundlagenwissen verfügbar ist. In der Syntax werden wie im Deutschen die Aussagenverbindungen erfasst.

Im vierten Jahr erhielten die Schülerinnen und Schüler ein liniertes Blatt, auf dessen Kopf eine Schwarz-Weiß-Zeichnung zu sehen ist, die das Thema anschlägt: Ein Kaninchen verlässt seinen Käfig, dahinter sind Gebäude zu sehen, davor Bäume, Wiesen, ein Insekt. Darunter steht als Überschrift die Frage „Was denkst du, was da passiert?"/„Düşünebiliyor musun, neler oldu?", die erste Zeile beginnt mit einem Halbsatz, der einen deutlichen Hinweis auf die Textsorte Erzählen enthält und einen kleinen Anstoß für eine spannende Gestaltung gibt: „Die Käfigtür stand offen, und..."/„Kafesin kapısı açıktı ve..." Die Auswertung wurde nach den gleichen Gesichtspunkten vorgenommen wie bei den Texten im dritten Jahr.

2.3.2 Einzelsprachliche Ergebnisse

2.3.2.1 Zweites Jahr

Deutsch
Im Deutschen weist die Mehrzahl der Texte des zweiten Jahres bereits eine einfache Textform auf: Fünf Texte sind mit einer Überschrift versehen, 14 Texte haben einen als Einleitung erkennbaren Anfang, 56 einen erkennbaren Schlussteil; bei 46 Texten ist der Hauptteil erkennbar in sich gegliedert.

Die Textkohärenz wird von den Auswertern als eher gering eingeschätzt: 13 Texte als „durchgehend inkohärent", 43 Texte als „wenig kohärent", 21 als „größtenteils kohärent", 11 als „durchgehend kohärent".

Beim Textumfang gibt es einen unteren Extremwert von 7 Wörtern und einen oberen von 154 Wörtern. Die übrigen Textumfänge reichen in ziemlich gleichmäßiger Verteilung von 17 bis zu 127 Wörtern; der Mittelwert liegt bei 62 Wörtern.

Bei den einzelnen sprachlichen Mitteln der Textkohäsion wird nur ein relativ niedriger Wert von durchschnittlich 2,4 (von maximal 6) Punkten erreicht. Einer größeren Gruppe von Kindern, die die betreffenden sprachlichen Mittel noch gar nicht oder nur in sehr geringem Maße verwenden, steht eine weniger zahlreiche Gruppe mittleren Entwicklungsstandes und eine noch einmal geringere Gruppe hohen Entwicklungsstandes gegenüber.

Das gleiche Verteilungsmuster zeigt sich bei den Aussagenverbindungen: Ein Fünftel der Schülerinnen und Schüler formuliert gar keine Aussagenverbindungen, ein ebenso großer Anteil verwendet mehr als fünf verschiedene Verbindungen pro Text. Der Durchschnittswert beträgt 3,2. Der Erwerb hat also erst teilweise eingesetzt.

Türkisch
Im Türkischen sind 17 Texte mit einer Überschrift versehen und 37 Texte haben einen als Einleitung erkennbaren Anfang. Aber nur 4 Texte haben einen in sich gegliederten Hauptteil und ebenfalls nur 4 Texte einen als solchen erkennbaren Schlussteil.

Die Textkohärenz wird ausgesprochen negativ eingeschätzt: 51 Texte als „durchgehend inkohärent", 18 Texte als „wenig kohärent", nur 25 als „größtenteils kohärent" und 4 als „durchgehend kohärent".

Beim Textumfang gibt es mehrere extrem niedrige Werte, beginnend mit einem „Text", der aus einem einzigen Wort besteht, bis hin zu einem Text aus 77 Wörtern; der Mittelwert beträgt 26.

Sprachliche Mittel der Textkohäsion werden von den Schülern und Schülerinnen nur in gut der Hälfte der Texte verwendet. Der Durchschnittswert liegt mit 1,2 (von maximal 6) Punkten sehr niedrig.

Die Syntax der Aussagenverbindungen im Türkischen unterscheidet sich vom Deutschen in erheblichem Maße. Insgesamt sind die zu erwerbenden Strukturen recht schwierig und fallen daher auch bei einsprachigem Erwerb nicht ganz leicht (vgl. Sırım 2008: 244-248; Schroeder 2003). Im zweiten Jahr ist der Durchschnittswert der verschiedenen Aussagenverbindungen pro Text mit 0,6 (von maximal 6) Punkten sehr niedrig. Nur in gut einem Drittel der türkischen Texte kommen überhaupt Aussagenverbindungen vor.

2.3.2.2 Drittes Jahr

Deutsch
Im dritten Jahr hat die große Mehrzahl der deutschen Texte (84%) eine Einleitung und knapp zwei Drittel haben einen als solchen erkennbaren Schluss. Wie im Jahr zuvor ist der Hauptteil von gut der Hälfte der Texte erkennbar in sich gegliedert.

Der Umfang der Texte variiert von einem Minimum von 28 Wörtern bis zu einem Maximum von 244 Wörtern; der Mittelwert beträgt 83,1. Durchschnittlich verwenden die Schüler und Schülerinnen 10,9 verschiedene Verben und 2 verschiedene Adjektive pro Text.

Im Bereich der Syntax zeigen die starken individuellen Unterschiede – die Werte variieren von 1 bis zu 7 verschiedenen Aussagenverbindungen pro Text –

dass Erwerbsprozesse weiterhin im Gange sind. (Der Durchschnittswert von 2,7 ist nicht gut zu interpretieren, da hier zu berücksichtigen ist, dass der Bildimpuls des dritten Jahres vergleichsweise wenige Anstöße zur Formulierung von Aussagenverbindungen gibt.)

Elemente der Bildungssprache sind erst in geringem Maße angeeignet. Zwar gibt es einzelne Schülerinnen und Schüler, die erkennbar über Möglichkeiten bildungssprachlicher Formulierung verfügen, doch sind die Durchschnittswerte niedrig und bei immerhin acht Schülerinnen oder Schülern findet sich nicht ein einziges Element, das man hierher rechnen könnte.

Grundsätzlich verfügen die Schülerinnen und Schüler auch über sprachliche Mittel zum Verfertigen schriftlicher Erzählungen; allerdings gibt es beträchtliche Streuungen auch hier, bis hin zu einigen völligen Ausfällen.

Türkisch

Bei den türkischen Texten des dritten Jahrs weisen knapp zwei Drittel eine Einleitung auf, und volle zwei Drittel einen ausformulierten Schluss. Eine Untergliederung des Hauptteils findet sich bei etwas mehr als der Hälfte der Texte.

Der Umfang variiert von einem Minimum von 4 Wörtern bis zu einem Maximum von 124 Wörtern; der Mittelwert beträgt 44,9 Wörter. Durchschnittlich verwenden die Schüler und Schülerinnen 8,8 verschiedene Verben und 1,8 verschiedene Adjektive pro Text.

Bei der Syntax der Aussagenverbindungen variieren die individuellen Werte zwischen 0 und 9 verschiedenen Verbindungen; der Gesamtdurchschnitt liegt bei 3,9.

Erzähltypische Gestaltungselemente, die anzeigen würden, dass die Schülerinnen und Schüler über die Anfangsgründe des schriftlichen Erzählens hinauskommen, sind nur in ganz geringem Maße festzustellen.

2.3.2.3 Viertes Jahr

Deutsch

Fast alle deutschen Texte des vierten Jahres haben eine Einleitung, gut ein Viertel in differenzierter Form. Es werden durchschnittlich drei unterscheidbare Hauptteile formuliert. Einen ausformulierten Schluss haben 85% der Texte.

Der durchschnittliche Umfang beträgt 117 Wörter, der kürzeste Text ist 38 Wörter lang, der umfangreichste 261. Pro Text verwenden die Schülerinnen und Schüler 14,5 verschiedene Verben und 3,6 verschiedene Adjektive.

Das Präteritum als Erzähltempus ist durchgehend vorhanden, und zwar nicht nur bei dem Verb „sein" und den Modalverben, sondern durchaus auch bei Vollverben.

Die Schüler und Schülerinnen benutzen im Durchschnitt 4,5 verschiedene Aussagenverbindungen pro Text; am häufigsten sind die Verbindungen mit „und", gefolgt von „aber", relativen Fragepronomen („wer", „wie", „was"), „dass" und „weil".

Erzähltypische Gestaltungselemente finden sich durchgehend; der Mittelwert beträgt 8,3 pro Text.

Türkisch

Von den türkischen Texten des vierten Jahres haben knapp drei Viertel eine Einleitung. Die Zahl der unterscheidbaren Erzählabschnitte im Hauptteil ist mit durchschnittlich 1,6 nur gut halb so hoch wie im Deutschen. Einen ausformulierten Schluss haben zwei Drittel der Texte.

Die Umfänge variieren zwischen einem Minimum von 23 Wörtern und einem Maximum von 288 Wörtern, der Mittelwert liegt bei 74 Wörtern. Dabei verwenden die Schülerinnen und Schüler im Durchschnitt 13,0 verschiedene Verben und 3,7 verschiedene Adjektive pro Text.

Als Erzähltempus wird in fast allen türkischen Texten die -di-Vergangenheit verwendet, in 20 Texten erscheint daneben auch die -miş-Vergangenheit. In 33 Texten findet sich das zusammengesetzte Suffix -yordu, in 19 Texten das zusammengesetzte Suffix -mişti. Insgesamt kann man sagen, dass sich die Schülerinnen und Schüler die zum schriftlichen Erzählen notwendige Verbmorphologie angeeignet haben und diese in ihren Texten variabel einsetzen können.

Bei der Syntax der Aussagenverbindungen gibt es weiterhin gravierende individuelle Unterschiede: Ein Schüler hat keine einzige Aussagenverbindung formuliert, drei Schüler haben 2, ebenfalls drei Schüler 3, und fünf Schüler haben 4 Satzverbindungen (tokens) in ihrem Text; den Rekord halten ein Text mit 49 und ein Text mit 53 Satzverbindungen. Der Durchschnitt beträgt 12,7 tokens. Sieht man auf die *verschiedenen Arten* von Aussagenverbindungen (types), so reicht die Bandbreite von einem Minimum von 0 bis zu einem Maximum von 12 verschiedenen Aussagenverbindungen; der Durchschnitt liegt bei 4,7 types. Insgesamt überwiegen die parataktischen Fügungen, vor allem mit „ve" (unter dem Einfluss des Deutschen?), aber auch mit „de/da", „bir de", „ama", „çünkü" und „diye". Häufig erscheinen auch die eingefügte direkte Rede und die Fügung „istemek" + Infinitiv.

Im Durchschnitt enthalten die türkischen Texte 6,6 erzähltypische Gestaltungselemente pro Text.

2.3.3 Zusammenhänge

2.3.3.1 zwischen dem Türkischen und dem Deutschen

Die Gliederung der Texte ist im Deutschen vom zweiten Jahr an stärker als im Türkischen; dies bleibt so bis zum vierten Jahr. Der Wortschatz ist im Deutschen etwas reichhaltiger, erzähltypische Gestaltungselemente werden etwas häufiger angewandt.

Die Umfänge der deutschen und der türkischen Texte können zwar nicht direkt miteinander verglichen werden, da das Türkische strukturbedingt zur Darstellung eines gleichen Inhalts stets weniger Wörter benötigt als das Deutsche. Aber auch unter Berücksichtigung dieses sprachstrukturellen Unterschieds ist es offenkundig, dass die deutschen Texte bei allen drei Erhebungen umfänglicher (d. h. inhaltsreicher) ausfallen als die türkischen.

Auch die Gegenüberstellung der individuellen Werte der Textqualität in den beiden Sprachen („Sprachenbalancen") spiegelt eine stärkere Entwicklung des Deutschen: 22 Fällen von Deutschdominanz im dritten und 21 Fällen im vierten Jahr (29% bzw. 31%) stehen 12 Fälle von Türkischdominanz im dritten Jahr und nur noch 2 Fälle im vierten Jahr (16% bzw. 3%) gegenüber. Zugleich nehmen die Fälle von guten Werten in beiden Sprachen von 24 Fällen im dritten Jahr (32%) auf 33 Fälle im vierten Jahr (50%) zu. Die Gruppe derjenigen, die in beiden Sprachen vergleichsweise niedrige Werte erreichen, umfasst im dritten Jahr 16 Fälle (22%), im vierten Jahr 9 Fälle (14%) – ein Rückgang, der vor allem durch die Abnahme der Fälle einseitiger Türkischdominanz zustande kommt.

Die korrelativen Beziehungen sind recht unterschiedlich: Beim Index Textqualität korrelieren die Werte für das Türkische und das Deutsche in einer von Schuljahr zu Schuljahr wechselnden Stärke. Tendenziell zeigen sich starke und sehr signifikante Zusammenhänge beim Wortschatz, ein schwacher signifikanter Zusammenhang bei den Aussagenverbindungen, kein Zusammenhang bei den erzähltypischen Elementen.

2.3.3.2 zwischen den Leistungen bei der Textschreibung, institutionellen Gegebenheiten und Einstellungen der Lehrkräfte

Die im ersten und zweiten Jahr erhobenen schul- und unterrichtsorganisatorischen Gegebenheiten haben praktisch keinen Einfluss auf die Textschreibung.

Die Einstellungen der Lehrkräfte zu Mehrsprachigkeit und kultureller Vielfalt korrelieren im zweiten Jahr in mittlerer Stärke mit dem Index Textqualität der deutschen Texte, jedoch durchgehend mit allen Indikatoren der türkischen Texte. Ausgehend von der Annahme, dass sich das Schulklima nicht ruckartig von einem Schuljahr auf das andere ändert, wurden die im zweiten Schuljahr erhobenen Einstellungswerte auch mit den Werten der Schreibaufgabe des dritten Schuljahrs korreliert. Die Ergebnisse bestätigen grosso modo den Befund aus dem zweiten Schuljahr: Es gibt einen schwach ausgeprägten Zusammenhang zwischen den Einstellungen der Lehrkräfte und bildungssprachlichen Elementen in den deutschen Texten (.245* Pearson). Im Türkischen bestehen zwei stärkere Zusammenhänge, nämlich mit den Werten für die Textbewältigung und für die verschiedenen Satzverbindungen. Die Effektstärken sind nicht sehr stark ausgeprägt, aber doch stark genug, um den gefundenen Zusammenhängen Relevanz zuzusprechen (.391** bzw. .311**).

Damit kann als hinreichend belegt gelten, dass ein für Sprachenvielfalt offenes Schulklima das Schreiben in der Herkunftssprache begünstigt. In geringerem Maße können auch Auswirkungen auf das Deutsche erwartet werden. Die mit den positiven Einstellungen einhergehende Kooperativität der Lehrkräfte kann als vermittelnde Größe in beiden Richtungen wirken.

2.3.3.3 zwischen den Leistungen bei der Textschreibung und den Konzepten der Sprachförderung

Für den Vergleich der Förderkonzepte wurden fünf Gesichtspunkte ausgewählt: die Gliederung der Texte, der Textumfang, die Wortschatzvariabilität, die Aussagenverbindungen und die Sprachenbalancen (gemessen am Index Textqualität).

Gliederung

Im zweiten Jahr sind die deutschen Texte der KOALA-Klassen gleich gut gegliedert wie die der D-Klassen, während die D+MU-Klassen signifikant schlechter abschneiden. Bei den türkischen Texten ist der Index Textqualität (in dem die Gegliedertheit der Texte enthalten ist) für die KOALA-Klassen signifikant höher als für die beiden anderen Teilgruppen, die praktisch gleichauf liegen, also untereinander keinen signifikanten Unterschied aufweisen.

Im dritten Jahr liegt für beide Sprachen nur der Indexwert Textqualität vor (in dem der Wert für die Gliederung enthalten ist). Die Unterschiede sind im Deutschen nicht signifikant, während im Türkischen die Werte für die KOALA-Klassen signifikant höher liegen als für die beiden anderen Teilgruppen.

Im vierten Jahr ändert sich die Rangfolge im Deutschen dramatisch: Die Klassen mit ausschließlicher Deutschförderung schreiben in diesem Jahr die am wenigsten durchgegliederten Texte und ihr Abstand zu den sehr viel besseren Ergebnissen der KOALA-Gruppe ist auch statistisch hochsignifikant. Die D+MU-

Gruppe nimmt den mittleren Rang ein, ohne signifikante Unterscheidungen nach oben oder nach unten.

Bei den türkischen Texten erreichen die KOALA-Klassen zwar den höchsten Durchschnittswert, gefolgt von den Klassen mit ausschließlicher Deutschförderung und den Klassen mit Deutschförderung und muttersprachlichem Ergänzungsunterricht; die Unterschiede sind aber statistisch nicht signifikant.

Textumfang
Bei den deutschen Texten nimmt der Umfang von Jahr zu Jahr bei allen Schreiberinnen und Schreibern zu. Dabei ändert sich jedoch das Verhältnis der Teilgruppen zueinander: In gleichmäßig großen Schritten erweitern die KOALA-Schüler und -Schülerinnen ihre Textumfänge. Bei den Schülern und Schülerinnen der D-Gruppe tritt erst vom dritten zum vierten Jahr eine merkliche, wenn auch noch nicht besonders große Steigerung ein. Dennoch belegt diese Teilgruppe im vierten Jahr mit signifikantem Abstand zu beiden anderen Teilgruppen den letzten Rang. Die D+MU-Gruppe, die im zweiten Jahr den niedrigsten Wert aufweist, überholt im dritten Jahr die D-Gruppe und macht einen sprunghaften Fortschritt im vierten Jahr. Dieser Sprung ist allerdings sehr interpretationsbedürftig, siehe dazu Kapitel C 2.

Tab. 5: Mittelwerte des Umfangs der deutschen Texte im zweiten, dritten und vierten Jahr nach Förderkonzepten

Umfang der Texte im Deutschen: zweites, drittes und viertes Jahr: Ø Wörter pro Text						
	2. Jahr: DODO	N	3.Jahr: Tulpenbeet	N	4. Jahr: Kaninchen	N
KOALA	72,3	46	100,4	34	130,4	34
D+MU	39,8	23	74,6	22	134,8	14
D	65,9	19	66,8	18	78,6	18
insgesamt	63,7	88	85,8	74	117,2	66

Im Türkischen schreiben die Schülerinnen und Schüler, die nach dem KOALA-Konzept gefördert werden, durchgehend die längsten, die nach dem D-Konzept geförderten die kürzesten Texte. Im vierten Jahr sind die Unterschiede zwischen den KOALA-Klassen und den D-Klassen statistisch signifikant auf dem 1%-Niveau, die Unterschiede zwischen den KOALA-Klassen und den Klassen mit Deutschförderung und Muttersprachlichem Ergänzungsunterricht auf dem 5%-

Niveau. Es gibt keinen statistisch signifikanten Unterschied zwischen den D- und den D+MU-Klassen.

Tab. 6: Mittelwerte des Umfangs der türkischen Texte im zweiten, dritten und vierten Jahr nach Förderkonzepten

Umfang der Texte im Türkischen: zweites, drittes und viertes Jahr:
Ø Wörter pro Text

	2. Jahr: DODO	3. Jahr: Lâlelik	4. Jahr: Kaninchen
KOALA	36,2	54,0	96,2
D+MU	21,1	41,4	61,6
D	15,9	32,3	41,4
insgesamt	27,5	45,4	73,9

Wortschatz

Werte zur Wortschatzvielfalt liegen aus dem dritten und dem vierten Jahr der Untersuchung vor. In Tabelle 7 werden die Mittelwerte der verschiedenen Verben und der verschiedenen Adjektive pro Text dargestellt.

Tab. 7: Mittelwerte der verschiedenen Verben und der verschiedenen Adjektive pro Text in den deutschen Texten im dritten und vierten Jahr nach Förderkonzepten

Vielfalt des Wortschatzes im Deutschen: drittes und viertes Jahr

	3. Jahr: Tulpenbeet		4. Jahr: Kaninchen	
	types Verben	types Adj.	types Verben	types Adj.
KOALA	12,3	2,6	15,6	4,4
D+MU	9,9	1,6	16,4	3,6
D	9,7	1,3	10,9	2,2
insgesamt	10,9	2,0	14,5	3,6

Im Deutschen sind mäßige Verbesserungen bei den KOALA-Klassen und bei den D-Klassen zu verzeichnen, wobei die KOALA-Klassen in beiden Jahren einen deutlichen Vorsprung vor den D-Klassen haben. Die D+MU-Klassen zeigen hier wie bei den Textumfängen eine sprunghafte Verbesserung vom dritten zum vierten Jahr, die eine eigene Erklärung erfordert.

Im Türkischen sind die Fortschritte, wie Tabelle 8 zeigt, durchweg etwas größer als im Deutschen. Die Verbesserungen der D+MU-Klassen fallen jedoch nicht ganz so stark aus wie im Deutschen.

Tab. 8: Mittelwerte der verschiedenen Verben und der verschiedenen Adjektive pro Text in den türkischen Texten im dritten und vierten Jahr, insgesamt und nach Förderkonzepten

Vielfalt des Wortschatzes im Türkischen: drittes und viertes Jahr				
	3.Jahr: Lâlelik		4. Jahr: Kaninchen	
	types Verben	types Adj.	types Verben	types Adj.
KOALA	10,0	2,9	16,1	4,4
D+MU	8,7	1,5	11,6	3,6
D	6,7	1,5	8,3	2,7
insgesamt	8,8	2,1	13,0	3,7

Aussagenverbindungen

Bei den Aussagenverbindungen im Deutschen erreichen die nach dem KOALA-Konzept unterrichteten Klassen im zweiten und dritten Jahr die höchsten Durchschnittswerte. Die nach dem D+MU-Konzept geförderten Schülerinnen und Schüler, die anfangs weit zurückliegen, übertreffen sie im vierten Jahr (die bekannte „sprunghafte Entwicklung") und weisen danach keinen statistisch signifikanten Unterschied mehr zur Teilgruppe der KOALA-Schülerinnen und Schüler auf. Signifikant ist im vierten Jahr der Vorsprung beider Konzepte vor der ausschließlichen Deutschförderung. Tabelle 9 zeigt die Entwicklung anhand der verschiedenen Aussagenverbindungen pro Text in den deutschen Texten.

Tab. 9: Verschiedene Aussagenverbindungen pro Text in den deutschen Texten des zweiten, dritten und vierten Jahrs, Mittelwerte nach Förderkonzepten

Aussagenverbindungen im Deutschen: zweites, drittes und viertes Jahr: Ø verschiedene Verbindungen pro Text			
	2. Jahr: DODO	3.Jahr: Tulpenbeet	4. Jahr: Kaninchen
KOALA	4,0	2,9	4,9
D+MU	1,1	2,4	5,2
D	3,8	2,6	3,1
insgesamt	3,2	2,7	4,5

Bei den Aussagenverbindungen im Türkischen sind die Auswirkungen der sprachstrukturellen Gegebenheiten auf den Erwerbsverlauf deutlich zu erkennen: In allen drei Förderkonzepten setzt der Erwerb der Aussagenverbindungen im Türkischen erst im dritten Jahr ein. Darüber hinaus signalisiert die Tatsache, dass die D-Klassen vom dritten zum vierten Jahr keinen Fortschritt erzielen, das Erfordernis schulischer Unterweisung für eine Höherentwicklung in diesem Bereich. Die KOALA-Klassen erreichen durchgehend die höchsten Werte, die Unterschiede zu den niedrigeren Werten der D+MU-Klassen sind jedoch auch im vierten Jahr statistisch nicht signifikant. Tabelle 10 zeigt die einschlägigen Ergebnisse.

Tab. 10: Verschiedene Aussagenverbindungen pro Text in den türkischen Texten des zweiten, dritten und vierten Jahrs, Mittelwerte nach Förderkonzepten

Aussagenverbindungen im Türkischen: zweites, drittes und viertes Jahr: Ø verschiedene Verbindungen pro Text			
	2. Jahr: DODO	3. Jahr: Lâlelik	4. Jahr: Kaninchen
KOALA	0,7	4,7	5,8
D+MU	0,4	3,6	4,4
D	0,4	2,8	2,8
insgesamt	0,6	3,9	4,7

Sprachenbalancen

In den Abschnitten B 2.3.1. und B 3.3.1. wurde bereits auf positive Korrelationen zwischen deutschen und türkischen Schreibleistungen hingewiesen, die als Belege für Transferprozesse gelten können und sich – im Kontext der deutschsprachigen Grundschule – im Sinne einer zunehmenden Attraktion des Deutschen auswirken. Diese Korrelationen sind bei den Schülern und Schülerinnen der KOALA-Klassen deutlich stärker ausgeprägt als bei denen der übrigen Klassen. Dies wirkt sich auch bei den Sprachenbalancen aus.

Die Tabellen 11 und 12 beziehen sich auf den Indexwert Textqualität (vgl. Abschnitt B 3.1.). Dabei bedeutet A: niedrige Werte in beiden Sprachen, B: Deutsch deutlich besser als Türkisch, C: Türkisch deutlich besser als Deutsch, D: gute Werte in beiden Sprachen.

Tab. 11: Sprachenbalancen im dritten Jahr

KOALA N = 34		D+MU N = 22		nur D N = 18	
A	C	A	C	A	C
6 6		8 4		2 2	
5 17		6 4		11 3	
B	D	B	D	B	D

Tab. 12: Sprachenbalancen im vierten Jahr

KOALA N = 34		D+MU N = 14		nur D N = 18	
A	C	A	C	A	C
1 1		3 0		6 1	
9 23		5 6		7 4	
B	D	B	D	B	D

Überraschend deutlich widerspiegeln diese Ergebnisse die Intentionen der Förderkonzepte: Bei den KOALA-Schülerinnen und -Schülern ist der Anteil der ausgewogenen Zweisprachigkeit (auf gutem Niveau) am höchsten und vergrößert sich noch einmal vom dritten auf das vierte Schuljahr. Bei den nur auf Deutsch Geförderten ist der Anteil der überlegenen Deutschkenntnisse am höchsten; allerdings vermehrt sich der Anteil der vergleichsweise niedrigen Werte in beiden Sprachen vom dritten zum vierten Jahr auf Kosten der überlegenen Deutschkenntnisse. Etwas unklarer ist das Bild bei denjenigen, die außer Deutschförderung auch Muttersprachlichen Ergänzungsunterricht erhalten. Die Fälle von Deutschdominanz sind bei dieser Teilgruppe im dritten Jahr etwas häufiger als die Fälle von Türkischdominanz; bedenklich hoch ist der Anteil der Schüler und Schülerinnen mit vergleichsweise niedrigen Werten in beiden Sprachen. Dies bessert sich im vierten Jahr, doch sind die Veränderungen vom dritten zum vierten Jahr aufgrund der bereits mehrfach erwähnten starken Veränderung der Stichprobe nicht eindeutig zu interpretieren.

3 Diskussion der Förderkonzepte

Abschließend werden die dargestellten Einzelergebnisse auf die involvierten Konzepte der Sprachförderung insgesamt bezogen. Es soll ausgelotet werden, inwieweit sich die bilingual-schriftsprachlichen Entwicklungen der teilnehmenden Schülerinnen und Schüler über die Grundschulzeit hinweg als spezifische Auswirkungen der schulischen Fördermaßnahmen deuten lassen. Diese Deutungsversuche haben den Charakter hypothetischer Verallgemeinerungen. Sie stützen sich auf die nachgewiesenen empirischen Werte und suchen nach plausiblen Verbindungen, schließen aber nicht aus, dass andere, nicht untersuchte Faktoren eine Rolle spielen könnten.

3.1 Koordinierte Alphabetisierung

Beim Schreiben türkischer Texte entwickeln sich bei diesem Konzept aus anfangs noch geringen Unterschieden zunehmend deutlichere Vorsprünge, besonders ausgeprägt bei der Wortschatzvielfalt und dem Umfang der Texte. Die unmittelbare Kooperation der Lehrkräfte im Team-Teaching und das insgesamt sprachenfreundlichere Klima an den Schulen scheinen sich hier klar positiv auszuwirken.

Beim Schreiben der deutschen Texte erreichen die KOALA-Schülerinnen und -Schüler im zweiten und dritten Jahr jeweils die höchsten Punktwerte, die sich jedoch in der Mehrzahl der Fälle nicht signifikant von den Werten der anderen Konzepte unterscheiden. Die wichtigste Ausnahme bildet der Umfang der Texte, der sich im dritten Jahr signifikant von *beiden* anderen Konzepten abhebt. Das stellt eine bemerkenswerte Parallele zu einer der Stärken dieser Teilgruppe im Türkischen dar, und diese Parallele ist umso bemerkenswerter als sie gewissermaßen die Keimzelle für den weiteren Ausbau der Schreibfähigkeiten im Deutschen darstellt. Im vierten Jahr weisen die nach dem KOALA-Konzept geförderten Schülerinnen und Schüler nicht nur beim Textumfang, sondern auch bei der Gliederung, der Vielfalt der Verben und Adjektive und der Syntax der Aussagenverbindungen signifikant bessere Werte auf als die ausschließlich auf Deutsch geförderten. Das Bild wird abgerundet durch den Befund ausgewogener Biliteralität bei einer klaren Mehrheit der nach diesem Konzept geförderten Schülerinnen und Schüler.

Es ist somit plausibel, eine günstige Wirkung des Konzepts auf einen oder mehrere sprachenübergreifende Faktoren zu vermuten. Im kognitiven Bereich wäre an die lernerleichternden inhaltlichen und methodischen Abstimmungen der einzelsprachlichen Unterrichtsangebote und an die Stimulierung des Sprachenbewusstseins durch unmittelbare Konfrontation der Sprachen und kontrastives Arbeiten zu denken. Im affektiven Bereich könnten die Wertschätzung der Mehrsprachigkeit und die erlebbare institutionelle Anerkennung der Herkunftssprache zu einer Stärkung des sprachlichen Selbstbewusstseins der Schülerinnen und Schüler geführt haben. Dies könnte zu einer Erhöhung der Schreibfreude beitragen, was sich dann im Umfang und in der Variabilität der Texte niederschlagen würde.

3.2 Deutschförderung und Muttersprachlicher Ergänzungsunterricht

Dieses Förderkonzept ist in zweierlei Hinsicht ein Sorgenkind der Kölner Untersuchung. Zum einen wirkt sich die unter A 2. bereits erwähnte Veränderung der Stichprobe einschneidend auf die Ergebnisse im Deutschen aus; das beeinträchtigt die Interpretation. Zum andern zeigen die Ergebnisse im Türkischen insgesamt eine enttäuschend geringe Wirkung des Türkischunterrichts; das bedarf der Erklärung.

Zunächst zur Veränderung der Stichprobe: Im dritten Jahr der Untersuchung haben an den Schulen, die Deutschförderung und Muttersprachlichen Ergänzungsunterricht anbieten, 22 Schülerinnen und Schüler teilgenommen. An einer dieser Schulen wurden acht, also mehr als ein Drittel der Teilstichprobe, nicht in die vierte Klasse versetzt und sind somit aus der Untersuchung ausgeschieden, während es an den übrigen Schulen keine Nichtversetzungen vom dritten zum vierten Jahr gegeben hat. Da selbstverständlich davon auszugehen ist, dass die nicht versetzten Schülerinnen und Schüler die leistungsschwächeren waren, erklären sich die spektakulären Verbesserungen, die die verbliebenen Schülerinnen und Schüler im vierten Jahr erzielt haben, im Wesentlichen als Folge dieser Selektion, nicht als Wirkung des Förderkonzepts.

Dann zu den Ergebnissen im Türkischen: Bei den türkischen Wortschreibungen liegen die Schülerinnen und Schüler, die Deutschförderung und Muttersprachlichen Ergänzungsunterricht erhielten, zwar fast durchgehend über denen, die ausschließlich im Deutschen gefördert wurden; die Unterschiede erreichen aber in keinem Fall statistische Signifikanz. Beim Schreiben der türkischen Texte sind die Unterschiede zwar etwas ausgeprägter, bleiben aber ebenfalls unterhalb der Signifikanzgrenze. Mit anderen Worten: Eine durchschlagende Wirkung des türkischen Ergänzungsunterrichts auf die Schreibleistungen im Türkischen kann mit den Daten der Kölner Untersuchung nicht nachgewiesen werden. Mit den Intentionen des Konzepts ist dies nicht in Einklang zu bringen.

Auf der Suche nach Erklärungen ist zunächst zu fragen, ob die Schüler und Schülerinnen dieser Teilstichprobe evtl. schon mit geringeren Türkischkenntnissen in die Grundschule eingetreten sind. Dafür gibt es jedoch kaum Anhaltspunkte: Zwar erreichen sie bei der ersten Erhebung der mündlichen Erzählfähigkeit im Türkischen ebenso wie bei der ersten Erhebung der türkischen Wortschreibungen einen geringeren Durchschnittswert als die beiden anderen Teilstichproben; doch ist der Unterschied statistisch nicht signifikant. Von einem ausschlaggebenden Startnachteil bei den sprachlichen Voraussetzungen im Türkischen kann nicht gesprochen werden.

Ausschließen kann man auch einen Einfluss der Klassengröße: Die Unterschiede zwischen den Teilstichproben sind geringfügig, und die hier zur Debatte stehende Teilstichprobe ist sogar ein wenig im Vorteil – sie hat den niedrigsten Durchschnittswert.

Bleiben die konzeptbedingten Faktoren: Der Ergänzungsunterricht ist – definitionsgemäß – organisatorisch und personell vom übrigen Unterricht getrennt. Kollegiale Kontakte sind infolgedessen selten; bei der Befragung des zweiten Jahres haben die Klassenlehrkräfte angegeben, dass sie nur „manchmal" mit Lehrkräften des Türkischunterrichts kooperieren. Dies wiederum beeinflusst die Einstellungen zu Mehrsprachigkeit und kultureller Vielfalt. Die Lehrkräfte an den Schulen, die Deutschförderung und Muttersprachlichen Ergänzungsunterricht anbieten, erreichen dabei zwischen 1,8 und 1,9 (von maximal 3) Punkten im Vergleich zu Punktwerten zwischen 2,0 und 2,5 bei den Lehrkräften der KOALA-Schulen. Kooperativität und Einstellungen zur Mehrsprachigkeit korrelieren – über die gesamte Stichprobe hinweg – signifikant mit Werten für die Wort- und die Textschreibung im Türkischen. Wo sie geringer ausgeprägt sind, sind auch die sprachlichen Leistungen geringer. Damit erschließt sich ein Zusammenhang, der geeignet ist, die – im Vergleich zu den KOALA-Klassen – schwachen Türkischleistungen der Schülerinnen und Schüler des türkischen Ergänzungsunterrichts zumindest zum Teil zu erklären.

3.3 Deutschförderung

Es war von vornherein zu erwarten, dass den Schülerinnen und Schülern, die keine türkischsprachige Unterweisung erhielten, das Schreiben türkischer Wörter und Texte weniger gut gelingen würde. Hier zeigen die nur auf Deutsch geförderten Schülerinnen und Schüler im Vergleich der Förderkonzepte fast ausnahmslos schwache Leistungen und die anfangs noch geringen Unterschiede nehmen von Jahr zu Jahr zu. Es bleibt bemerkenswert, dass trotzdem auch hier gewisse, wiewohl geringe, Fortschritte von Jahr zu Jahr zu verzeichnen sind. Sie müssen sich einem allgemeinen sprachlichen Wachstum oder Transferprozessen verdanken.

Eher unerwartet ist dagegen, dass die nur auf Deutsch geförderten Schülerinnen und Schüler auch beim Schreiben deutscher Texte gegenüber den Schülerinnen und Schülern der KOALA-Klassen im zweiten Jahr geringfügig zurückliegen. Sie machen aber auch, und das ist gänzlich unerwartet, langsamere Fortschritte, was dazu führt, dass ihre Rückstände teils im dritten, teils im vierten Jahr größer werden und dabei die Signifikanzgrenzen überschreiten. Dies gilt sowohl hinsichtlich der einzelnen sprachlichen Mittel wie hinsichtlich der Textgestaltung insgesamt. Man könnte fragen, ob darin eine gewisse Zurückhaltung, eine Tendenz zur Risikovermeidung zum Ausdruck kommt, und ob dies als ein Reflex der distanzierteren Einstellungen der Lehrkräfte zur Mehrsprachigkeit zu deuten ist – dies müsste aber eigens untersucht werden.

Dass sich bei diesem Förderkonzept bevorzugt Sprachenverhältnisse mit Deutschdominanz ergeben, ist wieder erwartungsgemäß und entspricht wohl auch den Intentionen des Konzepts. Bedenklich ist jedoch, dass die erwartbar schwache Entwicklung im Türkischen und das Zurückbleiben bei der deutschen Textschreibung beim Übergang vom dritten zum vierten Jahr zu einer Zunahme des Anteils der niedrigen Leistungen in beiden Sprachen führen.

Literatur

de Cillia, Rudolf (2000): Interkulturelles Lernen (im Deutschunterricht) in Österreich. Kritische Seitenblicke. In Griesmayer, Norbert & Wintersteiner, Werner (Hrsg.): *Jenseits von Babylon. Wege zu einer interkulturellen Deutschdidaktik.* Innsbruck, Wien, München: Studien Verlag, 71–88.

Dehn, Mechthild (1994): *Zeit für Schrift. Lesenlernen und Schreibenkönnen.* 4. Aufl. Bochum: Kamp.

Deriner, Betül & Schwede, Sieglinde (2002): Koordinierte Alphabetisierung (Koala). Ein Erfahrungsbericht der Grundschule Schonnebecker Straße. Gelsenkirchen: RAA.

DESI-Konsortium (Hrsg.) (2008): Unterricht und Kompetenzerwerb in Deutsch und Englisch. Ergebnisse der DESI-Studie. Weinheim, Basel: Beltz.

Felix, Sascha W. (1993): Psycholinguistische Untersuchungen zur zweisprachigen Alphabetisierung. Gutachten im Auftrage der Berliner Senatsverwaltung für Schule, Berufsbildung und Sport. Passau: Universität, Lehrstuhl für Allgemeine Linguistik.

Gantefort, Christoph & Roth, Hans-Joachim (2008): Ein Sturz und seine Folgen. Zur Evaluation von Textkompetenz im narrativen Schreiben mit dem FÖRMIG-Instrument 'Tulpenbeet'. In

Klinger, Thorsten; Schwippert, Knut & Leiblein, Brigitte (Hrsg.). *Evaluation im Modellprogramm FÖRMIG. Planung und Realisierung eines Evaluationskonzepts*. Münster, New York, München, Berlin: Waxmann, 29–50.

Gogolin, Ingrid; Dirim, İnci; Klinger, Thorsten; Lange, Imke; Lengyel, Drorit; Michel, Ute; Neumann, Ursula; Reich, Hans H.; Roth, Hans-Joachim & Schwippert, Knut (2011): *Förderung von Kindern und Jugendlichen mit Migrationshintergrund FörMig. Bilanz und Perspektiven eines Modellprogramms*. Münster, New York, München, Berlin: Waxmann.

iaf e.V. (Hrsg.) (2004): *Vielfalt ist unser Reichtum. Warum Heterogenität eine Chance für die Bildung unser Kinder darstellt*. Frankfurt: Brandes & Apsel.

Kawka-Wegmann, Annie (2011): Die „KGS Am Domhof" – Wege zu einer interkulturellen Schule. In Hein, Anke & Prinz-Wittner, Viktoria (Hrsg.). *Beim Wort genommen! Chancen integrativer Sprachbildung im Ganztag (=Der GanzTag in NRW. Beiträge zur Qualitätsentwicklung, Heft 20)*. Münster, 81–84.

Lummerich, Pia (o.J.): *Koordinierte Alphabetisierung (KOALA). Am Beispiel der Grundschule GGS Schulstraße in Köln*, FörMig-Köln (http://www.foermig-nrw.de/web/de/all/spr/schw1/koeln/koala_beispiel.html) (13.07.2015).

May, Peter (2002) HSP2 zur Erfassung der grundlegenden Rechtschreibstrategien. Hinweise zur Durchführung und Auswertung. Hamburg: vpm.

May, Peter (2009) HSP4-5 Hamburger Schreibprobe zur Erfassung der grundlegenden Rechtschreibstrategien. Hinweise zur Durchführung und Auswertung. Neustandardisierung 2001, o.O.: vpm.

Ministerium für Schule und Weiterbildung des Landes Nordrhein-Westfalen (Hrsg.) (2008): *Richtlinien und Lehrpläne für die Grundschule in Nordrhein-Westfalen*. Frechen: Ritterbach.

Ministerium für Schule, Jugend und Kinder des Landes Nordrhein-Westfalen (Hrsg.) (2003): *Grundschule. Richtlinien und Lehrpläne zur Erprobung*. Frechen: Ritterbach.

Ministerium für Schule, Wissenschaft und Forschung des Landes Nordrhein-Westfalen (Hrsg.) (2000): *Muttersprachlicher Unterricht. Lehrplan für die Jahrgänge 1 bis 4 und 5 und 6*. Düsseldorf: MSWF.

Nakipoğlu-Schimang, Berrin (o.J.): *KOordinierte ALphabetisierung im Anfangsunterricht*. Frankfurt a. M. (http://www.koala-projekt.de/body_index.htm), o. O. (13.07.2015).

Nehr, Monika; Birnkott-Rixius, Karin; Kubat, Leyla & Masuch, Sigrid (1988): In zwei Sprachen lesen lernen - geht denn das? Erfahrungsbericht über die zweisprachige koordinierte Alphabetisierung. Weinheim, Basel: Beltz.

Reich, Hans H. (2011): *Schriftsprachliche Fähigkeiten türkisch-deutscher Grundschülerinnen und Grundschüler in Köln. Ein Untersuchungsbericht*. Köln: Die Regierungspräsidentin.

Reich, Hans H. & Roth, Hans-Joachim (2007): HAVAS 5 – das Hamburger Verfahren zur Analyse des Sprachstands bei Fünfjährigen. In Reich, Hans H.; Roth, Hans-Joachim & Neumann, Ursula (Hrsg.). *Sprachdiagnostik im Lernprozess. Verfahren zur Analyse von Sprachständen im Kontext von Zweisprachigkeit*. Münster, New York, München, Berlin: Waxmann, 71–94.

Riebling, Linda (2013): Heuristik der Bildungssprache. In Gogolin, IngridL; Lange, Imke; Michel, Ute & Reich, Hans H. (Hrsg.): *Herausforderung Bildungssprache – und wie man sie meistert*. Münster, New York, München, Berlin: Waxmann, 106–153.

Romanelli, Serena & de Beer, Hans (1995): *Kleiner Dodo was spielst du?* Zürich, Hamburg, Salzburg: Nord-Süd-Verlag.

Scharfenberg, Manuela (2008): Koordinierte Alphabetisierung (KOALA) in der Grundschule. In Bainski, Christiane & Krüger-Potratz, Marianne (Hrsg.). *Handbuch Sprachförderung*, Essen: Neue deutsche Schule, 57–41.

Schroeder, Christoph (2001): Bericht zur Sprachstandserhebung bei Grundschülerinnen und Grundschülern mit Migrationshintergrund (Teil II). Analyse schriftsprachlicher Texte in der Muttersprache zum Ende des ersten Schuljahrs 1999/2000. Projekt der RAA Essen und des Schulamtes für die Stadt Essen. Unveröffentlichtes Manuskript.

Sırım, Emran (2008): Türkisch. In Ehlich, Konrad; Bredel, Ursula & Reich, Hans H. (Hrsg.): *Referenzrahmen zur altersspezifischen Sprachaneignung – Forschungsgrundlagen (= Bildungsforschung Band 29/II)*. Bonn, Berlin: BMBF, 227–253.

Sprachförderzentrum Wien (o.J.): *mehrsprachige alphabetisierung*. Wien (http://www.sfz-wien.at/images/sfz_img/download/folder_mA.pdf) (13.07.2015).

Beate Lingnau & Ulrich Mehlem,
unter Mitarbeit von Chiara Cocuzzi und Berna Temizer
Mehrsprachigkeit als Ausgangspunkt für Sprachreflexion: Arbeit mit einem zweisprachigen Bilderbuch in einer multilingualen dritten Klasse

1 Problemstellung

1.1 Mehrsprachigkeit und Grammatikunterricht

Die Idee eines Einbezugs der Herkunftssprachen aller Schülerinnen und Schüler in den Unterricht gewinnt in den letzten Jahren unter den Aspekten der Sprachbewusstheit und Sprachsensibilisierung zunehmend an Bedeutung (Hélot & Young 2006; Elsner 2012). Dabei wird der Umgang mit Wörtern, Satzmustern oder Schriftzeichen aus anderen Sprachen genutzt, um Beobachtungen und die interaktive Erarbeitung sprachlicher Strukturen im Sinne eines entdeckenden Lernens anzuregen (Hawkins 1984; Mehlem 2011). Für eine direkte Verknüpfung mit dem Grammatikunterricht gibt es bisher noch wenige Beispiele. Ein solcher Zugang ist aber nicht nur deshalb naheliegend, weil der Grammatikunterricht selbst aus dem Lateinunterricht hervorging und zunächst zweisprachig-kontrastiv angelegt war (Ivo 2011: 23f.), sondern auch, weil sich seine Kritik erst im Kontext eines monolingualen Habitus der Schule in Deutschland (Gogolin 1994: 78) entwickeln konnte. So bekämpfte Jacob Grimm (1968: 1) die Sprachlehren seiner Zeit als eine „ [...] unsägliche Pedanterie", die „ [...] die freie Entfaltung des Sprachvermögens in den Kindern" stören und „ [...] die von selbst treibenden Knospen abstoßen [...]" würde, statt sie zu erschließen. In demselben Gedankengang erklärt er Mehrsprachigkeit für unnatürlich: „zugleich beruhet darauf die Unlernbarkeit einer ausländischen Sprache, d. h. ihrer innigen und völligen Uebung." (ebd.). Fünfzig Jahre später findet Rudolf Hildebrand (1879: 5) eine Erklärung für die Langeweile, mit der Lehrer und Schüler seiner Zeit im Deutschunterricht zu kämpfen hatten: „Da sollen sie nun Deutsch lernen, das sie doch für sich, für ihren Bedarf schon so gut können, sollen es lernen an einem Stoffe, der sie jedenfalls viel weniger interessiert, als was sie eben untereinander verhandelt haben." Entsprechend wendet sich Hildebrand dagegen, das Hochdeutsche ‚wie ein anderes Latein' zu lehren, eine Formel, die sich bis in die Gegenwart in programmatischen Konzepten zum Sprachunterricht findet (Bartnitzky 2005: 9f.). Dabei wurde außer Acht gelassen, dass Hochdeutsch noch bis in die 70er Jahre des letzten Jahrhunderts hinein keineswegs als Alltagssprache vorausgesetzt werden konnte und daher zumindest als Varietät erworben werden musste. Spätestens mit der Diskussion um eine besondere Bildungssprache steht allerdings die Aneignung einer für schulische Zwecke funktionalen Varietät wieder auf der Tagesordnung der Schule und muss nun auch vor dem Hintergrund zunehmender lebensweltlicher Mehrsprachigkeit neu ausgerichtet werden. Aus dieser Motivation heraus entstanden eine Reihe von Sprachförderprogrammen (Gogolin & Lange 2010). Eine Verknüpfung mit dem curricular vorgesehenen Grammatikunterricht erfolgte allerdings nicht. Unter dem Vorzeichen einer neuen Mehrsprachigkeit der ‚deutschen' Schule müsste nicht nur der nach wie vor schwierige Umgang mit Mehrsprachigkeit, sondern auch die immer noch in der romantisch-reformpädagogischen Tradition des natürlichen Sprachunterrichts stehende Kritik am Grammatikunterricht überprüft werden. Vielleicht bedarf es zur Entwicklung sprachlicher Bewusstheit eines kontrastiven Blicks, wofür ein ‚anderes Latein' gerade Not täte, welches in Gestalt des Türkischen (Hoffmann 2014: 15) oder Russischen als Erstsprache vieler Schülerinnen und Schüler im Klassenzimmer schon präsent ist. Das Türkische bildet im Gegensatz zum Englischen einen hinreichenden Kontrast zum Deutschen, um daran bestimmte Kategorien zu schärfen.

In den heutigen Curricula für den Deutschunterricht an Grundschulen sind der Grammatikunterricht und somit auch die Betrachtung grammatischer Strukturen zumeist in den Kompetenzbereich „Sprache und Sprachgebrauch untersuchen" eingebunden. Die Kompetenzerwartungen umfassen allerdings nicht nur Reflexionen über grammatische Strukturen, sondern beziehen alle sprachlichen Ebenen ein (vgl. auch Bredel 2007). Budde et al. (2012) behandeln daher den Grammatikunterricht als „Teil eines umfassenden Konzeptes schulischer Sprachreflexion" (Budde et al. 2012: 136). Sie stellen heraus, dass „der Terminus "Grammatikunterricht" [...] in diesem Rahmen nicht für grammatische Unterweisung sondern für die *Reflexion* grammatischer Strukturen [steht]" (Budde et al. 2012: 137). Bredel (2007) gibt außerdem zu Bedenken, dass die Beschäftigung mit der Grammatik recht vage mit der Formulierung „grundlegende sprachliche Strukturen und Begriffe kennen" (Ebd: 251) angeführt werde. Die sichere Verwendung und das Verständnis grammatischer Strukturen blieben in den Curricula häufig unerwähnt.

Als Sprachbetrachtung möchten wir mit Bredel (2007) „ [...] alle Tätigkeiten [bezeichnen], mit denen wir Sprache zum Gegenstand unserer Aufmerksamkeit machen [...]". Sprachbetrachtung fordert immer eine gewisse Distanzierung. Es muss ein Abstand zwischen der sprachlichen Äußerung und dem Sprachbetrachter hergestellt werden. Der Sprachbetrachter achtet somit auf eine Tätigkeit (rezeptiv oder produktiv), die eigentlich ohne eine besondere Steuerung der Aufmerksamkeit, also automatisiert ausgeführt wird (Bredel 2007: 23). Er verwendet bestimmte grammatische Formen nicht einfach automatisch beim Sprechen in einem bestimmten Kontext, sondern macht sie zum Thema des Denkens und des Austauschs. Dadurch wird der automatische Handlungsvollzug unterbrochen, also de-automatisiert. Die sprachliche Form wird aus ihrem Verwendungskontext gelöst, also de-kontextualisiert. Bestimmte Strukturen werden dann nicht mehr in ihrem syntagmatischen Zusammenhang, also beispielsweise im Satzkontext, sondern in einer paradigmatischen Verbindung gesehen.

Für Lernende mit Deutsch als Erstsprache stellt nun der Einbezug einer anderen Sprache eine wichtige Motivation dar, aus der heraus sie sich mit formalsprachlichen Strukturen beschäftigen können. Die Kommunikation über Gemeinsamkeiten und Unterschiede zweier Sprachen löst die sprachlichen Formen aus ihren Kontexten und macht sie zum Gegenstand einer gemeinsamen Betrachtung (Hoffmann 2014; Oomen-Welke 2003). Zudem bekommt der Gebrauch von Fachbegriffen zur Bezeichnung grammatischer Kategorien eine neue Bedeutung. Ihre Verwendung ist nicht unumgänglich, erleichtert aber die Kommunikation über sprachliche Unterschiede.

Bei der Förderung mehrsprachiger Kinder im Bereich Deutsch als Zweitsprache ist die Reflexion über grammatische Strukturen häufig ein untergeordnetes Thema, denn die verwendeten Konzepte sind eher impliziter Natur. So schlagen beispielsweise Kniffka und Siebert-Ott (2007) für die Heranführung an grammatische Anforderungen fachsprachlicher Texte die Methode des Scaffolding vor. Hier werden die Kinder zwar im Gespräch mit der Verwendung funktional sinnvoller grammatischer Formen vertraut gemacht, diese werden aber nicht zwingend metasprachlich expliziert. Beispielsweise können Konditionalsätze im Rahmen von Argumentation eingeführt werden, ohne dass deren grammatische Form metasprachlich thematisiert wird. Ein weiterer vielbeachteter Ansatz für die sprachliche Förderung mehrsprachiger Kinder ist der von Belke (2003). Aber auch hier wird implizites Lernen grammatischer Strukturen in den Vordergrund gestellt. Obwohl für beide Ansätze ein funktionaler Zugang zur Grammatik sehr naheliegend wäre, wird der nächste Schritt, die Dekontextualisierung, nicht vollzogen. Dies erstaunt besonders vor dem Hintergrund der Ergebnisse aus der Jacobs-Studie, in der nachgewiesen werden konnte, dass eine Kombination aus impliziter und expliziter Sprachvermittlung erfolgreicher ist als eine rein implizite Förderung (Rösch & Stanat 2011).

Es erscheint uns zudem sinnvoll, das didaktische Vorgehen nicht nur aus einer sprachsystematischen, sondern auch aus einer sozialen Perspektive zu betrachten. Der Einbezug der Mehrsprachigkeit erlaubt es den mehrsprachigen Schüler_innen, ihre Sprachkenntnisse und ihr Sprachwissen einzubringen. Dies kann aber auch zum Problem werden, wenn nicht alle in einer Klasse gesprochenen Erstsprachen zum Unterrichtsgegenstand werden (Barkowski 1993). Umgekehrt können aber auch Schüler_innen, die selbst ein distanziertes Verhältnis zu ihrer Herkunftssprache haben, durch eine solche Fokussierung bloßgestellt werden. Für Schüler_innen deutscher Erstsprache ist die Erwartung, größere Sensibilität für die Situation der mehrsprachigen Schüler_innen zu wecken, nicht zwangsläufig gegeben; genauso gut könnten Abwehr oder Desinteresse eintreten. Auf jeden Fall wird aber durch den Einsatz einer anderen Sprache eine neue Situation geschaffen. Die Kinder, die die Sprache als L1 sprechen, werden – zumindest auf der Ebene der Sprachverwendung – zu Experten und für alle anderen Kinder ist die andere Sprache gleichermaßen fremd. Anders als bei einer monolingualen Herangehensweise sind in diesem Setting einsprachige Kinder nicht von vornherein im Vorteil.

1.2 Der Beitrag der Konversationsanalyse zum Verständnis von Unterrichtsprozessen

Die vorangehend aufgeworfene Problematik soll am Beispiel einer vierstündigen Unterrichtseinheit zum Thema ‚Mehrsprachigkeit' in einer mehrsprachigen dritten Grundschulklasse im Raum Frankfurt am Main untersucht werden. Gegenstand der Untersuchung sind Audioaufnahmen des Unterrichts, Fotografien von Tafelbildern und einzelnen Unterrichtsszenen und ethnographische Feldnotizen, die während der Unterrichtsstunden von der Forschungsassistentin angefertigt wurden. Die Materialien werden im Sinne einer ethnomethodologischen Konversationsanalyse (Kallmeyer & Schütze 1976) ausgewertet. Dabei soll die besondere pädagogische Qualität der Sozialität in den Blick genommen werden, „die auf die Ermöglichung und Bestimmung von Lernen ausgerichtet ist" (Meseth et al. 2011: 224).

In diesem Zusammenhang möchten wir die Annahme von Sequenzialität und Interaktion als erste zentrale Prämisse herausstellen. Bedeutung wird demnach nicht von einem Sprecher vermittelt, sondern in der Interaktion sukzessiv hergestellt (Sacks et al. 1974). Es ist beispielsweise denkbar, dass inhaltliche Aussagen zurückgewiesen oder adaptiert werden oder dass die Gesprächspartner eine weitere Ausführung des Themas durch Nachfragen einfordern. Von ganz besonderer Bedeutung ist im schulischen Kontext zudem die Evaluation einer kindlichen Äußerung durch die Lehrerin (Mehan 1979). Die zweite Prämisse ist die Multimodalität von Bedeutungskonstitution. Die Bedeutung von Gesprächsbeiträgen wird nicht nur durch das Gesagte erzeugt, sondern durch ein Zusammenspiel von Text, Prosodie, Körper und semiotischen Strukturen aus der Umwelt, die von den Interaktanten holistisch erfasst werden (Goodwin 2000). Für die Unterrichtskommunikation bedeutet dies, dass Äußerungen in Unterrichtssituationen erst durch ein Zusammenspiel aller Ressourcen angemessen interpretiert werden können. Die Evaluation einer Schüleraktivität kann durch einen Blick oder ein Nicken erfolgen und die Interpretation einer ironischen Äußerung gelingt unter Umständen nur aufgrund der prosodischen Struktur. Aber auch die Position der Interaktanten oder die Möblierung kann großen Einfluss auf kommunikative Handlungen im Klassenraum haben (Hausendorf 2010). In unseren Daten fehlen einige dieser Informationen, da die Dialoge nur als Audiodateien festgehalten wurden. Dennoch hat sich gezeigt, dass es von großer Bedeutung ist, Visualisierungen und schriftliche Dokumente (Pitsch 2006, 2009) sowie die notierten Beobachtungen in die Analyse einzubeziehen.

Die Audioaufnahmen wurden nach den GAT-Transkriptionskonventionen (Selting et al. 2009) mit dem Partitureditor EXMARaLDA transkribiert. Um gleichzeitige Äußerungen und andere Aktionen besser darstellen zu können, wird als Darstellungsform die Partitur gewählt.

Wie in Kapitel 1.1 ausgeführt, sind bei der Planung und Durchführung mehrsprachiger Unterrichteinheiten nicht nur der Lerngegenstand, sondern auch die sozialen Bedingungen von Bedeutung. Anknüpfend an den Vorschlag Luhmanns, bei sozialen Systemen zwischen der Sach-, der Sozial- und der Zeitdimension zu unterscheiden (Luhman 1984: 111ff.), gehen wir daher von der These aus, dass durch Redebeiträge und Interaktionen der Schülerinnen und Schüler und der Lehrkraft nicht nur der soziale Zusammenhang des Unterrichts (Sozialdimension), sondern auch bestimmte Sachverhalte und Gegenstände von Wissen gemeinsam hergestellt werden (Sachdimension) und dass sich dieses „durch den Rückgriff auf Elemente des sozialen Gedächtnisses" (Zeitdimension) vollzieht. Mithilfe der Beiträge einzelner Schülerinnen und Schüler, die „als klassenöffentliche Anlässe für stellvertretende Bestätigung und stellvertretende Korrektur" (Meseth et al. 2011: 236f.) genutzt werden, konstituiert sich ein Lerngegenstand, auf den durch weitere Beiträge wieder Bezug genommen werden kann und mit dessen Hilfe später neue sprachliche Strukturen generiert und analysiert werden. Über die bei Meseth et al. präsentierte Analyse eines Klassengesprächs nach dem IRE-Schema (initiation, reply, evaluation, Mehan 1979) hinaus bietet die in Kapitel 3.2 unternommene Analyse einer Kleingruppeninteraktion, bei der die Lehrkraft erst im späteren Verlauf in Erscheinung tritt, die

Möglichkeit, interaktive Generierung von Wissen ausschließlich aus der Schülerperspektive zu verfolgen.

1.3 Fragestellung

Aus den bisherigen Überlegungen ergeben sich zwei zentrale Fragen. Die erste Frage (1) ist, ob mehr- und einsprachige Schüler_innen in der Lage sind, ein kontrastiv aufbereitetes Angebot sprachlicher Strukturen in unterschiedlichen Sprachen für einen operationalen Umgang mit formalsprachlichen Aspekten und für die Reflexion sprachlicher Unterschiede zu nutzen. In diesem Zusammenhang ist von Interesse, (1.1) wie innerhalb der Unterrichtseinheit der Wechsel von der inhaltlichen Verwendung von Sprache zu ihrer formalen Betrachtung vollzogen wird und (1.2) wie grammatische Konzepte in der Unterrichtssituation von Lehrerin und Kindern bzw. von Kindern untereinander gemeinsam interaktiv konstruiert werden. Die zweite zentrale Frage ist (2), ob und wie der Expertenstatus mehrsprachiger Kinder im Unterricht genutzt wird und welche Reaktionen er auf Seiten der anderen Schüler_innen auslöst.

2 Die Unterrichtseinheit im Überblick

Der der vorliegenden Studie zugrundeliegende Kontext einer Unterrichtseinheit zum Thema Mehrsprachigkeit[1] bildet in doppelter Hinsicht den Rahmen der weiteren Analyse. Er ist einmal als Moment der didaktischen und methodischen Planung zu berücksichtigen und stellt insofern zwar nicht den alleinigen Auslöser, aber „ein Element der Evolution des Unterrichts" (Meseth et al. 2011: 225) dar. Insofern die Unterrichtseinheit tatsächlich durchgeführt wurde, treten bei den dokumentierten Unterrichtsstunden charakteristische Abweichungen von der Planung auf, die für die Interpretation der einzelnen Sequenzen ebenfalls bedeutsam sind. Methodisch werden diese Punkte im Folgenden markiert, ohne dass ein zu großes Augenmerk auf die Reflexion der Unterrichtseinheit insgesamt gelegt wird.

Unter den Methoden, andere Sprachen der Schülerinnen und Schüler in den Unterricht einzubeziehen, spielt die Arbeit mit zweisprachigen Bilderbüchern

---

[1] Die Einheit wurde von Berna Tezimer selbstständig entworfen und durchgeführt. Außer ihr waren die Klassenlehrerin der dritten Klasse, Pseudonym Frau Bachmann, und die Feldassistentin, Chiara Cocuzzi, in allen Unterrichtsstunden anwesend.

eine große Rolle. Allerdings sind diese meist so strukturiert, dass keine einfachen Sprachbeobachtungen an bestimmten Textstellen im Vergleich möglich sind. Für die hier vorgestellte Unterrichtseinheit wurde daher das bereits gut erprobte zweisprachige Bilderbuch „*Kleiner Eisbär, wohin fährst du?*" von Hans de Beer, das schon einmal als Ausgangspunkt für die Arbeit mit anderen Sprachen vorgestellt wurde (Lütje-Klose & Dirim 2007), zu einer an eine konkrete Klasse angepassten mehrsprachigen Lernumgebung weiterentwickelt. In der Neufassung dieser Einheit wurde ein Schwerpunkt im Bereich des Grammatikunterrichts gebildet und auch auf Sprachspiele als Mittel zur Deautomatisierung und Dekontextualisierung rekurriert.

In der Klasse waren neben Türkisch (5 Schüler_innen) auch Griechisch (6), Bosnisch / Serbisch (2), Italienisch (1) sowie drei Schüler_innen mit Deutsch und einer weiteren Erstsprache (Albanisch, Spanisch, Sprache aus dem Senegal) und zwei mit Deutsch als Erstsprache vertreten. Daher wurden zumindest Griechisch, Bosnisch und Serbisch sowohl bei der Wortschatzarbeit als auch bei der Satzbildung einbezogen. Dieses setzte die zweimalige Mitarbeit der Eltern voraus, die den Kindern bei der Übersetzung der Tiernamen und der Formulierung eines Beispielsatzes halfen. Die Schüler waren durchschnittlich zwischen 8 und 9 Jahre alt.

Die Einheit schloss an Vorarbeiten zu Satzgliedern und Wortarten im Deutschunterricht an. Es kam dem Projekt zugute, dass die Lehrerin dem Grammatikunterricht einen hohen Stellenwert einräumte. Von den möglichen Beschreibungsebenen der Satzglieder Subjekt und Prädikat (Menzel 2009; Gallmann 2009) sollten in der Einheit die Stellung im Hauptsatz und die semantische Funktion eine Rolle spielen.

Bei der ersten Begegnung mit dem Text wurden nur einzelne Abschnitte auf Türkisch vorgelesen, die dann von den türkischen Schülerinnen und Schülern ins Deutsche übersetzt wurden. Eine inhaltliche Verknüpfung mit dem Thema ‚Fremdheit und Freundschaft' gelang dadurch, dass einer der Protagonisten, das Flusspferd, immer Türkisch sprach, wodurch die Schwierigkeit der Verständigung zwischen ihm und dem Deutsch sprechenden Eisbären Lars verdeutlicht wurde. Eine erste Fokussierung auf sprachliche Formen erfolgte dadurch, dass beim Lesen türkischer Abschnitte die nicht-türkischen Schüler auf bestimmte Wörter achten und bei deren Hören klatschen sollten.

Die Unterrichtseinheit wurde als ein Projekt zur Mehrsprachigkeit eingeführt. Eine erste Überraschung ergab sich, als die Schülerinnen und Schüler gebeten wurden, zum Abschluss der ersten Stunde sich ein mögliches Ende der Geschichte auszudenken und dieses aufzuschreiben. Hier führte die Möglichkeit, dies (auch zum Teil) in der eigenen Sprache tun zu können, zu einem deutlichen Motivationsschub und zur Entstehung von 20 überwiegend fremdsprachigen Texten in Türkisch, Griechisch, Serbokroatisch und Italienisch, womit auch eine gute Grundlage für den Vergleich von Sätzen in verschiedenen Sprachen gelegt wurde. Die erste Hausaufgabe bestand darin, sich die Bezeichnungen von sechs in der Geschichte vorkommenden Tieren und Adjektiven in der eigenen Erstsprache zu notieren und dabei auf die Hilfe von Geschwistern oder Eltern zurückzugreifen.

Zu Beginn der zweiten Stunde wurden die neuen Wörter besprochen und aus ihnen zwei Spiele gebastelt, ein Memory und ein Domino, wobei jeweils die Substantive in den vier Sprachen und die passenden Adjektive zum Einsatz kamen. Die Spiele wurden in der Stationenarbeit im zweiten Teil der vierten Stunde wieder verwendet. Nach dieser Gruppenphase durften einzelne Schüler ihre Aufsätze zum weiteren Verlauf der Geschichte vorlesen, bevor – im gemeinsamen Gespräch – der weitere Text – zum Teil wieder auf Türkisch - vorgelesen, übersetzt und kommentiert wurde. Die Besprechung der Beziehung zwischen Lars und dem Flusspferd Hippo leitete in der dritten, unmittelbar anschließenden Stunde zum Gespräch über Freundschaft über, das wiederum in einen Arbeitsauftrag für Einzel- und Partnerarbeit und dann, beim Zusammentragen der Ergebnisse, in die gemeinsame Erstellung eines Plakates mündete.

Im letzten Drittel dieser Stunde stand dann die gemeinsame Erarbeitung der unterschiedlichen Stellung des Prädikats im Deutschen und Türkischen im Vordergrund, die zunächst an jeweils zwei Beispielsätzen in beiden Sprachen demonstriert wurde. Dabei wurde die Regel herausgearbeitet, dass das Prädikat im Deutschen meist an zweiter und im Türkischen an letzter Stelle steht. Als Hausaufgabe sollten alle Kinder einen entsprechenden Satz aus dem Deutschen in ihre jeweilige Herkunftssprache übersetzen.

Die vierte Stunde begann mit dem Sammeln der Sätze in den verschiedensten Sprachen an der Tafel, die auch gemeinsam vorgelesen wurden, wobei die Lehrerin hier die Gelegenheit nutzte, nochmals auf die in der vorigen Stunde erarbeitete Regel über die Stellung von Subjekt und Prädikat einzugehen. Dies leitete schließlich über zur Stationenarbeit, in der vier Spiele, darunter die beiden in der zweiten Stunde von den Kindern gebastelten, zum Einsatz kamen. Die gesamte Einheit endete mit einer Schlussbesprechung, in der die Schülerinnen und Schüler ihre Zufriedenheit oder Kritik an bestimmten Punkten zum Ausdruck bringen durften.

3 Interaktionsanalysen der Unterrichtsausschnitte

3.1 Beispiel 1: Schwerpunkt: kontrastive Erarbeitung des Satzgliedbegriffs anhand deutscher und türkischer Sätze

3.1.1 Übergang von inhaltlicher Sprachverwendung zu einer formalen Betrachtungsweise

Im ausgewählten Unterrichtsausschnitt wird zunächst ein Themenwechsel eingeleitet. Die Kinder hatten zuvor, angeregt durch die Lektüre des zweisprachigen Bilderbuches, über Freundschaft nachgedacht und zu diesem Thema ein Plakat erstellt. Dies wird abgeschlossen und die Lehrerin (L) wendet sich der Erarbeitung von Satzgliedern in der türkischen und deutschen Sprache zu. Sie hat hierfür zunächst den folgenden Satz ausgewählt:

Um die Aufmerksamkeit auf die Satzglieder zu lenken, werden farbige Kärtchen verwendet, auf denen jeweils ein Satzglied steht. Die Struktur des türkischen Satzes wird in Tabelle 1 durch interlineare Glossierung[2] angezeigt.

Abb. 1: Farbige Markierung der Satzglieder an der Tafel

Tab. 1: Grammatische Markierungen im türkischen Satz

(1)	Lars	Hippo-ya	yardım et-ti.
	Lars.NOM	Hippo-DAT	Hilfe mach-PST.3SG

---

2 Zur kontrastiven Gegenüberstellung Deutsch-Türkisch vgl. Schroeder und Şimşek (2010) sowie Hoffmann (2014: 318f.).

Die Überleitung erfolgt zunächst unspezifisch und ohne den Hinweis darauf, dass es folgend um formale Sprachbetrachtung gehen soll. Vielmehr geht die Lehrerin zunächst auf den Inhalt des Satzes ein:

Auszug 1.1.

		21 [61:26.4]	
Lehrerin [v]		SO jetzt haben wir so ein schönes plaKAT	
		22 [61:29.1]	23 [61:34.4]
Lehrerin [v]	erste zu freunden,		jetzt Habe ich
Lehrerin [nv]		zeigt auf das Plakat, geht zum Tisch und holt Material	
		24 [61:38.8]	
Lehrerin [v]	euch (---) einen TÜRkischen SATZ mitgebracht,		
Deniz [v]		U_o::	
Deniz [nv]		zeigt mit dem Daumen nach unten	
	25 [61:39.4] 26 [61:39.9]		27 [61:43.9]
Lehrerin [v]	=der AUCH etwas mit FREUNDschaft (-) zu tun hat:		
Aylin [v]	[JA::]=		
Alev [v]	[JA::]=		

Die Lehrerin verwendet den grammatischen Fachbegriff ‚Satz' und verweist darauf, dass dieser in türkischer Sprache ist. Sie erwähnt aber anknüpfend an das vorherige Thema, dass der Satz etwas mit Freundschaft zu tun habe und fokussiert somit eher inhaltliche als formalsprachliche Aspekte. Die erste Aufgabe, die sie den Kindern stellt, bezieht sich dann auch auf die Satzbedeutung. Die türkischen Kinder sollen den Satz vorlesen und ins Deutsche übersetzen. Die Lehrerin nutzt ihre multimedialen Ressourcen, um die Aufmerksamkeit auf den geschriebenen Satz zu lenken, indem sie die Kärtchen an der Tafel befestigt. Die mündliche Präsentation überlässt sie den türkischen ‚Expertenkindern'. Diese werden nicht explizit genannt, sondern geben sich auf die Frage (Event 30) selbst zu erkennen:

Auszug 1.2

	30 [62:07.6]	31 [62:09.6]
Lehrerin [v]	wer kann diesen Satz mal VORlesen,	
Kommentar [nv]		alle türkischen Kinder bis auf Deniz melden sich

Im Folgenden wird die Bedeutung der Farben – nämlich: Jede Farbe steht für ein bestimmtes Satzglied – induktiv erarbeitet. Bis hierhin gibt es noch immer keinen expliziten Hinweis darauf, dass es um die Betrachtung der grammatischen Form der beiden Sätze gehen soll.

Auszug 1.3

		55 [63:01.6]	
Lehrerin [v]		so jetzt KUCKT euch mal an jetzt ham (-)	
		56 [63:05.7]	
Lehrerin [v]	die sätze verschiedene FARben, (--) oder die beSTANDteile der sätze		
		57 [63:09.0]	58 [63:09.9]
Lehrerin [v]	ham verschiedene farben(.) waRUM denn,		waRUM
Lehrerin [nv]			schaut in der Klasse herum
		59 [63:11.8]	60 [63:14.1] 61 [63:14.8]
Lehrerin [v]	ham die verschiedene FARben		LEna;
Lena [v]			weil
Kommentar [nv]		ein Kind schnalzt zweimal mit der Zunge	

Die Lehrerin beschreibt die farblich markierten Wörter bzw. Wortgruppen als ‚Bestandteile der Sätze'. Dieser Ausdruck ist alltagssprachlich und könnte sich prinzipiell auf unterschiedlich große sprachliche Einheiten beziehen. Die Größe der bezeichneten Einheiten kann nur auf der Grundlage der markierten Wörter erkannt werden. Einen deutlichen Hinweis darauf, mit welcher Strategie die Kinder die anstehende Aufgabe erledigen sollen, bekommen sie somit nicht. Die Verwendung der unterschiedlichen Farben, welche sich im jeweils anderssprachigen Satz wiederholen, legt aber dennoch eine paradigmatische und somit dekontextualisierte Betrachtung der farblich markierten Einheiten nahe. Es geht nun nicht mehr um die Satzbedeutung. Dies wird von Lena aufgegriffen, indem sie die sehr spezifische Vermutung anstellt, dass die Farbe Blau für Lars und Grün für Hippo stünde. Bezüglich des Prädikats hat sie eine Hypothese, die, vermutlich anknüpfend an das zuvor erstellte Plakat, auf die Wortbedeutung abzielt: „hat immer was mit Freundschaft zu tun". Sie nimmt damit die Formulierung der Lehrerin aus Event 26 auf. Auffällig ist hier, dass nun nicht mehr zwangsläufig die türkischen Kinder die Expertenrolle innehaben. Durch die Übersetzung können potenziell wieder alle Kinder zu Experten werden.

Auszug 1.4

	..(61)	
Lena [v]	LARS (-) is immer blau hippo is (.) also hippo is immer GRÜN und die	
	..	
Lena [v]	halt die andere zwei wörter hat immer was mit freundschaft zu tun;	
	62 [63:24.2]	63 [63:27.8]
Lehrerin [v]	oKAY (.) gut; (--) wäre EINE mögliche erklärung, denk mal WEIter; (-)	
	..	64 [63:30.8]
Lehrerin [v]	was habt ihr denn schon geLERNT,	
Lehrerin [nv]		*klappt die Tafelseite mit den Merkergebnissen der letzten Deutschstunde auf*

Lenas Vorschlag wird von der Lehrerin abgelehnt. Sie gibt allerdings mit Event 62 und 63 „was habt ihr schon geLERNT?" einen Anstoß für weitere Überlegungen, indem das Öffnen der Tafel gleichzeitig den Blick auf ein Lernposter zu den Satzgliedern freigibt. Diese Geste lenkt die Aufmerksamkeit der Kinder vermutlich auf die Lernplakate an der Tafel und kann somit auf eine Strategie zur Lösung des Problems hinweisen.

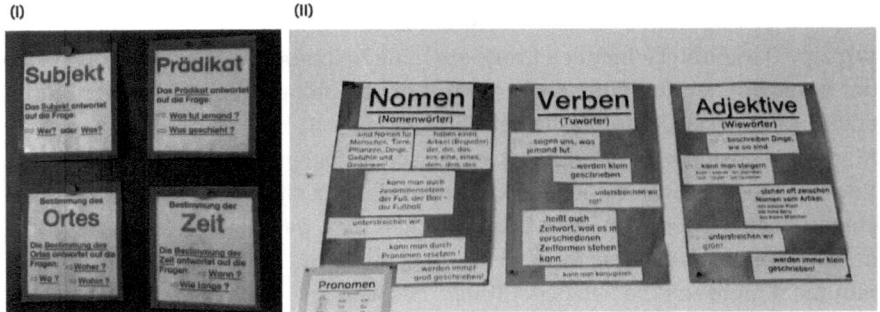

Abb. 2: Lernplakate im Klassenraum

Deniz bezieht sich aber nicht auf die durch das Öffnen der Tafel gerade sichtbar gewordenen Lernplakate zu Satzgliedern (I)[3], sondern stellt – vermutlich inspi-

---

3 Rechte Tafelseite (I): Merkplakate für die Satzglieder Subjekt, Prädikat, Bestimmung des Ortes und der Zeit. Über der Tafel Merkplakate für die Wortarten Nomen, Adjektiv und Verb (II).

riert durch die Lernplakate zu Wortarten, die über der Tafel hängen (II) – die These auf, dass Wortarten gemeint sein könnten. Dies könnte unter Umständen dadurch motiviert sein, dass die Farben der Satzgliedkärtchen mit denen der Lernplakate für Wortarten übereinstimmen. Die Farbe Grün, die für das Dativobjekt gewählt wurde, kommt bei den bereits erarbeiteten Satzgliedern nicht vor. Außerdem bestehen die Satzglieder zumindest im deutschen Satz jeweils nur aus einem einzigen Wort, sodass sowohl die Farben als auch die Wortarten mit denen auf den Plakaten übereinstimmen.

Auszug 1.5

		65 [63:32.7]	68 [63:37.9]
Lehrerin [v]		wofür können die farben NOCH stehen,	
Kommentar [nv]		ein Kind schnalzt mit der Zunge	einige Kinder

		67 [63:37.0]	
Lehrerin [v]		Deniz;=	
Deniz [v]			=für NO:::men (1,2) verben und
Kommentar [nv]	melden sich und machen dabei Geräusche		

		69 [63:42.2]	70 [63:44.8]
Lehrerin [v]		oKAY, (-) aber wir haben hier kein adjektiv oder.	
Deniz [v]	adjektive,		
nicht zuzuordnen [v]			nein
Elena [v]			Ä_ä
Elena [nv]			schüttel den Kopf

Dies wird von der Lehrerin direkt negativ evaluiert, obwohl zumindest die Wörter auf der blauen und roten Karte auch in die Kategorie Nomen bzw. Verb passen würden. Sie gibt daraufhin einen Hinweis auf die erwartete Antwort, indem sie nach dem grammatischen Fachbegriff für „Satzbestandteile" fragt.

Auszug 1.6

	71 [63:46.1]		
Lehrerin [v]	Nein (--) wie kann man diese SATZbestandteile wie nennt man die denn?		
	72 [63:50.2]	73 [63:52.8]	74 [63:54.6]
Lehrerin [v]	das habt ihr auch schon geLERNT- (---) Wie nennt man die?		

Kommentar [nv]	Kinder tuscheln und unterhalten sich		drei Kinder
	.. 75 [63:55.2]76 [63:55.8]	74 [63:54.6]	
Lehrerin [v]	AYlin	.(--) SEHR schön (-) und was wären das für	
Lehrerin [nv]		deutet auf die Tafelseite der letzten Deutschstunde	
Aylin [v]	SATZglieder,		
Kommentar [nv]	melden sich		

Der Begriff „Satzglieder" wurde in dem kurzen Dialog relativ aufwändig und scheinbar induktiv hergeleitet. Die Kinder äußern unterschiedliche Hypothesen bezüglich der Bedeutung der Farben und probieren nach jeder negativ evaluierten Äußerung eine neue Antwort. Dies wird so lange fortgesetzt, bis die Lehrerin schließlich zufrieden ist. Aylin hat sich erinnert, dass die Satzbestandteile Satzglieder heißen.

Auszug 1.7

	..		
Lehrerin [v]	satzglieder (.) welche KENNT ihr schon und welche [haben wir hier],		
nicht zuzuordnen [v]		[ach so:::]-	
	78 [64:02.5]	79 [64:05.0]	80 [64:07.2]:
Lehrerin [v]			aber du MELdest
mehrere Kinder [v]	a::h		
Mileno [v]		ich weiß (-) ich WEIß, (--)	
Mileno [nv]		winkt	
Kommentar [nv]	einige Kinder fassen sich an den Kopf		

Auszug 1.8

	.. 81 [64:08.6]	82 [64:11.1]83 [64:11.9]
Lehrerin [v]	dich zu laut;	Lena;
Lena [v		(---) em (1,6) PRä (-) Su (.)
Frau Bachmann [v]	ja (-) Immer (.) leider; (---)	
	..	84 [64:21.3]
Lehrerin [v]		sehr gut genau
Lena [v]	SUBjekt Pr (.) PRÄdikat aber des grüne ham wir nicht;	

Nachdem nun Mileno negativ sanktioniert wurde, weil er sich nicht leise gemeldet hat, bekommt Lena das Wort. Sie benennt zwei Satzglieder und signalisiert, dass das grün gekennzeichnete Satzglied in der Klasse noch nicht thematisiert wurde. Diese Erkenntnis könnte durch die Verknüpfung der farblichen Markierungen auf dem Lernplakat mit dem Beispielsatz unterstützt worden sein. Der Schluss, den sie folgerichtig gezogen hat, ist, dass die Farben des Beispielsatzes etwas mit dem Satzglieder-Lernplakat und nicht etwa mit dem Wortartenlernplakat zu tun haben. Also gehört alles, was in diesem Kontext rot eingefärbt ist, zur Kategorie Prädikat, und alles, was blau eingefärbt ist, zur Kategorie Subjekt. Die grün eingefärbten Wortgruppen können hingegen nicht benannt werden, weil diese Farbe auf dem Lernplakat (noch) nicht vorkommt.

Auszug 1.9

		85 [64:23.2]		
Lehrerin [v]	des GRÜne habt ihr noch nicht; was ist denn das SUBjekt hier? (--) was is			
		87 [64:27.2]	88 [64:28.2] 89 [64:28.8]	90 [64:30.0]
Lehrerin [v]	in BEIden sätzen das SUBjekt?		Elena,	geNAU (-
Elena [v]				LA:rs-
Kommentar [nv]		einige Kinder melden sich		
		91 [64:32.6]	92 [64:36.2]	94 [64:40.2]
Lehrerin [v]	-) was ist unser prädiKAT?		Helios;	HALF (-) ist unser
Helios [v]			half [XX]	
Kommentar [nv]		Kinder tuscheln		
		95 [64:43.3]		
Lehrerin [v]	prädikat (-) sehr SCHÖN; (---)			

Auch die Zuordnung der beiden Satzglieder zu den Wortgruppen an der Tafel, könnte allein aufgrund der farblichen Zuordnung gelingen.

Der kurze Ausschnitt zeigt, dass das Anliegen, von einer inhaltlichen Beschäftigung mit Sprache zu einer Fokussierung formaler sprachlicher Aspekte überzugehen, für die Kinder nicht selbsterklärend ist.

3.2 Kontrastive Erarbeitung der Satzstellung

Im folgenden Schritt fragt die Lehrerin nach Unterschieden und Gemeinsamkeiten zwischen den beiden Sätzen. Dies geschieht wieder auf eine recht unspezifische Weise ohne weitere Anleitung zur Bearbeitung der anstehenden Aufgabe.

Auszug 1.10

	..	102 [65:17.5]	103 [65:20.2]
Lehrerin [v]		RASmus was ist gleich und unterschiedlich	
Rasmus [v]			eh::: LARS ist
Kommentar [nv]	Kinder melden sich		

			104 [65:27.7]
Lehrerin [v]			genau des
Lehrerin [nv]			zeigt drauf
Rasmus [v]	gleich (--) und unterschiedlich is half und hippo:: (-) ehh JA-		

Indem Rasmus „Lars" als gleich und „half" ebenso wie „Hippo" als unterschiedlich bezeichnet, bezieht er sich vermutlich auf die Reihenfolge der Satzglieder im Satz. Auffällig ist hier, dass er, um dies auszudrücken, weder die Farben noch die grammatischen Fachbegriffe für die Satzglieder verwendet, sondern die einzelnen Wortgruppen des deutschen Satzes. Außerdem beschreibt er nicht, unter welchem Aspekt sich die Wortgruppen unterscheiden, sondern bleibt bei der Terminologie, die die Lehrerin eingeführt hat.

Auszug 1.11

	..		
Lehrerin [v]	heißt wir haben (---) lars GLEICH an der gleichen stelle des hat er		
Lehrerin [nv]	Subjekt Lars		

	..	105 [65:35.4]	
Lehrerin [v]	rasmus richtig gesagt; UND (---) wie is des jetzt mit unserem prädiKAT,		

106 [65:39.1]			
Lehrerin [v]	wo steht'n unser prädikat im DEUtschen satz und wo steht es im		
Kommentar [nv]	Husten im Hintergrund		

[56]		107 [65:44.3]	108 [65:45.9]109 [65:46.4]
Lehrerin [v]	TÜRkischen satz?		Hanna-
Hanna [v]			deutsch stehts in der Mitte
Kommentar [nv]		einige Kinder melden sich	

Auch die Lehrerin verwendet nun das Wort „Lars", anstatt den grammatischen Fachbegriff zu nennen. Sie ergänzt Rasmus' Äußerung, indem sie die Qualität des Unterschiedes mit „an der gleichen Stelle" spezifiziert, evaluiert die Äußerung aber dennoch als positiv. Bei der Nachfrage nach der genauen Stellung des Prädikats verwendet sie aber den schulgrammatischen Fachbegriff.

Auszug 1.12

	..	110 [65:49.3]	111 [65:51.5]
Lehrerin [v]		[sehr gut]	(--) genau- in der Mitte des heißt=
Hanna [v]	und äm türkisch am ende;		
Frau Bachmann [v]		[sehr gut]	

Die diesmal spezifische Aufgabenstellung wird von Hanna in Event 109 bearbeitet, die die unterschiedliche Wortstellung in den beiden Sprachen beschreibt und somit zum Ausdruck bringt, dass sie in der Lage ist, die Wortgruppen „half" und „yardım etti" mit dem Begriff Prädikat zu verbinden und ebenso Aspekte der sprachlichen Form auf einer metasprachlichen Ebene zu beschreiben.[4] Nachdem ein zweiter Satz auf eine ähnliche Weise übersetzt und gemeinsam analysiert wurde, folgt für die Kinder die Aufgabe, türkische Satzglieder in die richtige Reihenfolge zu bringen. Die Kärtchen sind dafür gemischt und an der Tafel bereitgestellt worden.

Auszug 1.13

	0 [00:00:0]1 [69:24.18]	
Lehrerin [v]	jetzt hab ich EUCH (--) zwei türkische sätze mitgebracht (-) häng	
	..	
Lehrerin [v]	die euch DURCHeinander an die tafel (-) mal schaun ob ihr es hinkriegt	
		2 [69:36.2]
Lehrerin [v]	die sätze in der richtigen REIHENfolge (-) aufzuhängen;	
Alev [v]		auch die
	.. 3 [69:37.6]	
Lehrerin [v]	ERST mal nur die NICHT türkischen und die türken (.)	

---

4 Die Redeweise ‚in der Mitte' für das Deutsche ist noch ungenau, da es ja um die Verbzweitstellung geht. Hieran wird im zweiten Satz noch gearbeitet, der vier Satzglieder enthält.

Alev [v]	TÜRken	
Lehrerin [v]	.. türkischen Kinder dürfen dann sagen obs richtig oder falsch is- (--) okay?	
	4 [69:44.0]	5 [69:45.9]
Lehrerin [nv]	nimmt Box mit Tafelmagneten, schaut sich nach weiteren um	
Deniz [v]	Juhu::::- huhu:	
	..	7 [69:57.6]
Lehrerin [v]		ich hab euch die BILder mit dazu genommen damit ihr
Kommentar [nv]	unverständliche Passage	
	..	
Lehrerin [v]	WISST was es bedeutet; (--)	

Das zuvor erarbeitete Wissen soll von den Kindern nun angewendet werden. Die Aufgabe wird explizit an die nicht-türkischen Kinder gestellt, während die türkischsprachigen Schüler_innen die Lösung evaluieren sollen. In diesem Setting wird also wieder für die türkischen Kinder eine Expertenrolle etabliert, die sich aber nicht auf die metasprachliche dekontextualisierte Beschäftigung mit den Sätzen bezieht. Für sie reicht in beiden Sprachen das implizite Sprachwissen aus, um die Aufgabe richtig lösen zu können.

Auszug 1.14

	..	8 [70:02.1]	
Lehrerin [v]		wer von den NICHT türkischen kindern	
	..		
Lehrerin [v]	kann denn mal versuchen den TÜRkischen satz korREKT](2,4)		
Lehrerin [nv]	hängt Satzglieder an die Tafel		
Hava [v]	[aber der satz is in türkisch]		
[11]	..	9 [70:10.2]	10 [70:13.1]
Lehrerin [v]	] dort HINzu[legen],		WER hat
Lehrerin [nv]		hängt Satzglieder auf	
Alev [v]	[LEI:cht]		
Kommentar [nv]		Helios und drei weitere Kinder melden sich Flüstern im	
[12]	..	11 [70:14.4]	12 [70:15.8]
Lehrerin [v]	grad gesagt LEICHT,		ach so alev ja für DICH is es leicht (-)
Aylin [v]		(---) alev;	
Kommentar [nv]	Hintergrund		

Havas Einwurf in Event 8 könnte so verstanden werden, dass sie Zweifel hat, ob die nicht-türkischen Kinder die Aufgabe überhaupt lösen können. Alev bestätigt ihre Expertenrolle verbal, indem sie signalisiert, dass die Aufgabe für sie leicht wäre. Die Lösung überlässt sie daher den nicht-türkischen Kindern. Die Lehrerin markiert in (12) nochmals implizit die unterschiedlichen sprachlichen Voraussetzungen von Alev und anderen Kindern.

Helios, der ebenso wie die türkischen Kinder das Deutsche als L2 erworben hat, darf nun den Satz an der Tafel ordnen; er hat das Subjekt an die erste und das Prädikat an die zweite Stelle sortiert.

Auszug 1.15

		21 [70:53.9]	22 [70:55.a]	
Lehrerin [v]		setz dich wieder hin-	Lena was hat er geMACHT,	
Lehrerin [nv]		zu Helios	schaut sich in der Klasse um	
		23[70:56.9]		24 [71:00.2] 25 [71:00.6]
Lehrerin [v]				waRUM=
Lena [v]		das PRÄdikat an der ZWEIten stelle (-) hingemacht;		=das
			26 [71:01.9]	
Lehrerin [v]			waRUM hat der helios des denn	
Lena [v]		müsste an der LETZTen sein;		
			27 [71:04.1]	
Lehrerin [v]		wahrscheinlich geMACHT.=		
Lena [v]		= weil ER weils auf DEUTSCH (.) auf der		
			28 [71:07.7]	
Lehrerin [v]			geNAU (-)	
Lena [v]		zweiten stelle sein muss		

Lena wird aufgefordert, den Satz zu bewerten, obwohl das eigentlich die Aufgabe der türkischen Kinder sein sollte. Sie stellt korrekterweise fest, dass das Prädikat nun an der zweiten Stelle steht, im Türkischen aber in Satzendstellung stehen müsste.[5] Auf die Frage nach einem möglichen Grund dafür gibt sie an, dass Helios die Satzstellung so gewählt hätte, wie sie im Deutschen sein müsse.

---

5 Die Erarbeitung der Wortstellung setzt den Umgang mit weiteren Satzgliedern voraus, wie auch die Gruppenarbeit in 3.2. zeigt. Diese müssen aber nicht begrifflich als solche eingeführt werden; vielmehr genügt es, zunächst nur mit ihnen zu operieren.

Lena agiert problemlos mit dem Fachwort Prädikat und ist zudem in der Lage, die zuvor im Unterricht eingeführten Unterschiede in der Satzstellung der beiden Sprachen adäquat zu beschreiben. Auffällig ist, dass der Satz zwar am Ende von einem türkischen Kind als „korrekt" bestätigt und vorgelesen, aber die metasprachliche Einordnung des falsch gelegten Satzes von einem muttersprachlich deutschen Kind geleistet wird.

3.3 Beispiel 2: Türkische Sätze in einer Gruppenarbeit

In der nächsten Stunde wurde die Klasse in vier Gruppen aufgeteilt. Die analysierte Szene begleitet die Arbeit von fünf Kindern, Serdar mit türkischer, Alisa mit bosnischer, Hanna mit deutscher, Elena mit griechischer L1 und Mileno mit albanischem Hintergrund, der aber auf Deutsch schreibt. Die Lehrerin ist nur in der Anfangs- und der Schlussphase sowie einmal kurz zur Unterstützung anwesend. Die Gruppe hat ein Spiel erhalten, das aus je 8 Karten in vier verschiedenen Farben besteht, wobei die türkische Beschriftung noch durch Bilder (bei Substantiven) oder deutsche Übersetzungen (bei Verben) unterstützt wird. Im Laufe der 16-minütigen Arbeit entstehen sieben Sätze, die aber immer wieder umgebaut werden. Dabei werden nicht alle Karten verwendet. Einige Karten werden in mehreren Sätzen verwendet.

Wie im Klassenunterricht müssen auch im Gruppenunterricht Aufgaben in der Zeit-, Sozial- und Sachdimension bearbeitet werden. Die Beteiligten etablieren zunächst einen ‚eigenständigen sozialen Handlungsraum', der im Spannungsverhältnis zur Aufgabenorientierung auf der Sachebene stehen kann (Becker-Mrotzek & Vogt 2001: 116). In der Zeitdimension stehen der Gruppe 15 Minuten zur Verfügung. Ihr Arbeitsprozess wird von außen durch Intervention der Lehrerin beendet. Die Zeit, in der sich die Gruppe immer wieder über Arbeitsabläufe verständigt, umfasst ca. 4 Minuten; hinzu kommen einige Minuten, in denen vom Arbeitsauftrag abgewichen wird, wobei manche der Abschweifungen allerdings thematisch mit dem Thema Mehrsprachigkeit verbunden sind.

In der Sozialdimension steht die Gruppe vor der Aufgabe, gemeinsam an der Bildung von türkischen Sätzen zu arbeiten und dabei, entsprechend den Spielregeln, jeweils einen Schüler bzw. eine Schülerin einen Satz bilden zu lassen. Neben diesem Problem der Regelung des Ablaufs ist für den türkischsprechenden Jungen die Aufgabe des Helfers bzw. Korrektors bestimmt worden. Die Auseinandersetzung mit dieser Aufgabe führt an verschiedenen Stellen zu Konflikten. Einerseits wird ihm die Möglichkeit aberkannt, selbst Sätze zu bilden, was er dennoch tut; andererseits werden seine Urteile in Zweifel gezogen bzw. sein Lachen über Fehler der anderen Kinder problematisiert. Phasenweise machen sich die Mädchen auch selbst über den Jungen lustig.

In der Sachdimension geht es um die Bildung korrekter Sätze im Türkischen, eine Aufgabe, die sowohl syntaktische als auch semantische Aspekte aufweist. Obwohl die Namen der Satzglieder (Subjekt und Prädikat) nicht explizit genannt werden, spielen sie als Farben der Karten eine Rolle. Am Beispiel der Bildung eines Satzes soll die Vorgehensweise der Kinder genauer rekonstruiert werden.

Die Szene beginnt damit, dass sich Alisa – unter Mitwirkung der anderen Kinder – verschiedene Karten für ihren ersten Satz zusammensucht. Das Ergebnis auf dem Tisch sieht vermutlich so aus:

baba-sı-na (grün)	anlat-ıyor (rot)	Lars-a (grün)	mektup (gelb)
Vater-POSS-DAT	erzähl-PRÄS.3.SG	Lars-DAT	Brief.AKK.INDEF

Ihr mündlicher Kommentar dazu lautet:

Auszug 2.1

	115 [30:37.6]	116 [30:39.8]
Alisa [v]	ich bin nicht gut bei türkisch;(--)	papa erzählt lars: (-) BRIEF,

Dieser Satz wird zunächst von Elena kommentiert:

Auszug 2.2

	118 [30:43.3]
Elena [v]	Briefe, [des] is ganz HINten ham wir [gesagt] alisa;
Elena [nv]	[zeigt auf die rote Karte mit dem Prädikat]

Dem Korrekturvorschlag, der das Ergebnis der dritten Stunde wieder aufgreift, das auch bei den an der Tafel besprochenen Sätzen zu Beginn der vierten Stunde nochmals wiederholt wird, widerspricht Alisa „Hallo, des muss immer vorne sein" (Event 122) „Das verstehst du nicht" (Event 125). Parallel dazu interveniert Serdar, indem er zunächst ebenfalls den Satz liest (Event 119), dann die Lars-Karte mit dem Wort „Lars" (Event 121) herausnimmt und schließlich einen zweiten Korrekturvorschlag formuliert:

Auszug 2.3

	126 [31:01.5] 127 [31:03.3]
Serdar [v]	(--) kumma xx aber das geht so nicht LARS erzählt seinem VA:ter=

Mit dieser Intervention „das geht so nicht" und mithilfe eines Kontrastakzents werden die semantischen Rollen von Lars und seinem Vater (wer ist Agens, wer ist Rezipient) und damit auch die Satzgliedfunktionen problematisiert. Die Satzstellung würde die Lesart ‚Der Vater erzählt Lars' nahelegen, was aber der Dativmarkierung beim Nomen Vater widerspricht. Implizit macht Serdar deutlich, dass für Lars eine blaue Subjektkarte benötigt wird und dass ‚babasına' nicht am Satzanfang stehen kann, da es sich um ein Dativobjekt handelt.[6] Die Äußerung ist jedenfalls nicht auf der rein praktischen Ebene auf die Wahl einer bestimmten Farbe gerichtet, sondern bezieht die Bedeutung ein. Im Gegensatz zu ihrer Abwehr der Korrektur Elenas greift Alisa diesen Vorschlag sofort, wenn auch genervt, auf:

Auszug 2.4

	128 [31:06.6]
Alisa [v]	<<genervt>> aber da muss man da muss man lars finden HIER lars in blau LARS->
Alisa [nv]	*nimmt die Karte "Lars"*

Sie expliziert damit, dass für den Aktanten Lars tatsächlich eine Subjektposition und damit eine blaue Karte benötigt wird. Nachdem Mileno eine blaue ‚beyaz ayı'-Karte gefunden hat, bringt Elena eine entsprechende Lars-Karte ins Spiel, für die Serdar die erste Position (‚da auf die eins', Event 134) markiert. Entsprechend rückt die grüne ‚babasına'-Karte etwas weiter nach hinten:

Lars (blau)	Baba-sı-na (grün)	anlat-ıyor (rot)	Mektup (gelb)
Lars.NOM	Vater-POSS-DAT	erzähl-PRÄS.3.SG	Brief.AKK.INDEF

---

6 Die hier verwendete Regel, dass im Türkischen immer das Subjekt vorne stehen muss, stellt natürlich eine Vereinfachung der türkischen Syntax dar. Auch im Türkischen können andere Satzglieder an der ersten Stelle des Satzes stehen.

Nun greift Elena zum dritten Mal ihre nicht akzeptierte Kritik auf:

Auszug 2.5

	135 [31:25.2]	137 [31:28.3]
Elena [v]	des is aber [WIEder] falsch; des muss aber nach HINten sein;	
Elena [nv]		*zeigt auf die rote Karte mit dem Prädikat*

Dieses Mal fügt sich Alisa, freilich ohne wirklich überzeugt zu sein, wie beim späteren Gespräch mit der Lehrerin deutlich wird.

Lars (blau)	Baba-sı-na (grün)	Mektup (gelb)	anlat-ıyor (rot)
Lars.NOM	Vater-POSS-DAT	Brief.AKK.INDEF	erzähl-PRÄS.3.SG

Als Serdar den Satz noch einmal vorlesen soll, stolpert er über das Verb, das semantisch (auch im Deutschen) nicht richtig in den Satz passt. Instinktiv will er ein Verb nennen, das semantisch besser passt, nämlich das türkische *yazıyor* für schreiben.

Alisa fragt nach: ‚was steht da?' Sie möchte sich bei ihm entsprechend seiner Expertenrolle vergewissern, dass der Satz so richtig ist. Serdar gerät ins Stocken und verlangt nach Bedenkzeit. Zu diesem Zeitpunkt kommt die Lehrerin zur Gruppe. Elena, die Serdars Zögern vermutlich als fehlende Kompetenz interpretiert, bittet die Lehrerin um Hilfe (‚Wir kommen nicht weiter', Event 143). Nach dem Grund gefragt, führt Serdar aus:

Auszug 2.6

	145 [31:43.2]	146 [31:47.9]
Serdar [v]	des GEHT doch gar nicht lars babasına mekTUP=	[anlatıyor]

Dieses Mal bezieht sich ‚geht nicht' nicht auf die Syntax, sondern die Semantik. Deshalb problematisiert die Lehrerin auch nicht mehr die Stellung von Subjekt, Verb und Dativobjekt, sondern das Akkusativobjekt. Keine Verschiebe-, sondern eine Substitutionsprobe ist nun erforderlich. (‚was könnte hier anderes hin', Event 147). Die Aufgabe wird dann nochmals stärker kontextualisiert:

Auszug 2.7

	148 [31:51.9]
Lehrerin [v]	GEnau was kann denn der lars seinem vater erZÄHLen,

Gleichzeitig lenkt sie aber die Aufmerksamkeit auf die gelben Karten, die mögliche Optionen enthalten. Die Karten ‚Zunge' und ‚Fisch' erfüllen zwar das syntaktische, nicht aber das semantische Kriterium, während die von Alisa gewählte Karte ‚Hippo' (Event 153), also wahrscheinlich eine blaue Subjektkarte, evtl. semantisch, aber nicht syntaktisch passt. Die Lehrerin verweist deshalb darauf, dass vier verschiedene Farben nötig sind (Event 155). Nach einer weiteren Unsicherheit bringt schließlich die Lehrerin selbst die Karte *yolu* 'den Weg' ins Spiel, wobei Alisa das Bild nicht erkennt, aber Serdar das türkische Wort übersetzt.

Lars (blau)	baba-sı-na (grün)	yol-u (gelb)	anlat-ıyor (rot)
Lars.NOM	Vater-POSS-DAT	Weg-AKK	erzähl-PRÄS.3.SG

Nun fordert sie Alisa auf, den ganzen Satz nochmal auf Deutsch zu sagen (Event 168). Die beginnt mit ‚Lars', bricht dann aber ab. Der Hinweis auf die andere Wortstellung im Deutschen lässt Alisas Widerstand gegen Elenas Korrektur wieder aufleben, hier scheint genau der Transfer, das zweite Wort als Verb zu lesen, nicht zu gelingen, weshalb sie in (Event 176) „aber was heißt *babasına*" fragt. Die Antwort ‚dem Papa' rückt diesen Unterschied nochmals in das Bewusstsein der Schülerin, die nun im zweiten Anlauf den Satz korrekt auf Deutsch wiedergibt:

Auszug 2.8

	181 [33.16.0]	182 [33:16.6]
Lehrerin [v]	=LARS=	
Serdar [v]		[erz]
Alisa [v]		WARte mal warte Lars [(-)] erzählt seinem Papa (---) den weg;

Das Ergebnis wird von der Lehrerin bestätigt und auf das Deutsche bezogen; nun soll Alisa nochmals den Satz auf Türkisch lesen, was ihr gelingt und entsprechend ratifiziert wird.

Das Beispiel zeigt, dass die intensiv besprochene Verbstellung für die Schülerin Alisa ein erhebliches Problem darstellt, während Elena und Hanna dieses bereits am Anfang der Gruppenarbeit gelöst haben. Insbesondere der Sprachkontrast stellt hier eine Hürde dar. Die wörtliche Übersetzung des türkischen Satzes ins Deutsche wird von Hanna später als ‚bescheuert' (Event 255) kommentiert, auch wenn sie mit der Bildung derartiger Sätze kein Problem mehr hat.

Die Karten stellen für die Schülerinnen und Schüler eine Hilfe dar, mit Satzgliedern zumindest operativ umzugehen. Zwar fallen nie Ausdrücke Subjekt und Prädikat, aber der Hinweis „da muss man Lars in blau finden" zielt klar auf die Subjektposition; mithilfe deiktischer Ausdrücke (des) und dem Zeigen auf die entsprechende Karte werden auch Umstellprozeduren erleichtert, ohne dass eine Benennung der Satzglieder erforderlich wäre.

Ein zentrales Problem für das türkisch sprechende Helferkind ist, dass es neben der syntaktischen auch die semantische Richtigkeit prüfen muss und hier öfter ins Zweifeln gerät, ohne gleich eine Lösung anbieten zu können. Intuitives Sprachverständnis und explizites Regelwissen bilden hier einen Gegensatz: Serdar kann nicht ausdrücken, wo jeweils genau im Satz das Problem liegt. Auf Seiten der im Türkischen nicht kompetenten Mitschülerinnen, die aber das Geschehen dominieren, löst dies Ungeduld aus. Sie erwarten zwar von ihm die korrekten Lösungen, sind aber auch beleidigt, wenn Serdar über ihre Sätze lacht. Die ebenfalls türkisch sprechende Lehrerin ist – zumindest in der analysierten Szene - als Helferin notwendig, um zu einem Ergebnis zu kommen.

Bei aller Schwierigkeit eröffnet die Gruppenarbeit vielfältige Möglichkeiten, über Sprachunterschiede nachzudenken und damit zu spielen. Zum Beispiel wird bei dem Wort Lars wie im Türkischen das /r/ gerollt (Events 131-135), dann stellt Serdar fest, dass im Griechischen die Schrift „granatenschwer ist" (Event 213), die Beobachtung Serdars, dass es im Türkischen ein <i> ohne Punkt gibt, wird sofort von einem Mädchen kommentiert, dass es im Griechischen auch zwei <i> gibt (Event 248-250). Die Entdeckung, dass das Wort *Afrika* im Türkischen genauso ist wie im Deutschen, führt zu – zum Teil auch spaßig gemeinten –Übersetzungen der Namen in jeweils andere Sprachen (Events 333-353). Die Tatsache, dass durch das Spiel Türkisch in den Mittelpunkt rückt, wird offenbar von den Sprecherinnen der anderen Sprachen nicht als diskriminierend erlebt.

4 Fazit

Ausgangspunkt unserer Überlegungen war in Kapitel 1.1 die Rückbesinnung auf einen klassisch formalen Grammatikunterricht, der von einer zweisprachig-kontrastiven Anlage mit Latein als Bezugssprache lebte und der mit der Einführung neuer Lernformen aus dem Blick geraten ist. Der Grammatikunterricht soll dabei nicht nur als isolierter Akt der Reflexion über Sprache verstanden werden. Vielmehr war unser Anliegen, die Idee einer sprachkontrastiven Anlage des

Grammatikunterrichts wieder aufzugreifen und im Sinne einer Unterstützung des Erwerbs metasprachlicher Fähigkeiten zu nutzen. Der in diesem Beitrag unternommene Versuch bestand darin, einen klassischen Bereich des Grammatikunterrichts, die Satzgliedlehre, sprachvergleichend anzulegen und dabei das Türkische „als ein anderes Latein" (Hildebrand 1879, S.5)[7] auftreten zu lassen. Für unsere Analyse war dabei zum einen die Frage leitend, ob und wie mehr- und einsprachige Schüler_innen in der Lage sind, ein solches kontrastiv aufbereitetes Angebot sprachlicher Strukturen für die Reflexion sprachlicher Unterschiede zu nutzen (1). Zum anderen sollte herausgestellt werden, inwieweit der Expertenstatus der Schüler_innen in der Interaktion hergestellt und genutzt wird (2).

Die kontrastive Erarbeitung der Verbstellung führte zumindest bei einem Teil der Schüler_innen zur Einsicht in den unterschiedlichen Sprachbau, was auch in einer Gruppenarbeit ohne Präsenz der Lehrerin zum Teil erfolgreich umgesetzt wurde. Für einige Schüler – deutscher oder einer anderen Erstsprache – erwies sich der kontrastive Umgang mit der Grammatik aber dennoch als große Herausforderung. So hält Alisa in der Arbeitsgruppenphase bis zum Schluss an der Vorstellung fest, dass die Reihenfolge der deutschen Syntax auch für das Türkische gelten müsse (vgl. 3.2., Event 176). Bei der Übersetzung des türkischen Satzes direkt im Anschluss an die Nennung des Subjekts fragt sie: „aber was heißt *babasına*", womit sie sich auf das im Türkischen an zweiter Stelle stehende Dativobjekt, aber nicht auf das im Deutschen geforderte Prädikat bezieht.

Der Wechsel von einer inhaltlichen Sprachverwendung hin zu der Betrachtung ihrer formalen Struktur (1.1) schien allerdings für alle Schüler_innen problematisch zu sein. In den Daten hat sich gezeigt, dass dieser Wechsel von den Kindern keinesfalls automatisch und intuitiv vollzogen wird und einer aufwändigen expliziten Hinleitung bedarf. Es zeigte sich, dass die Kinder zwar relativ schnell erfassen konnten, dass nun syntaktische Beziehungen und somit nicht mehr die Bedeutung der Sätze im Vordergrund stand, sie gingen aber trotzdem eher von semantischen als grammatischen Kategorien aus.

Die interaktive Erarbeitung (1.2) der unterschiedlichen Stellung zweier Satzglieder, nämlich des Subjekts und des Prädikats, im Deutschen und Türkischen erfolgte mithilfe eines alten sprachkontrastiven Verfahrens. Zwei kurze Sätze, deren Satzglieder farblich entsprechend markiert waren, wurden dazu an die Tafel geheftet. Unter Einbeziehung älterer, im Klassenraum befindlicher Lernplakate konnten im Anschluss an eine Betrachtung der Unterschiede der

---

[7] Dieser Bezug zu einer Fremdsprache, der bei Hildebrand noch kritisch gegen den Grammatikunterricht gerichtet war, erscheint in einer multilingualen Perspektive als eine Möglichkeit, dem Grammatikunterricht des Deutschen wieder zu seinem Recht zu verhelfen.

beiden Sätze (andere Reihenfolge) die beiden Termini wiederholt werden. Dies erfolgte – zumindest beim Prädikat – mit dem Hinweis auf eine andere Satzstellung in den beiden Sprachen. Dass die Erarbeitung immer interaktiv erfolgt, zeigt sich beispielsweise in den Events 103 und 104. Hier spezifiziert die Lehrerin Rasmus Aussage in: „eh::: LARS gleich (--) und unterschiedlich is half und hippo::", indem sie ergänzt, dass „Lars" „an der gleichen Stelle" sei und führt in derselben Äußerung den Fachbegriff „Prädikat" ein. In der Gruppenarbeit verständigen sich fünf Schüler_innen türkischer und nicht-türkischer Muttersprache nochmals über die richtige Abfolge von vier Satzgliedern im Türkischen, wobei allerdings nicht mehr die Termini, sondern nur noch die unterschiedlichen Farben der Karten als Hinweise auf ihre Satzgliedfunktion dienen: „Aber da muss man Lars finden HIER Lars in blau LARS" (Alisa, Event 126). Noch stärker empraktisch gebunden ist der deiktische Verweis auf eine Karte in Verbindung mit der entsprechenden Handbewegung: „Des is ganz hinten haben wir gesagt, Alisa" (Elena, Event 118). Eine dritte Strategie, die auf die Semantik des Satzes rekurriert, gebraucht den Kontrastakzent, mit dessen Hilfe den objektsprachlichen Ausdrücken unterschiedliche Satzgliedfunktionen zugeordnet werden: „Aber das geht so nicht LARS erzählt ja seinem Vater" (Serdar, Event 127).

Die zweite Forschungsfrage beschäftigt sich mit dem Nutzen des Expertenstatus im Unterricht und möglichen Reaktionen auf Seiten der anderen Schüler_innen. Hier zeigte sich, dass die türkischen Kinder vorwiegend aufgrund ihrer impliziten sprachlichen Kenntnisse als Expertinnen adressiert wurden. Sie waren in der Lage, die Sätze zu übersetzen und konnten die Grammatikalität der türkischen Sätze beurteilen. Sie hatten dadurch aber wenige Vorteile bezüglich des metasprachlichen Wissens. Ihre Rolle als Sprachexperten beschränkte sich daher auf Vorlesen, Übersetzen und Prüfen der Richtigkeit der türkischen Sätze. Bei der sprachkontrastiven Arbeit traten sie dagegen nur wenig in Erscheinung. Auch im Plenum kamen hier wesentliche Beiträge gerade nicht von Schülerinnen mit türkischer L1. In der Gruppenarbeit gelang es dem türkischsprachigen Jungen nur selten, seine richtige Einschätzung bzgl. Wortwahl und Wortstellung auch verständlich zu formulieren, was auch zu Konflikten innerhalb der Gruppe führte. So kann das Aufgreifen von Mehrsprachigkeit immer auch zu negativen Zuschreibungen führen, auf die die Lehrkraft vorbereitet sein muss; denn ein Vermeiden des Sprechens über Differenz und damit deren Leugnung stellt in der multilingualen Schule keine Alternative mehr dar.

Insgesamt konnte aber durchaus das Potenzial sprachkontrastiven Arbeitens im Grammatikunterricht herausgestellt werden: dieses hilft bei der Erarbeitung grundlegender sprachlicher Strukturen und ihrer Begrifflichkeiten nicht nur des

Deutschen als Zweitsprache, sondern etabliert auch andere im Klassenzimmer verwendete Sprachen wie das Türkische als legitime Unterrichtsgegenstände.

Wir sehen daher den dringenden Bedarf für die Entwicklung sinnvoller Arbeitsmaterialien, wie sie beispielsweise in mehrsprachige Lernumgebungen wie die *Multilingual Virtual Talking Books* (Elsner 2014) vorgelegt wurden. In diesen elektronischen Büchern ist der Wechsel von einer in eine andere Sprache bereits jederzeit möglich, sodass eine gute Grundlage für sprachkontrastives Arbeiten – auch mit grammatischen Formen - besteht.

Wir konnten auf der Grundlage unserer Analyse aber auch auf die Bedeutung einer sorgfältigen Unterrichtsplanung hinweisen, die für eine explizite Hinführung zu der Beschäftigung mit formalsprachlichen Aspekten notwendig ist. Außerdem ist es zentral für den Grammatikunterricht, Vorgehensweisen zu entwickeln, die es erlauben, an das implizite Sprachwissen in der jeweiligen Muttersprache der Kinder anzuknüpfen.

Literatur

Barkowski, Hans (1993): „Ich und –e: Das gehört zusammen." Ein unterrichtspraktischer Beitrag zum interkulturellen Lernen in der Grundschule. In Deutsch lernen (3), 211–221.

Bartnitzky, Horst (2005): *Grammatikunterricht in der Grundschule*: 1.-4. Schuljahr: Cornelsen Scriptor.

Becker-Mrotzek, Michael & Vogt, Rüdiger (2001): *Unterrichtskommunikation. Linguistische Analysemethoden und Forschungsergebnisse*. Tübingen: Niemeyer (Germanistische Arbeitshefte, 38).

Beer, Hans de (1994): *Küçük beyaz ayı nereye gidiyorsun? Kleiner Eisbär, wohin fährst du?* 1. Aufl. Gossau, Zürich, Hamburg, Salzburg: Nord-Süd-Verl.

Belke, Gerlind (Hrsg.) (2003): *Mehrsprachigkeit im Deutschunterricht. Sprachspiele, Spracherwerb und Sprachvermittlung*. 3., korr. Aufl. Baltmannsweiler: Schneider-Verl. Hohengehren.

Bredel, Ursula (2007): *Sprachbetrachtung und Grammatikunterricht*. Paderborn [u.a.]: Schöningh (Standardwissen Lehramt, 2890).

Budde, Monika; Riegler, Susanne & Wiprächtiger-Geppert, Maja (2012): *Sprachdidaktik*. Berlin: Akad.-Verl (Akademie-Studienbücher Sprachwissenschaft).

Elsner, Daniela (2012): Developing multiliteracies, plurilingual awareness and critical thinking in the primary language classroom with multilingual virtual talkingbooks. In *Encuentro Journal*, 27–38.

Elsner, Daniela (2014): Multilingual Virtual Talking Books (MuViT) - A Project to Foster Multilingualism, Language Awareness, and Media Competency. In *Plurilingualism and multiliteracies: International research on identity construction in language education*. Frankfurt: Peter Lang, 175–190.

Gallmann, Peter (2009): Der Satz. In Kunkel-Razum, Kathrin & Eisenberg, Peter (Hrsg.): *Duden, die Grammatik. 8. Aufl. Mannheim* [u.a.]: Dudenverl (Der Duden in zwölf Bänden, 4), 763–842.
Gogolin, Ingrid (1994): *Der monolinguale Habitus der multilingualen Schule*. Münster, NewYork: Waxmann Verlag.
Gogolin, Ingrid & Lange, Imke (2010): Bildungssprache und Durchgängige Sprachförderung. In Fürstenau, Sara (Hrsg.): *Migration und schulischer Wandel: Mehrsprachigkeit*. Wiesbaden: VS, Verl. für Sozialwiss., 107–129.
Goodwin, Charles (2000): Action and embodiment within situated human interaction. In *Journal of Pragmatics* (32), 1489–1522.
Grimm, Jacob (1968): *Vorreden zur Deutschen Grammatik von 1819 und 1822*. Darmstadt: Wissenshaftliche Buchgesellschaft.
Hausendorf, Heiko (2010): Interaktion im Raum. Interaktionstheoretische Bemerkungen zu einem vernachlässigten Aspekt von Anwesenheit. In Deppermann, Arnulf & Linke, Angelika (Hrsg.): *Sprache intermedial. Stimme und Schrift, Bild und Ton*. Berlin: de Gruyter (Jahrbuch / Institut für Deutsche Sprache, 2009), 163–198.
Hawkins, Eric W. (1984): *Awareness of language: An introduction*. Cambridge: University Press Cambridge.
Hélot, Christine & Young, Andrea (2006): Imagining multilingual education in France: A language and cultural awareness project at primary level. In García, Ofelia; Skutnabb-Kangas, Tove & Torres-Guzmán, María E. (Hrsg.): *Imagining multilingual schools. Language in education and glocalization*. Clevedon [etc.]: Multilingual Matters, 69–90.
Hildebrand, Rudolf (1913, 1879): Vom deutschen Sprachunterricht in der Schule und von deutscher Erziehung und Bildung überhaupt: mit einem Anhang über Fremdwörter und ihre Behandlung in der Schule. 13. Aufl. Leipzig und Berlin: Julius Klinkhardt.
Hoffmann, Ludger (2014): Deutsche Grammatik. Grundlagen für Lehrerausbildung, Schule, Deutsch als Zweitsprache und Deutsch als Fremdsprache. 2., neu bearbeitete und erweiterte Auflage. Berlin: Schmidt, Erich.
Ivo, Hubert (2011): Wissenschaftliche Schulgrammatik des Deutschen. In Noack, Christina (Hrsg.): *Grammatikunterricht und Grammatikterminologie*. Duisburg: Univ.-Verlag Rhein-Ruhr, 13–32.
Kallmeyer, Werner & Schütze, Fritz (1976): *Konversationsanalyse*. In Studium Linguistik 1, 1–28.
Kniffka, Gabriele & Siebert-Ott, Gesa (2007): *Deutsch als Zweitsprache. Lehren und lernen*. Paderborn, München, Wien, Zürich: Schöningh.
Lingnau, Beate; Mehlem, Ulrich (2012): Interaktive Entstehung von Wortschreibungen mehrsprachiger Kinder im ersten Schuljahr. Unter Mitarbeit von Maria Mochalova. In Grießhaber, Wilhelm & Kalkavan, Zeynep (Hrsg.): *Orthographie- und Schriftspracherwerb bei mehrsprachigen Kindern*. Freiburg: Fillibach, 143–161.
Luhman, Niklas (1984): Soziale Systeme: Grundriß einer allgemeinen Theorie. 1. Aufl. *Frankfurt am Main:* Suhrkamp.
Lütje-Klose, Birgit & Dirim, Inci (2007): Guten Tag, kleiner Eisbär! Iyi Günler, Beyaz Ayi! Zweisprachige Bilderbücher im Anfangsunterricht. In *Praxis Deutsch*, 202, 1–19.
Mehan, Hugh (1979): *Learning lessons. Social organization in the classroom*. Cambridge, Mass.: Harvard Univ. Press.

Mehlem, Ulrich (2011): Grammatikreflexion in der Schule und Sprachvergleich – Möglichkeiten multimodaler interaktiver Erarbeitung. In *OBST Osnabrücker Beiträge zur Sprachtheorie* (79), 113–139.

Menzel, Wolfgang (2009): Praxis Grammatik. Sprachreflexion, Rechtschreibung, Zeichensetzung. 1. Aufl. Braunschweig: Westermann.

Meseth, Wolfgang; Proske, Matthias & Radtke, Frank-Olaf (2011): Was leistet eine kommunikationstheoretische Modellierung des Gegenstandes „Unterricht ". In Meseth, Wolfgang (Hrsg.): *Unterrichtstheorien in Forschung und Praxis*. Bad Heilbrunn: Klinkhardt, Julius, 223–240.

Oomen-Welke, Ingelore (2003): Entwicklung sprachlichen Wissens und Bewusstseins im mehrsprachigen Kontext. In Bredel, Ursula; Günther, Hartmut & Klotz, Peter (Hg.) (2003*): Didaktik der deutschen Sprache. Band 1. Ein Handbuch*. 1. Aufl. Stuttgart: UTB GmbH (UTB L), 452–463.

Pitsch, Karola (2006): *Sprache, Körper, Intermediäre Objekte: Zur Multimodalität der Interaktion im bilingualen Geschichtsunterricht*. Bielefeld. Online verfügbar unter https://pub.uni-bielefeld.de/luur/download?func=downloadFile&recordOId=2304749&fileOId=2304752. (03.08.2010)

Pitsch, Karola (2009): Interaktion und Spracharbeit im bilingualen/immersiven Geschichtsunterricht: Zum Zusammenhang von Verbalsprache, Körpergestik und Notationspraktiken. In Ditze, Stephan-Alexander (Hrsg.): *Bilingualer Sachfachunterricht (CLIL) im Kontext von Sprache, Kultur und Multiliteralität*. Frankfurt, Berlin, Bern, Bruxelles, New York, Oxford, Wien: Lang, 203–223.

Rösch, Heidi & Stanat, Petra (2011): Bedeutung und Form (BeFo): Formfokussierte und bedeutungsfokussierte Förderung in Deutsch als Zweitsprache. In *Grenzen überwinden mit Deutsch*. MatDaF Bd.85, 149–161.

Sacks, Harvey; Schegloff, Emanuel A. & Jefferson, Gale (1974): A simplest systematics for the organization of turn-taking for conversation. In *Language* (50), 696–735.

Schroeder, Christoph & Şimşek, Yazgül (2010): Kontrastive Analyse Deutsch-Türkisch. In Krumm, Hans-Jürgen; Fandrych, Christian & Riemer, Claudia (Hrsg.): *Deutsch als Fremd- und Zweitsprache: ein internationales Handbuch*. Berlin: Walter de Gruyter, 718–724.

Selting, Magret; Auer, Peter; Barth-Weingarten, Dagmar; Bergmann, Jörg R.; Bergmann, Pia & Couper-Kuhlen, Elizabeth et al. (2009): Gesprächsanalytisches Transkriptionssystem 2 (GAT 2). In *Gesprächsforschung - Online-Zeitschrift zur verbalen Interaktion* (10), 353–402. Online verfügbar unter http://www.gespraechsforschung-ozs.de/heft2009/px-gat2.pdf, (03.08.2010)

Transkriptionskonventionen

Selting et al. (2009 31f.)

Pausen

(.)   Mikropause, geschätzt, bis ca. 0.2 Sek. Dauer

(-)	kurze geschätzte Pause von ca. 0.2-0.5 Sek. Dauer
(--)	mittlere geschätzte Pause v. ca. 0.5-0.8 Sek. Dauer
(---)	längere geschätzte Pause von ca. 0.8-1.0 Sek. Dauer

Handlungen und Ereignisse mit Reichweite

( )	unverständliche Passage ohne weitere Angaben
(xxx), (xxx xxx)	ein bzw. zwei unverständliche Silben
((...))	Auslassung im Transkript

Sequenzielle Struktur/Verlaufsstruktur

=	schneller, unmittelbarer Anschluss neuer Sprecherbeiträge oder Segmente (latching)

Sonstige segmentale Konventionen

:	Dehnung, Längung, um ca. 0.2-0.5 Sek.
::	Dehnung, Längung, um ca. 0.5-0.8 Sek.
:::	Dehnung, Längung, um ca. 0.8-1.0 Sek.

Akzentuierung

akZENT	Fokusakzent
ak!ZENT!	extra starker Akzent

Stephanie Risse & Rita Franceschini
Auftrieb durch parallele Alphabetisierung: Analysen aus dem dreisprachigen Schulsystem in Gröden und Gadertal (Südtirol)

Vielleicht stehen wir vor einem einzigartigen Fall in Europa: In den beiden ladinischsprachigen Tälern Gröden und Gadertal, die zur Autonomen Provinz Bozen/Südtirol gehören, werden Kinder von der ersten Klasse an *in drei Sprachen parallel* alphabetisiert.[1]

Drei-sprachige Schulmodelle sind im Trend oder werden in den letzten Jahren stärker sichtbar gemacht (Byram & Leman 1990; Fishman 2005; Cenoz 2009; Henn-Reinke 2012; Leibold & Chen 2014). Grob lassen sich zwei Typen dreisprachiger Schulen unterscheiden, die privaten Schulen für exklusive Elterngruppen und Schulen für autochthone Sprachminderheiten. Das enge Korsett der Anpassung an einsprachige Normen der westlichen Gesellschaften wird zusehends aufgebrochen, um ökonomische und/oder identitätsstiftende Sprachbedürfnisse zu befriedigen.

Uns interessiert beim „paritätischen" Schulsystem in Südtirol die Entwicklung von dreisprachigen Schreibkompetenzen in Ladinisch, Deutsch und Italienisch. Vor diesem mehrsprachigen Hintergrund – in Schule und Gesellschaft – wird im vorliegenden Beitrag die Entwicklung der deutschen Sprache in den Vordergrund gestellt: Behindert oder beschleunigt das mehrsprachige Aufwachsen mit anderen Sprachen die Schreibkompetenzen? Wie sehen diese Kompetenzen im Vergleich zu denjenigen aus, die sich bei Kindern in traditionellen Schulsystemen entwickeln?

---

[1] Nicht dass es in Europa – und in der Welt – keine mehrsprachigen Schulen gäbe: Die umfangreiche *Encyclopedia of Language and Education*, herausgegeben von Nancy Hornberger (2008), gibt einen Überblick über den weiten Horizont solcher Initiativen.

1 Zur Sprachlage eines Sprachminderheitengebietes und dessen Schulsystem

Ladinisch – genauer: Dolomitenladinisch – ist eine Sprache romanischen Typs, die insgesamt von Sprachschwund betroffen ist (Craffonara 1997). Varietäten des Ladinischen werden auch in angrenzenden Tälern der Provinzen Trento und Belluno gesprochen, ohne dass ein ausgewogenes dreisprachiges Schulsystem diese stützen würde. Verwandt ist das Dolomitenladinische mit dem Friulanischen, das weiter östlich in der Autonomen Region Friuli-Venezia-Giulia verwendet wird (Craffonara 1997; Marcato 1997). Zusammen mit dem Rätoromanischen, westwärts, im Kanton Graubünden (Schweiz), ist dieser Sprachtyp seit dem Mittelalter vom Bodensee bis über Triest hinaus belegt (Holtus et al. 1989). Bei der heutigen, dispersen Verbreitung handelt es sich um eine regressive Territorialentwicklung.

Die Ladiner sind mehrsprachig: Um in der Umgebung zu bestehen, sind Italienischkenntnisse und Deutschkenntnisse nötig, nicht zuletzt darum, weil der wichtigste Erwerbszweig in diesen Tälern der Tourismus ist. Südtirol selbst ist dominant deutschsprachig (zu ca. 70%), nicht so sehr in den Städten, wo Italienisch verbreitet ist; Bozen hat mit ca. 70% den höchsten Anteil Italienischsprachiger. Leider lassen die Volkszählungen es nicht zu, den Grad der Zweisprachigkeit zu quantifizieren, weshalb man hier mit Selbsterklärungen vorlieb nehmen muss.[2]

Allein in Südtirol erklärten sich in der Volkszählung 2011 insgesamt 20.548 Personen der ladinischen Sprachgruppe zugehörig, was 4,53% entspricht.[3] Die Prozentanteile erfahren in den letzten Jahrzehnten keine übermäßigen Einbrüche. Dies kann auch auf das nach dem 2. Weltkrieg eingeführte und nach und nach angepasste Schulsystem zurückgeführt werden: das bereits erwähnte *paritätische Schulsystem*, das zum Ziel hat, am Ende der Schullaufbahn ausgewogene Kompetenzen in den drei Sprachen Ladinisch, Deutsch und Italienisch zu erreichen. Die Eltern, die in den Tälern Gröden und Gadertal wohnen, haben de facto keine freie Schulwahl: Es ist der einzige Schultyp, der in den beiden

---

2 Doch siehe ASTAT (2006) mit einer eigenen Untersuchung mit dem Titel *Sprachbarometer*. Für eine Interpretation dazu und zur Sprachenlage in Südtirol siehe Franceschini (2013a).
3 Quelle: Daten der ASTAT, mit den dazugehörigen Erklärungen zur Komplexität der Spracherhebungen im spezifischen Kontext Südtirols siehe:
http://www.provinz.bz.it/astat/de/volkszaehlung/aktuelles.asp?aktuelles_action=4&aktuelles_article_id=406345 (letzter Zugriff 28.11.2014).

Tälern angeboten wird, während im restlichen Gebiet Südtirols die Wahl besteht, die Kinder in eine deutsch- oder italienischsprachige Schule einzuschreiben. Letztere bieten – oftmals über Schulversuche – verstärkten L2-Unterricht in den beiden dominanten Sprachen an, doch bleibt es im Grunde ein weitgehend getrenntes Schulsystem für die italienisch-, resp. deutschsprachige Bevölkerung. Nicht so in Ladinien.

Allgemein muss man zum Schulsystem wissen, dass es sich in Italien verpflichtend um ein inklusives System handelt. Dies bedeutet, dass es bspw. keine separierten Förderklassen gibt. Inklusiv bedeutet auch, dass nach der Grundschule keine frühe Selektion vorgesehen ist: Bis zum Ende der Sekundarstufe I werden die Kinder in gleichen Zügen unterrichtet. Das System lässt sich für eine deutschkundige Leserschaft als Spielart der Gesamtschule übersetzen. Die Sekundarstufe II ist hingegen entlang thematischer Ausrichtungen ausdifferenziert: So gibt es etwa Sprachgymnasien, technisch-naturwissenschaftliche oder sozial-pädagogische Oberschulen sowie neuerdings auch weiterführende Berufsschulen mit einem vorbereitenden Schuljahr, um die Maturität zu erreichen. Im Zuge von sanften Dezentralisierungsmaßnahmen des Zentralstaates ist den Schulen in jüngster Zeit eine hohe Autonomie zugebilligt worden, sodass sie sich spezielle Profile geben können und damit in Konkurrenz zueinander zu stehen kommen. Auf diese Weise wird auch Raum geschaffen, um den lokalen Bedürfnissen, wie etwa den sprachlichen, besondere Beachtung schenken zu können, wie man dies in unserem Falle sehen kann.

Was nun das ladinische paritätische Modell auszeichnet, ist die integrierte, parallele Alphabetisierung in drei Sprachen. In der Grundschule unterrichtet eine eigens an der Freien Universität Bozen ausgebildete Lehrperson ab der 1. Klasse die Kinder abwechselnd in Deutsch und Italienisch und nutzt anfänglich das Ladinische auch für Erklärungen. Ladinisch fungiert deshalb auch als Brückensprache, da Erstsprache fast aller Kinder.

Als Klassenlehrer genießen die Lehrpersonen auf der Grundstufe eine weitgehende Autonomie dahingehend, als sie Deutsch und Italienisch zu etwa gleichen Maßen verwenden: So kann bspw. der Mathematikunterricht wöchentlich wechseln oder die Sprachwahl auf Vor- und Nachmittage verteilt werden etc. Die Sprachen haben Farben, die Handpuppen sind dementsprechend angezogen und es gibt weitere didaktische Vorkehrungen. Wichtig scheint uns zu sein, dass die Kinder ein Modell einer dreisprachigen Person vor sich haben, die mühelos von einer Sprache in die andere wechselt und sie – die Kinder – in jedem Falle versteht und helfen kann, auch auf Ladinisch. In der 4. Klasse kommt noch Englisch dazu, das in eigenen Sprachstunden unterrichtet wird.

Auf der Sekundarstufe I und II wird nach dem Fachlehrerprinzip unterrichtet. Hier wechselt Deutsch und Italienisch von Fach zu Fach, von Lehrperson zu Lehrperson. Es wird auf ein ausgewogenes Verhältnis geachtet (deshalb ‚paritätisch'). Für das Ladinische sind eigene Sprachstunden vorgesehen, bei denen Ladinisch und nicht ein Sachfach im Mittelpunkt steht. Auch Englisch wird als Sprachfach weitergeführt.

2 Zur Datenerhebung und ersten Phase der Untersuchung LADINIA

Die transversal angelegte Studie LADINIA zu den Schreibkompetenzen von Ladinisch, Deutsch, Italienisch und Englisch (s.u.) wurde in den Jahren 2008 geplant und in den Jahren 2009-2012 im Auftrag der Evaluationsstelle der ladinischen Schulen durchgeführt. Die Fragestellungen lauteten:
- Kann sich Ladinisch in diesem paritätischen Schulsystem behaupten oder nehmen die Schreibkompetenzen im Verlauf der Schulzeit ab?
- Sind am Ende der Schulzeit die Schreibkompetenzen in Deutsch und Italienisch gleich, so wie es das paritätische Schulsystem anstrebt?
- Wie sehen diese Kompetenzen im Vergleich zu denjenigen aus, die im Rest der Provinz im deutsch- resp. italienischsprachigen Schulsystem erreicht werden?

Die erste Fragestellung trifft das Herz jeder Sprachminderheit, die gewillt ist, die tradierte, als eigen empfundene Sprache zu erhalten. Ein Monitoring der Sprachkompetenzen, v.a., wenn es sich vorwiegend um mündliche, dachlose (oder heteroglott überdachte) Tradierungen handelt, ist für eine Sprachminderheit von höchster Bedeutung, hier und anderswo.

Für die Längsschnittuntersuchung wurden in den beiden Tälern Gröden und Gadertal Erhebungen im 5., 8. und im 13. Schuljahr, welches das Abschlussjahr ist, durchgeführt. Altersstufengerecht wurden in der 5. Klasse Bildergeschichten nacherzählt, in der Mittelstufe Phantasieaufsätze herbeigezogen und in der Maturaklasse argumentative Texte elizitiert. Die Aufgabenstellungen waren für die Vergleichsklassen die gleichen. In den ladinischen Schulen wurde an unterschiedlichen Tagen in je einer Sprache geschrieben, in den Vergleichsklassen (jeweils zwei, aus Bozen und Umgebung) in der Schulsprache Deutsch oder Italienisch. Der Schultyp der Maturaklasse wurde vergleichbar gehalten (es handelte sich um Handelsoberschulen). Tabelle 1 gibt die Anzahl der Texte wieder, die in den ladinischen Schulen und in den Vergleichsklassen – hier Kontrollgruppen genannt – geschrieben wurden:

Tab. 1: Anzahl der Texte nach Klassenstufen/ladinische Schulen vs. Kontrollgruppen

	5. Klasse	8. Klasse	13. Klasse	Total
Texte der ladinischen Schulen in Ladinisch, Deutsch und Italienisch	784	350	160	1.294
Kontrollgruppen Deutsch, Italienisch	113	50	40	203

Während die Arbeiten der 5.-Klässler gesamthaft in eine analysierbare, digitalisierte Form übertragen wurden (die Länge der Texte als Ausdruck der *fluency* war hier ein Kriterium, das separat analysiert wurde), wurden in den 8. und 13. Klassen, um die Vergleichbarkeit zu garantieren, nur die ersten 400 Wörter transkribiert. Das so erstellte Korpus hat in der vorgängigen Untersuchung statistischen Erhebungen standgehalten, was an dieser Stelle nicht weiter ausgeführt werden kann (siehe Comitê & Zënter 2009, 2010, 2012, 2013). Tabelle 2 gibt die Kriterien wieder, die für die quantitative Studie benutzt worden sind.

Tab. 2: Kriterien für die 1. Phase der Untersuchung: quantitative Erhebung

Dimension	Quantifizierung
Fluency	1. Wörter / Sätze (MLU, Mean Leangth of Utterance)
Grammatikalische Komplexität	2. Anzahl Nebensätze
	3. Verhältnis zwischen einfachen und zusammengesetzten Verbphrasen
Wortschatzreichtum	4. Type-Token-Verhältnis (nur Verben)[4]

---

[4] Die Type-Token-Beziehung kann nicht ohne kritisch zu betrachtende Entscheidungen bei der Klassifizierung einhergehen, v.a. der Types. In der Studie LADINIA ging es um einen internen Vergleich (zwischen den Texten der gleichen Klassen und den Kontrollgruppen), um einen Einblick in die Entwicklung des Wortschatzreichtums in diesen Texten zu erhalten. Außer in der 5. Klasse, wurden gleich lange Texte mit gleich langen verglichen. Generell zur Spezifizierung der ANOVA-Analysen vgl. jeweils Comitê & Zënter 2009, 2010, 2012, 2013.

Die Originaldaten der Studie LADINIA wurden in 3 Bändchen publiziert (s. Comitê & Zënter 2009, 2010, 2012) und in weiteren Publikationen kommentiert und vertieft ausgewertet (Franceschini 2010, 2013b; Risse 2014). Für das Englische, das in den 4. Klassen im Modus einer Fremdsprache eingeführt wird, wurde eigens eine Erhebung durchgeführt, unter der Federführung von Martina Irsara, doch bisher ohne Kontrollgruppen (s. dazu Comitê & Zënter 2013).

Bezüglich der oben aufgeführten Fragestellungen betreffen die bedeutendsten Resultate die erreichten Kompetenzen zum Abschluss der Schule im 13. Schuljahr: Statistisch gesehen (gemessen an den Signifikanzen, vgl. Comitê & Zënter 2009, 2010, 2012, 2013) sind gemäß den in Tab. 2 aufgeführten Kriterien die Texte der ladinischen Jugendlichen von denjenigen in den Kontrollgruppen ununterscheidbar. Dies ist noch nicht der Fall, in den 5. Klassen, doch am Ende der Schulzeit, mit dem Erreichen der Maturität (Abitur) erreichen die Schüler Schreibkompetenzen, die sich mit den Texten aus den anderen, nicht paritätischen Schulen Südtirols vergleichen lassen. Der Wortschatzreichtum (immer nur an Verbformen gemessen) ist in den ladinischen Texten sogar leicht höher (zur den Originaldaten wieder: Comitê & Zënter 2009, 2010, 2012, 2013).

Die ladinische Sprache scheint in diesem paritätischen Schulsystem nicht zu leiden: Sie entwickelt sich entlang der von uns untersuchten Parameter weiter. Die Beschäftigung mit anderen Sprachen von der Grundschule an scheint die Sprachen gegenseitig zu befördern, nicht zu behindern. Die parallele und integrierte Alphabetisierung in drei Sprachen bringt auch der lokalen Sprache eine differenzierte Entwicklung hin zu argumentativen Fähigkeiten.

In der Folge soll nun der qualitative Aspekt der Studie differenzierter dargestellt und interpretiert werden. Diese Analysen gehören zur nächsten Phase der Untersuchung, die nun auf die statistischen Erhebungen folgt.

Eines der ersten Phänomene, denen wir uns nun widmen wollen, betrifft die Fähigkeit, Texte kohärent und kohäsiv zu gestalten. Es geht uns in erster Linie um die Fähigkeit, Textteile miteinander zu verbinden. In diesem weiten Feld nähern wir uns dem Phänomen vorerst von der Formseite an, mit den Konnektoren beginnend.

3 Konnektoren als komplexes Form-Funktions-Gefüge – grammatisch betrachtet

Bevor wir uns mit den Schülertexten befassen, sind einige terminologische Klärungen nötig. In erster Linie betrifft dies den Begriff *Konnektor*. Dieser umfasst in der deutschen Sprache rund 350 Ausdrücke, die wiederum unterschiedlichen Wortarten zugeordnet werden (vgl. Pasch, Brauße & Waßner 2003). Diese Zuordnungen sind in der Fachliteratur nicht einheitlich und werden aufgrund ihrer Funktionalität unterschiedlich klassifiziert. Zudem wird bei Untersuchungen zu deutschsprachigen Konnektoren die Kategorisierung der englischsprachigen Fachliteratur basierend auf den Bestimmungen von Halliday & Hasan (1976), die inhaltlich-semantisch erfolgt, übernommen. Demnach stellen Konnektoren im weiteren Sinne und die Untergruppe der *Konjunktionen* im engeren Sinne auf der syntaktischen Ebene Kohäsion zwischen Satzteilen und Propositionen her, die semantisch eingeteilt werden. So werden additive (*and*), kausale (*therefore*), temporale (*meanwhile*) und adversative bzw. konzessive (*however*) Konnektoren unterschieden.

Es ist davon auszugehen, dass die Aneignung von Konnektoren auch im Spracherwerb relativ stabil und sequentiell nach folgendem Ablauf erfolgt: additiv > temporal > kausal > adversativ (vgl. Bloom et al. 1980; Kail & Weissenborn 1991; Cain, Patson & Andrews 2005).

Ohne an dieser Stelle ausführlich die aktuelle grammatische Diskussion zur Kategorisierung von Konnektoren vollständig umreißen zu können, sei auf folgende Bestimmungen hingewiesen, die grundlegend für die vorliegende Untersuchung sind. So werden im Handbuch der deutschen Wortarten (Hoffmann 2007) die Begriffe *Junktoren/Konnektoren* präzisiert: Neben der gängigen Unterscheidung nach *Konjunktoren*[5] (Redder 2007) und *Subjunktoren*[6] (Fabricius-Hansen 2007) werden in Fortführung der IDS-Grammatik von 1997 (Zifonun, Hoffmann & Strecker 1997) *Konnektivpartikeln*[7] (Bührig 2007) und *Adjunktoren* (*als* und *wie*, vgl. Eggs 2006) als eigenständige Wortart[8] geführt.

---

5 Die einfachen Konjunktoren z.B. aber, denn, (je)doch, oder, und sowie komplexe wie entweder...oder, weder...noch, sowohl...als/wie auch usw.
6 „Von Konjunktoren (...) unterscheiden sich Subjunktoren syntaktisch durch ihre unterordnende Funktion (...) und die Tatsache, dass sie Endstellung des finiten Verbs verlangen und mit vereinzelten Ausnahmen nur Sätze anschließen." (Fabricius-Hansen 2007: 761) Beispiele dafür sind: *als, bevor, bis, nachdem, sofern, während, wennschon, zumal* usw.
7 Zur Diskussion um diese relativ ‚neue' Wortart vgl. Bührig (2007: 525ff). Maßgeblich für die Kategorisierung ist das variable Stellungsverhalten, das wiederum mit der sprachlich-kommunikativen Organisation von Texten und Diskursen zusammenhängt. Exemplarisch werden Ausdrücke wie *allerdings, dennoch, jedenfalls, sonst, überhaupt, wenigstens, zwar* usw. als Konnektivpartikeln kategorisiert.
8 „Es gibt wohl kaum zwei Ausdrücke des Deutschen, über deren genaue kategoriale Bestimmung sich die germanistische Forschung derart uneins ist wie über die der Ausdrücke *als* und *wie*. (...) Sie sind als koordinierende und subordinierende Konjunktionen klassifiziert worden, als Präpositionen ebenso wie als Partikeln. Jedoch liegen sie aufgrund ihrer besonderen Eigenschaften quer zu jeder dieser ‚Standardwortarten'". (Eggs 2006: 189).

Allen vier Kategorien ist gemein, dass sie formal als unflektierbare Einheiten zu bezeichnen sind und dazu dienen, im weitesten Sinne sprachlich-kommunikative Entitäten miteinander zu verbinden (Funktion). Die Klassifikation als eigenständige Wortart ist darin zu begründen, dass Konnektivpartikeln zwar dieselben Zusammenhänge zwischen den Konnekten schaffen – also kausal, adversativ, temporal etc. – wie Konjunktoren und Subjunktoren (s.o.), sich aber bezüglich ihres variablen Stellungsverhaltens und ihres Funktionsbereichs von Letztgenannten unterscheiden (zu den Ausdrücken im Einzelnen und exemplarischer Analysen zu *allerdings* und *jedenfalls* vgl. Bührig 2007: 525ff). Zur Klassifikation der *Adjunktoren als* und *wie* s.u.

Konjunktoren und Subjunktoren können als die „klassischen" Vertreter von Konnektoren bezeichnet werden, auch sie sind unflektierbar und verbinden mindestens zwei ‚Konjunkte' miteinander. Die Abgrenzung beider Kategorien geschieht hauptsächlich auf der Basis des syntaktischen Merkmals der Verbletztstellung, die Subjunktoren erfordern. Da es sich bei den hier vorliegenden qualitativen Untersuchungen um eine ‚stichprobenartige Tiefenbohrung' handelt, die die bereits vorliegende, zwar grob gerasterte, aber quantitativ stichhaltige Analyse zu den Schreibkompetenzen dreisprachiger Kinder und Jugendlicher ergänzen soll (s.o. sowie Comitê & Zënter 2009, 2010, 2012, 2013; Franceschini 2013b; Risse 2014), erscheint es sinnvoll, die Verwendung von Subjunktoren als einen weiteren Indikator für Schreibfähigkeit heranzuziehen. Dabei ist davon auszugehen, dass die frequenten und einfachen Verbindungen mit den Konjunktoren *und* sowie *oder, aber, (je)doch, denn* sicher erworben sind.

Abgesehen von den syntaktischen Merkmalen von Subjunktoren ist für eine Untersuchung zu kognitiven Vorgängen wie dem Spracherwerb im weiteren und dem Schriftspracherwerb im engeren Sinne zu bestimmen, was diese ‚Verbindungswörter' leisten, mit Austin gesprochen, was ein Schreiber mit diesen Worten ‚machen' kann. In der Funktionalen Pragmatik werden demnach Konjunktoren und Subjunktoren als ‚operativ' beschrieben, als Mittel, die auf Sprache operieren, was aber nicht ausschließt, dass sie eine durchaus auch semantisch zu fassende Grundbedeutung haben (vgl. Eggs 2006). „In diesem Feld geht es funktional allgemein um das Verständigungshandeln zwischen Sprecher und Hörer, d.h. komplementär um die hörerseitige mentale Verarbeitung und die sprecherseitige Prozessierung des sprachlichen Handelns selbst (...)." (Redder 2007: 488) Subjunktoren können demnach im sprachlichen Handeln syntaktisch fungieren, gekoppelt mit der Wortstellung als subordinierende Operativa (ebda.).

Beim Schriftspracherwerb problematisch könnte sich, so die heuristische Überlegung, die Polyfunktionalität oder präziser die Polykategorialität von Subjunktoren bemerkbar machen. Einige Ausdrücke, die primär als Subjunktoren zu bezeichnen sind (z.B. aufgrund von frequenter Verwendung in eben dieser Funktion), sind nämlich gemäß ihren syntaktischen Funktionsmöglichkeiten noch mindestens einer anderen Wortart zuzurechnen (vgl. Fabricius-Hansen 2007: 762). So sind *seit, bis, während* auch als Präpositionen im Gebrauch, während eine Reihe von Subjunktoren „Adverbien bzw. Partikeln zur Seite stehen, die sich formal höchstens im Wortakzent von ihnen unterscheiden" (ebda.). Als ‚widerspenstig' (Ehlich 1987, 2007) erweisen sich u.a. *als, so* und *wie*, da grundsätzlich schwer zu kategorisieren (Eggs 2006; Fabricius-Hansen 2007).

4 Konnektoren als Indikator für Schreibkompetenz

Im Bewusstsein und in Kenntnis der grammatischen Diskussion zu Konnektoren/Junktoren, die oben nur skizziert werden konnte, nähern wir uns diesem vielfältigen Form-Funktions-Gefüge und beschränken uns im Folgenden auf eine statistisch beschreibende Erhebung und eine stärker formseitig fokussierte Analyse der Verwendung von subordinierenden Operativa und einiger Ausdrücke, die als kohäsionsherstellend zu bezeichnen sind. Dabei deutet sich eine Erwerbsprogression an, die über die bereits bekannten Erwerbsmuster additiv > temporal > kausal usw. (s.o.) hinaus gehende Folgerungen zum (Schrift)Spracherwerb bei mehrsprachig alphabetisierten Kindern und Jugendlichen zulässt.

Auffällig war bereits bei einer exemplarischen Untersuchung, dass die ladinischen SchreiberInnen basale Subjunktoren wie das lokale *wo* länger, d.h. bis in die Maturaklasse, verwenden als die einsprachige deutsche Kontrollgruppe, die in diesem Alter stilistisch angemessenere Formen verwendet (vgl. Risse 2014). Dies könnte als ein Merkmal von ‚Parlando in Texten' (Sieber 1998)[9] gewertet werden, da die Verwendung von *wo* in den Texten der ladinischen SchülerInnen am umgangssprachlichen Gebrauch (‚die/der, wo') ausgerichtet ist. Es könnte bedeuten, dass die dreisprachigen SchreiberInnen bei bestimmten Teilkompetenzen ‚länger auf dem Weg' zu einem an der schriftsprachlichen Norm ausgerichteten Schreiben im Deutschen sind. Eine derartige Arbeitshypothese lässt sich aber in dieser ‚Reinform' nicht bestätigen, da wiederum die Verwendung von seltenen, in ihrer

---

9 „In der Übertragung [des Begriffs aus der Musiktheorie, Anm. SR] auf geschriebene Texte bezeichnen wir mit *Parlando* eine bestimmte Art textueller Oberfläche, die sich sowohl in der Wortwahl und in der Syntax wie auch in der Textstruktur stark an einer fiktiven Redesituation zu orientieren scheint. Am ehesten lassen sich solche Parlando-Texte – sind sie gelungen – mit Radiomanuskripten vergleichen, die monologisch *und* sprechsprachlich sind." (Sieber 1998: 51)

Konzeptionalität komplexer zu erfassenden Subjunktoren, wie des ereignispräzisierenden *indem*, bereits bei dreisprachigen Kindern der fünften Klasse Grundschule zu finden ist, nicht aber bei den einsprachigen Altersgenossen (s.u.).

Die Untersuchung von Subjunktoren erscheint nicht zuletzt vor dem Hintergrund empirischer Studien zum Zusammenhang von kognitiven, sprachlichen und sprachnahen Teilkomponenten der Schreibkompetenz in Deutschland[10] sinnvoll, da dort von der Existenz von „Teilfähigkeiten" ausgegangen wird, die mit Schreibkompetenz korrelieren. Die Forschungsgruppe „Schreibkompetenz" evaluiert unter anderem die Verwendung von Konjunktionen bei 277 SchülerInnen der fünften und neunten Klassen unter dem Aspekt der Herstellung von Kohärenz im Text. Die Autoren gehen davon aus, dass der zielsprachlich korrekte Einsatz von Kohäsionsmitteln wie Junktoren auf der Mikroebene eine stabile Grundlage für die Herstellung von Kohärenz auf der Makroebene Text bildet.

Schließlich wird grundsätzlich in den Modellen zur Schreibentwicklung und zum Schreibprozess die Fähigkeit zur Herstellung von Textkohärenz, neben der Adressatenorientierung als relevante Teilfähigkeit gewertet (vgl. Becker-Mrotzek et al. 2014). Das Herstellen von Kohärenz bedeutet: „einen Sachverhalt unter logischen, chronologischen oder funktionalen Aspekten aufzufassen, zu strukturieren und zu versprachlichen. Die sprachlich-kognitive Fähigkeit zur Herstellung von Kohärenz findet ihren textuellen Ausdruck etwa in der Textstruktur sowie im Einsatz der Kohäsionsmittel." (Becker-Mrotzek et al. 2014: 23)

Neben dem formseitig korrekten Einsatz eben dieser sprachlichen Mittel und in Folge der syntaktisch markanten Verbletztstellung (bei Subjunktoren) ist demnach auch die kognitive Seite (Funktion im weiteren Sinne) zu berücksichtigen, was Schwarz (2001) als „materielle Spuren eines mentalen Phänomens" beschreibt. Mit Subjunktoren werden Propositionen miteinander verknüpft, dabei aber eben auch semantische Relationen zwischen ihnen hergestellt. Subjunktoren als Kohäsionsmittel zeigen damit an, wie der Leser die vom Schreiber intendierte Verbindung mental herzustellen hat. In der kognitiven Linguistik wird zurecht darauf hingewiesen, dass das Herstellen von Kohärenz vom Schreiber zwar intendiert, aber nur dann als ‚gelungen' zu bezeichnen ist, wenn der Leser dies in einem Rezeptionsprozess rekonstruieren kann. Wesentlich ist nicht zuletzt folgender Aspekt: „Dabei gilt es zu berücksichtigen, dass für mentale Kohärenzbildung notwendige semantische Informationen in guten Texten nicht immer spezifiziert sein müssen, bzw. ist es gerade ein Merkmal guter Texte, dass sie in einem gewissen Maße immer auch unterspezifiziert sind." (Becker-Mrotzek et al. 2014: 25) Die durch die Unterspezifizie-

---

[10] Informationen und Publikationsliste unter: http://www.bmbf.schreibkompetenz.com/ (letzter Zugriff am 30.11.2014)

rung entstehenden Lücken und Uneindeutigkeiten muss der Leser ‚im Kopf' über Inferenzen füllen (vgl. Rickheit & Strohner 2003).

5 Vorkommen von Subjunktoren im deutschsprachigen Datenkorpus des Projekts LADINIA

Auf Grundlage der Subjunktoren-Liste des Handbuchs der deutschen Konnektoren (Pasch, Brauße & Waßner 2003: 354) wurde untersucht, welche der 74 subordinierenden Operativa in dem deutschsprachigen Textkorpus vorliegen.

In Verfeinerung der Tab. 1 (s.o.), besteht das Textkorpus zur Produktion auf Deutsch aus insgesamt 378 Texten ladinischsprachiger Schreiberinnen und Schreiber, darunter 258 Bildergeschichten von GrundschülerInnen (5. Klasse), 80 Texte (Phantasieaufsatz, 8. Klasse Mittelschule) und 40 Texte von Maturantinnen und Maturanten (argumentative Textsorte), und insgesamt 93 Texte der einsprachigen Kontrollgruppe, darunter 58 Grundschultexte, 15 Mittelschultexte und 20 Oberschultexte.

Insgesamt kann das Vorkommen von folgenden Subjunktoren nachgewiesen werden, in alphabetischer Reihenfolge: *abgesehen davon, als ob, als wenn, anstatt, bevor, bis, falls, indem, nachdem, obwohl, ohne dass, seit, sobald, statt, trotzdem, während, weil, wenn, wie und wo.*

Diese Formen sind explizite Träger kohäsiver Textfunktionen. Doch darüber hinaus gilt es, weitere Formen zu betrachten, die zwar nicht in jedem Falle Subjunktoren sind und dennoch deren Funktion erfüllen. So beispielsweise das Vorkommen von *um...zu* als basale finale Konstruktion. Auch der ‚widerspenstige', weil kategorial oszillierende Ausdruck *so* wurde dahingehen untersucht, inwiefern er in der Funktion als Adverbkonnektor (Pasch, Brauße & Waßner 2003) oder als deiktischer Ausdruck (Ehlich 1987, 2006) gebraucht wird. Bei der Untersuchung von *so* ist auffallend, dass dies fast ausnahmslos von allen Schreiberinnen und Schreibern jeweils adäquat als Mittel der Textstrukturierung eingesetzt wird. Dasselbe gilt für die Form *nun*, die von Pasch, Brauße & Waßner (2003) in die Liste der Subjunktoren aufgenommen wird, dem eine Temporalität wohl nicht abzusprechen ist (vgl. Hoffmann 2014) und das als Planungsdeixis bezeichnet wird (vgl. Ehlich 1987, 2007).

In der nun folgenden Beschreibung werden die Konnektoren in vier verschiedene Gruppen eingeteilt, je nach Problemlage, die sich den Schreibenden stellt. Zunächst wird die der konzeptionell anspruchsvollen Junktoren beschrieben, anschließend die Gruppe der frequenten Junktoren mit temporaler Bedeutung und die Planungsdeixis *nun*. Als dritte Gruppe werden die häufig vorkommenden Subjunktoren mit komplexer Bedeutung (final, konzessiv, konditional) und schließlich die frequenten, polykategorialen Ausdrücke *so* und *wie* dargestellt. Gerade die letztgenannten Ausdrücke könnten beim Spracherwerb Probleme bereiten, so die Überlegung, da sie grammatisch schwer einzuordnen und zu bestimmen (und daher grammatisch diskussionswürdig) sind.

5.1 Vorkommen von konzeptionell anspruchsvollen Konnektoren

Mit konzeptionell anspruchsvollen Konnektoren sind die sprachlichen ‚Verbindungswörter' gemeint, deren Konzept im Laufe des Spracherwerbs erst in einer fortgeschrittenen Phase zu erwarten sind, da das, was sie anzeigen, nicht mehr in der Realität unmittelbar greifbar zu sein scheint (wie die Konzepte Raum, Zeitlichkeit, Kausalität usw.). Beim Gebrauch von anspruchsvollen Junktoren müssen sich die SchreiberInnen mental an abstrakteren Einheiten ausrichten (z.B. ereignispräzisierend). Dann bewegen sie sich – mit Hoffmann (2013: 353) gesprochen – „von der wirklichen Welt, in die Welt der Wissensverarbeitung, ins Reich des Möglichen".

Ein weiteres Kriterium für die Einteilung der Gruppen war die Frequenz; die Ausdrücke in dieser Gruppe kamen eher selten vor und weisen darauf hin, dass sie lediglich von einzelnen Schreiberinnen und Schreiber verwendet wurden.

Zu diesen Junktoren zählen in alphabetischer Reihenfolge: *abgesehen davon, als wenn, (an)statt, als ob, als wenn, indem, ohne dass*. In erster Linie ist auffallend, dass die Junktoren *abgesehen davon, anstatt, als wenn* und *statt* ausschließlich bei den dreisprachigen Schreiberinnen und Schreibern vorkommen, d.h. sie verfügen über ein größeres Repertoire an Kohäsionsmitteln als die einsprachige Kontrollgruppe. Dieser Befund belegt einen Trend, der sich durch die gesamte Studie LADINIA hindurch verfestigt. Insgesamt scheint sich – trotz unterschiedlich schneller Erwerbsverläufe – an einigen Stellen signifikant Mehrsprachigkeit als Ressource für ein breiteres Spektrum an sprachlichen Mitteln belegen zu lassen. So ist auch im Rahmen einer ersten ‚Versuchsbohrung' zur Verwendung von Präpositionen bei den untersuchten Grundschulki dern[11] derselbe Befund wie bei der Konnek-

---

11 Siehe dazu die unveröffentlichte Masterarbeit von Jennifer Kostner (2014): Schriftsprachliche Deutschkompetenz bei mehrsprachigen Kindern in Ladinischen Grundschulen Südtirols. Fakultät für Bildungswissenschaften der Freien Universität Bozen.

torenverwendung zu verzeichnen (vgl. Risse 2014). Auch hier verwenden die ladinischen SchreiberInnen zwei Präpositionen mehr als die Kontrollgruppe. Drei der vier genannten Junktoren sind erwartbar in den Oberschultexten zu finden (*abgesehen davon, anstatt, statt*), *als wenn* und *statt* auch in Texten der MittelschülerInnen.

Die Verwendung von *als ob* (Vergleichssubjunktor) und *ohne dass* (ereignispräzisierend im Sinne von ‚negativ' exkludierend) ist in beiden Gruppen gleich verteilt, jeweils stark in den Mittelschultexten. *Ohne dass* und *ohne* werden im semantischen Sinne auch als Gegenstücke zu *dadurch, dass* (kommt im untersuchten Korpus nicht vor) und *indem* gefasst (vgl. Fabricius-Hansen 2007: 773f.).

Auffallend ist die Verwendung von *indem*: So präzisiert dieser Subjunktor meist im untergeordneten Satzteil die Beschreibung des im Obersatz (OS) referierten Ereignisses und drückt gleichzeitig aus, dass das Geschehen des Untersatzes (meist eine Handlung) sich meist auf ein Teilereignis des im Obersatz beschriebenen (komplexen) Geschehens bezieht, von dem es verursacht wird. (Fabricius-Hansen 2007: 772).

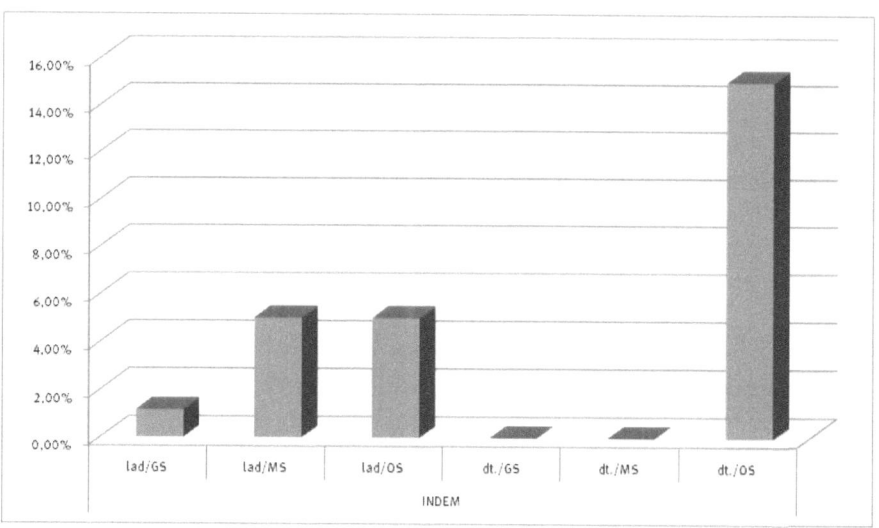

Abb. 1: Prozentuale Verteilung von *indem* nach Schulstufen und im Vergleich der Texte aus den ladinischen Tälern mit denjenigen aus den deutschsprachigen Kontrollgruppen (100% entspricht der Gesamtheit der Texte pro Schulstufe)

Die in den Diagrammen angegebenen Prozentwerte sollen vor allem die Verteilung augenfällig machen. Wie ersichtlich ist, verwendet die deutschsprachige Kontrollgruppe erst in der Oberschule den Konnektor *indem* (dt./OS=deutschsprachige

Oberschule) und dies ausnahmslos adäquat. Überraschend ist hingegen, dass dieser anspruchsvolle Subjunktor auch insgesamt dreimal in ladinischen Grundschultexten zu finden ist, hier allerdings zweimal inadäquat verwendet, aber einmal annähernd ‚richtig':

Bsp. (1):

> „Jetzt befahl sein Vater ihm das er alles Sauber machen musste und so verbrachte Filip den Halben Tag indem er die Wohnung putzte."

Hier bringt der junge Schreiber die ursprünglich rein temporale Funktion dieses Subjunktors, wie er in der älteren deutschen Literatursprache und in der norwegisch-dänischen Entsprechung heute noch zu finden ist, zum Vorschein: „In kanonischen *indem*-Gefügen beschreiben der Unter- und der Obersatz somit Teilaspekte ein- und derselben Handlung bzw. ein und desselben Ereignisses. Das setzt natürlich Zeitgleichheit voraus. Es kann deshalb nicht wundernehmen, dass der Subjunktor gelegentlich (...) als reiner Temporalsubjunktor zum Ausdruck des zeitlichen Zusammenfalls zwischen zwei deutlich verschiedenen Ereignissen verwendet wird (...)." (Fabricius-Hansen 2007: 772).

Insofern realisiert der Schreiber vornehmlich das Konzept der Temporalität in diesem Ausdruck, während der Aspekt der ‚Instrumentalität' noch im Hintergrund bleibt oder noch nicht sicher erworben ist. Die ladinischen SchreiberInnen der Mittel- und Oberschule haben hingegen das Konzept bereits erworben und verwenden *indem* so adäquat wie ihre deutschsprachigen Alterskollegen.

5.2 Vorkommen frequenter Konnektoren mit temporaler Bedeutung und der Planungsdeixis *nun*

Zu dieser Gruppe zählen wir die temporalen Subjunktoren, die insofern als ‚einfach' im Rahmen des Spracherwerbs zu bezeichnen sind, als sie eine der lebensweltlichen Grundkategorien, nämlich Zeitlichkeit ausdrücken, also die zeitliche Abfolge (‚Gegenwart', ‚Vergangenheit' oder ‚Zukunft') von Ereignissen. Hierbei sind im Textkorpus folgende Ausdrücke häufig anzutreffen: *bevor, bis, nachdem, sobald, seit, während*. Die Unterschiede in der Verwendung zwischen den beiden Schülergruppen fallen nicht ins Gewicht; der häufigere Gebrauch von *nachdem* bei der deutschen Kontrollgruppe lässt sich mit der häufigeren Verwendung von *seit* bei den mehrsprachigen SchreiberInnen ‚gegenrechnen'.

Am häufigsten finden sich *bis* und *sobald*, gefolgt von *nachdem*, *seit* und schließlich *bevor*. Spitzenreiter in dieser Gruppe bildet das Zeitgleichheit andeutende *während*.

Bsp. (2):

    Karl frühstückte während sein Vater die Zeitung las." (lad/GS)

Auch dies ist ein Befund, der sich bereits bei der quantitativen Untersuchung abzeichnete. Während die ladinischen SchreiberInnen diesen Ausdruck ihre Schulzeit hindurch konstant verwenden, ist bei der deutschsprachigen Kontrollgruppe eine Art U-Kurve zu verzeichnen (s. Abb. 2), mit einem ‚Einbruch' auf den Wert Null in der Mittelschule und einem vergleichsweise deutlichen Anstieg in der Oberschule.

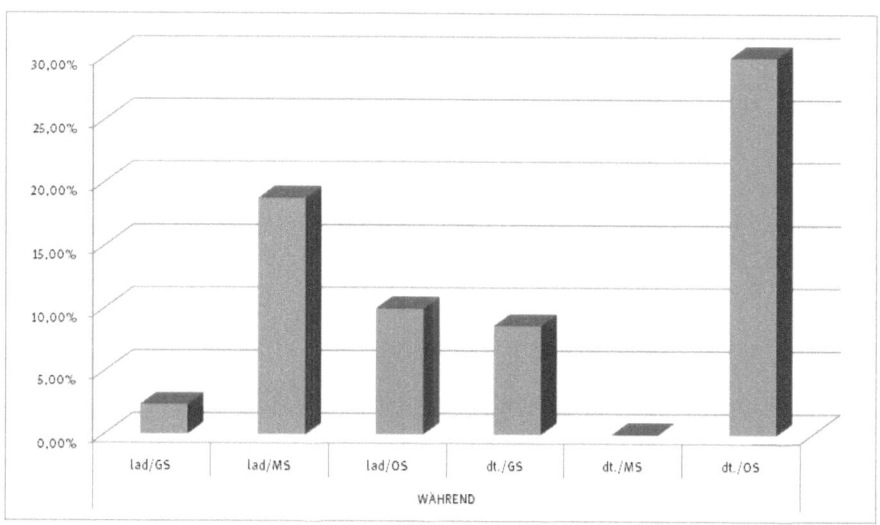

Abb. 2: Prozentuale Verteilung von *während* nach Schulstufen und im Vergleich der Texte aus den ladinischen Tälern mit denjenigen aus den deutschsprachigen Kontrollgruppen (100% entspricht der Gesamtheit der Texte pro Schulstufe)

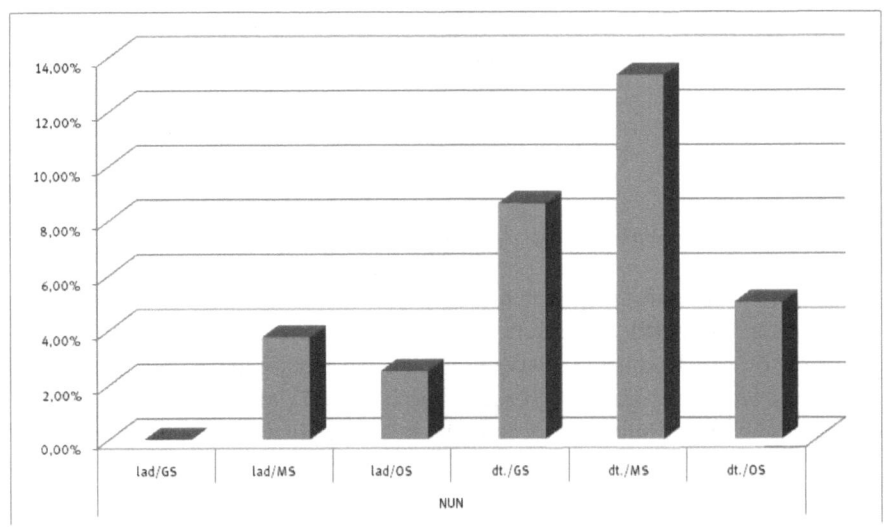

Abb. 3: Prozentuale Verteilung von *nun* nach Schulstufen und im Vergleich der Texte aus den ladinischen Tälern mit denjenigen aus den deutschsprachigen Kontrollgruppen (100% entspricht der Gesamtheit der Texte pro Schulstufe)

Aufgrund des Aspekts der Zeitlichkeit, der neben dem der Planung dem Adverb *nun* zuzuschreiben ist, wird es an dieser Stelle erwähnt und die Verwendung im Diagramm dargestellt (s. Abb. 3).

Bsp. (3):

> Nun ging er singend hinunter zum Frühsücken. (lad./GS)

Hoffmann (2014: 336) beschreibt diesen Ausdruck als „genuin deiktisch"; Ehlich spricht von einer „Planungsdeixis" (Ehlich 1987, 2007: 162), da von der Bühler'schen „Sprecher-Origo" ausgehend „in einem Verweisraum so gezeigt wird, dass der Hörer den gemeinten Raumbereich bzw. das gemeinte Zeitintervall oder einen Planungsschritt (*nun*) synchron nachvollziehen und darin den Ereignisgegenstand bzw. die Ereigniszeit verorten kann" (Hoffmann 2014: 336).

Insgesamt ist die Verwendung von sprachlichen Mitteln, die Kohäsion unter temporalen Aspekten herstellen, zwischen den beiden Gruppen ausgeglichen.

5.3 Vorkommen frequenter Konnektoren mit komplexer Bedeutung (final, konzessiv, konditional)

Unter diese Gruppe fallen die Worte bzw. Konstruktionen *um...zu, falls, wenn, trotzdem, obwohl*. Die Konzessivjunktoren (*trotzdem, obwohl*), die „Einräumungssätze" einleiten (Fabricius-Hansen 2007: 783), sind in ihrer Funktionalität insofern komplex, als sie auf Präsuppositionen basieren, die sprachlich nicht explizit gemacht werden müssen.

Bsp. (4):

> Warum braucht es auf unserer Welt Technik, obwohl es auch in der Vergangenheit ohne funktioniert hat? (lad./OS)

Bsp. (5):

> Sie gingen ins Wohnzimmer hinüber und machten sich trotzdem noch einen schönen Tag. (lad./GS)

Hier zeigt sich wiederum bei der mehrsprachigen Gruppe eine gleichbleibende Verteilung – auch des Nicht-Verwendens von *trotzdem*. „*Trotzdem* als Subjunktor wird standardsprachlich in der Regel gemieden, es findet sich jedoch nicht nur umgangssprachlich, sondern z.B. auch belegt bei Fontane, Kafka, Thomas Mann, Hauptmann, Jaspers." (Zifonun, Hoffmann & Strecker 1997: 2311). Wohingegen die deutsche Kontrollgruppe adäquat und erwartbar häufig diese Konjunktion in der Mittel- und Oberschule gebraucht, vermutlich da in den Texten stärker umgangssprachliche Äußerungen einfließen als bei den ladinischern Schülern, die deutlicher am Standarddeutschen in ihren Texten bleiben.

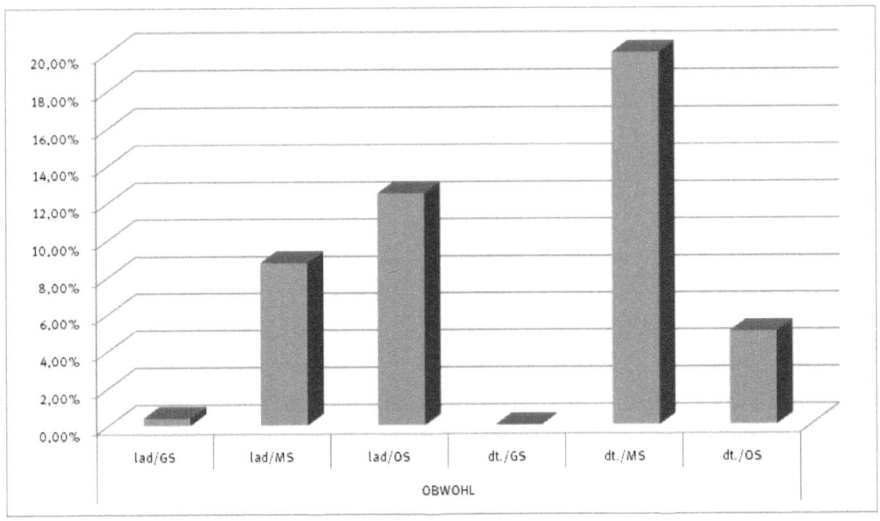

Abb. 4: Prozentuale Verteilung von *obwohl* nach Schulstufen und im Vergleich der Texte aus den ladinischen Tälern mit denjenigen aus den deutschsprachigen Kontrollgruppen (100% entspricht der Gesamtheit der Texte pro Schulstufe)

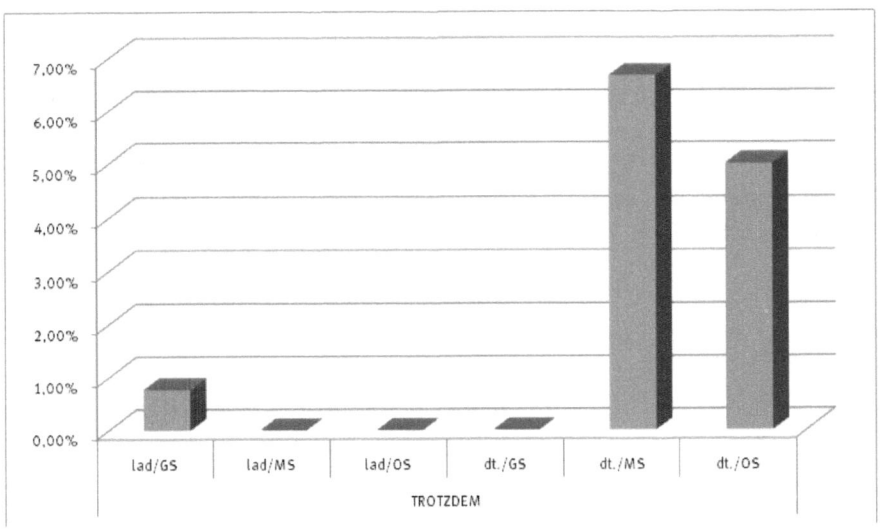

Abb. 5: Prozentuale Verteilung von *trotzdem* nach Schulstufen und im Vergleich der Texte aus den ladinischen Tälern mit denjenigen aus den deutschsprachigen Kontrollgruppen (100% entspricht der Gesamtheit der Texte pro Schulstufe)

Dass die Konzepte Finalität und Konditionalität bei beiden Gruppen als schriftsprachlich erfolgreich angeeignet gelten können, belegen die Ergebnisse der Auswertung von *um...zu* (ausgeglichen zwischen beiden Gruppen, vgl. Risse 2014: 93) und von *wenn* und *falls*. Hierbei ist jedoch auffällig, dass die ladinischen Schreiber offensichtlich noch nicht so häufig *falls* verwenden wie ihre deutschsprachigen Alterskollegen. Das Konzept Konditionalität kann hingegen insgesamt als erworben gewertet werden.

Bsp. (6):

> Falls das nicht klappen sollte frage einer Lehrperson oder einem Erwachsenen dringent um Hilfe. (lad./MS)

Bsp. (7):

> Also dachten wir, wenn die Lehrerin das darf, dürfen auch wir ihn so nennen. (lad./MS)

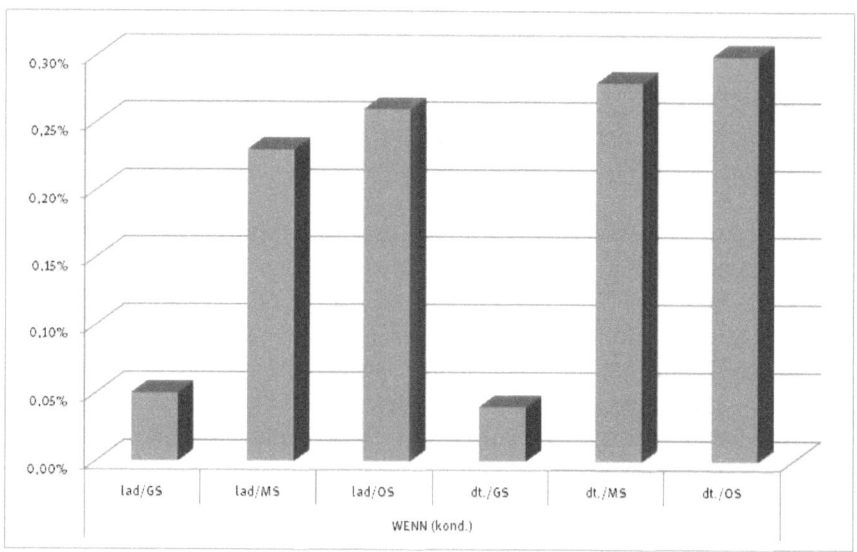

Abb. 6: Prozentuale Verteilung von *wenn* nach Schulstufen und im Vergleich der Texte aus den ladinischen Tälern mit denjenigen aus den deutschsprachigen Kontrollgruppen (100% entspricht der Gesamtheit der Texte pro Schulstufe)

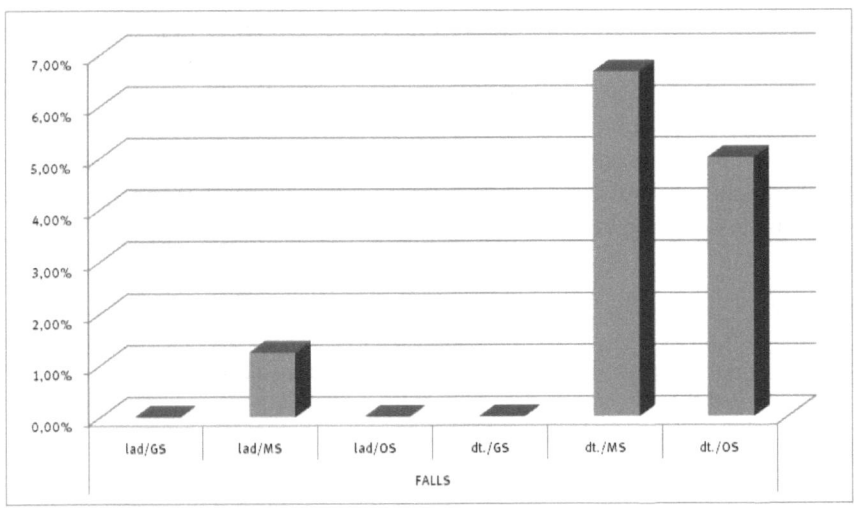

Abb. 7: Prozentuale Verteilung von *falls* nach Schulstufen und im Vergleich der Texte aus den ladinischen Tälern mit denjenigen aus den deutschsprachigen Kontrollgruppen (100% entspricht der Gesamtheit der Texte pro Schulstufe)

5.4 Vorkommen frequenter und poylkategorialer Kohäsionsmittel *so* und *wie*

Als letzte Gruppe sollen sprachliche Ausdrücke diskutiert werden, die in diskursiven Zusammenhängen sehr häufig gebraucht werden und daher im schriftsprachlichen Bereich präzise eingesetzt werden müssen, um die jeweils intendierte Funktion zu erfüllen. Die Spitzenposition nimmt in dieser Gruppe der Ausdruck *wie* ein, der am häufigsten in den Oberschultexten der Kontrollgruppe vorkommt. Auch hier zeigt sich innerhalb der ladinischsprachigen Gruppe wieder ein deutlicher Anstieg zwischen Mittel- und Oberschule und das vergleichsweise langsame Ansteigen der Kurve über die Schulstufen hinweg.

Für die Ausdrücke *als* und *wie*, die sowohl in der Kategorie der Subjunktoren als auch als Bestandteile von Konjunktoren auftreten, wurde in der IDS-Grammatik (Zifonun, Hoffmann & Strecker 1997) als neue Wortart Adjunktor (s.o.) eingeführt. Ihre komplexe Grammatik ist in einer Monographie ausführlich sprachhistorisch, diskurs- und textlinguistisch rekonstruiert und beschrieben (Eggs 2006). Für die vorliegende Untersuchung wurde lediglich das Vorkommen von *wie* als einleitendes Element von Temporalsätzen gezählt.

Bsp. (8):

> Das Benutzen dieser Geräte ist für uns so selbstverständlich, dass wir vergessen, wie lange man gebraucht hat und wie viel Forschung man investiert hat, um sie zu erfinden." (lad./OS)

Unterschieden wurde hierbei nicht nach szenisch erzählendem, erzählendexpandierendem und gegenwartsbezogenem, selbstreflexivem *wie*, wie von Eggs (2006: 428ff) vorgeschlagen. Dargestellt wird die Häufigkeit[12], die in den deutschen Oberschultexten signifikant häufiger ist, da doppelt so oft verwendet im Vergleich zu den dreisprachigen SchreiberInnen.

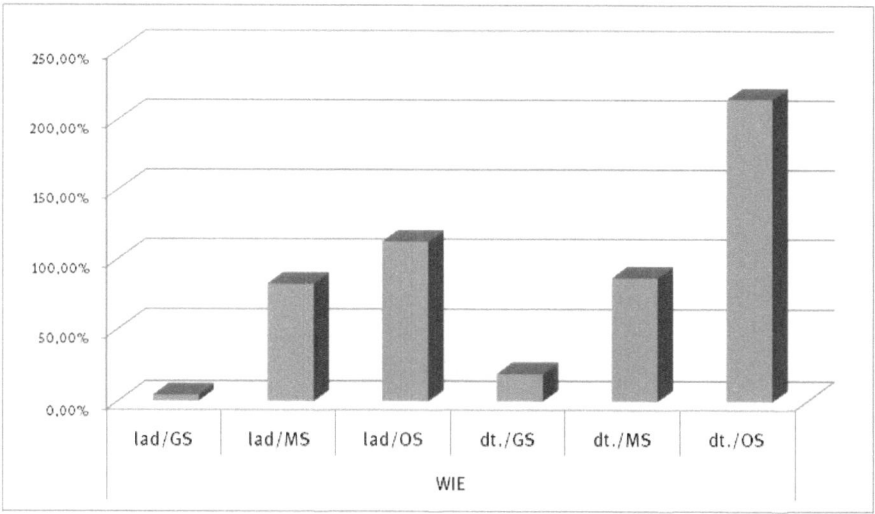

Abb. 8: Prozentuale Verteilung von *wie* nach Schulstufen und im Vergleich der Texte aus den ladinischen Tälern mit denjenigen aus den deutschsprachigen Kontrollgruppen (100% entspricht der Gesamtheit der Texte pro Schulstufe)

Die hoch frequente Verwendung von *so*, die hier ausschließlich quantitativ dargestellt wird, ist ein weiteres Indiz dafür, dass die Schreiberinnen und

---

12 Die hohen Prozentzahlen über 100% ergeben sich durch den Berechnungsmodus Worthäufigkeit berechnet auf die Anzahl der Texte (jeweils 100). Wie bereits erwähnt geht es weniger um die absoluten Zahlen als um die Darstellung der Gebrauchshäufigkeit im Vergleich zwischen den Sprachgruppen und den einzelnen Schulstufen.

Schreiber in der Lage sind, diesen schwer in seiner Funktionalität zu fassenden Ausdruck adäquat zu verwenden.

Bsp. (9):

> In diesen Küchen gibt es ein Haufen elektronischer Geräte oder Maschinen, mit denen der Koch ein wundervolles Essen herzaubert. So ist es auch in den Fabriken.

Gezählt wurde hier die deiktische Verwendung von *so*, da dieser ein hoher Abstraktionsgrad innewohnt. Mit *so* als Deixis verstanden kann in einer nicht unmittelbar sprechsituativen Dimension auf einen bestimmten Aspekt an „Objekten" oder Ereignissen sprachlich gezeigt werden (vgl. Ehlich 1987, 2007: 157). In dieser Funktion wurde *so* an Satzanfängen gezählt, da es hier auch der Herstellung von Kohäsion dient.

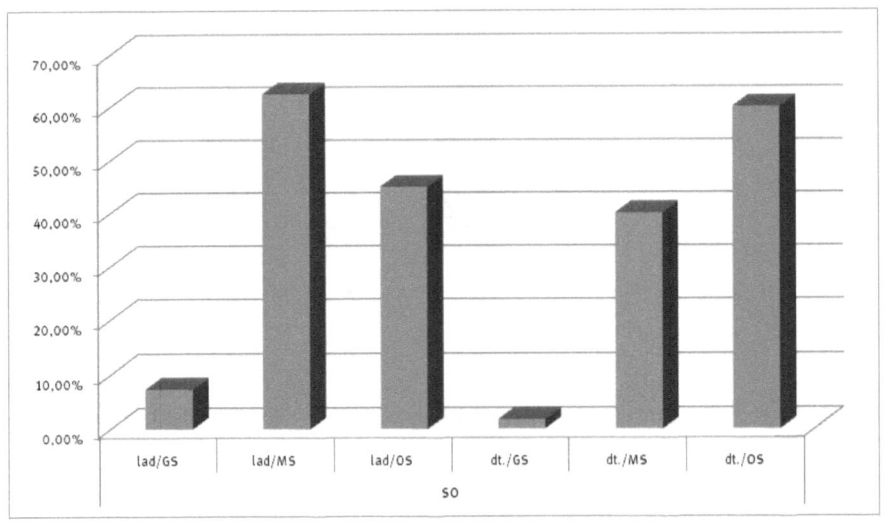

Abb. 9: Prozentuale Verteilung von *so* nach Schulstufen und im Vergleich der Texte aus den ladinischen Tälern mit denjenigen aus den deutschsprachigen Kontrollgruppen (100% entspricht der Gesamtheit der Texte pro Schulstufe)

6 Fazit: Form- und Funktions-Auftrieb durch die mehrsprachige Erfahrungswelt

Insgesamt bestätigen sich auch durch diese weitere qualitative ‚Tiefenbohrung', dass die Erwerbswege der dreisprachig aufwachsenden und schulisch unterstützen LadinerInnen und die der hauptsächlich einsprachig deutsch sozialisierten Kinder und Jugendlichen in den überwiegend deutschsprachigen Tälern Südtirols in den Formen parallel verlaufen, wenn auch meist zeitverschoben. Das bedeutet, dass die Kinder durch dieselben Erwerbsschritte gehen: lokal > temporal > final > kausal > konditional. Dies liegt darin begründet, dass die Konzepte ‚Ort' und ‚Zeit' zu den grundlegenden beim Erfahren von Welt und Erwerb von Weltwissen gehören (ausführlich dazu Risse 2014: 88ff.).

Unterschiede gibt es trotzdem: So steigt die Erwerbskurve in der Regel langsamer an. Auf der Formseite hat man indes auch sehen können, dass die Kinder im ladinischen Schulsystem einige Formen früher zu verwenden scheinen und bei Teilaspekten schneller sind. Das gilt etwa für die Verwendung von *indem*, das bereits in der ladinischen Grund- und Mittelschule (wenn auch nur vereinzelt) verwendet wird, in der deutschen Kontrollgruppe aber erst in der Oberschule nachweisbar ist. Auch der adäquate Einsatz des Ausdrucks *so* in seiner deiktischen Funktion bei Satzanfängen (*So machte Peter sich an die Arbeit.* Lad./GS), der bereits in der Grund- und Mittelschule häufiger zu finden ist als in Texten Deutschsprachiger stützt diesen Befund.

Auch wenn es also auf den ersten Blick überraschend erscheinen mag, dass die Mehrsprachigen teilweise schneller sind als ihre Alterskollegen, kann dies als ein wichtiges Indiz dafür gewertet werden, dass die Sprachen koevoluieren, sich gegenseitig ‚boosten', wir haben es ‚Auftrieb' genannt.

In unserem Falle sind diese erfolgreichen Spracherwerbsverläufe auch bedingt durch den sehr natürlichen Umgang mit den drei Sprachen, der stark durch das paritätische Schulsystem gestützt wird. Dieses war und ist nach wie vor nicht als ein Eliteschulsystem konzipiert, sondern hat sich aus der spezifischen Minderheitensituation heraus historisch entwickelt und wird seit Jahrzehnten selbstverständlich von den Bewohnern der ladinischen Täler getragen. Dies wirkt sich nicht zuletzt auch förderlich auf einsprachige Zugezogene aus anderen Gebieten Südtirols oder Italiens aus, die ihrerseits dann die jeweils ‚fehlenden' Sprachen nachlernen.

Literatur

ASTAT-Landesinstitut für Statistik (2006): Südtiroler Sprachbarometer. Sprachgebrauch und Sprachidentität in Südtirol – Barometro linguistico dell'Alto Adige. Uso della lingua e identità linguistica in povincia di Bolzano, Bozen. Bozen: ASTAT Schriftenreihe 123.

Becker-Mrotzek, Michael; Grabowski, Joachim; Jost, Jörg; Knopp, Matthias & Markus Linnemann (2014): Adressatenorientierung und Kohärenzherstellung im Text. Zum Zusammenhang kognitiver und sprachlich realisierter Textkomponenten von Schreibkompetenz. *Didaktik Deutsch* 37/2014, 21–43.

Bloom, Lois; Lahey, Margaret; Hood, Lois; Lifter, Karin & Fiess, Kathleen (1980): Complex sentences: Acquisition of syntactic connectives and semantic relations they encode. Journal of Child Language 7, 235–261.

Bührig, Kristin (2007): C13 Konnektivpartikel. In Hoffmann, Ludger (Hrsg.): *Handbuch der deutschen Wortarten*. Berlin/New York: de Gruyter, 525–546.

Byram, Michael & Leman, Johan (eds.) (1990): *Bicultural Trilingual Education. The Foyer Model in Brussels*. Clevedon: Multilingual Matters.

Cain, Kate; Patson, Nikole D. & Andrews, Leanne (2005): Age- and ability related differences in young readers use of conjunctions. *Journal of Child Language* 32 (2005), 877–892.

Cenoz, Jasone (ed.) (2009): Towards multilingual education. Basque educational research from an international perspective. Bristol (UK): Multilingual Matters.

Comitê/Zënter (2009): Comitê y Sorvic Provinzial por l'Evaluaziun dles Scores Ladines/Zënter de Cumpetënza Lingac dl'Università Liedia de Bulsan (Hrsg..)(2009), Resultac dl'analisa linguistica, 5° tlasses scoles elementeres / Ergebnisse der Untersuchung der Sprachkomkompetenzen, 5. Grundschulklassen / Risultati dell'analisi linguistica, 5e classi scuole primarie, Bozen: Athesia.

Comitê/Zënter (2010): Comitê y Sorvic Provinzial por l'Evaluaziun dles Scores Ladines/Zënter de Cumpetënza Lingac dl'Università Liedia de Bulsan (Hrsg.) (2010), Resultac dl'analisa linguistica, 3° tlasses scoles mesanes / Ergebnisse der Sprachkompetenz-Studie, 3. Mittelschulklassen / Risultati dell'analisi linguistica, 3e classi scuole secondarie di primo grado, Bozen: Athesia.

Comitê/Zënter (2012): Comitê y Sorvic Provinzial por l'Evaluaziun dles Scores Ladines/Zënter de Cumpetënza Lingac dl'Università Liedia de Bulsan (Hrsg.)(2012): Resultac dl'analisa linguistica, 5a tlasses scoles autes /Ergebnisse der Sprachkompetenz-Studie, 5. Oberschulklassen / Risultati dell'analisi linguistica, 5e classi scuole secondarie di secondo grado, Bozen: Athesia.

Comitê/Zënter (2013): Comitê y Sorvic Provinzial por l'Evaluaziun dles Scores Ladines/Zënter de Cumpetënza Lingac dl'Università Liedia de Bulsan (Hrsg.) (2013): Resultac dla nrescida sun la cumpetënzes de nglëisc/Results of the english tests/Ergebnisse der Englisch-Sprachkompetenztests/Risultati delle prove di Inglese. Bozen: Athesia.

Craffonara, Lois (1997): Ladinien. In Goebl, Hans; Nelde, Peter & Stary, Zdenek (Hrsg.): *Kontaktlinguistik, Contact Linguistics. Ein internationales Handbuch zeitgenössischer Forschung*, 2 Halb-Bd. Berlin, New York: de Gruyter, 1383–1398.

Eggs, Frederike (2006): *Die Grammatik von als und wie*. Tübingen: Narr.

Ehlich, Konrad (1987/2007): so – Überlegungen zum Verhältnis sprachlicher Formen und sprachlichen Handelns, allgemein und an einem widerspenstigen Beispiel. In ders.: *Spra-

chen und sprachliches Handeln. Prozeduren des sprachlichen Handelns. Band 2. Berlin, New York: de Gruyter, 141–167.
Fabricius-Hansen, Cathrine (2007): C22 Subjunktor. In Hoffmann, Ludger (Hrsg.): *Handbuch der deutschen Wortarten*. Berlin, New York: de Gruyter, 579–790.
Franceschini, Rita (2010): Der mehrsprachige Habitus: Das Fallbeispiel eines dreisprachigen Schulmodells in Ladinien. In Krüger-Potratz, Marianne; Neumann, Ursula & Reich, Hans H. (Hrsg.): *Bei Vielfalt Chancengleichheit: Interkulturelle Pädagogik und Durchgängige Sprachbildung*. Münster: Waxmann, 316–339.
Franceschini, Rita (2013a): Die Potentialität von Mehrsprachigkeit: vier Szenarien für ein dreisprachiges Gebiet wie Südtirol. In Hans-Bianchi, Barbara; Miglio, Camilla; Pirazzini, Daniela; Vogt, Irene & Zenobi, Luca (Hrsg.): *Fremdes wahrnehmen, aufnehmen, annehmen. Studien zur deutschen Sprache und Kultur in Kontaktsituationen*. Frankfurt a. M.: Lang, 179–194.
Franceschini, Rita (2013b): Die Entwicklung dreisprachiger Schreibkompetenzen: Resultate aus den ladinischsprachigen Tälern Südtirols. In Erfurt, Jürgen; Leichsering, Tatjana & Streb, Reseda (Hrsg*.): Mehrsprachigkeit und Mehrschriftigkeit*. OBST-Osnabrücker Beiträge zur Sprachtheorie, Heft 83, 57–78.
Henn-Reinke, Kathryn (2012): *Considering Trilingual Education*. New York: Routledge.
Hoffmann, Luder (2014, 2. Aufl.): Deutsche Grammatik. Grundlagen für Lehrerausbildung, Schule, Deutsch als Zweitsprache und Deutsch als Fremdsprache. Berlin: Erich Schmidt.
Hoffmann, Ludger (Hrsg.) (2007): *Handbuch der deutschen Wortarten*. Berlin/New York: de Gruyter.
Holtus, Günter; Metzeltin, Michael; Schmitt, Christian (Hrsg.) (1989): *Lexikon der Romanistischen Linguistik. Band/Volume III*: Die einzelnen romanischen Sprachen und Sprachgebiete von der Renaissance bis zur Gegenwart. Rumänisch, Dalmatisch/Istroromanisch, Friaulisch, Ladinisch, Bündnerromanisch, Tübingen: Niemeyer.
Hornberger, Nancy H. (ed.) (2008, 2. Aufl.): *Encyclopedia of Language and Education*, 10 vol., New York: Springer.
Kail, Michèle & Weissenborn, Jürgen (1991): Conjunctions: Developmental issues. In Piéraut-Le-Bonniec, Gilberte & Dolitsky, Marlene (eds.): *Language bases...discourse bases: Some aspects of contemporary French-language psycholinguistic research*. Amsterdam: John Benjamins, 125–142.
Pasch, Renate; Brauße, Ursula; Breindl, Eva & Waßner, Ulrich Hermann (2003): *Handbuch der deutschen Konnektoren*. Berlin: de Gruyter.
Leibold, James & Chen Yangbin (eds.) (2014): *Minority Education in China: Balancing Unity and Diversity in an Era of Critical Pluralism*. Hong Kong: Hong Kong University Press.
Redder, Angelika (2007): C12 Konjunktor. In Hoffmann, Ludger (Hrsg.): *Handbuch der deutschen Wortarten*. Berlin/New York: de Gruyter, 483–524.
Rickheit, Gert & Strohner, Hans (2003): Inferenzen. In Rickheit, Gert; Herrmann, Theo & Deutsch, Werner (Hrsg.): *Psycholinguistik*. Berlin: de Gruyter, 566–577.
Risse, Stephanie (2014): Deutsch als Zweitsprache im mehrsprachigen Kontext. Zum Erwerb von Konjunktionen als Indikator für Textqualität. *Zeitschrift für Literaturwissenschaft und Linguistik LiLi*, Heft 174 (2014), 86–95.
Sieber, Peter (1998): Parlando in Texten. Zur Veränderlichkeit kommunikativer Grundmuster in der Schriftlichkeit. Tübingen: Niemeyer

Schwarz, Monika (2001): Kohärenz. Materielle Spuren eines mentalen Phänomens. In Bräunlich, Margaret; Neuber, Baldur & Rues, Beate (Hrsg.): *Gesprochene Sprache – transdisziplinär. Festschrift zum 65. Geburtstag von Gottfried Meinhold.* Frankfurt a.M.: Lang, 151–159.

Zifonun, Gisela; Hoffmann, Ludger & Strecker, Bruno (1997): *Grammatik der deutschen Sprache.* Berlin/New York: de Gruyter.

Teil 4: Familiäre Literalisierungspraktiken und ihre Wirkung auf die Textfähigkeiten der Kinder und Jugendlichen

Jochen Rehbein
Textuelle Literalisierung – mehrsprachig.

Zur Verschränkung von Text und Diskurs bei Vorlesen, Bereden und Wiedergeben in zwei Sprachen[1]

1 Einführung

Bevor Kinder lesen und schreiben lernen, differenziert sich ihre Kommunikation bereits nach Diskurs und Text. Während sie beim *diskursiven* sprachlichen Handeln face-to-face mit den Erwachsenen interagieren, erfahren sie schon früh durch Lieder-Singen, Bilderbuch-Anschauen, Geschichten-Hören, Vorlesen, Zeichentrickfilme usw., durch ein solcherart *textuelles* sprachliches Handeln, von einer Welt jenseits ihres unmittelbaren Handlungsraums. Ich nenne diesen komplexen Vorgang des Bekannt-Werdens mit Welt mittels Texten 'textuelle Literalisierung'[2]. Eine zentrale Rolle nimmt dabei das Vorlesen ein. Textuelle Literalisierung, sofern sie in Familie, Krippe, Kindergarten und Vorschule stattfindet, kann später, nach dem Schriftspracherwerb, als Ressource beim Lesen und Produzieren schriftlicher Texte dienen. Hypothese ist, dass bei mehrsprachiger Ontogenese die mit der textuellen Literalisierung in der L1 (Erstsprache) erworbenen Kompetenzen auch in der L2 akzessibel werden (Grosjean 2008; Lüdi 2006; Lüdi & Py 2009).

Die Daten für diese Studie stammen aus dem DFG-Projekt *Entwicklung narrativer Diskursfähigkeiten in Elternhaus und Schule (ENDFAS)* (1992–1995); sie wur-

---

[1] Die Arbeit wurde von der Deutschen Forschungsgemeinschaft im Rahmen des SFB 538 Mehrsprachigkeit der Universität Hamburg im Zusammenhang mit dem Projekt *Sprachliche Konnektivität bei bilingual türkisch-deutsch aufwachsenden Kindern (SKOBI)*, 1999–2006 unterstützt. Der Beitrag geht auf folgendes Arbeitspapier des ENDFAS-Projektes zurück: "Wilhelm Grießhaber & Jochen Rehbein (Hamburg 1992) Texthabitualisierung. Vorlesen aus dem Bilderbuch in zwei Sprachen (Rohfassung)". - Ich bedanke mich sehr bei Peter Rosenberg, Christoph Schroeder, Angelika Redder, Rita Franceschini, einer/m anonymen GutachterIn und meiner Frau Ivika Rehbein-Ots für ihre kritischen und weiterführenden Kommentare. Die verbliebenen Fehler verantworte ich selbst.
[2] Da der Begriff 'Texthabitualisierung' unerwünschte Assoziationen hervorrief, habe ich ihn erst durch 'Textualisierung', dann aufgrund des Einwands einer Gutachterin durch die Prägung 'textuelle Literalisierung' ersetzt. Mit 'Literalisierung' beziehe ich mich nicht auf den (schulischen) Schriftspracherwerb, sondern auf Phasen davor.

den möglichst realitätsnah mittels *Evokativer Feldexperimente (EFE)*[3] erhoben, hier nach dem Design „Vorlesen aus dem Bilderbuch" (abgekürzt 'EFE01'), das im Rahmen der Familie in folgenden Schritten stattfand: I. Zuerst wurde das Märchen *Pamuk Prenses* [türkisch für *Schneewittchen*] auf Türkisch vorgelesen, dann erfolgte eine interaktive Rekonstruktion des Märchens anhand der Bilder und eine Nacherzählung auf Türkisch. II. Zu einem späteren Zeitpunkt wurde Schneewittchen auf Deutsch vorgelesen, mit interaktiver Rekonstruktion und Nacherzählen auf Deutsch. Für das Vorlesen auf Türkisch und auf Deutsch war jeweils ein/e unterschiedliche/r Gesprächspartner/in zuständig (mit Kenntnissen in der jeweils anderen Sprache); in den Familien waren stets beide anwesend. – Im Projekt ENDFAS wurde „Vorlesen aus dem Bilderbuch" mit 18 bilingual türkisch-deutschen Kindern in Deutschland und 7 monolingual-türkischen Kindern in der Türkei durchgeführt. Die Gespräche wurden im Elternhaus der Kinder aufgezeichnet, später nach dem Verfahren HIAT transkribiert[4] und nach diskursanalytischen Verfahren ausgewertet. – Im folgenden werden Daten (Transkriptionen) von zwei (sukzessiv-bilingualen) Kindern, nämlich Erkin, 4;9, und Sibel, 4;7, analysiert.[5] Die drei Bilderbücher, die im folgenden ausschnittsweise präsentiert werden, enthalten leicht variierende Handlungsversionen.

---

3 S. Ehlich & Rehbein 1986 zu diesem Erhebungsverfahren.
4 Aufnahmen und Transkriptionen sind jetzt Teil der Corpora SKOBI & ENDFAS (s. Rehbein, Herkenrath & Karakoç 2007; Rehbein 2009).
5 Lernerbiographische Selbstauskünfte (anonymisiert): *Erkin* wurde am 28.4.1987 in Hamburg geboren, die Mutter kommt aus Aydın/Westtürkei und ist Putzfrau, der Vater Schuhmacher; Erkin hat einen älteren Bruder (Serkan). Er besucht den deutschen Kindergarten, spricht mit Vater und Mutter stets Türkisch, mit seinem Bruder Deutsch und Türkisch. Sein Vater hört oft türkisches Radio, Erkin selbst sieht türkisches Fernsehen, am liebsten Zeichentrickfilme wie Heman auf Tele 10. Erkin werden manchmal Kinderbücher und Märchen auf Türkisch vorgelesen, manchmal Märchen auch erzählt, aber nie auf Deutsch. Er sieht sich auch türkischsprachige Videofilme an. Erkin spielt oft mit türkischen Kindern, z.B. *araba* (Auto) und andere Spiele. Er erhält nie Besuch von deutschen Kindern. Deutsch hat er am meisten von seinem Vater und im Kindergarten gelernt. Seiner Meinung nach kann er sehr gut Türkisch und mittelmäßig Deutsch. Später möchte er in der Türkei leben. - *Sibel* wurde am 9.6.1987 in Hamburg-Altona geboren und ist dort aufgewachsen. Sie hat einen 3 Jahre älteren Bruder (Serdar). Beide Eltern kommen aus Samsun am Schwarzen Meer, beide sind Arbeiter. Sibel besucht den deutschen Kindergarten. Sie spricht mit ihrer Mutter und ihrem Vater manchmal Deutsch, manchmal Türkisch, mit ihren Geschwistern Deutsch, mit den Großeltern Türkisch, mit anderen Verwandten Türkisch und Deutsch. Weder ihr Vater noch sie selbst hören Radiosendungen auf Türkisch, aber sie sieht täglich zwischen 15 und 17 Uhr deutsches Fernsehen, am liebsten Zeichentrickfilme. Sie bekommt zwei bis dreimal die Woche Märchen auf Deutsch und auf Türkisch vorgelesen, und oft Geschichten auf Türkisch, zwei bis dreimal die Woche auch auf Deutsch, z.B. Märchen, erzählt. Selten sieht sie sich Videofilme auf Türkisch an, und wenn, am

2 Annahmen

2.1 Text und Diskurs

Allgemein wird in der Theorie sprachlichen Handelns zwischen Text und Diskurs unterschieden (grundlegend s. Ehlich 1983, 1984).

Für einen 'Diskurs' ist eine Sprechsituation bestimmend, in der Sprecher und Hörer mit ihren sprachlichen Äußerungen ko-präsent sind. Dabei werden Inhalte in Sequenzen sprachlicher Handlungen organisiert, Abläufe durch kommunikative Apparate wie Sprecher-Hörer-Steuerung, Turn-Wechsel usw. geregelt; charakteristisch sind Reparaturen, Abbrüche, Satzfragmente, die Nicht-Verbalisierung des gemeinsam Gewussten und Gesehenen, Präsuppositionen usw. Frühkindliche Kommunikation vollzieht sich im wesentlichen face-to-face und ist insofern Diskurs (vgl. Garlin 2008; Leimbrink 2010).

Für einen 'Text' ist der Zweck konstitutiv, zu späteren Zeitpunkten rezipierbar zu sein. So werden etwa in oraler Tradition im Märchen mythische Sachverhalte versprachlicht, aus der ursprünglichen Sprechsituation entbunden, wiedererzählbar und dann später rezipierbar. Ein Text ist demnach eine von der Situation seiner Entstehung abgelöste, repetierbare Verbalisierung propositionaler Strukturen sowie komplexer Illokutionen. In diesem Sinn spricht Ehlich von einer "zerdehnten Sprechsituation", die den Text charakterisiere (Ehlich 1983: 32).

Hauptkennzeichen eines Textes ist ein sprachlich etablierter *Zusammenhang*, der mittels Verkettungen sprachlicher Handlungen realisiert wird und situationsentbunden ist. Zum einen wird der situationsentbundene Zusammenhang durch eine Handlungs- und Ereignisabfolge (‚Plot' bzw. 'Handlungsstruktur'[6]) bestimmt; ein Plot wirkt als Handlungsschema, das den Text als ganzen strukturiert. Zum anderen wird der situationsentbundene Zusammenhang

---

liebsten Komödien. Sie spielt mit anderen türkischen Kindern, „was man zu Hause spielen kann", dabei sprechen sie Deutsch und Türkisch. Von deutschen Kindern bekommt sie einmal in der Woche Besuch, dann spielen und essen sie zusammen, selten besucht sie zum Spielen auch deutsche Kinder. Deutsch haben ihr ihre Tante und die Lehrerin im Kindergarten „von klein auf" beigebracht. Ihrer Meinung nach kann sie Türkisch und Deutsch jeweils mittelmäßig. – Im Resümee hat Erkin geringe Erfahrungen („manchmal") mit Vorlesen auf Türkisch, jedoch nicht auf Deutsch, aber nicht mit dem Bereden; während Sibel überdurchschnittliche Erfahrungen mit dem Vorlesen und auch dem Bereden auf Türkisch hat („oft" Erzählungen und Geschichten), aber geringe Erfahrungen auf Deutsch. Vage ist, welche Erfahrungen beide Kinder im deutschen Kindergarten machen.

6 Zu dem Konzept der 'Handlungsstruktur' in schriftlichen Weitererzählungen von Schülern, s. Ehlich 1984a; in mündlichen, türkisch-deutschen Sprachnoterzählungen, s. Rehbein 1986.

durch sprachliche Mittel hergestellt, die es den Rezipienten ermöglichen, den Zusammenhang später zu rekonstruieren; diese Mittel subsumiere ich unter 'Konnektivität', wozu im einzelnen die Verkettung finiter Elemente, deiktische und phorische Prozeduren, koordinierende Verfahren, Verknüpfung durch Aktantenverkettung, Verknüpfungen mittels Symbolfeld-Ausdrücken sowie parataktische Konnektivität zählen.[7] Des weiteren ist die Redewiedergabe ein wichtiges grammatisches Mittel, dialogische Zusammenhänge zu prozessieren und die sprachlichen Handlungen der Figuren in der Welt des Textes mit der aktuellen Vorlese-Sprechsituation zu verknüpfen.[8]

Ich rechne das Bilderbuch mit und ohne schriftlichen Text zu der Kategorie 'Text'.[9] Bilderbuchtexte sind nach Szenen gegliedert, so dass zu fragen ist, wie die Kinder die einzelnen Szenen zusammenhängend erfassen.

Wie eingangs gesagt, werden Kinder in Familie, Krippe, Kindergarten und Vorschule durch Lieder-Singen, Reime, Bilderbuch-Anschauen, Wortspiele, Geschichten-Erzählen, Vorlesen (Hommel & Meng 2007) usw. mit textuellem sprachlichen Handeln bekannt gemacht. Aus einer Reihe von Studien wissen wir, dass 'textuelle Literalisierung' von der sozialen Lage der Familie (z.B. Wieler 1997; Hurrelmann 2002) und der Migrantengruppe (vgl. Nauck & Lotter 2014) abhängt, aber innerhalb dieser Parameter variiert.

2.2 Vorlesen, Bereden und Wiedergeben

Die zugrundeliegende Konstellation des Evokativen Feldexperiments (EFE) beginnt mit der Rezeption des Bilderbuchs durch die Erwachsenen und ist dann in drei kommunikative Komponenten zerlegbar: Das eigentliche Vorlesen (eine perzeptiv-rezeptive *und* eine oral-produktive Tätigkeit), das Bereden (ein gemeinsames Betrachten und Besprechen von Text und Bild) und die elizitierte Reproduktion durch das Kind, das Wiedergeben (s. Abb. 1).[10]

---

7 S. Fabricius-Hansen 2000; Rehbein, Hohenstein & Pietsch 2007; Rehbein 2001, 2007.
8 Zur Redewiedergabe im Deutschen, vgl. Brünner (1991); im Türkischen, Herkenrath & Karakoç (2007) sowie Kalkavan-Aydın mit Blick auf das Vorlesen (in diesem Band).
9 'Texte' sind definitionsgemäß schriftlich *und* mündlich; Vorlesen vermündlicht den schriftlichen Text.
10 In der konkreten Umsetzung des Feldexperiments überlappten sich bisweilen die einzelnen Komponenten, vor allem Vorlesen und Bereden, was mit der Schwierigkeit der Texte für manche Kinder zu tun haben mag.

Um die Aufmerksamkeit des Kindes zu erreichen, werden beim Vorlesen sprachliche Malfeld-Prozeduren verwendet, die Text und Bild prosodisch re-inszenieren.[11]

Nach der Videoanalyse von Hommel & Meng (2007) wechselt beim Vorlesen die Orientierung zwischen Text und aktueller Sprechsituation: Verlässt die vorlesende Person den Text, adressiert sie das Kind als aktuellen Hörer, wendet sie sich wieder dem Text zu, nimmt das Kind seine Rolle als Textrezipient ein und vollzieht beim Zuhören eine mitkonstruierende Planung (vgl. Braun 2007).

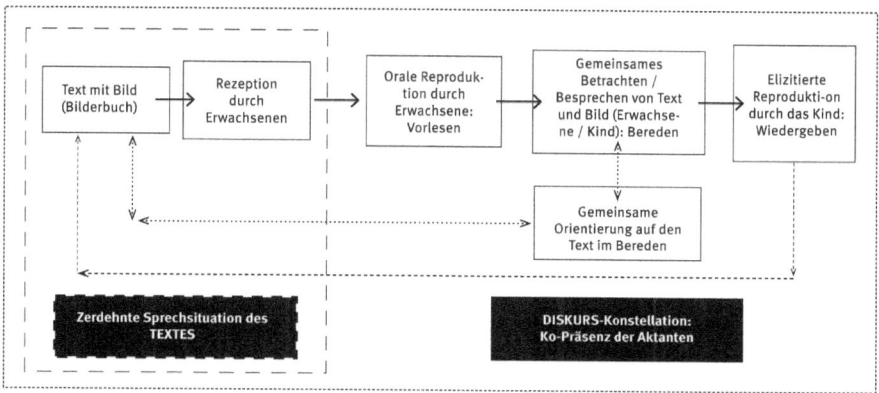

Abb. 1: Zusammenwirken von Text und Diskurs bei der textuellen Literalisierung (schematisch) (gepunktete Pfeile geben sprachlich-mentale Bezüge an

Intermittierend zum Vorlesen und beim Betrachten des Bilderbuchs findet ein Diskurs statt, den ich 'Bereden' nenne, bei dem die Orientierung von Erwachse-

---

11 Das Malfeld der Sprache (Bühler 1934: §13) umfasst neben lautmalenden / onomatopoetischen Elementen orale Ausdrucksformen, die sprachliches Handeln mit Atmosphärischem aufladen (Redder 1994, 1999; Rehbein & Kameyama 2003; Rehbein 2012a). So weckt eine geheimnisvolle Intonation mit der Dehnung des Topos in *Es war einmal ein kleines Määädchen* am Märchenanfang Neugier auf ein hörenswertes Schicksal; wie auch die türkische Eingangsformel *Bir varmış, bir yokmuş (es war ein Mal, es war kein Mal)*; so wird durch Diphtong-Dehnung *tauuusendmal schöner tauuusendmal* zu einem para-expressiven Malfeld-Ausdruck, der das Symbolfeld von *schöner* steigert. Im Deutschen ist für das Malfeld die Dehnung von Vokalen, häufig mit steigend-fallender Intonation, und die Anhebung der Intonations-Kontur auf die vierte oder fünfte Ebene charakteristisch (Rehbein 2012a). Malfeld-Prozeduren tragen beim Vorlesen dazu bei, das Kind in die Phantasiewelt des Märchen-*Textes* zu führen (§2.3). – Zur Funktion des Re-Inszenierens durch das Malfeld, vgl. Bührig & Rehbein 2014.

nen und Kindern zwischen der Wirklichkeit der Sprechsituation und der Welt des Textes schwankt.

Dem Diskurs des Beredens kommt die Funktion der Mediation, d.h. der Texterschließung, zu. Dabei setzen die Vorlesenden mit umformulierenden, erläuternden und kommentierenden Handlungen[12] (Bührig 1996) beim Kind interpretative Verstehensprozesse in Gang und ermöglichen ihm so den Sprung in die sprachlich konstituierte Welt des Textes. Diskursive Verfahren sind dabei Repetitivität und Variation[13], Textbausteine im Wortsinn, Nachfragen usw., die die rezeptive Tätigkeit des Kindes mit wechselnder Orientierung auf Text und Sprechsituation steuern (unterbrochene Doppelpfeile in Abb. 1). Stilistisch importiert das Bereden solcherart wiederum Elemente des Textes in den Diskurs, so dass man von einem 'textuellen Diskurs-Stil' sprechen kann.

Ähnliches ereignet sich beim 'Wiedergeben', das ein Nacherzählen mit mehr oder weniger starker interaktiver Unterstützung ist und bei dem die Kinder einen Ereignis- und Handlungsablauf als Ganzes oder auch nur in Teilen reproduzieren sollen.[14]

Bisweilen intermittiert das Situationsmanagement der Familie, wie es bei Besuchen üblich ist, in die Vorlese-Situation, z.B. durch Tee-Anbieten (B5) oder Ermahnen (B1).

2.3 Phantasie, sprachliche Funktionserweiterung, Konzept-Bildung

In der textuellen Literalisierung erwirbt das Kind eine Differenzierung sprachlicher Einheiten (Bedeutungen) durch Kontextualisierung und bildet Konzepte aus. Beim Zuhören lockert es die unmittelbare Sprechsituationsbindung, begibt sich in versprachlichte Situationen, erweitert seine Vorstellungen, folgt neugie-

---

[12] Derartige reformulierende und ähnliche Handlungen bezeichnet man auch als 'metasprachlich'.
[13] Zur Rolle des „gesteuerten" Morphologie-Erwerbs der agglutinierenden Sprache Türkisch durch Repetition und Variation im Mutter-Kind-Diskurs, vgl. Slobin & Küntay (1996).
[14] In dieser Studie geht es um Vorlesen und Bereden, also um Rezeptivität und Verstehen von Texten, weniger um mündliches Erzählen als einer elizitierten kindlichen Produktion. Selbstverständlich wären bei einem Thema „narrative Fähigkeiten" Untersuchungen des monolingualen kindlichen Erzählens wie die von Berman & Slobin (1994); Hausendorf/Quashoff (1996); Boueke et al. (1995); Becker (2005), (2005a); Einzelstudien in Meng & Rehbein (Hrsg.)(2007), zu berücksichtigen; zu Narrativität unter Bedingungen der Mehrsprachigkeit: Rehbein & Grießhaber (1996); Pfaff (2001); Fienemann (2006); Rehbein (2007); im Bereich DaZ, s. Blaschitz (2014).

rig fiktiven Handlungen und Ereignissen, versucht, komplexe Symbolfelder zu verstehen, die Illokutionen in den Worten der Figuren und deren Charaktere zu entdecken, und macht die Erfahrung, dass Texte Welten jenseits des aktuellen Interaktionsraums eröffnen, kurz, es entwickelt Phantasie.

In der textuellen Literalisierung werden beim Kind demnach Vorstellungskraft und Phantasie, über die unmittelbare Wahrnehmung hinausreichende Konzeptualisierungsprozesse und nicht zuletzt das Verstehen komplizierter Sachverhalte motiviert und entwickelt - mentale Prozesse, die *vor* dem Lesen-Lernen schriftlicher Texte stattfinden, aber für dieses später essentiell werden (so Bialystok 2007).

2.4 Formen des (sprachlichen) Wissens; Fragmente

Bei der textuellen Literalisierung geschieht ein Ausbau der Sprache und der Sprachen des Kindes. Besondere sprachliche Bereiche sind Konnektivität (§2.1), Bedeutungserweiterung (2.3) und sprachliches Wissen im Sinne metasprachlicher Kontrolle (§2.2; Fn. 12). Seit langem wird darauf hingewiesen, dass Kinder einen wesentlichen Teil des Wortschatzes über Bilder- und Märchenbücher erwerben.

Wichtig ist, dass die textuelle Literalisierung in L1 und L2 stattfindet, damit das Kind in allen Sprachen komplexe Textfunktionen ausbildet. Das Code-Switching in Beispiel (B6) zeigt, wie umfänglich das Symbolfeld bilingual involviert ist (s. auch Costa et al. 2004; Costa et al. 2006).[15]

In den Transkriptionen ist festzustellen, dass oft nicht eine zusammenhängende Struktur, sondern eher Textfragmente und mit der sprachlichen Repräsentation verbundene Wirklichkeitsfragmente, kurz: sprachliche Wissensfragmente, erworben werden. Solche Fragmente enthalten Leerstellen, die in Rückgriff auf L1 oder L2 zu sprachlichen Formeln (Rehbein 1987) und zu Wissensstruktur-Typen, u. a. zu Maximen, aufgefüllt werden können (vgl. in (B5) die Maxime der „gerechten Strafe").

---

[15] Kontaktsprachliche Veränderungen von L1 bei Bilingualen aufgrund sprachfunktionsbedingter Wechselwirkungen zwischen dem Deutschen und dem Türkischen wurden in einigen Bereichen von Konnektivität wie Deixis, Tempus-Aspekt, Koordination, Partikeln u.a. von Rehbein, Herkenrath, Karakoç (2009: 178–180) festgestellt.

2.5 Transferierbarkeit textueller Literalisierung

Sprachübergreifende Transferierbarkeit von Fähigkeiten gewinnt in Konstellationen der Mehrsprachigkeit an Bedeutung. Dementsprechend nehme ich an, dass Textfähigkeiten „universale" Aspekte aufweisen, die transferiert werden können. Bialystok hat die Wichtigkeit eines präskripturalen Bilingualismus für eine Transferierbarkeit beim Lesen schriftlicher Texte im Grundschulalter anhand einer Reihe von Studien diskutiert; Lesefähigkeit kann demgemäß transferiert werden, so dass die Kinder von in einer Sprache erworbenen „skills" in der anderen Sprache profitieren (Bialystok 2007: 71).

Nach der Fall-Studie von Matras (2007) über ein dreisprachig aufwachsendes Kind sind die Sprachen zwar an der sprachlichen Oberfläche getrennt, jedoch funktional von einer der Sprachen her jeweils akzessibel. D.h. die einzelnen Sprachen sind nicht als kompartimentweise abgeteilt, sondern als semipermeabel miteinander verbunden zu modellieren. Die Semipermeabilität erlaubt Transfer in verschiedene Richtungen.

Konkret wurde Transferierbarkeit von L1 Türkisch nach L2 Deutsch in einem Experiment illustriert (Rehbein 1987a), bei dem türkisch-deutsch sukzessiv-bilinguale Kinder einen auf Deutsch vorgelesenen Text zunächst nicht auf Deutsch wiedergeben konnten, jedoch nach dem Vorlesen des Textes in *türkischer* Übersetzung ihn dann *auf Deutsch* reproduzieren konnten. Die Transferierbarkeit nach L2 scheint dadurch möglich, dass das Verstehen der Handlungsstruktur der Geschichte (Clou) in L1 die für die sprachliche Produktion in L2 erforderlichen Ressourcen aktiviert.[16]

Zu transferierbaren Aspekten rechne ich das „universale" *Wissen*, dass Texte Handlungsstrukturen enthalten, Bedeutungen (Symbolfelder) haben, die Phantasie anregen und sprachlich konstituierte Zusammenhänge jenseits der wahrnehmbaren Realität erzeugen. Ist die textuelle Literalisierung mehrsprachig bzw. in einer anderen Sprache als später in der Schule die Alphabetisierung, dann ist zu untersuchen, wie solches „universales" Wissen, ist es einmal in L1 ausgebildet, sprachübergreifend auch in L2 genutzt werden kann.

---

[16] Die Aktivierung produktiver Fähigkeiten in einer anderen Sprache aufgrund des Verstehens von Diskurs- und Text-Sektionen („Ganzheiten") in der einen Sprache – wie sie in dem Experiment von Rehbein (1987a) angedeutet wurde – erscheint immer noch als Rätsel. Da es aber offenbar ein Top-Down-Phänomen ist, erachte ich die Präsentation ausreichend langer Transkripte methodologisch für notwendig; Annahme ist dabei, dass in dieser frühkindlichen Stufe die andere Sprache (noch) nicht allein chunk-weise (s. Chafe 1992) aktiviert wird.

Im Resümee ergibt sich, dass die transferierbaren Aspekte von Texten weniger die sprachlichen Formen, als eher die sprachlichen *Funktionen* betreffen, die in einer der Sprachen erworben werden.[17]

2.6 Mehrsprachige Ressourcen

Um zu klären, wie das von den Kindern durch textuelle Literalisierung erworbene Wissen konstituiert ist, ist die Theorie der „sprachlichen Repertoires" (s. u. Lüdi 2006; Lüdi & Py 1986, 2009; Rehbein 2013) heranzuziehen. Solche Repertoires werden durch Vorlesen, Bereden und Wiedergeben nicht nur angelegt, sondern können im Modus der Mehrsprachigkeit in der jeweils anderen Sprache auch aktiviert werden.[18] Im Prinzip können *alle* Sprachen eines Individuums im Laufe der Entwicklung Teil seines *mehrsprachigen Repertoires* werden (s. Franceschini & Miecznikowski 2004 aus sprachbiographischer, Wattendorf et al. 2014 aus neurophysiologischer Perspektive). Lüdi und Py haben mehrsprachige Repertoires als 'Ressourcen' angesehen und ihr Konzept vom gleichzeitigen Zugriff auf verschiedene Sprachen anhand zahlreicher Fälle von Code-Switching plausibel gemacht (vgl. Beispiel (B6)).

In der vorliegenden Untersuchung geht es vor allem um *Anlegen, Aufbau* und *Ausbau* von und um den *Zugriff* auf mehrsprachige Repertoires mittels textueller Literalität. Je größer der Akzess auf sprachlich verschiedene Repertoires, um so größer scheint dabei die Kreativität des Kindes zu sein – und umgekehrt.

2.7 Ausbildung textueller Literalität

Oben wurde argumentiert, dass textuelle Literalisierung im kindlichen Spracherwerb präskriptural, d.h. entwicklungsmäßig *vor* dem Schriftspracherwerb, anzusetzen und etwa folgendermaßen *phasiert* ist[19] – *sofern sie sozialisatorisch stattfindet:*
– Beim frühkindlichen Spracherwerb werden Lieder (mit mündlichen Texten) vorgesungen

---

17 Der Transfer auch sprachlicher Formen vollzieht sich dynamisch, d.h. im Diskurs, s. Grießhaber (1990).
18 Zur Aktivierung der beteiligten Sprachen je nach dem Typ des mehrsprachigen „language mode", s. Grosjean (2001), (2008).
19 Die Phasen und deren Einfluss auf den Spracherwerb sind empirisch genauer zu untersuchen.

- nach der Lallphase beginnt – zusammen mit den Erwachsenen – das Betrachten von Bildern von situativ nicht wahrnehmbaren Lebewesen und Objekten
- sodann kommt das Bilderbuch ohne Worte, evt. Zeichentrickfilme
- dann das leicht vertextete Bilderbuch (wie die hier verwendeten Bilderbücher)
- dann das Vorlese-Buch (mit vorwiegend sprachlichem Text und wenig Bildern)
- begleitend werden – gegebenenfalls - Märchen und Geschichten erzählt und Videos, Filme und Fernsehen angeschaut
- und Bilderbücher und Erzählungen mit den Kindern beredet.
- Idealerweise steht am Ende der Erwerb textueller Literalität im Vorschulalter.

Diese Phasen *vor* dem Schrifterwerb lassen sich als textuelle Literalisierung I zusammenfassen. Damit einher geht der Erwerb eines (textuellen) *Text-Stils* zusammen mit einem komplexen *textuellen Diskurs-Stil*. Nach dem Schrifterwerb werden die in der Literalisierung I erworbenen textuellen und diskursivtextuellen Fähigkeiten institutionell zu einer textuellen Literalisierung II (Lesen und Schreiben von Texten) ausgebaut.

Für den späteren Schulerfolg scheint nicht unwesentlich zu sein, dass die textuelle Literalisierung I in der kindlichen Kommunikation überhaupt erfolgt. Wird in der Immigrantenfamilie textuelle Literalisierung I in der L1 der Erwachsenen realisiert, dann wird sie aufgrund der Transferierbarkeit zu einer wichtigen Vorbedingung von Alphabetisierung in L2 und textueller Literalisierung II in L2.

3 Vorlesen und Bereden auf Türkisch

Sehen wir uns einen Ausschnitt an, in dem Tülin (Tül), die türkischsprachige Erwachsene, dem knapp fünfjährigen Erkin das Märchen von „Pamuk Prenses" (Schneewittchen) auf Türkisch vorliest. Die relevanten Seiten des Bilderbuchs sind vor dem Transkript verkleinert abgebildet.

(B 1) EFE01tk_Sey_b_0057a_f. Aufnahmedatum: 01121991

Erk: Erkin, 4;9 J., besucht Kindergarten; Sey: Seyfi, 7;10 J., 2. Klasse; Mut: Mutter, 27 J.; Vat: Vater, 42 J.; Tül: Tülin, liest Türkisch vor; Hüs: Hüseyin, deutschsprachiger Interviewer, besucht Familie zum ersten Mal. Das Vorlesen auf Deutsch erfolgt ca. 5 Wochen später (s. (B5) unten). Die Transkriptkonventionen werden im Anhang erläutert.

Textuelle Literalisierung – mehrsprachig. —— 277

Bir kralın karısı ölmüştü. İkinci kez evlendi. Kralın bir de güzel bir kızı vardı. Yeni kraliçe, bu kıza hep kötü davranmağa başladı. Çok güzel olduğu için üvey kızını kıskanıyordu.

Güzel prensesin cildi kar gibi bembeyazdı. Ondan dolayı da kendisine Pamuk Prenses derlerdi. Üvey annenin sihirli bir aynası vardı. Bir gün aynanın karşısına geçince, ayna ona "Kraliçem, sen güzelsin, ama Pamuk Prenses senden çok daha güzel!" dedi.

Abb. 2: Pamuk Prenses I   **Abb. 3:** Pamuk Prenses II   **Abb. 4:** Pamuk Prenses III

[41]	
Tül [v]	şurasını okuyim, anlıyacak mısın. Anlarsın da. ⌒Masal
Tül [de]	mal das hier. Mal sehen, ob du das verstehst. Verstehst du bestimmt. Das Märchen
[42]	
Tül [v]	başlıyor bak. "Bir kralın karısı ölmüştü. İkinci kez evlendi. Kralın
Tül [de]	fängt an, schau. "Die Frau eines Königs war gestorben. Er heiratete zum zweiten Mal. Der König
Tül [k]	schneller
[43]	
Tül [v]	bir de güzel bir kızı vardı. • Yeni kraliçe bu kıza hep kötü davranmaya
Tül [de]	hatte auch eine schöne Tochter. Die neue Königin begann, diese Tochter immer schlecht zu
[44]	
Tül [v]	başladı. • Çok güzel olduğu için üvey kızını kıskanıyordu."
Tül [de]	behandeln. Weil sie so schön war, war sie eifersüchtig auf die Stieftochter."
Erk [v]	((1s)) Evet.
Erk [de]	Ja.
[45]	
Tül [v]	Hī, evet. Bak şimdi…
Tül [de]	Hm̃, ja. Und jetzt…
Hüs [v]	"Üvey kız"ı anlıyor mu peki? Biliyor mu üvey, üvey kelimenin
Hüs [de]	Versteht er denn Stieftochter? Kennt er 'Stief', die Bedeutung des Wortes '
Tül [k]	blättert um

[46]			
Tül [v]		Şimdii, • daha şeyderiz...	Burda şimdi, • bu kral
Tül [de]		Jetzt, • wir dingsen es noch...	Hier, der König hat doch
Hüs [v]	anlamını?		
Hüs [de]	Stief?		
Erk [v]		Iĭ˙	
Vat [v]	Onu bilmez.		[Onu bilmez].
Vat [de]	Das kennt er nicht.		Das kennt er nicht.
[nn]			((Quietschendes Aufgehen
Erk [k]		verneinend	
Vat [k]		leise	

[47]			
Tül [v]	evlenmiş ya.	Bu yeni karısı. Bu...	
Tül [de]	geheiratet.	Dies ist seine neue Frau. Dies...	
Erk [v]		Hiĭ˙	(Seyfi, ayağını ordan çekil)!
Erk [de]		Ja	(Seyfi, nimm deinen Fuß da weg)!
Vat [v]			Ayağını
Vat [de]			Nimm deinen
[nn]	einer Tür))		

[48]		
Tül [v]		Bu da yeni karısı. O güzel kızını... Bu
Tül [de]		Und dies ist seine neue Frau. Das seine schöne Tochter .. Und diese
Vat [v]	çek masadan. • Heh˙	
Vat [de]	Fuß vom Tisch.	

[49]	
Tül [v]	Pamuk Prenses de kralın kızı. • Onu kıskanıyormuş bu yeni gelen
Tül [de]	Pamuk Prenses ist die Tochter des Königs. • Auf die war sie eifersüchtig, diese neu gekommene

[50]		
Tül [v]	kadın, üvey annesi. • • •	"Güzel prensesin cildi kar gibi
Tül [de]	Frau, ihre Stiefmutter.	"Die Haut der schönen Prinzessin war ganz
Erk [v]	Hĭıĭ˙	

[51]	
Tül [v]	bembeyazdı. • Ondan dolayı da kendisine Pamuk Prenses derlerdi."
Tül [de]	weiß wie Schnee. Deswegen nannte man sie Pamuk Prenses."

In diesem Beispiel werden Abschnitte des Beredens von solchen des Textvorlesens klar getrennt. - Zunächst liest Tülin mit gesteigertem Tempo vor den Anfang des Märchen-Genres („masal"; (PF42-44)) vor, dessen Rezeption Erkin mit „Evet." (Ja; PF44) bestätigt, das die Vorleserin mit „Hiˇ, evet." (Hm̌, ja; PF45) rückbestätigt. In dem vorgelesenen Text selbst wird die Konnektivität hergestellt durch die Verkettung finiter präteritaler *DI*-Formen sowie durch die Kontinuität der Figuren (Kral, yeni kraliçe, kız), die durch Nominale benannt und dann mittels Possessiv-Konstruktionen verknüpft werden: „bir kralın karısı" (eines Königs Frau; PF42) „Kralın bir de güzel bir kızı vardı" (Der König hatte auch eine schöne Tochter;

PF42/43); „üvey kızı" (Stieftochter; PF44). So wird der *Zusammenhang* auf der Handlungsebene errichtet, der in der Handlungskonstellation des Märchens mündet: „Çok güzel olduğu için üvey kızını kıskanıyordu." (Weil sie so schön war, war sie eifersüchtig auf die Stieftochter); PF44). – Nach einer Unterbrechung (s.u.) fährt die Vorlesende fort mit "Güzel prensesin çildi kar gibi bembeyazdı."[20] (Die Haut der schönen Prinzessin war ganz weiß wie Schnee; PF50/51). Dabei wird mit „Ondan dolayı da" (Deswegen auch); PF51), einem zusammengesetzten Verweiswort, die Konnektivität des Textes fortgeführt. Beim Vorlesen wird der Text dem Kind stückweise als konnektiv verkettete Handlungsfolge in der Art eines *Rezitierens* nahe gebracht.[21]

Die *Unterbrechung* in PF 45–50 gibt nun einen guten Einblick in den Umschlag vom Bereden in einen Parallel-Diskurs, der von Hüseyin durch die Thematisierung eines schwierigen Wortes ausgelöst wird: "''Üvey kız'ı anlıyor mu peki?" (Versteht er denn 'Stieftochter'?'; PF45), und zwar *über* Erkin, *an* die Vorlesende adressiert. Das bestätigt der Vater zweimal: „onu bilmez" (Das kennt er nicht); PF46), ebenfalls *über* Erkin, *nicht zu ihm* sprechend. Damit springen beide aus dem Bereden heraus, sind nicht mehr Partizipanten am textuellen Literalisieren, sondern außenstehende Kommentatoren.[22] Dennoch bekundet Erkin selbst sein Nicht-Wissen mit einer verneinenden Interjektion: „Ïı˙" (PF46).

Mit der Erläuterung von „üvey kızı" (Stieftochter) und "üvey annesi" (Stiefmutter) re-etabliert Tülin das Bereden. Sie verwendet dabei eine Textdeixis (Redder 2000) (onu, bu) auf Bild-Elemente, wobei sie die fokussierte Figur mit dem jeweiligen Textabschnitt erläutert: "Onu kıskanıyormuş bu yeni gelen kadın, üvey annesi." (Auf die *[zeigt auf das Mädchen]* war sie eifersüchtig, diese *[zeigt auf die Stiefmutter vor dem Spiegel]* neu gekommene Frau, die Stiefmutter; PF 49/50). Durch solche deiktischen Bildverweise wird der Vorstellungsraum des Kindes ausgebaut. Erkin reagiert positiv: "Hıı˙" (Hmm̆m̆).

Wie die Unterbrechung zeigt, ist die familiäre Konstellation der textuellen Literalisierung nicht günstig. Denn Eltern und Kinder lassen sich leicht ablenken. So fordert Erkin seinen Bruder zu gutem Benehmen auf: „Seyfi, ayağını ordan çekil." (Seyfi, nimm deinen Fuß da weg; PF 47), dann schaltet sich sein Vater massiver ein: „Ayağını çek masadan. Heh" (Nimm deinen Fuß vom Tisch. Los! PF 47/48). Durch ein derartiges Situationsmanagement wird der Aufbau

---

20 „bembeyaz" (ganz weiß) ist ein Symbolfeldausdruck, der durch die Reduplikation "bem-" mit einem Malfeld intensiviert wird: die Sprache des Märchen-*Textes*.
21 Beim Rezitieren ist die Intonation progredierend (Malfeld) und die Höreradressierung gering.
22 Diskursanalytisch handelt es sich bei den Insertionen Hüseyins und des Vaters um ein „interactive footing" in der Familie (s. Goodwin 2007).

eines Vorstellungsraums mittels der von Tülin häufig verwendeten Textdeixeis bei den zuhörenden Kindern gerade gestört. – Diese Sequenz *à part* macht schlaglichtartig deutlich, dass die *Komponente des Beredens* in dieser Familie eine relativ ungewohnte Praxis ist.[23]

Insgesamt ist aus der klaren Trennung von rezitierendem Vorlesen und beredendem Diskurs aber *auch* zu schließen, dass im Türkischen eine höhere Stufe der textuellen Literalisierung des Kindes als im Deutschen (wie in (B5) unten) unterstellt wird.

4 Das Kind im Diskurs auf Türkisch

Beim Vorlesen und beim Bereden im Türkischen werden verschiedene Verfahren des Aufbaus von Konzepten angewendet.

(B 2) EFE01tk_Sey_b_0057a_f. Aufnahmedatum: 01121991 (Fortsetzung von (B1))

Abb. 5: Pamuk Prenses IV **Abb. 6:** Pamuk Prenses V **Abb. 7:** Pamuk Prenses VI **Abb. 8:** Pamuk Prenses VII

---

23 Nach der Selbstauskunft zur Lernerbiographie hat bei Erkin eine textuelle Literalisierung nur „manchmal" stattgefunden. Mehrsprachig türkisch-deutsch, wie im vorliegenden Feldexperiment per Hypothese angenommen, erfolgte sie wohl kaum.

[96]	
Tül [v]	dönünce Pamuk Prenses' i gördüler. 'Bizim yanımızda kalmak istemez
Tül [de]	sahen sie Pamuk Prenses. Sie fragten: 'Möchtest du nicht bei uns bleiben?'
[97]	
Tül [v]	misin?' diye sordular. Pamuk Prenses de seve seve kalacağını söyledi.
Tül [de]	Pamuk Prenses antwortete, dass sie sehr gerne bliebe.
[98]	
Tül [v]	Evi temizledi, cüceler için yemekler pişirdi. Herkes mutluydu." ((1s)) Bu
Tül [de]	Sie machte das Haus sauber und kochte für die Zwerge. Alle waren glücklich." Sie geht
[99]	
Tül [v]	eve giriyor. Cüceler ona çok iyi davranıyorlar. Diyorlar, "Bizimle kal • •
Tül [de]	in dieses Haus rein. Die Zwerge behandeln sie sehr gut. Sie sagen "Bleib bei uns, wenn
[100]	
Tül [v]	• madem evin yok." Çünkü Pamuk Prenses'i evinden kovuyor, annesi.
Tül [de]	du schon kein Zuhause hast." Denn sie vertreibt Pamuk Prenses aus dem Haus, ihre Mutter.
[101]	
Tül [v]	• • • Ne kötü, di mi? • • Bak, burda yine bu
Tül [de]	Wie schrecklich, nicht wahr? Sieh, hier ist wieder die
Hüs [v]	((güler)) ((güler))
Hüs [de]	((lacht)) ((lacht))
Erk [v]	• Hi˙
[102]	
Tül [v]	öteki annesi, evden kovan annesi. "Ama kraliçe yeniden sihirli aynasına
Tül [de]	andere Mutter, die Mutter, die sie aus dem Haus gejagt hat. "Aber die Königin fragte erneut ihren

An diesem Beispiel zeigen sich Reformulierungen (PF96-98)(s. Bührig 1996), etwa, wenn die Worte der Zwerge kontextualisiert werden, wobei *Begründungen* der Vorlesenden mit Konnektoren wie „madem" (wenn schon; PF100) und „çünkü" (weil; PF100) eingeleitet werden. Mit solchen reformulierenden Handlungen wird ein Textabschnitt in das Handlungsschema des Gesamttextes integriert (PF101/102), das Kind zurück auf den vorgelesenen Text orientiert und bei ihm zugleich eine Erwartung auf Fortsetzung des Textes erzeugt.

Das komplexe Konzept der ‚bösen Stiefmutter' scheint bei Erkin durchgehend problematisch. So sagt er statt „üvey annesi" (ihre Stiefmutter) schlicht „annesi" (ihre Mutter), was die Vorleserin Tülin vermuten lässt, er habe Teile des Textes nicht verstanden. Daher versucht sie einen Konzeptaufbau, indem sie den bösen Charakter „evden kovan annesi" (die Mutter, die sie [sc. PP] aus dem Haus gejagt hat; PF102) mit „ihrer anderen Mutter" (öteki annesi; PF102) verknüpft. Auch verweist sie in (B 3) mit „bu" (dies) auf die abgebildete Mutter: „Bu annesi, bu çok kötü yürekli. Hep kıskanıyor onu güzel diye" (Dies ist ihre Mutter, die hat ein sehr schlechtes Herz. Sie beneidet sie immer, weil sie schön ist; PF109/110) und attribuiert ihr das emotionale Konzept der Eifersucht / des Neides:

(B 3) EFE01tk_Sey_b_0057a_f. Aufnahmedatum: 01121991

[109]
Tül [v]	Aferin, bildin.	((2s)) Bu annesi, bu çok kötü yürekli. ‿ Hep kıskanıyor
Tül [de]	Schön, hast du gewußt.	Dies ist ihre Mutter, die ist unbarmherzig. Sie beneidet sie

[110]
Tül [v]	onu güzel diye. • • • Öldürmek istiyor, bak. "Bir köylü kadın kılığına
Tül [de]	immer, weil sie schön ist. • • • Sie möchte sie töten, schau. "Sie verkleidete sich als eine Bäuerin.
Tül [k]	lauter

...

[114]
Tül [v]	"Prenses elmadan birazcık ısırır ısırmaz hemen ölü gibi	• • •
Tül [de]	"Sobald die Prinzessin vom Apfel ein Stückchen abgebissen hatte, fiel sie wie tot	
Hüs [v]		Isırır
Hüs [de]		Sobald sie
[k]		Tülin

[115]
Tül [v]	yere yuvarlandı."
Tül [de]	zu Boden."
Hüs [v]	ısırmaz.
Hüs [de]	abgebissen hat.
[k]	nachmachend, lachend

In (B3) wird das Konzept der „kötü yürekli annesi" (ihre Mutter mit dem bösen Herzen) mit der „kötü yürekli kraliçe" (die Königin mit dem bösen Herzen) gleichgesetzt und „üvey anne" (Stiefmutter) durch die im Text verbalisierte Handlung selbst kontextuell erläutert[24]:

(B 4) EFE01tk_Sey_b_0057a_f. Aufnahmedatum: 01121991

---

24 Die Äußerung „Prenses elmadan birazcık ısırır ısırmaz hemen ölü gibi • • • yere yuvarlandı" (*Sobald Schneewittchen vom Apfel ein Stück abgebissen hatte, fiel sie wie tot* • • • *zu Boden*; PF 114/115) enthält mit „ısırır ısırmaz" eine *komplexe Konstruktion*, die in der Reformulierung „Elmadan bir ısırıyor • yere yuvarlandı" (*Kaum beißt sie in den Apfel, fiel sie zu Boden*) von der Vorleserin didaktisch vereinfacht wird – dies lässt sich als didaktisierende ,Textualisierung von Konstruktionen' bezeichnen (vgl. Slobin & Küntay 1996 zu einer ähnlichen Diskurspraktik).

[119]	
Tül [v]	"Cüceler ellerinde kalın sopalar alıp kötü yürekli kraliçeyi ormandan
Tül [de]	Zwerge nahmen sich dicke Knüppel und jagten die böse Königin aus dem Wald."
Tül [k]	im Text: ellerine

[120]	
Tül [v]	kovdular." • • Bak, burda da elinde sopa var cücelerin. • • • Gördün mü?
Tül [de]	Guck, da haben die Zwerge Knüppel in der Hand. Siehst du?
Erk [v]	Hi˙

Die mit „sopa" (Knüppel) synekdochisch angedeutete Strafe („Bak burda da elinde sopa var cücelerin." (Guck, da haben die Zwerge Knüppel in der Hand; PF120)) im Sinne einer wirkungsvollen moralischen Verurteilung zeigt, wie beim Kind anhand der Märchenhandlung Normen aufgebaut werden. Damit greift mit der Maxime der „gerechten Strafe" (PF120) das, was oben (§2.4) Wissensstruktur-Typ genannt wurde, der mit dem Konzept der 'üvey anne' verbunden wird. So wird mittels Bereden ein Zusammenhang der Handlungsstruktur beim Kind erst erzeugt.

5 Vorlesen und Bereden auf Deutsch

Im folgenden Ausschnitt liest die zweisprachige Erwachsene Ayla fünf Wochen später Erkin *Schneewittchen* auf Deutsch vor. Die relevanten Seiten des Bilderbuchs sind vor dem Transkript verkleinert abgebildet.

(B 5) EFE01dt_Erk_b_0115a_1_ENF; Aufnahmedatum: 10011992

Erk: Erkin, 4;9 J., besucht Kindergarten; Sey: Seyfi, 7;10 J., 2. Klasse; Mut: Mutter, 27 J., Tül: Tülin, türkischsprachige Interviewerin mit guten Deutschkenntnissen; Ayl: Ayla, zweisprachige Interviewerin. Ayla liest *Schneewittchen* auf Deutsch vor. Tülin hatte 5 Wochen zuvor dasselbe Buch schon mit Erkin codeswitchend beredet (s. auch (B6) unten).

Abb. 9: Schneewittchen. Grimm I   **Abb. 10:** Schneewittchen. Grimm II

[8]	
Ayl [v]	Oder is es da nicht warm? Nee, ne? ((lacht)). Guck mal, ich lese dann

[9]	
Ayl [v]	euch mal das Märchen vor. "Es war einmal mitten im Winter, die
Ayl [k]	liest mit Betonung und langsam vor

[10]	
Ayl [v]	Schneeflocken fielen wie Federn vom Himmel herab." Siehst du die?

[11]	
Ayl [v]	Hier. • • "Da saß eine Königin an einem Fenster, dessen Rahmen", guck
Ayl [k]	liest weiter vor lauter lauter

[12]	
Ayl [v]	mal, das is der Rahmen, "aus schwarzem Ebenholz bestand, und nähte.
Ayl [k]	lauter liest vor lauter

[13]	
Ayl [v]	Plötzlich stach sie sich mit der Nadel in den Finger, und es fielen drei
Ayl [k]	liest vor

[14]	
Ayl [v]	Tropfen Blut in den Schnee." Siehst du das Blut? Das hast du eben

[15]	
Ayl [v]	gezeigt, ne? Wo ist das Blut? • • Daa, genau. "Und weil das Rot des

[16]	
Ayl [v]	Blutes im weißen Schnee • so schön aussah, dachte sie: 'Achch, hätt ich ein

Textuelle Literalisierung – mehrsprachig. — **285**

[17]	
Ayl [v]	Kind so weiß wie Schnee, so rot wie Blut und so schwarz wie Ebenholz!"'
[nn]	*((Im Hintergrund*

[18]	
Ayl [v]	• • • Siehst du das Baby hier? ((3s)) Ja, genau. Das is der? • Was ist das?
[nn]	*sprechen die Mutter und Tülin))*

[19]			
Ayl [v]		Ben, çay alırım ben.	
Ayl [de]		Ich nehme lieber Tee.	
Mut [v]	Ne içer arkadaşınız? Siz kahve mi, çay mı?		Çay mı demleyeyim?
Mut [de]	Was trinkt Ihre Freundin? Und Sie Kaffee oder Tee?		Soll ich Tee kochen?

[20]	
Ayl [v]	Guck, das is der Rahmen. Dann bekommt sie ein Baby,
Mut [v]	Oldu o zaman.
Mut [de]	In Ordnung.

[21]	
Ayl [v]	ne? So. "Bald darauf bekam sie ein Töchterlein", also ein Mädchen.
Sey [v]	Ja˙
Ayl [k]	*liest weiter vor*

Die Vorleserin Ayla orientiert das Kind mit eigenen sprachlichen Handlungen auf den Text:

a) Das *textgetreue Vorlesen* (textgetreues Vorlesen steht in doppelten Anführungszeichen) findet nur statt, wenn sich die vorlesende Person der Aufmerksamkeit des Kindes sicher ist.

b) *Reformulieren*: Die Textebene wird verlassen und die Erwachsene tritt in eine unmittelbare Interaktion mit dem Kind über den Text ein, wenn sie sagt: „Dann bekommt sie ein Baby, ne?" (PF20) oder „also ein Mädchen" (PF21).

c) *Erläutern, Kommentieren*: Die Erwachsene liest einen Textabschnitt vor und identifiziert das Gelesene, sich an das Kind wendend, im Bild: „Siehst du die, hier" (PF10), „guck mal, das is der Rahmen" (PF11/12), „Siehst du das Blut?" (PF14). So nutzt sie die Bilder, um den Text zu erläutern, wobei sich eine dynamische interaktionale Relation: *Text – Kind – Bild – Text* ergibt. Der Text ist dabei dem Bild hierarchisch übergeordnet und Ausgangs- und Zielpunkt des Erläuterns.

d) *Changierendes Sprechen durch Tempus-Wechsel*: Das Präteritum des Bilderbuch-Textes wechselt mit dem Präsens des Diskurses in der Interaktion; das Textgeschehen wird aus der Sprechsituation heraus in der Perspektive des Vergangenen betrachtet.

e) *Aufmerksamkeitsorientierung*: Das Kind wird von der vorlesenden Person oft aufgefordert, in das Buch zu sehen und dort das Vorgelesene anhand der

Abbildungen zu identifizieren, z.B. in „Guck, und dann..." (PF24; nicht abgedruckt). Dabei wird das Gesagte im Bild identifiziert und so das Bild für das Verständnis des Textes funktionalisiert. Eine wichtige Rolle haben auch hier die deiktischen Prozeduren der Vorleserin auf Bild-Elemente, durch die das Bilderbuch für das Kind zu einem Vorstellungsraum eigener Qualität wird, der wiederum als Vorstufe eines durch den Text konstituierten Vorstellungsraums angesehen werden kann.

f) Textveränderndes Vorlesen (Paraphrasieren): Dabei werden schwierige Ausdrücke (z.B. „Ebenholz") weggelassen bzw. verändert, wenn es heißt: „und die Haare waren ganz schwarz." statt „und die Haare schwarz wie Ebenholz" (PF27/28; nicht abgedruckt).

g) Vergleichen des kindlichen Zuhörers in der Sprechsituation mit der Situation im Text, wenn Aylin sagt: „Das war so hübsch wie du" (PF24/25; nicht abgedruckt).

Die Strategien a)–g), die alle der Komponente des Beredens zuzuordnen sind, werden von der Erwachsenen in das Vorlesen intermittierend eingeschoben. Durch solche Einschübe versucht sie, den Text an das beim Kind vermutete Verständnis zu adaptieren. Dabei kontrolliert sie zugleich die Rezeption des Kindes mittels Monitoren, das als Teil des kommunikativen Apparats der Hörersteuerung[25] für die sprecherseitige Regulation des Verstehens sorgt.

6 Das Kind im Diskurs auf Deutsch

Betrachten wir die Antworten von Erkin auf Deutsch, ist eine Diskrepanz zwischen der (beim Vorlesen angestrebten) Textwahrnehmung des Kindes und seiner faktischen Bildwahrnehmung festzustellen. Auch zeigt sich, dass Bild-Elemente für das Kind ein szenisches Handlungspotential haben, das es offenbar aktiviert, indem es jene sprachlich benennt (z.B. Schneeflocken, die Mutter mit dem Kind, das Auge (im Spiegel), das Feuer, das lodert, die Prügelszene, das Böse (als Metapher der Königin), Lampenschwingen usw.) – alles Symbolfeld-Ausdrücke, die es meist mit staunend-entdeckender Prosodie (Malfeld) realisiert.

Erkins wenige Äußerungen auf Deutsch zeigen folgende grammatische Formate (und zwei Unterformate):

---

25 S. Rehbein (1979), sprachübergreifend: Rehbein & Romaniuk (2014).

- *Deixis + Kopula/macht + (auch/doch) Schlüsselwort als Prädikat:* „die blutet." (PF3), „Da ist der/ die Schnee." (PF25/26), „Da is Schnee." (PF27), „Das auch die König" (PF38/39), „Da is auch Auge" (PF40), „Ja, das die, die Feuer. Da ist Feuer." (PF45), „Die ist auch tot, ne?" (PF51), „Die ist tot. Die ist tot." (PF52), „Die is tot." (PF53), „Da ist sie." (PF72), „Die ist tot. Die ist tot." (PF86/87), „Aaa, das is doch eine Königin." (PF129), „Die macht/ die macht die Lampe zu." (PF143)
- mit *Negation:* „Das is nicht Auge. Das so • • ein bisschen Auge." (PF43)
- mit *Aber*: „Aber die kann auch Schnee machen" (PF31/32)
- *Wenn*-Konstruktionen: „Wenn er so/so rot (hat den)." (PF28), „Wenn er so machen" (PF28/29), „Wenn die runterfall, dann machen wir Schnee" (PF33/34)
- *(Be-)Nennen:* Bloße Präsentation des Schlüsselworts [Rhema] mit (un)bestimmtem Artikel oder artikellos: „Mann" (PF30), „Schneewittchen" (PF31), „(Die) Königin." (PF37), „Ein Baby." (PF85)

Derartige Formate haben die Struktur multipler Formeln, wie sie häufig im Zweitsprachenerwerb gebildet werden und die Leerstellen enthalten, in die Lernende verschiedene sprachliche Elemente einsetzen (s. Rehbein 1987).

Beim Aufbau des Textverstehens auf Deutsch scheint das Kind so vorzugehen, dass es *Schlüsselworte* des vorgelesenen Textes auf den Bildern identifiziert; wie etwa „Schnee" in „Da is Schnee" (PF27).[26]

Erkin scheint auch eine mehrsprachige Ressource aus dem Vorlesen auf Türkisch fünf Wochen *zuvor* zu nutzen, da viele Schlüsselwörter, die er *von sich aus* auf Deutsch thematisiert, zuvor in einem code-switchenden Bereden eingeführt wurden (s. Beispiel B6).

Solange das Kind dem deutschen Text folgen kann, scheint es das dargebotene Wissen in thematischen Blöcken nach den genannten Schlüsselwörtern zu organisieren. Es sind jedoch die Bilder, die die Aufmerksamkeit des Kindes im sprachlichen Bereich steuern. Durch Identifizieren und Benennen der Bildelemente werden die Symbolfeldausdrücke aus dem deutschen Text aktiviert.

Während also die vorlesende Erwachsene das Kind vom Text her auf das Bild und wieder zurück auf den Text ausrichten will – mit der lehrenden Absicht einer Integration des Bildes in den Text –, will das Kind gegenläufig die Schlüs-

---

26 Die folgenden Schlüsselworte kommen in nicht abgedruckten Transkriptionsabschnitten vor: „die blutet" (PF5), „Eine Königin" (PF43), „Auge" in „Da is auch Auge" (PF46), „Das is nicht Auge. Das is so • • ein bisschen Auge" (PF49/50), „Feuer" in „Das die, die Feuer. Da is Feuer" (PF51/52), „tot" in „Die ist auch tot, ne?" (PF58, 59, 60, 96 2x und weitere) usw.

selwörter auf die Bilder anwenden und ist bestrebt, sein Wissen bildlich zu organisieren und nicht länger textbasiert. Tendenziell wird die modale Diskrepanz von Text und Bild von der Vorlesenden zugunsten des Textes, vom zuhörenden Kind zugunsten des Bildes zu lösen versucht.

Aus dieser Konstellation ergibt sich für den Diskurs des Beredens auf Deutsch ein Gegeneinander zwischen den Strategien der vorlesenden Person und der Rezeption des Kindes. Selbst die explizit an das Kind gerichteten Kommentierungen und Erläuterungen beim Bereden vermögen oft nicht, die kindliche Aufmerksamkeit wieder auf den Text „umzuschalten".

7 Aufbau mehrsprachiger Ressourcen beim Bereden

Im Vorhergehenden wurde beobachtet, dass das Handlungspotential, das in den Symbolfeldausdrücken steckt, durch Vorlesen und Bereden auf Türkisch und in einem code-switchenden Bereden des deutschsprachigen Bilderbuches angelegt wurde. Dabei dient das bildbasiert erworbene Handlungspotential als Wissensquelle, die den Umgang des Kindes mit dem Text vororganisiert. Wenn die Konzepte interaktional, zweisprachig sowie bild- *und* textgestützt erworben werden, können sie, so die These, tendenziell von zwei Sprachen aus angesteuert und aktiviert werden. Dabei wird deutlich, dass das Kind das Deutsche und das Türkische einerseits als separate Ressourcen aktualisiert, andererseits diese Ressourcen zu einem Wechselverhältnis ausbaut. Allgemein scheint sich ein solcher Konzept-Aufbau beim mehrsprachigen Bereden zu vollziehen, was das folgende Beispiel (B6) illustriert.

(B 6) EFE01tk_Sey_b_0057_2_ENF; Aufnahmedatum: 01121991

Erk: Erkin, 4;9, besucht Kindergarten; Tül: Tülin, türkischsprachige Interviewerin mit guten Deutschkenntnissen; die beiden (oben vor Beispiel (B5) abgedruckten) Bilder aus dem deutschen Bilderbuch dienen im folgenden Gesprächsausschnitt als Bezug). Tülin hatte zuvor das Märchen auf Türkisch vorgelesen; nun liest sie die ersten Seiten des deutschen Bilderbuchs vor und beredet sie.

[85]	
Tül [v]	ıyor. • • • Onu diyor, bak! "Plötzlich stach sie sich mit der Nadel in den
Tül [de]	Das steht hier, sieh mal!
Tül [k]	[schneller

[86]		
Tül [v]	Finger und es fielen drei Tropfen Blut in den Schnee." Blut, • biliyor mu	
Tül [de]		Blut, • kennst du (das)?
Erk [v]		Eeē˙

[87]			
Tül [v]	sun? Blut...	Blut kan demek.	
Tül [de]		Blut heißt kan.	
Erk [v]	Şimdik burayı okuyo( ).	Hmhm˙ ((2s)) Bu da	
Erk [de]	Sie liest gerade hier ( ).	Das ist	

[88]			
Tül [v]	Burda ne görüyorsun?	• • Jăa˙	
Tül [de]	Was siehst du hier?		
Erk [v]	kan.	• • • Da steht eine Baby.	Das sind eine
Erk [de]	auch Blut.		

[89]			
Tül [v]	Aāa aferin! • • Jaa, ( ) ein Baby. Und?		Wer
Tül [de]	Bravooo!		
Erk [v]	Blume, ein bisschen.		Ein

Als Tülin den Text vorliest, switcht sie zunächst ins Deutsche: „Onu diyor, bak!" (Das steht hier, sieh mal!) "Plötzlich stach sie sich mit der Nadel in den Finger und es fielen drei Tropfen Blut in den Schnee." (PF85/86)[27], fragt dann aber auf Türkisch: „Blut biliyor musun?" (Blut, kennst du (das)? PF86/87). Erkin antwortet ausweichend, als Tülin ihm jedoch übersetzt: „Blut kan demek." (Blut heißt kan; PF87), identifiziert er es auf dem Bild: „Bu da kan." (Das ist auch Blut.; PF88).

---

27 Zum Code-Switching Türkisch-Deutsch s. z.B. Özdil 2010, Gümüşoğlu 2010; Şimşek 2012. - Gutachterlich wurde zu Recht eingewendet, dass es sich hier nicht um ein durch einen Trigger-Ausdruck ausgelöstes Code-Switching (s. Clyne 1967) ins Deutsche handele, sondern um ein funktionales Code-Switching, bei dem ein mehrsprachiges Repertoire als Ressource genutzt wird.

Abb. 11: Schneewittchen. Grimm III

Damit hat Erkin text- *und* bildbasiert eine zweisprachige Ressource angelegt, von der er später beim Vorlesen auf Deutsch Gebrauch macht (vgl. oben das deutsche Beispiel (B5), das fünf Wochen nach dem hier in (B6) vorliegenden Gespräch stattfand). Als Tülin – weiterhin auf Türkisch – mit „Burda ne görüyorsun? (Was siehst du hier? PF88) ein neues Bild fokussiert, switcht Erkin von sich aus ins Deutsche: „Da steht ein Baby" (PF88) und fährt fort: „Da sind eine Blume, ein bisschen." (PF88/89); offenbar hat er „Baby" und „Blume" bereits in seinem Repertoire. Tülin bleibt, nach der türkischen Interjektion „Aäaaferin" (Bravoooo! PF 89), im Deutschen, die Konzeptualisierung bestätigend.

(B 7) EFE01tk_Sey_b_0057_2_ENF; Aufnahmedatum: 01121991

[99]

Tül [v]	geworden.	Bisschen größer.	• • •	Aferin!	•	Burda ne görüyorsun?
Tül [de]				Bravo!		Was siehst du hier?
Erk [v]		Ja˙				• • •

[100]	
Tül [v]	Was?
Erk [v]	Die machte eine Auge auf ein bisschen. Du musst ein bi/ Auge auf

[101]	
Tül [v]	Aug auf mu? • Ach so, ja. Aber hier, ((räuspert
Tül [de]	Aug auf?
Erk [v]	ein bisschen. Ja, guck.

[102]	
Tül [v]	sich)) das ist • ein Spiegel. Und hier haben wir auch gesehen. Spiegel
Erk [v]	Ja˙

[103]	
Tül [v]	gelesen. Und das war eine Wunderspiegel. • Königin.
Erk [v]	Ja˙ Ja˙ Ja, eine Könichin.

[104]	
Tül [v]	((3s)) Zu mu?
Erk [v]	Und eine ((4s)) zuu. ((4s)) Zuut, zuu. • • • Ja, kapanıyor ya
Erk [de]	Ja, hier geht es doch zu.

[105]	
Tül [v]	Hâa˙ Evet evet, doğru. ((1s)) Eee, ama bu, ne o? Aslında bu ne?
Tül [de]	Ja ja, richtig. Äh, aber das, was ist das? Was ist das
Erk [v]	burası.

Als Tülin etwas später – auf Türkisch – mit „Burda ne görüyorsun? (Was siehst du hier? PF99) ein weiteres Bild fokussiert, aktualisiert Erkin auf Deutsch die Begriffe „Auge" (PF100) und offen („Auge auf"; PF101), dann verstehend „Spiegel" (PF102), dann aktiv „Könichin" (PF103), bis er feststellt: „und eine ((4s)) zuu. ((4s)) Zuut, suu." (PF104), womit er wohl meint, dass ein Auge (rechts unten in Abb. 11) geschlossen ist. Dies versteht Tülin nicht, denn sie fragt mit der Präposition „zu" und der türkischen Fragepartikel „mu" in „zu mu?" (PF123), so dass Erkin code-switchend und mit Deixis („burası" (hier); PF105) seine Wahrnehmung erläutert: „Ja, kapanıyor ya burası" (Ja, hier geht es doch zu), wobei er mit der partiellen Äquivalenz der Wörter dt. *Ja* vs. tk *ya* spielt (was im deutsch-türkischen Bilingualismus zu beobachten ist; vgl. Şimşek 2012). Hier scheint Erkin auf ein türkisches und deutsches Repertoire zuzugreifen, das durch das Bild miteinander verzahnt wird.

Interessant ist, dass sowohl die Erwachsene Tülin als auch Erkin fast jede neue Bildbetrachtung mit einer Textdeixis auf Türkisch[28] oder Deutsch auf das entsprechende Bild eröffnet: „burda" (hier; 2x in PF82; PF88), „şimdi" (da, jetzt; PF83), „Şimdik burayı okuyor" (sie gerade hier); PF87), „Da" (PF88), „Das" (3 x, PF88, PF102, 103), „hier" (2 x PF101, 102); gegebenenfalls wird das Kind noch mit Interjektionen und Imperativen (bak (sieh!); PF82, 85; Aāa aferin (bravooo! PF89) auf weitere Bild-Elemente gelenkt. – Diese zahlreichen Deixeis, die bestimmte Bild-Elemente mit deutschen *und* türkischen Symbolfeldausdrücken positionsgleich koppeln, sowie die Lenkfeld-Prozeduren versetzen das Kind meiner Auffassung nach auf funktional zweisprachige Weise in einen Vorstellungsraum, der es, wenn auch bildbasiert, aus dem Diskurs heraus in die Welt des Textes leitet – ein wichtiger Effekt textueller Literalisierung mittels mehrsprachigen Beredens.

Die dialogische sowie code-switchende Qualität des Beredens sticht in diesem Fall positiv ab gegenüber dem nahezu monologischen und monolingualen Vorlesen und Bereden in der L2 in Beispiel (B 5). Mehrsprachiges Bereden scheint also textuelle Literalisierung eher zu begünstigen als einsprachiges in L2.

8 Wiedergeben und Mehrsprachigkeit als Ressource

Eine Wiedergabe in zwei Sprachen ist Indikator für eine mehrsprachige erfolgreiche textuelle Literalisierung – so die Idee des Evokativen Feldexperiments. Faktisch wurde das Märchen aber kaum vollständig wiedergegeben.[29] Obwohl in unserm Projekt bei einem großen Teil der Kinder Türkisch gegenüber dem Deutschen die stärkere Sprache war, bedeutet dies nicht, dass alle Kinder im Türkischen textuell so literalisiert waren, dass sie ein Märchen (nach)erzählen konnten. Erkin etwa liefert keine Wiedergabe, Sibel dagegen gibt eine volle Wiedergabe auf Türkisch und partielle Wiedergaben auf Deutsch (s. Lernerbiographien Fn. 5). Unterbleibt eine textuelle Literalisierung in der L1

---

28 Zur Analyse des Zeigfelds des Türkischen, s. Sağın-Şimşek; Rehbein & Babur (2009); zur Textdeixis Redder (2000); zur Definition von Deixis und Anapher mit Blick auf Veränderungen im PRO-Bereich im Kontakt-Türkischen, s. Rehbein (2012).
29 Der geringe Ertrag zusammenhängender, narrativer Wiedergaben mag auch ein Artefakt des Feldexperiments sein, da die Kinder oft wenig motiviert waren, ein Märchen noch einmal zu erzählen, das sie zuvor etliche Male „durchgekaut" hatten.

Türkisch, obliteriert das Potential der stärkeren Sprache meist in der weiteren Entwicklung, und ein möglicher Transfer nach L2 bleibt ungenutzt. Auf einem solchen Transfer liegt im folgenden die Aufmerksamkeit.

8.1 Wiedergeben auf Türkisch

Der folgende Transkriptausschnitt aus einem Gespräch zwischen dem Erwachsenen Taner und Sibel illustriert die textuelle Literalisierungs-Komponente Wiedergeben.

(B 8) EFE01tk_Sib_b_0063b_f_291191

Tnr: Taner (Interviewer); Sib: Sibel, 4;7 J.; Ser: Sercan, 6;11 J. Während des gesamten Gesprächs läuft türkisches Fernsehen auf TRT-INT.

[29]				
Tnr [v]	na?	• • Sen hadi bi masal anlat bana!		Bildiğin bi
Tnr [de]	ihr?	Los, erzähl du mir mal ein Märchen!		Ein Märchen, das du
Sib [v]		((2s)) Ben gonuşum.		
Sib [de]		Ich habe gesprochen.		
Sib [k]		für: konuştum		

[30]			
Tnr [v]	masal.		
Tnr [de]	k e n n s t .		
Sib [v]		Imm b u ((2s)) ((atmet ein)) bu onu şeye götüürüyooor.	
Sib [de]		Ääm der der briingt die zum Dings.	
[k]		überlegt	

[31]			
Tnr [v]	Ormana, di mi?		
Tnr [de]	In den Wald, nicht wahr?		
Sib [v]		Ormana. O zaman • bu/ bunları ( ). ((2s)) O zaman, o	
Sib [de]		In den Wald. Dann • dies/ diese ( ).	Dann, dann geht

[32]			
Sib [v]	zaman bu onnan gidiyor.	O zaman hemen oraya gidiyor.	O zaman çoorba
Sib [de]	sie mit ihm.	Dann geht sie sofort dorthin.	Dann kocht sie eine

[33]			
Sib [v]	bişir... ((blättert um))	O zaman hemen bunu cici... IIII˙	((2s)) Buna...
Sib [de]	Suppe...	Dann hat sofort diesen Zwerg...	Ääh˙ Diesem...
[k]			überlegt

[34]

Tnr [v]	Ne'apıyor burda?	
Tnr [de]	Was macht sie hier?	
Sib [v]		Cadı anneye böyle (döndü). O zaman hemen •
Sib [de]		Der Stiefmutter hat sie sich so (zugewendet). Dann hat sie sofort •

[35]

Tnr [v]		((2s)) Kız n'aptı?
Tnr [de]		Was hat das
Sib [v]	bundan bö... ((1s)) Apfel verdi. • Son... • • Hemeen...	
Sib [de]	davon so... ((1s)) Hat sie Apfel gegeben. • Dann... • • Sofoort...	

[36]

Tnr [v]		Hımhım˘ ((1s)) Sonra?
Tnr [de]	Mädchen gemacht?	Hmhm˘ Dann?
Sib [v]	Isırdı. O zaman hemen • bayıldı.	
Sib [de]	Biß hinein. Dann wurde sie sofort • ohnmächtig.	

[37]

Tnr [v]		Niye vuruyorlar buna? Kötü ca-
Tnr [de]		Warum schlagen sie sie? Böse
Sib [v]	((1,5s)) Ona 'vur, • • vur' diyorlar onnan.	
Sib [de]	Sie sagen 'schlag, • • schlag' damit.	

[38]

Tnr [v]	dı kadın...
Tnr [de]	Hexe...
Sib [v]	Şey, şey annesi hem, hem onu cücü yaptı. O zaman hemen verdi o kızı.
Sib [de]	Ihre Dings, Dings Mutter hat auch, auch sie zum Zwerg gemacht. Dann hat sie sofort dieses Mädchen gegeben.

[39]

Sib [v]	[Seyilli apfeli, apfeli. O zaman hemen ba/ bayıldı. Onu
Sib [de]	Den giftigen Apfel, Apfel. Dann wurde sie sofort ohn/ ohnmächtig.
Sib [k]	[für: zehirli

[40]

Tnr [v]		Haa, onun için vuruyorlaar. Haa, ne güzel anlattın.
Tnr [de]		Ach ja, deshalb schlagen sie. Jaa, wie schön du doch erzählt
Sib [v]	çin vuyuyoyla.	Tabii.
Sib [de]	Deshalb schlagen sie.	Klar.
Sib [k]	für: için	

[41]

Tnr [v]	Ben seni alkışlıyorum. ((applaudiert))
Tnr [de]	hast. Ich applaudiere dir.
Ser [v]	Tamam, bittii.
Ser [de]	Das war s, zu Ende.
[Sib k]	applaudierend

Taner fordert das Kind nach Vorlesen und Bereden zum Erzählen auf („anlat" (erzähl!)), verwendet dabei zwei Mal den übergreifenden Genrebegriff „masal" (Märchen) zur Charakterisierung der geforderten textuellen Aktivität und unterstreicht seine Aufforderung mit der zu Bewegungen initiierenden Partikel „hadi" (los): „Sen hadi bi masal anlat bana! Bildiğin bir masal." (Los, erzähl du mir mal ein Märchen! Ein Märchen, das du kennst; PF29).

Das Kind gibt eine Sektion des Märchens im Zusammenhang wieder, den sie malfeldmäßig ankündigt mit: „bu onu şeye götüüüyooor." (der briiingt die zum Dings; PF 30).

Ein wichtiges Element ihrer Version ist die direkte Redewiedergabe des Spiegels: „Ayna." (Spiegel) „Ben gonuşum." (Ich habe gesprochen; PF29)).

Das Wiedergeben ist gegenüber der Textversion des Märchens reduziert; es werden nur die zentralen Verben verwendet: „Apfel verdi" (Hat Apfel gegeben; PF35), „ısırdı" (sie biss hinein; PF36), „bayıldı" (sie wurde ohnmächtig; PF36), usw. Gleichwohl finden wir einen reproduzierten *Zusammenhang*. Dazu trägt der Tempus-Aspekt-Wechsel von der *DI*-Form (Präteritum) zum *yor*-Aspekt (Präsens) („'vur • • vur' diyorlar onnan" (Sie sagen, 'schlag, • • schlag (damit); PF37) und wiederum der Umschlag zum *DI*-Präteritum (PF38/39) bei; denn im *DI*-Präteritum wird eine kohärente Geschichte erzählt.[30]

Sibel inkorporiert dt. 'Apfel' mittels türkischem Akkusativ-Suffix „-i", ins Türkische: „Seyilli apfeli, apfeli."[31] (Den giftigen Apfel, Apfel; PF39). Sie nutzt also ihre deutschen Ressourcen.

8.2 Wiedergeben auf Deutsch

Kinder wie Sibel komponieren in der L2-Wiedergabe L1- und L2-Quellen. Zwar produziert sie auf Deutsch keineswegs eine so zusammenhängende Erzählung wie auf Türkisch, sondern narrative Bruchstücke, die nach den einzelnen Bildern strukturiert sind. Dabei bezieht sie sich aber auf zwei *frühere* Quellen: Einmal auf die deutsche Version ihres Bruders, der die Szene mit dem vergifteten Apfel auf Deutsch dargestellt hatte; zum anderen auf ihre eigene Produktion auf Türkisch, in der die Gabe des vergifteten Apfels die Hauptmotivation für die Bestrafung der bösen Stiefmutter ist und die eine zusammenhängende Gesamt-

---

30 Zur Konnektivität von Tempus vs. Aspekt im Kontakt-Türkischen, s. Rehbein & Karakoç 2004.
31 'apfeli' ist eine sprachenübergreifende Prozeduren-Kombination, bestehen aus der deutschen Symbolfeld-Prozedur (Apfel) und der türkischen operativen Prozedur des Kasus (-i).

Erzählung darstellt. In L2 fehlt aber die Versprachlichung des Ohnmächtig-Werdens; auch die Genuszuweisung ist im Deutschen schwankend, wenn auch die Pronominalisierung („Ihn", „sie") – Kennzeichen für einen sukzessiven L2-Erwerb des Deutschen – gegeben ist. Hingegen scheint der Handlungsablauf, die Aktanten-Bezeichnung (Hexe ~ çadı) und die den Tod verursachende Funktion des Apfels durchaus aus dem Türkischen ins Deutsche transferiert worden zu sein.

In der deutschen Fassung wird z. B. der Vorgang des Selbst-Aufwachens *ergänzt*. Insgesamt sind die Konzepte aus der ursprünglichen türkischen Fassung eine Ressource aus L1 und die aus der vom Bruder auf Deutsch vor-erzählten Fassung eine partielle Ressource aus L2, sowie auch der vorgelesene deutsche Bild-Text, aus denen sich das Kind seine Produktion in L2 bastelt, eine Ressource aus L2. Sibel nutzt für ihre Wiedergabe auf Deutsch also ein mehrsprachiges Repertoire als Ressource.

9 Ausblick

Nach den Transkriptionsanalysen ergeben sich folgende Thesen:

1. Aufbau von mehrsprachigen Repertoires durch textuelle Literalisierung: Sowohl das Vorlesen als auch das gemeinsame Bereden des Bilderbuchs wurde häufig nach den Bildern partitioniert, so dass ein einheitliches Handlungsschema weder für das Kind selbst noch für die Erwachsenen leicht rekonstruierbar ist. Entsprechend werden in den Transkriptionen die Figuren des Märchens im einzelnen charakterisiert, Farben und Umrisse selektiv benannt, typische Szenen gegeneinander isoliert, gefühlsmäßig stark besetzte elementare Wahrnehmungen verbalisiert usw. Beim Vorlesen und im beredenden Diskurs wird in Kooperation zwischen Erwachsenem und Kind der Text in rezipierbare und reproduzierbare Fragmente zerlegt. Auch das Wiedergeben erfolgt meist fragmentweise; die Kinder erwerben auf diese Weise mehrsprachige Wissensfragmente.

Aus diesem Befund geht hervor, dass die Kinder weder im Türkischen noch im Deutschen ein zusammenhängendes Schema des ganzen Handlungs- und Ereignisablaufes des Märchens und damit auch keine kontinuierliche Vorstellung des gesamten Handlungsgeschehens entwickelten. Vielmehr wurden in der textuell-literalisierenden Interaktion thematische Wissensblöcke aneinandergereiht.³² Dementsprechend war zu beobachten, dass die textuelle Literalisierung in sprachlichen Wissensfragmenten bis hin zu Stichworten erfolgte. Sprachliche Wissensfragmente scheinen sich auszubilden, sofern die sprachliche Einheit emotional besetzt ist (erkennbar an Malfeld-Prozeduren). Selbstverständlich ist die Vorstellung eines Handlungsgeschehens in voller Länge und voller Handlungslogik auch altersabhängig.³³

2. Unterschiedliche Formen des Beredens: Das Vorlesen auf Deutsch ist gekennzeichnet durch in das Vorlesen intermittierende Reformulierungen, Erläuterungen, Paraphrasen und andere (meta-)sprachlicher Handlungen, mit denen die Sprache des Textes an das Repertoire des Kindes adaptiert wird. Demgegenüber wird im Türkischen Vorlesen und Bereden klar getrennt, das Vorlesen von Texten mit zum Teil komplexen Konstruktionen wird rezitierend vorgetragen, das Bereden verwendet Textdeixis auf das Bild mit Text-Zitaten als Prädikaten zum Identifizieren von Figuren und Objekten des Märchens.

3. Ausbildung von L1-Textfähigkeiten als Basis einer mehrsprachigen Ressource: In den Phasen der (vorschulischen) textuellen Literalisierung I eignet sich das Kind textbasierte Fähigkeiten an, nämlich
– Phantasie
– sprachliche Konnektivität von Bild- und Textfragmenten (Zusammenhangbildung)
– Textverstehen (von Handlungsstrukturen)
– Vorstufen eines interpretierenden Verstehens.

Nach der Hypothese der interlingualen Transferierbarkeit bei Mehrsprachigkeit (§2.5) kann dabei L1 als Ressource von L2 fungieren. Anhand des Beispiels (B8) wurde versucht, L1 als zumindest partielle Ressource für das Wiedergeben in L2 geltend zu machen.

4. Literalisierungspraktiken in der Familie: In den von 1990-2004 von uns untersuchten Familien wurde vorwiegend Türkisch als L1 gesprochen, aber deren Kinder code-switchen oft deutsch-türkisch und müssen einen Sprachenwechsel zwischen Elternhaus und Kindergarten (später Schule) bewältigen. In dieser Studie wurden zwei Fälle von sukzessivem Bilingualismus ausgewählt: So ist Erkin relativ gering im Türkischen textuell literalisiert, im Deutschen gar nicht, Sibel jedoch ist im Türkischen sehr gut textuell literalisiert, im Deutschen

---

32 In der Terminologie von Chafe's Pear Story-Experimenten sind dies chunks (s. Chafe 1980).
33 Die sprachlich und vorstellungsmäßig verbindenden Elemente („Konnektoren": additive und temporale Verbindungen, Entgegensetzungen usw.) sind jedoch nach der Literatur bei Monolingualen bereits im 4. Lebensjahr ausgebildet.

geringer; sie vollzieht aus der L1 Türkisch einen partiellen Transfer in die L2 Deutsch.

Insgesamt wäre eine textuelle Literalisierung in L1 in den Familien dringend geboten. Ältere Geschwister, mehrsprachige Verwandte, aber auch Großeltern könnten dabei eine wichtige Rolle als Mediatoren einnehmen. Allerdings finden die Familien aus ökonomischen, kulturellen, soziostrukturellen und anderen Gründen oft wenig Gelegenheit dazu.[34] Akıncı, Jisa & Kern (2001) haben zu Recht auf die *klassenspezifische* Differenzierung dieser Praktiken in Migrantenfamilien in Frankreich hingewiesen. Ähnliches gilt wohl auch für türkische Familien in Deutschland.

Vorlesen in der L1 in der Familie ist für den Ausbau mehrsprachiger Text-Ressourcen zwar angeraten, wird aber kaum durchgängig praktiziert; noch geringer dürfte das Bereden von Text und Bild sein. So bleibt es in den Migrantenfamilien oft beim L1-Diskurs *ohne Textbezug.* Der Textbezug kommt zu dem bilingualen Kind erst mit der L2, im Kindergarten oder später – dann fehlt aber die Ressource für das Textverstehen, nämlich das in der textuellen Literalisierung I erworbene Register des textuellen Diskurses in L1, der eine wichtige Voraussetzung für den Erfolg bei Alphabetisierung und schulischem Text-Erwerb in L2, dem Deutschen, ist.

Literatur

Akıncı, Mehmet-Ali; Jisa, Harriet & Kern, Sophie (2001): Influence of L1 Turkish on L2 French narratives. In Verhoeven, Ludo & Strömqvist, Sven (eds.): *Narrative Development in a Multilingual Context.* Amsterdam: John Benjamins, 189–208.

Becker, Tabea (2005): Kinder lernen erzählen: Zur Entwicklung der narrativen Fähigkeiten von Kindern unter Berücksichtigung der Erzählform. Hohengehren: Schneider.

Becker, Tabea (2005a): Mündliche Vorstufen literaler Textentwicklung: vier Erzählformen im Vergleich. In Feilke, Helmuth & Schmidlin, Regula (Hrsg.): *Literale Textentwicklung. Untersuchungen zum Erwerb von Textkompetenz.* Frankfurt/M.: Lang, 19–41.

Berman, Ruth A. & Slobin, Dan I. (eds.) (1994): *Relating Events in Narrative. A crosslinguistic developmental study.* Hillsdale, N. J.: Erlbaum.

Blaschitz, Verena (2014): Narrative Qualifizierung. Dimensionen ihrer Erfassung bei Kindern mit Deutsch als Zweitsprache. Münster, New York: Waxmann.

Bialystok, Ellen (2007): Acquisition of Literacy in Bilingual Children: A Framework of Research. In *Language Learning* 57: Suppl. 1, 2007, 45–77.

---

34 Zum Verhältnis von interaktional bedingten, vorschulischen *literacy*-Praktiken in Abhängigkeit von der Sozialstruktur, vgl. bereits Snow 1983.

Boueke, Dietrich et al.(1995): Wie Kinder erzählen. Untersuchungen zur Erzähltheorie und zur Entwicklung narrativer Fähigkeiten. München: Fink.
Braun, Barbara (2007): Gemeinsam ein Bilderbuch lesen – Vermitteln und Aneignen in der Kommunikation von Mutter und Kind. In Meng, Katharina & Rehbein, Jochen (Hrsg.): *Kindliche Kommunikation – einsprachig und mehrsprachig*. Münster, New York: Waxmann,127–154.
Brünner, Gisela (1991): Redewiedergabe in Gesprächen. In *Deutsche Sprache* 1 (1991), 1–15.
Bührig, Kristin (1996): Reformulierendes Handeln. Zur Analyse sprachlicher Adaptierungsprozesse in institutioneller Kommunikation. Tübingen: Narr.
Bührig, Kristin & Rehbein, Jochen (2014): Multilingualism and Work Experience in Germany: on the Pragmatic Notion of 'Patiency'. In Angouri, Jo; Meredith, Marra & Holmes, Janet (eds.): *Working in the City*. Edinburgh: University Press (in pr.).
Chafe, Wallace (1992): Information flow in speaking and writing. In Downing, Pamela; Lima, Susan D. & Noonan, Michael (eds.): *The Linguistics of Literacy*. Amsterdam: John Benjamins, 17–29.
Clyne, Michael (1967): Transference and Triggering. The Hague: Martinus Nijhoff.
Costa, Albert & Santesteban, M. (2004): Lexical access in bilingual speech production: Evidence from language switching in highly proficient bilinguals and L2 learners. *Journal of Memory and Language*, 50, 491–511.
Costa, Albert; Wido la Heij, Eduardo Navarrete (2006): The dynamics of bilingual lexical access. In *Bilingualism: Language and Cognition* 9 (2), 2006, 137–151.
Ehlich, Konrad (1983): Text und sprachliches Handeln. Die Entstehung von Texten aus dem Bedürfnais nach Überlieferung. In Assmann, Aleida; Assmann, Jan & Hardmeier, Christof (Hrsg.): *Schrift und Gedächtnis*. München: Fink, 24–43.
Ehlich, Konrad (1984): Zum Textbegriff. In Rothkegel, Annely & Sandig, Barbara (Hrsg.): *Text – Textsorten – Semantik. Linguistische Modelle und maschinelle Verfahren*. Hamburg: Buske, 9–25.
Ehlich, Konrad (1984a): Handlungsstruktur und Erzählstruktur – Zu einigen Kennzeichen des Weiterentwickelns von Erzählanfängen. In ders. (Hrsg.): *Erzählen in der Schule*. Tübingen. Narr, 126–175.
Ehlich, Konrad & Rehbein, Jochen (1986): Muster und Institution. Untersuchungen zur schulischen Kommunikation. Tübingen: Narr.
Fabricius-Hansen, Cathrine (2000): Formen der Konnexion. In Brinker, Klaus; Antos, Gerd; Heinemann, Wolfgang & Sager, Sven F. (Hrsg.): *Text- und Gesprächslinguistik. 1. Halbband*. Berlin: de Gruyter, 331–343.
Fienemann, Jutta (2006): Erzählen in zwei Sprachen. Diskursanalytische Untersuchungen von Erzählungen auf Deutsch und Französisch. Münster, New York: Waxmann.
Franceschini, Rita & Miecznikowski, Johanna (Hrsg./éds) (2004): Leben mit mehreren Sprachen / Vivre avec plusieurs langues. Sprachbiographien / Biographies langagières. Berne etc.: Lang.
Garlin, Edgardis (2008): Bilingualer Erstspracherwerb. Sprachlich handeln – Sprachprobieren – Sprachreflexion. Eine Langzeitstudie eines deutsch-spanisch aufwachsenden Geschwisterpaares. Münster, New York: Waxmann.
Goodwin, Charles (2007): Interactive Footing. In Holt, Elizabeth & Clift, Rebecca (eds.): *Reporting Talk: Reported Speech in Interaction*. Cambridge: UP.
Grießhaber, Wilhelm (1990): Transfer, diskursanalytisch betrachtet. In *Linguistische Berichte* 129/1990, 386–414.

Grosjean, François (2001): The Bilingual's Language Modes. In Nicol, Janet L. (Hrsg.): *One Mind, Two Languages. Bilingual Language Processing*. Oxford: Blackwell, 1–22.

Grosjean, François (2008): *Studying Bilinguals*. Oxford: University Press.

Gümüşoğlu, Turgut (2010): Sprachkontakt und deutsch-türkisches Code-Switching. Eine soziolinguistische Untersuchung mündlicher Kommunikation türkischer MigrantInnen. Frankfurt/M.: Lang.

Hausendorf, Heiko & Quasthoff, Uta (1996): Sprachentwicklung und Interaktion: Eine linguistische Studie zum Erwerb von Diskursfähigkeiten bei Kindern. Wiesbaden: Westdeutscher Verlag.

Herkenrath, Annette & Karakoç, Birsel (2007): Zur Morphosyntax äußerungsinterner Konnektivität bei mono- und bilingualen türkischen Kindern. In Boeschoten, Hendrik & Stein, Heidi (Hrsg): *Einheit und Vielfalt in der türkischen Welt*. Wiesbaden: Harrassowitz, 131–159.

Herkenrath, Annette & Rehbein, Jochen (2012): Pragmatic Corpus Analysis, exemplified by Turkish-German bilingual and monolingual data. In Thomas Schmidt & Kai Woerner (eds.): *Multilingual corpora and multilingual corpus analysis*. Amsterdam: Johns Benjamins, 123–152.

Hommel, Kerstin & Katharina Meng (2007): Thematisieren – bildabhängig oder bildunabhängig. In Meng, Katharina & Rehbein, Jochen (Hrsg.): *Kindliche Kommunikation – einsprachig und mehrsprachig*. Münster, New York: Waxmann, 93–126.

Hurrelmann, Bettina (2002): Sozialhistorische Rahmenbedingungen von Lesekompetenz sowie soziale und personale Einflussfaktoren. In Groeben, Norbert & Hurrelmann, Bettina (Hrsg.): *Lesekompetenz. Bedingungen, Dimensionen, Funktionen*. Weinheim, München: Juventa, S. 123 – 149.

Leimbrink, Kerstin (2010): Kommunikation von Anfang an. Die Entwicklung von Sprache in den ersten Lebensmonaten. Tübingen: Stauffenburg.

Lüdi, Georges (2006): Multilingual repertoires and the consequences for linguistic theory. In Bührig, Kristin & ten Thije, Jan D. (Hrsg.): *Beyond misunderstanding*. Amsterdam: John Benjamins, 11–42.

Lüdi, Georges & Py, Bernard (1984): Zweisprachig durch migration. Einführung in die Erforschung der Mehrsprachigkeit am Beispiel zweier Zuwanderergruppen in Neuenburg (Schweiz). Tübingen: Niemeyer.

Lüdi, Georges & Py, Bernard (1986): *Etre bilingue*. Berne, Frankfurt am Main, New York: Lang.

Lüdi, Georges & Py, Bernard (2009): To be or not to be … a multilingual speaker. In *International Journal of Multilingualism and Multiculturalism*, 6(2), 154–167.

Nauck, Bernhard & Lotter, Vivian (2014): Bildungsspezifisches Sozialkapital in einheimischen, türkischen und vietnamesischen Familien in Deutschland. In Steinbach, Anja, Hennig, Marina & Becker, Oliver Arránz (Hrsg.): *Familie im Fokus der Wissenschaft*. Wiesbaden: Springer, S. 225–253.

Matras, Yaron (2007): Contact, connectivity and language evolution. In Rehbein, Jochen; Hohenstein, Christiane & Pietsch, Lukas (eds.): *Connectivity in Grammar and Discourse*. Amsterdam and Philadelphia: John Benjamins, 51–74.

Matras, Yaron (2009): *Language Contact*. Cambridge: University Press. Pamuk Prenses. İstanbul: Remzi Kitabevi.

Özdil, Erkan (2010): Codeswitching im zweisprachigen Handeln. Sprachpsychologische Aspekte verbalen Planens in türkisch-deutscher Kommunikation. Münster, New York: Waxmann.

Pfaff, Carol (2001): The development of co-constructed narratives by Turkish children in Germany. In Ludo Verhoeven & Sven Strömqvist (eds.): *Narrative Development in a Multilingual Context*. Amsterdam: John Benjamins, 189–208.

Redder, Angelika (1994): Bergungsunternehmen – Prozeduren des Malfeldes beim Erzählen. In Brünner, Gisela & Graefen, Gabriele (Hrsg.): *Texte und Diskurse*. Opladen: Westdeutscher Verlag, 238–264.
Redder, Angelika (1999): „Mann, oh Mann!" In Bührig, Kristin & Matras, Yaron (Hrsg.): *Sprachtheorie und sprachliches Handeln*. Tübingen: Stauffenburg, 235–245.
Redder, Angelika (2000): Textdeixis. In Brinker, Klaus; Antos, Gerd; Heinemann, Wolfgang & Sager, Sven F. (Hrsg.): *Text- und Gesprächslinguistik. 1. Halbband*. Berlin: de Gruyter, 283–294.
Rehbein, Jochen (1979): Sprechhandlungsaugmente. Zur Organisation der Hörersteuerung. In Weydt, Harald (Hrsg.): *Die Partikeln der deutschen Sprache*. Berlin: de Gruyter, 58–74.
Rehbein, Jochen (1986): Sprachnoterzählungen. In Hess-Lüttich, Ernest W.B. (Hrsg.): Integration und Identität. Soziokulturelle und psychopädagogische Probleme im Sprachunterricht mit Ausländern. Tübingen: Narr, 63–86.
Rehbein, Jochen (1987): Multiple Formulae. Aspects of Turkish Migrant Workers' German in Intercultural Communication. In Knapp, Karlfried; Enninger, Werner & Knapp-Potthoff, Annelie (eds.): *Analyzing Intercultural Communication*. Berlin: de Gruyter/Mouton, 215–248.
Rehbein, Jochen (1987a): Diskurs und Verstehen. Zur Rolle der Muttersprache bei der Textverarbeitung in der Zweitsprache. In Apeltauer, Ernst (Hrsg.): *Gesteuerter Zweitspracherwerb*. München: Hueber, 113–172.
Rehbein, Jochen (2001): Konzepte der Diskursanalyse. In Brinker, Klaus, Antos, Gerd, Heinemann, Wolfgang, Sager, Sven F. (Hrsg.): *Text- und Gesprächslinguistik. 2. Halbband*. Berlin: de Gruyter, 927–945.
Rehbein, Jochen (2007): Erzählen in zwei Sprachen – auf Anforderung. In Meng, Katharina & Rehbein, Jochen (Hrsg.): *Kinderkommunikation – einsprachig und mehrsprachig*. Münster, New York: Waxmann, 389–453.
Rehbein, Jochen (2009): Rehbein-ENDFAS (Die Entwicklung narrativer Diskursfähigkeiten im Deutschen und Türkischen in Familie und Schule). Universität Hamburg EXMARaLDA: SFB 538-Korpora: http://www.exmaralda.org/sfb_e5.html
Rehbein, Jochen (2012): Turkish deixis and its contact-induced change. In Éva Kincses-Nagy and Mónika Biacsi (eds.): *The Szeged Conference. Proceedings of the 15th International Conference on Turkish Linguistics 2010, in Szeged, Hungary*. Szeged: Department of Altaic Studies, 459–468.
Rehbein, Jochen (2012a): Homileïscher Diskurs – zusammenkommen, um zu reden ... In Kern, Friederike; Morik, Miriam & Ohlhus, Sören (Hrsg.): *Erzählen als Form. Festschrift für Uta Quasthoff*. Berlin, New York: de Gruyter, 74–91.
Rehbein, Jochen (2013): The future of multilingualism – towards a HELIX of societal multilingualism under global auspices. In Bührig, Kristin & Meyer, Bernd (eds): *Transferring Linguistic Know-how into Institutional Practice*. Amsterdam: John Benjamins, 43–80.
Rehbein, Jochen; Herkenrath, Annette & Karakoç, Birsel (2007): Rehbein-SKOBI (Sprachliche Konnektivität bei bilingual türkisch-deutsch aufwachsenden Kindern und Jugendlichen). Universität Hamburg, EXMARaLDA: SFB 538-Korpora:
http://www.exmaralda.org/sfb_e5.html
Rehbein, Jochen; Herkenrath, Annette & Karakoç, Birsel (2009): Turkish in Germany – On contact-induced language change of an immigrant language in the multilingual landscape of Europe. In *STUF* 62/ 3, 161–204.
Rehbein, Jochen & Kameyama, Shinichi (2003): Pragmatik. In Ulrich Ammon, Norbert Dittmar, Klaus J. Mattheier, Peter Trudgill (Hrsg.): *Sociolinguistics / Soziolinguistik. An International Handbook of the Science of Language and Society*. Berlin/New York: de Gruyter, 556–588.

Rehbein, Jochen & Karakoç, Birsel (2004): On contact-induced language change of Turkish aspects: languaging in bilingual discourse. In Dabelsteen, Christine B. & Jørgensen, Normann J. (eds.): *Languaging and Language practices*. Copenhagen: Copenhagen Studies in Bilingualism. Vol. 36. University of Copenhagen, 129–155.

Rehbein, Jochen; Hohenstein, Christiane & Pietsch, Lukas (2007): Connectivity as an object of linguistic research in multilingualism. In ids. (eds.): *Connectivity in Grammar and Discourse*. Amsterdam and Philadelphia: John Benjamins, 1–18.

Rehbein, Jochen & Meng, Katharina (2007): Kindliche Kommunikation als Gegenstand sprachwissenschaftlicher Forschung. In Meng, Katharina & Rehbein, Jochen (Hrsg.): *Kinderkommunikation – einsprachig und mehrsprachig*. Münster, New York: Waxmann, 9–46.

Rehbein, Jochen & Romaniuk, Olena (2014): How to check understanding across languages. An introduction into the Pragmatic Index of Language Distance (PILaD), usable to measure mutual understanding in receptive multilingualism, illustrated by conversations in Russian, Ukrainian and Polish. In *Applied Linguistics Review* 2014; 5(1), 131 – 172.

Sağın-Şimşek, Çiğdem; Rehbein, Jochen & Babur, Ezel (2009): İşlevsel Edimbilim Yöntemiyle Metin İçinde Gösterme Alanının İncelenmesi (Investigation of the deictic field in texts from a Functional Pragmatic point of view). In *Dilbilim Araştırmaları* 2009, II, 1–17.

Şimşek, Yazgül (2012): Sequenzielle und prosodische Aspekte der Sprecher-Hörer-Interaktion im Türkischdeutschen. Münster, New York: Waxmann.

Schneewittchen. Gebrüder Grimm. Nacherzählt von Gaby Holenstein, illustriert von Frances E. Mahon. Brugg: RGA-Verlag.

Slobin, Dan I. & & Küntay, Aylin (1996): Listening to a Turkish mother: Some puzzles for acquisition. In Slobin, Dan I., Gerhardt J., Kyratzis A. & Guo J., (1996): *Social interaction, social context, and language*. Mahwah: Erlbaum, 265–286.

Snow, Catherine E. (1983): Literacy and Language: Relationships during the Preschool Years. In *Harvard Educational Review* 53/2, 165–189.

Wattendorf, Elise et al. (2014): Early bilingualism influences early and subsequently later acquired languages in cortical regions representing control functions. In *International Journal of Bilingualism* 2014, Vol. 18(1), 48– 66.

Wieler, Petra (1997): Vorlesen in der Familie. Fallstudien zur literarisch-kulturellen Sozialisation von Vierjährigen in der Familie. Weinheim, München: Juventa.

Anhang

Transkriptions-Konventionen, Abkürzungen

., !, ?	übliche orthographische Zeichen (Äußerungsendzeichen)
( )	unverständliche Äußerungen bzw. Teile von Äußerungen in einfachen runden Klammern in der Transkriptionsspur (kennzeichnen die Erstreckung im Diskurs relativ zu den anderen Spuren)
(xxxxx)	vermutete Äußerungen bzw. Teile von Äußerungen in einfachen runden Klammern

((schmatzt))	Beschreibungen von Handlungen, Ereignissen usw. in Original-Transkriptionsspur (T) in Doppelklammern
unterstrichen	emphatischer Akzent
/	Reparatur-Zeichen
...	Abbruch-Zeichen (Äußerungsendzeichen)
•, • •, • • •	Pausen-Zeichern(sehr kurz, kurz, halbe Sekunde)
((1s))	Pause von 1 Sekunde ((Sekunden als Zahlen in Doppel-Klammern))
[	Kommentar-Zeichen (in Original-Transkriptionsspur (T) für Kommentar-Spur)
‿	Liaison (schnell gesprochene Verbindung zwischen Äußerungen)
hm	halbhoher Punkt für (nichtphrasale) Ausdrücke, z.B. Interjektionen
Töne	hm̗, á (steigend), hm̗, à (fallend), hm̂ (steigend-fallend), hm̌ (fallend-steigend), hm̄(gleichbleibend)
[v]	in der Transkription nach Sprecher-Sigel indiziert verbale Transkriptionsspur
[k]	in der Transkription nach Sprecher-Sigel indiziert Kommentar-Spur (für Annotationen)
[nn]	aktantenlose Ereignisse (z. B. Geräusche)
PF	Partiturfläche
[86]	Zahlen in eckigen Klammern numerieren die Partiturflächen im Original-Transkript
PF86	Partiturflächen-Nummer im Text als Verweise auf Transkript-Stellen
/312/	Zahlen oberhalb Original-Transkriptionsspur (T) numerieren Segmente (Äußerungen)
(s312)	Segment-Nummer im Text als Verweise auf Äußerungen im Transkripten
" "	doppelte, hochgestellte Anführungszeichen in Original-Transkriptionsspur: Wörtliche Zitate aus dem Bilderbuch
„ "	doppelte, tief- und hochgestellte Anführungszeichen: Zitate aus dem Transkript
' '	einfache hochgestellte Anführungszeichen: Einführung eines Ausdrucks als Terminus ('Text') sowie Kennzeichnung der Redewiedergabe innerhalb des (vorgelesenen) Textes
b	bilingual
dt.	deutsch
tk.	türkisch
EFE	Evokatives Feldexperiment
EFE01	Evokatives Feldexperiment "Vorlesen aus dem Bilderbuch"
ENF	ENDFAS (Abkürzung für das Projekt "Entwicklung narrativer Diskursfähigkeiten in Elternhaus und Schule)
Fn.	Fußnote

Seda Yılmaz Woerfel & Claudia Maria Riehl
Mehrschriftlichkeit: Wechselseitige Einflüsse von Textkompetenz, Sprachbewusstheit und außersprachlichen Faktoren

1 Einleitung

Durch steigende Migrationsbewegungen weltweit wird der Stellenwert von Mehrsprachigkeit, einschließlich der Notwendigkeit, in mehreren Sprachen schriftsprachlich adäquate Texte zu verfassen, immer größer. Die Kompetenz, sich im Schriftlichen in mehreren Sprachen ausdrücken zu können, bezeichnen wir mit dem Terminus „Mehrschriftlichkeit". Darunter verstehen wir nicht den Schrifterwerb in L1 und L2, sondern eine mehrsprachige kommunikative Kompetenz im schriftlichen Medium, die auch Textkompetenz miteinschließt (im Sinne von Koch & Oesterreicher 1994; Becker-Mrotzek & Böttcher 2011).

Mehrschriftlichkeit in Mehrheits- und Herkunftssprachen stellt eine wichtige Ressource dar, die nicht nur für das Individuum, sondern auch für die Gesellschaft von zentraler Bedeutung ist. Hier gehen wir von der Beobachtung aus, dass viele Eltern und auch Verantwortliche in Schule und Politik noch immer dem Irrtum unterliegen, Kinder würden eine solide Zweisprachigkeit erlangen, wenn sie ihre Muttersprache nur als „Haussprache" erlernen und dann die Zweitsprache in Wort und Schrift in der Schule erwerben. Dabei werden zwei wichtige Punkte nicht beachtet:
- Sehr häufig ist die Sprache, die die Eltern an ihre Kinder weitergeben, keine Standardsprache, sondern ein örtlicher oder regionaler Dialekt oder zumindest eine stark regional geprägte Umgangssprache der jeweiligen herkunftssprachlichen Varietät, die wir als Türkisch, Italienisch, Griechisch etc. bezeichnen.
- Es bestehen große Unterschiede zwischen der gesprochenen und der geschriebenen Sprache. Darauf wurde in unterschiedlichen Ansätzen der Pädagogik und Bildungsforschung – etwa von Cummins (2000) hinsichtlich der Unterscheidung zwischen BICS (mündliche Fertigkeiten) und CALP (schriftsprachlich-elaborierte Fertigkeiten) – und der Linguistik (konzepti-

onelle Mündlichkeit und Schriftlichkeit, vgl. Koch & Oesterreicher 1994, 2007 bzw. orate und literate Strukturen vgl. Maas 2008) immer wieder hingewiesen. Diese Sprachformen der Schriftlichkeit können in der Regel nur institutionell erlernt werden. Außerdem spielen beim Schreiben von Texten auch bestimmte pragmatische Konventionen eine Rolle, die kulturspezifisch sind.

Die erwähnten Kompetenzen im Bereich der Schriftlichkeit werden in der Regel unter dem Begriff „Textkompetenz" zusammengefasst (s. Portmann-Tselikas 2003; Feilke 2005; Becker-Mrotzek & Schindler 2007; Schmölzer-Eibinger 2008; Becker-Mrotzek & Böttcher 2011). Darunter versteht man die Fähigkeit, Texte unterschiedlicher Zwecke und Strukturen selbständig, sachbezogen und adressatenorientiert zu verfassen. Wenn Sprecher diese Kompetenz nicht erwerben, bleiben sie im Bereich des schriftlichen Ausdrucks einsprachig. Damit gehen aber in einer Welt, in der schriftsprachliche Kompetenzen vor allem für das berufliche Weiterkommen eine Rolle spielen, für die Gesellschaft wichtige Ressourcen verloren. Und auch die Individuen selbst können ihre durch die natürliche Mehrsprachigkeit gegebenen Ressourcen nicht nutzen (vgl. Ehlich 2010: 59).

Darüber hinaus gehen wir in diesem Beitrag davon aus, dass besonders Mehrschriftlichkeit (im Sinne von Textkompetenz in L1 und L2) gefördert werden muss, um die natürliche Mehrsprachigkeit für Individuum und Gesellschaft nutzbar zu machen. Um dieses Ziel zu erreichen, bedarf es zunächst vertiefter Studien, die die Zusammenhänge von Schriftsprachkompetenzen in verschiedenen Sprachen aufzeigen und damit Grundlagen für eine gezielte Förderung bilden. Studien zum bilingualen Schriftspracherwerb wurden bisher v.a. verstärkt für das Sprachenpaar Deutsch-Türkisch durchgeführt (u.a. Schroeder 2009; Mehlem 2011; Schroeder & Şimşek 2011; Schroeder & Dollnick 2013).

In diesem Beitrag wird ebenfalls eine Studie mit deutsch-türkisch bilingualen Schülerinnen und Schülern vorgestellt, die als Fallstudie im Rahmen des vom BMBF geförderten Projekts „Mehrschriftlichkeit"[1] durchgeführt wurde. Im Folgenden werden zunächst die Fragestellungen der hier vorgestellten Fallstu-

---

[1] Ziel dieses Projektes ist es, die Wechselwirkungen von schriftsprachlicher Kompetenz in Erst- und Zweitsprache bei bilingualen Schülerinnen und Schülern mit Türkisch, Griechisch oder Italienisch als L1 und Deutsch als (früher) L2 zu erforschen. Darüber hinaus werden die Einflüsse kognitiver, sprachbezogener und außersprachlicher Faktoren auf die Textkompetenz in beiden Sprachen beleuchtet und auf den Faktor der metasprachlichen Bewusstheit eingegangen. Es soll gezeigt werden, inwiefern diese Faktoren die Textkompetenz sowie die Übertragung von Mustern auf der makrostrukturellen Ebene beeinflussen.

die dargelegt und es wird auf Methodik, Erhebungsinstrumente und Analysekriterien eingegangen. Hierbei stehen Aspekte wie Makrostruktur, Diskursmodus (konzeptionell mündliche vs. konzeptionell schriftliche Strukturen) und kommunikative Grundhaltung (Distanziertheit vs. Involviertheit) im Fokus (Riehl 2013). Anschließend werden die Ergebnisse der Fallstudie vorgestellt. Dabei werden Textniveaustufen und Sprachgebrauchsprofile der Schüler korreliert sowie die Rolle der Sprachbewusstheit diskutiert.

2 Vorstellung der Studie

2.1 Fragestellungen und Hypothesen

Anhand der hier besprochenen Fallstudie sollen die folgenden Fragestellungen diskutiert werden:
– Wie beeinflussen sich Textkompetenzen der bilingualen Schülerinnen und Schüler in L1 und L2 wechselseitig?
– Bedingt eine hohe Textkompetenz in L1 auch eine hohe Textkompetenz in L2?

Bei diesen Fragestellungen gehen wir davon aus, dass sich bei Mehrsprachigen die verschiedenen Sprachen wechselseitig beeinflussen. Wir nehmen an, dass Sprachwissen und Sprachkompetenz eines Mehrsprachigen nicht aus getrennten oder trennbaren Subsystemen (L1, L2...) gebildet werden, sondern aus Subsystemen, die zusammen ein holistisches, dynamisches System bilden, in dem jede Veränderung Auswirkungen auf alle Subsysteme hat. Das bedeutet, dass, wenn ein Mehrsprachiger ein bestimmtes Konzept oder ein sprachliches Muster in einer Sprache erwirbt, sich das auch auf die Konzepte und Muster in der anderen Sprache auswirken kann (vgl. etwa Herdina & Jessner 2002; de Bot, Verspoor & Lowie 2007). Bestimmte Teilkompetenzen können also übertragen werden.

In Bezug auf die sprachlichen und außersprachlichen Faktoren, die Einfluss auf schriftsprachliche Kompetenzen haben, ist dabei zu erwarten, dass das Curriculum in der L1 und in der L2, die Einstellungen der Eltern zur Bildung, literale Praktiken in der Familie, Sprachbewusstheit der Schülerinnen und Schüler sowie deren Spracheinstellungen und Sprachgebrauch auf die Textkompetenz einwirken. Die einzelnen Faktoren interagieren und haben einen Einfluss auf die Textkompetenz in beiden Sprachen. Der Einfluss des sozio-ökonomischen Hintergrunds der Eltern muss dagegen mit Vorsicht interpretiert werden. Interessanterweise zeigen die Daten einer von Riehl (2013) durchgeführten Pilotstudie, dass nicht zwangsläufig der sozio-ökonomische Hintergrund der Eltern, wie Untersuchungen von Krashen (1999) oder auch Ergebnisse der PISA-Studie nahe legen, die stärksten Auswirkungen auf die Textkompetenz der Schüler haben, sondern andere Faktoren, wie Einstellungen zur eigenen Sprache und Bildung, schwerer wiegen. Wir nehmen daher an, dass Spracheinstellungen und literale Praktiken im Elternhaus einen großen Einfluss auf Textkompetenzen haben. Dies wurde auch in verschiedenen anderen Studien bestätigt (vgl. Duarte et al. 2014; Durgunoğlu 2002; Durgunoğlu et al. 2002; Verhoeven & Aarts 1998).

2.2 Methodik und Instrumente der Datenerhebung

Als Textbasis für die Beurteilung der schriftsprachlichen Kompetenzen in den beiden Sprachen werden schriftliche narrative und argumentative Texte zunächst in der L1 und in einem Abstand von vier Wochen in der L2 (Deutsch) erhoben. Die narrativen Texte (eine Fantasiegeschichte) werden mittels eines Bildimpulses[2] elizitiert. Um die argumentativen Texte zu elizitieren, werden die Schülerinnen und Schüler gebeten, in einem Brief an den Schulleiter Stellung zu einem geplanten ‚Verbot der Handy-Nutzung in der Schule' zu nehmen. Zusätzlich werden soziolinguistische Daten durch leitfadengestützte Interviews in der L1 und in der L2 erhoben. Ziel der Wiederholung des Interviews ist es festzustellen, ob die Einstellungen in beiden Sprachen in der gleichen Weise kommuniziert werden. Darüber hinaus wurde im Rahmen des Projekts ein Sprachbewusstheitstest in Form eines Fragebogens entwickelt, mit Hilfe dessen Spracheinstellungen, Registerkompetenz und textspezifische Kompetenzen erfragt werden (s. dazu 2.2.2).

2.3 Analysekriterien

Zur Beurteilung der Textkompetenz in den jeweiligen Sprachen für die narrativen und argumentativen Texte wurde in Anlehnung an Berman & Nir-Sagiv (2007) ein Modell entwickelt, mit dem es möglich ist, globale Muster von Texten zu erfassen (Berman & Nir-Sagiv 2007; Riehl 2013; Woerfel et al. 2014). Dabei werden die Makro- und Mikrostruktur (Boueke et al. 1995; Augst & Faigel 1986), der Diskursmodus (konzeptionell mündliche bzw. schriftliche Strukturen; vgl. Koch & Oesterreicher 1994) und die kommunikative Grundhaltung (Distanziertheit vs. Involviertheit; vgl. Boueke et al. 1995; Heinrich & Riehl 2011) berücksichtigt. Diese Vorgehensweise hat sich bereits in anderen Studien bewährt (vgl.

---

2 Siehe 3.1.2 für Textbeispiele in L1 und L2.

Riehl 2013; Woerfel et al. 2014). Um die Texte hinsichtlich der Textkompetenz bewerten zu können, werden diese zunächst mithilfe eines für jede Textsorte spezifischen Analyserasters analysiert und in verschiedene Kompetenzstufen eingeteilt.

2.3.1 Makrostruktur

Bei der Analyse der Makrostruktur der narrativen Texte wird ein Modell zugrunde gelegt, das sich an das klassische Modell von Labov & Waletzky (1967) anlehnt (für eine detailliertere Diskussion vgl. Riehl 2013; Woerfel et al. 2014). Die Analyseschwerpunkte umfassen dabei die Aspekte Abstract, Orientierung, sich entwickelnder Konflikt, Evaluation (Höhepunkt), Auflösung und Coda. Dies wird ergänzt durch eine zusätzliche Komponente, die in der Regel als „Bruch" (Quasthoff 1980; Boueke et al. 1995; Hausendorff & Quasthoff 2005) oder „Unerwartetes" (Ehlich 1983) bezeichnet wird. Der Bruch teilt die globale Gliederung des Ereignisverlaufs in ein Vorher und ein Nachher. Ein Ereignis löst also ein weiteres Geschehen innerhalb der Ereignisfolgen aus (vgl. Boueke et al. 1995: 134).

Im Vergleich zu narrativen Texten stehen bei argumentativen Texten andere makro-strukturelle Merkmale im Vordergrund. Hier bietet sich das von Augst & Faigel (1986) entwickelte Modell von Textordnungsstrategien für die Analyse von Schülertexten an. In dem Modell werden vier unterschiedliche Strategien unterschieden: i) linear-entwickelnd; ii) material-systematisch; iii) formal-systematisch; iv) linear-dialogisch. Diese Kriterien wurden ebenfalls in verschiedenen Studien angewandt (eine Modifizierung für die Analyse von Texten jüngerer Schüler findet sich in Augst et al. 2007: 201ff.) und auch auf bilinguale Textproduktionen übertragen (Rapti 2005).

2.3.2 Diskursmodus

Ein weiteres Kriterium, das bei der Analyse im Zentrum steht, ist der sog. ‚Diskursmodus' (vgl. Heinrich & Riehl 2011). Bei der Festlegung dieses Modus lehnen wir uns an das Modell für ‚Konzeptionelle Mündlichkeit und Schriftlichkeit' von Koch & Oesterreicher (1994, 2007) an. Das Modell geht davon aus, dass sich die Begriffe „mündlich" und „schriftlich" einerseits auf das Medium beziehen können, welches als die Art „der Realisierung sprachlicher Äußerungen" beschrieben wird, andererseits auf die Konzeption, welche wiederum als der „Duktus, die Modalität der Äußerungen" beschrieben wird (vgl. Koch & Oesterreicher 1994: 587). Auf der konzeptionellen Ebene wird für die beiden Modi (gesprochen vs. geschrieben) ein Kontinuum angenommen (vgl. ebd.: 588). Die Pole werden dabei von den Formen der extremen Mündlichkeit und extremen Schriftlichkeit gebildet.

Wie Tabelle 1 zeigt, unterscheiden sich konzeptionelle Mündlichkeit und Schriftlichkeit vor allem auf drei sprachlichen Ebenen: der lexikalischen, der morpho-syntaktischen und der textuellen. Im Rahmen dieses Modells wurden für diese verschiedenen Ebenen der Sprache Kriterien formuliert, die bei der Analyse berücksichtigt werden.

Tab. 1: Konzeptionelle Mündlichkeit und Schriftlichkeit

Sprachebenen	Konzeptionelle Mündlichkeit	Konzeptionelle Schriftlichkeit
Lexikon	Basiswortschatz bzw. Umgangssprache Niedrige Type-Token-Relation Passepartout-Wörter	Elaborierter, fachsprachlicher Wortschatz Hohe Type-Token Relation
Morpho-Syntax	Aggregative Muster Elliptische Konstruktionen Agensorientierung	Integrative Muster Objektivierungsstrategien
Textuelle Ebene	Lineare Organisation, semantisch unspezifisch	Elaborierte Textverknüpfungsmuster, semantisch spezifisch

2.3.3 Kommunikative Grundhaltung

Ein weiterer wichtiger Aspekt, der ebenfalls die globale Textstruktur ausmacht, ist die Involvierung des Lesers, die im Anschluss an Sieber (1998) als „Kommunikative Grundhaltung" bezeichnet wird. Ein wesentliches Merkmal der Involvierungsstrategie ist auch das Herstellen einer unmittelbaren Sprecher-Hörer-Deixis durch die Präsenz von Schreiber und Leser im Textraum. Der Terminus ‚Involvierung' hat dabei eine doppelseitige Bedeutung: das Sich-Einbringen des Sprechers selbst in den Text (sprecherseitige Involvierung) und das Verwickeln des Hörers in den Text (hörerseitige Involvierung). Daher lässt sich die für die Involvierung wichtige unmittelbare Sprecher-Hörer-Deixis durch zwei verschiedene Verfahren erzeugen: zum einen durch Selbstreferenz, d.h. der Sprecher verwendet die erste Person (Sg. oder Pl.), und zum anderen durch die unmittelbare Anrede des Lesers. Demgegenüber stehen Distanzierungsstrategien, d.h. Strukturen, die eine objektive Gestaltung zu erreichen suchen. Ein wesentliches Element ist dabei die Vermeidung von Sprecher- und Hörer-Referenz (vgl. Heinrich & Riehl 2011: 29f.).

Ein weiterer Aspekt der Involvierung ist die Erzeugung einer sog. ‚Affektstruktur'. Dieser Begriff wurde von Boueke et al. (1995) geprägt und auf narrative Texte angewandt. Die Autoren bezeichnen die Involvierung des Lesers in den Text als „narrative Emotionalität" (Boueke et al. 1995: 96), welche als ein wesentliches Merkmal von Erzählungen zu verstehen ist. Damit wird die Fähigkeit bezeichnet, „den Zuhörer [zu] ‚unterhalten', [...] ihn in einem Maße zu aktivieren, zu ‚erregen', daß bei ihm eine angenehme Emotion ausgelöst wird" (Boueke et al. 1995: 92). Solche ‚Affektmarkierungen' (vgl. Boueke et al. 1995: 107) lassen sich in drei Hauptkategorien unterteilen: i) Valenz; ii) Psychologische Nähe; iii) Plötzlichkeit (vgl. Boueke et al. 1995: 109).

Die Kategorie ‚Valenz' bezieht sich dabei auf positive vs. negative Ausdrücke, die im ersten Fall die plan-kompatiblen und im zweiten Fall die plan-divergenten Ereignisse bezeichnen. Die Kategorie ‚Psychologische Nähe' hat die Aufgabe, den Leser in den Text miteinzubeziehen. Dies geschieht v.a. durch direkte Rede, aber auch durch erlebte Rede oder Wiedergabe von Gedanken der Akteure. Die Kategorie ‚Plötzlichkeit' kennzeichnet dagegen neu auftretende, unerwartete Ereignisse. Tabelle 2 stellt diese unterschiedlichen Kategorien mit Beispielen aus unserem Textcorpus dar.

Tab. 2: Beispiele für Affektstrukturmarkierung in narrativen Texten

Kategorie	Beispiele sprachlicher Mittel
Valenz	Evaluierende Adjektive: geschockt, hastig, gleißend, hübsch
Psychologische Nähe	direkte Gedanken: „Ich war mir sehr unsicher und hatte Angst, dennoch war ich so neugierig, ..." vs. erlebte Gedanken: „Es war der schönste Tag in meinem Leben."
Plötzlichkeit	„Plötzlich zerrt mich jemand aus dem Balkon." „Auf einmal war der Lichtstrahl weg."

Während nun die Kommunikative Grundhaltung der Involvierung ein typisches Merkmal narrativer Texte ist, wird bei argumentativen Texten im Deutschen in der Regel die Grundhaltung der Distanzierung gefordert. Allerdings kann der Schreiber auch hier Involvierungsstrategien einsetzen. Neben der Herstellung der unmittelbaren Hörer-Leser-Deixis können hier Evaluationen vorgenommen werden. Darauf lässt sich nun das Konzept der Affektmarkierung übertragen. Während, wie Heinrich & Riehl (2011) betonen, die Kategorie der Plötzlichkeit narrativen Texten vorbehalten bleibt, da sie bspw. den Bruch markiert, finden sich die anderen beiden Kategorien auch in argumentativen Texten wieder. Die Valenz ist durch evaluierende Adjektive („überflüssig", „schlimm") sowie Modalpartikeln („doch", „wohl") gekennzeichnet. Psychologische Nähe kann durch den Einbezug des Lesers in den Text erzeugt werden. In narrativen Texten wird dies häufig durch direkte Rede umgesetzt, in argumentativen Texten durch rhetorische Fragen. Die Gedanken des Schreibers werden durch persönliche Aussagen („Ich denke, dass...") ausgedrückt.

Die kommunikative Grundhaltung ‚Involvierung' vs. ‚Distanzierung' in argumentativen Texten drückt sich demnach in den beiden Kategorien „Hörer-Leser-Deixis" und „Evaluation" (= Affektmarkierung ja – nein) aus (vgl. Tabelle 3).

Tab. 3: Markierung der Involvierung und Distanzierung für argumentative Texte

Kategorien	Involvierung	Distanz
Sprecher-Hörer-Deixis	Selbst-Referenz „Damit bin ich gar nicht einverstanden." Adressierung des Hörers	Keine Selbst-Referenz (oder nur in den Rahmenteilen) „Wenn Handys an der Schule erlaubt werden, würden die Schüler nur noch mit dem Handy beschäftigt sein und die Noten würden sich verschlechtern."
Evaluation	Gebrauch evaluierender Adjektive oder Modalpartikeln „toll", „idiotisch", „sicherlich" „Das wäre auch sehr schlimm für sie, da dann sie für das Kind zahlen müssen."	Fokussierung des Themas Objektive Formen zur Meinungsdarstellung „Das Handy könnte man auch nicht nur als Spaßmittel sondern auch für Notfälle benutzen."

2.3.4 Textniveaustufen für narrative Texte

Anhand der oben beschriebenen Kriterien werden die Schülertexte von drei unabhängigen Ratern in verschiedene Kategorien eingeordnet, die unterschiedliche Niveaustufen ergeben. Bei den narrativen Texten unterscheiden sich die Textniveaustufen nach der Explizitheit ihrer narrativen Makrostruktur, dem

Grad an konzeptioneller Mündlichkeit oder Schriftlichkeit sowie in der Zahl und Art von Affektmarkierungen als Involvierungsstrategie.

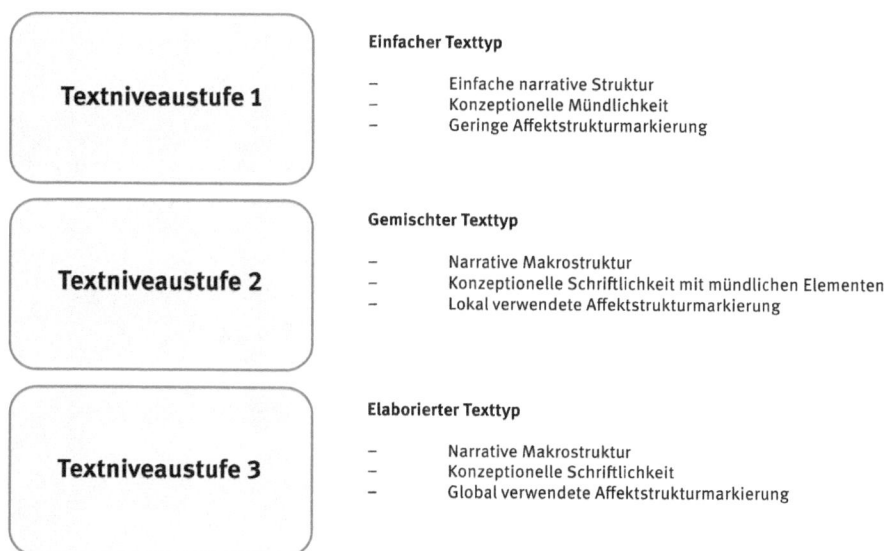

Abb. 1: Textniveaustufen für narrative Texte

2.3.5 Textniveaustufen für argumentative Texte

Die argumentativen Texte werden in ähnlicher Weise in drei Niveaustufen eingeteilt. Die Einordnung erfolgt in Abhängigkeit vom jeweiligen Textordnungsmuster auf der makrostrukturellen Ebene (dabei tritt allerdings die bei Augst & Faigel 1986 erwähnte linear-dialogische Struktur nicht auf), den Elementen konzeptioneller Mündlichkeit und Schriftlichkeit auf den unterschiedlichen sprachlichen Ebenen (s.o. Tabelle 1) und der Distanzierungs- oder Involvierungsstrategien. Während man in Textniveaustufe-1 eine starke Involvierung mit Selbstreferenz und narrative Elemente findet, tritt bei Textniveaustufe-3 Selbstreferenz nur im Rahmenteil oder Schluss auf.

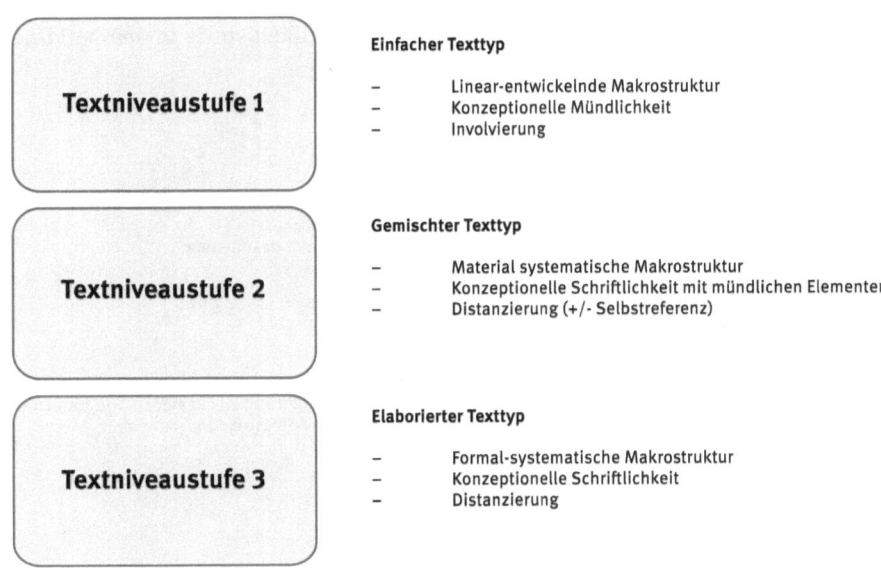

Abb. 2: Textniveaustufen für argumentative Texte

3 Die Fallstudie: Textkompetenz in L1 und L2 und Einfluss von Sprachbewusstheit und außersprachlichen Faktoren

3.1 Textkompetenzen in L1 und L2

3.1.1 Das Subkorpus

Die im Folgenden präsentierte Fallstudie wurde als Pilotstudie zum oben beschriebenen Forschungsprojekt durchgeführt. Das hier analysierte Subkorpus besteht aus je einem argumentativen und narrativen Text in L1 und L2, sprachbiographischen Interviews in L1 und L2 sowie einem Sprachbewusstheitstest. In dieser Fallstudie wurden vier männliche und sechs weibliche bilinguale Realschülerinnen und -schüler der 9. Klasse im Alter zwischen 14 und 16 Jahren ausgewählt. Ihre Familiensprache ist Türkisch (L1) und Deutsch ihre (frühe) Zweitsprache (L2). Vier der Probanden besuchen einen muttersprachlichen Unterricht Türkisch.

Im Folgenden werden die Ergebnisse der Fallstudie präsentiert und die Textniveaustufen in L1 und L2 miteinander korreliert. Es werden zunächst die unterschiedlichen Texttypen in den verschiedenen Sprachen und Genres dargestellt und dann anhand von Sprachgebrauchsprofilen exemplifiziert, welche Formen des Sprachgebrauchs besonders hohen Einfluss auf die Textkompetenz haben. Schließlich wird auf die Rolle des Sprachbewusstseins eingegangen.

3.1.2 Textniveaustufen in den jeweiligen Sprachen und Genres

3.1.2.1 Textkompetenzen der Schüler in Türkisch

Um die Textkompetenzen der Schülerinnen und Schüler zu veranschaulichen, werden die drei Niveaustufen in Abbildung 3 dargestellt.[3] Die Schülerinnen und Schüler, die den muttersprachlichen Unterricht besucht haben[4] mit einem Kreis hervorgehoben. Die Abbildung zeigt, dass der Besuch des muttersprachlichen Unterrichts keinen direkten positiven Einfluss auf die Textkompetenzen in der L1 hat. Wie in diesem Kapitel und in 3.1.2.2 gezeigt werden wird, spielen hier offensichtlich andere Faktoren eine Rolle.

Die Ergebnisse zeigen, dass sieben der Teilnehmer eine minimale schriftliche Textkompetenz bei argumentativen Texten im Türkischen erreichen. Auf der anderen Seite konnten drei der Teilnehmer die mittlere Stufe der Textniveaustufe-2 erzielen. Dabei zeigt sich, dass kein einziger Schüler die Textniveaustufe-3 in türkischen Argumentationen erreichte.

In den narrativen Texten erreichte nur einer von zehn Schülern (Burak) Textkompetenzniveau Stufe-1 (elaborierter Texttyp) in der L1. Fünf der Probanden erreichten hier die Textniveaustufe-2 (gemischter Texttyp), vier Probanden die Textniveaustufe-1 (einfacher Texttyp).

---

[3] Fehler in den Beispieltexten werden weder korrigiert noch markiert. Die Texte sind im Original wiedergegeben.
[4] Bei dieser Form des Unterrichts handelt es sich um einen von den Konsulaten durchgeführten Unterricht außerhalb der regulären Schulzeit. Der Unterricht umfasst in der Regel zwei Stunden pro Woche.

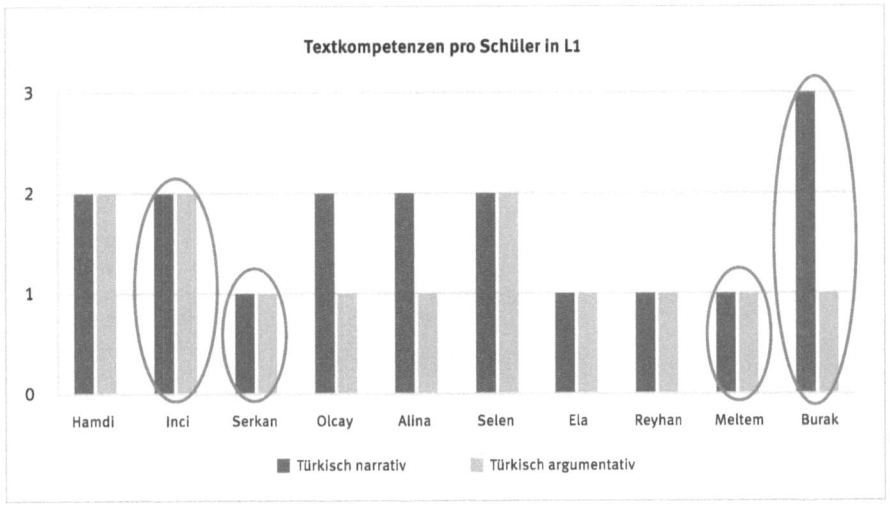

Abb. 3: Textkompetenzen pro Schüler[5] in L1

Hier weisen Serkan, Ela, Reyhan und Meltem in der schriftlichen Textproduktion in beiden Genres Ähnlichkeiten auf, was die Schreibkompetenz betrifft. Diese vier Schülerinnen und Schüler von den zehn untersuchten haben die niedrigste Textniveaustufe-1 in der narrativen Textproduktion in der L1 erreicht. Die Texte zeigen einen reduzierten Wortschatz, umgangssprachliche Ausdrücke und semantisch oder vom Standard abweichende Ausdrücke. Auf der makrostrukturellen Ebene fehlt die Einleitung des Textes bei allen vier Probanden, der Einstieg folgt direkt in das Ereignis. Des Weiteren weisen ihre Texte eine linearentwickelnde Makrostruktur auf und sind nicht kohärent. Die Schülerinnen und Schüler verwenden einfache oder keine Textkonnektoren und geringe Affektmarkierungen. Auf der lexikalisch-semantischen Ebene zeigt sich dasselbe Bild auch bei den argumentativen Texten. Alle vier Probanden beginnen und schließen den Text mit informellen Grußformeln. Des Weiteren sind eine geringe Variation in der Wortwahl, sinnentfremdete Ausdrücke, einfache oder keine Konnektoren zu finden. Die Argumentation findet aus der subjektiven Erlebniswelt heraus statt, die Orientierung wiederum aus dem assoziativen Gedankenfluss des Schreibers bzw. der subjektiven Darstellung des Sachverhalts. Des Weiteren sind auch auf der mikrostrukturellen Ebene Abweichungen festzustel-

---

5 Bei den angegebenen Schülernamen handelt es sich um Pseudonyme.

len, etwa in der Orthographie und Morphosyntax. Diese werden aber in die Analyse nicht mit einbezogen. Im Folgenden sollen einige exemplarische Beispiele die Textkompetenzen auf den jeweiligen Textniveaustufen illustrieren.

Textbeispiel 1/ Textniveaustufe-1 (Einfacher Texttyp)

Sevgili Müdür,
cep telefonunu yasaklamayi planliyorsunuz. Bu konuda fikrilerimi aciklamak istiyorum. Acil durumda cep telefonum yanimda bulunsun **cünkü** yardima ihtiyacim olursa birini ariya bilirim. Bir sebeb daha bu konu icin, dersde telefon kapali yada sesiz olsun. öğrencinin telefonu kapali dururssa dersde daha iyi dikat ederler.
Saygilar sizin öğrenciniz Reyhan

Übersetzung

Lieber Schulleiter,
Sie planen ein Handyverbot einzuführen. Zu diesem Thema möchte ich meine Meinung äußern. Für den Notfall sollte mein Handy bei mir sein, **denn** wenn ich Hilfe brauche, kann ich jemanden anrufen. Ein weiterer Grund für das Thema ist, dass im Unterricht das Handy ausgeschaltet oder lautlos gestellt sein muss. Wenn die Handys der Schüler im Unterricht ausgeschaltet sind, können Sie sich besser konzentrieren.
Hochachtungsvoll, Ihre Schülerin Reyhan

Textbeispiel 1 hat eine linear-entwickelte Struktur, die eine assoziative Verkettung von Gedanken beschreibt und aus einer intrinsischen (subjektiven) Sicht des Schreibers argumentiert (vgl. August & Faigel 1986). Auf lexikalischer Ebene fallen die einfache Wortwahl und die mündlichen, teils umgangssprachlichen Konstruktionen auf: *dersde telefon kapali yada sesiz olsun* („Im Unterricht muss das Handy ausgeschaltet oder lautlos gestellt sein")[6]. Die konzeptionell schriftliche Variante dieses Satzes würde lauten *derste cep telefonları kapalı olmalıdır yada sesiz konumuna getirilmelidir* („Im Unterricht muss das Handy ausgeschaltet oder lautlos gestellt sein"). Die konzeptionell schriftliche Ausdrucksform wird durch das Suffix –mAlI(Notwendigkeit)+Aoristsuffix am Ende des Verbs markiert. Auch die informelle Anredeformel *Sevgili Müdür* („Lieber Schulleiter") statt *Müdür Bey* („Herr Schulleiter") fällt auf, da diese Formulierung nicht

---

6 Glossierung und Übersetzung des Beispiels:
Ders-de   telefon kapali   yada sesiz ol-sun
Unterricht-LOK Telefon ausgeschaltet oder lautlos sein-soll
„Im Unterricht soll das Handy ausgeschaltet oder lautlos gestellt sein."

adressatenadäquat ist. Inhaltlich werden nur Contra-Argumente mit einem hohen Grad an Involvierung, wie beispielsweise *cep telefonum yanımda bulunsun* („mein Handy soll bei mir sein") aufgeführt. Wie die Beispiele zeigen, geht die Schülerin von der eigenen Person aus und argumentiert nicht aus einer objektiven Perspektive. Auf der morpho-syntaktischen Ebene verwendet sie vereinfachende Strategien, etwa durch den eher konzeptionell mündlichen Gebrauch der kausalen Konnektoren *çünkü* („denn"), *için* („für") anstelle von Nominalisierungen wie *DIK+poss.+için/-den dolayı/-den ötürü* („weil, deswegen"). Der Text enthält aber auch Nebensatzkonstruktionen, wie den Konditionalsatz *öğrencinin telefonu kapalı durursa derste daha iyi dikkat ederler* („Wenn die Handys der Schüler im Unterricht ausgeschaltet sind, können sie sich besser konzentrieren")[7] und den Ak-Satz *Bu konuda fikirlerimi açıklamak istiyorum* („Zu diesem Thema möchte ich meine Meinung äußern")[8].

Textbeispiel 2/ Textniveaustufe-2 (Gemischter Texttyp)

> Sayın müdür Bey,
> Öğretmenimiz bizi okulda gelişen yeni haberleri bilgilendiriyor. Ben bu yönden size hak vermek istiyorum, bu çağda gençler telefon ile çok vakit geçiriyorlar. Ve bu, hele hele sınıfta ve ders'de çok rahatsız edici bir şey. **Bir yönden** öğrenciler hem derste konsanitreleri bozuluyor ve tüm dersi, öğretmenleri ve öğrencileri rahatsız ediyor. **Fakat öbür yönden'de** öğrencileri sınıf arasında stresste olduklarında bunları sakınlaştıreçeli birşey. Mesela müzik dinleye bilirle ve sayrı. Ben bu yüzden sizin tüm alanda cep telefon yasaklama fikrini pek iyi bulmuyorum. Bunu belki bir madette ayırmanızı, yani öğrencilerin sadece ders arasında telefonla vakit geçirmelerini daha mantıklı buluyorum.
> Saygılarla

---

7 Öğrenci-nin telefonu kapalı   dur-ur-sa   ders-te   daha iyi
Schüler-GEN Telefon ausgeschaltet bleiben-AOR-KONJ Unterricht-LOK noch gut
dikkat ed-er-ler.
Vorsicht tun-AOR-PL
„Wenn die Handys der Schüler im Unterricht ausgeschaltet sind, können sie sich besser konzentrieren."

8 Bu konu-da   fikir-ler-im-i   açıkla-mak isti-yor-um
Das Thema-LOK Meinung.PL-POSS.1SG-AKK äußern-INF möchten-PROGR.1SG
„Zu diesem Thema möchte ich meine Meinung äußern."

Übersetzung

> Sehr geehrter Herr Schulleiter,
> Unsere Lehrerin informiert uns über die Neuigkeiten in der Schule. In diese Hinsicht möchte ich Ihnen Recht geben, in diesem Jahrhundert verbringen die Jugendlichen viel Zeit mit dem Handy. Und das ist insbesondere im Unterricht und im Klassenzimmer sehr störend. **Einerseits** wird die Konzentration der Schüler im Unterricht beeinträchtigt und stört den Lehrer, den Schüler und den Unterricht. **Aber andererseits** sind diese Dinge eher auch beruhigend, wenn die Schüler zwischen den Unterrichtszeiten gestresst sind. Sie können z.B. Musik hören usw. Aus diesem Grund finde ich die Idee nicht sehr gut, dass sie überall das Handyverbot einführen wollen. Es ist vielleicht sinnvoller, dass sie dieses Verbot nur teilweise einführen (semantisch ambig, deshalb interpretiert übersetzt), ich finde es sinnvoller, dass die Schüler also zwischen den Unterrichtszeiten Zeit mit dem Handy verbringen.
> Hochachtungsvoll

Textbeispiel 2 weist ein material-systematisches Textordnungsmuster auf, wobei die Hierarchie der Argumente nach der Systematik des Gegenstandbereichs erfolgt (vgl. Augst & Faigel 1986). Im Vergleich zum ersten Text enthält dieser sowohl mehr elaborierten Wortschatz wie *konsantre* („Konzentration"), *sakinleştirici* („beruhigend"), aber auch integrierte Satzstrukturen wie Temporalsätze *stresste olduklarında bunları sakinleştireçeli bir şey* („diese Dinge sind eher beruhigend, wenn die Schüler gestresst sind")[9], Nominalisierungen wie *yasaklama, zaman geçirme* („das Verbot, das Zeitverbringen") und Relativsatzkonstruktionen z.B. *okulda gelişen yeni haberler* („Neuigkeiten, die sich in der Schule ergeben")[10]. Außerdem enthält der Text eine Pro-und-Contra-Argumentation. Die jeweiligen Argumente werden auch durch Beispiele gestützt, zudem wird ein eigener Vorschlag zur Gestaltung des Handyverbots geäußert. Zwar finden sich hier auch einige Beispiele persönlicher Stellungnahme *Ben bu yüzden sizin tüm alanda cep telefon yasaklama fikrini pek iyi bulmuyorum* („Aus diesem Grund finde ich die Idee nicht sehr gut, dass sie überall das Handyverbot einführen wollen")[11]. Der

---

9 Außerdem wird das Suffix falsch verwendet (*sakinleştireçeli* statt *sakinleştirici*)
   *Stress-te olduklarında bunları sakinleştireçeli birşey
   Stres-te   ol-duk-lar-ın-da   onlar-ı   sakinleştirici bir şey.
   Stress-LOK sein-NOM-PL-LOK sie-AKK beruhigend   ein Ding
   „Diese Dinge sind eher beruhigend, wenn die Schüler gestresst sind."
10 Okul-da   geliş-en   yeni haber-ler
   Schule-DAT entwickeln-REL neu nachricht-PL
   „Die Neuigkeiten in der Schule."
11 Ben bu yüz-den   siz-in   tüm alan-da   cep   telefon yasakla-ma
   Ich dies Grund-ABL ihr-GEN ganz Bereich-LOK Tasche Telefon verbieten-NOM

Text weist einen wesentlich höheren Grad an Distanzierung auf als Beispiel 1 wie formelle Anrede- und Verabschiedungsformel *Sayın Müdür Bey* („Sehr geehrter Herr Schulleiter") und *saygılarla* („Hochachtungsvoll"). Der Text ist nicht durchgehend konzeptionell schriftlich wie die elaboriertere Textniveaustufe-3konzipiert: So werden etwa sprechsprachlich geprägte Diskursmarker wie *yani* („also") oder auch *hele hele* („vor allem"), dessen schriftsprachliches Äquivalent *özellikle* („insbesondere") wäre. Außerdem finden sich einige unspezifische, nicht verständliche Ausdrücke wie *madette* (interpretiert: *maddeye* oder *zamana* ‚teilweise/Zeit/zeitlich einteilen') oder *sakınleştireçeli* (interpretiert *sakinleştirici* ‚beruhigend'). In Textbeispiel 3 und 4 werden nun ebenfalls zwei Beispiele von narrativen Texten aufgeführt.

Textbeispiel 3/ Textniveaustufe-1 (Einfacher Texttyp)

> Bir yaz günü, balkonda oturup ışıldayan bir ışık topunun dünyaya yaklaştığını izliyordum. Kendime bunun ne olabileceğini sordum ve ayağa kalktım...
> ve ışığa doğru yürüdüm. Işığa doğru yürü**ken** ayamla yerde takıldım ve düştüm. Düşer**ken** kafamı yere vurdum ve bayıldım. Kalktımda yüzüm islakti. Etrafa bak**tım**da baska birin evinde bulunuyordum. Yatakdan kalktim kapiya doğru yürdüm. Bir Erkek yolumda cikti. Hic tanıma**dım** birisi önünde duriyordu. Kimin ol**du**nu bilmek istiyordum ve hem sordum. Ismi Mert di. Cok yakışıklı birisi. Biz bir birimısı tanıştırıyordus. Birlikte cok güldük ve yarin yine görğüşmeye anlaşdik.Gi**di**yim sebebi unutum. Ama belki kaderim böyle olsuna istedim.
> Ve böyle benim günüm gecti
> Sevgili arkadaşım Ela <3

Übersetzung

> An einem Sommertag, ich saß auf dem Balkon und beobachtete wie sich ein leuchtender Lichtkegel langsam der Erde näherte. Ich fragte mich was das sein könnte und stand auf... Und ich bin dem Licht entgegengelaufen. **Während** ich dem Licht entgegen lief, stolperte ich über einen Stein und fiel. Beim Fallen stieß ich mit den Kopf auf den Boden und wurde unmächtig. **Als** ich aufgestanden bin, war mein Gesicht nass. **Als** ich mich in meiner Umgebung umsah, befand ich mich in der Wohnung eines anderen. Ich stand vom Bett auf und lief zur Tür. Ein Junge erschien mir auf meinem Weg. Jemand, **den** ich überhaupt nicht kannte, stand vor mir. Ich wollte wissen, **wer** er war und fragte gleich. Er hieß Mert.

---

fikr-i-ni   pek   iyi bul-mu-yor-um.
Idee-POSS.3SG-AKK sehr gut finden-NEG- PROGR.1SG
„*Aus diesem Grund finde ich die Idee nicht sehr gut, dass Sie überall das Handyverbot einführen wollen.*"

Ein sehr hübscher Mann. Wir haben uns einander vorgestellt (semantisch ambig, interpretiert übersetzt), wir lachten viel zusammen und wir haben beschlossen, uns morgen zu treffen. Ich habe den Grund vergessen, **warum** ich ging. Aber vielleicht wollte ich, dass mein Schicksal so aussieht.
Und, so war mein Tag, meine liebe Freundin Ela

Textbeispiel 3 zeigt eine sehr einfache narrative Struktur ohne den Bruch der Geschichte oder die Entwicklung des Spannungsaufbaus zu markieren. Zum einen ist der Diskursmodus stark konzeptionell mündlich und weist kaum Affektmarkierungen (wie Plötzlichkeit, Valenz oder psychologische Nähe) auf, zum anderem fällt auf textuell-pragmatischer Ebene auf, dass kein Tempuswechsel vollzogen wird (ausschließliche Verwendung des Imperfekts). Integrative Sätze sowie Konverben *yürürken* („beim Laufen"), *düşerken* („beim Fallen") oder Nominalisierungen *Kimin oldunu bilmek istiyordum* („Ich wollte wissen, wer er war")[12] kommen dagegen häufig vor. Auf der lexikalischen Ebene dominiert eine einfache Wortwahl z.B. *ışık* („Licht"), *kafa* („Kopf"), *erkek* („Junge") usw.

Textbespiel 4/ Textniveaustufe-3 (Elaborierter Texttyp)

Bir yaz günü, balkonda oturup ışıldayan bir ışık topunun dünyaya yaklaştığını izliyordum. Kendime bunun ne olabileceğini sordum ve ayağa kalktım...
Yavaş, yavaş aşagiya indim sağ ve sola bak**arak**. Hiç kimse beni görmesin **diye** sessisçe yürüdüm. Babam ve Annem mutvakdaydilar ve küçük kardeslerim odalarinda oyun oyniyorlardi. Dişkapiya gel**ince**, kapiyi itti**rerek**, sonunda açabildim. Pisikletimi kaptim ve çabuk ustüne bin**ib** firladim. Arkama ve önüme bak**arak** dikat edimde, beni takip ed**en** oliyor mudu. Şükürler olsun olmiyordu. İşik topa daha yakin gel**ince** kalbimde daha çabuk atiyorduki, kendime düz tutamamiyordum. As kalmişdi pisikletimden düşiyordum. Ormanin dişinda ol**an** girişine geldim. Dikatlı pisikletimi yere biraktim hem işikin ol**an** yerine gittim. Gör**düme** inamamiyordum, işik bir küçük kaplandi. Şaşkin ona bakiyordum ve yaklaşdim. Böyle bir kaplan olabilir mi hiç? Gökden in**en**, işigin inçinde olan bir kaplan? Yok olamas! Arkadam bir ses duydum ve arkami döndüm. Kaplana geri dönünçe önümde koçaman bir ikinçi Kaplan vardi. Küçük Kaplanin Babasiydi. Büyük Kaplan Baba üstüme yürü**düğ**nde Korkumda bagrdim ve uyandim. Hepsi bir rüyadi. Okadar çok sevinmisdim ki. Kalbim de gene normal haline gelebildi ve herşey iyi oldu. Ama bar**mam**dan herkesi korkutmuşum geçenin vaktinde.
Rüya sonunda, olabilir böyle birşey!

---

12 *Kimin oldunu bilmek istiyordum.
 Kim ol-duğ-u-nu   bilmek   isti-yor-dum.
 Wer sein-NOM-POSS-AKK wissen-INF möchten-PROGR-PRÄT-1SG
 „*Ich wollte wissen, wer er war.*"

Übersetzung

An einem Sommertag, ich saß auf dem Balkon und beobachtete wie sich ein leuchtender Lichtkegel langsam der Erde näherte. Ich fragte mich was das sein könnte und stand auf... Sehr langsam ging ich nach unten und nach links und nach rechts **guckend**. Ich lief ganz leise, **damit** keiner mich bemerkt. Mein Vater und meine Mutter waren in der Küche und meine kleinen Geschwister spielten in ihrem Zimmer. Als ich zur Haustür kam, konnte ich sie endlich aufstoßen. Ich schnappte mir mein Rad und ich stieg auf **und** flitzte schnell davon. Ich guckte nach hinten und nach vorne, um sicher zu gehen, **dass** niemand mich verfolgte. Glücklicherweise war da niemand. Als der Lichtkegel näher kam, klopfte mein Herz sehr heftig, so dass ich mein Gleichgewicht nicht mehr halten konnte. Ich fiel fast. Ich kam zum Waldeingang. Vorsichtig legte ich mein Fahrrad auf den Boden, ich ging dahin, **wo** dieser Lichtkegel war. Ich konnte nicht glauben **was** ich sah, der Lichtkegel war ein kleiner Tiger. Aufgeschmissen guckte ich den Tiger an und näherte mich ihm. Kann es überhaupt so einen Tiger geben? Ein Tiger, der im Lichtkegel vom Himmel kommt? Nein, das kann nicht sein! Ich hörte von hinten einen Krach und drehte mich um. **Als** ich mich zum Tiger zurückdrehte, war da plötzlich ein riesengroßer zweiter Tiger. Er war der Vater von dem kleinen Tiger. **Als** der große Papa Tiger auf mich zulief, schrie ich vor Angst und wachte auf. Alles war ein Traum! Ich freute mich so sehr. Mein Herz klopfte wieder im normalen Takt und alles war wieder gut. Wegen meinem **Geschrei** erschreckte ich alle mitten in der Nacht. Alles war im Endeffekt ein Traum, so etwas kann passieren.

Textbeispiel 4, welches von einer elaborierten narrativen Struktur geprägt ist, stellt in unserer Stichprobe eine Ausnahme dar. Der Text zeigt eine typische Erzählstruktur mit Orientierung, Bruch, sich entwickelndem Konflikt, Evaluation (Höhepunkt), Auflösung und Coda. Der Diskursmodus ist konzeptionell schriftlich mit einem ausgeschmückten Sprachstil, lexikalischer Variation *ittirerek* („aufstoßend"), *fırladım* („ich flitzte"), *şaşkın* („aufgeschmissen"), Involvierung durch Affektmarkierungen *kalbimde daha çabuk atıyorduki...* („klopfte mein Herz sehr heftig...") oder *O kadar çok sevinmişdim ki* („Ich freute mich so sehr, dass...") usw. Auf der morpho-syntaktischen Ebene dominiert ein konzeptionell schriftlicher, komplexer Satzbau. Zudem werden häufig Relativsätze *Gökden inen, ışığın içinde olan bir kaplan* („Ein Tiger, der im Lichtkegel vom Himmel kommt")[13], zahlreiche Konverben *gelince* („als ich kam"), *bakarak* („schauend"), *binip* („einsteigen und") und Nominalisierungen *yürüdüğünde* („als er/sie/es lief") verwendet.

---

13 Gök-den in-en ışığ-ın içinde ol-an bir kaplan.
Himmel-ABL heruntergehen-REL Licht-GEN innensein-REL ein Tiger
„Ein Tiger, der im Lichtkegel vom Himmel kommt".

3.1.2.2 Textkompetenzen der Schüler im Deutschen

In den deutschen Erzählungen erreichten vier von zehn der Schülerinnen und Schüler ein hohes Niveau (Textniveaustufe-3), dagegen sind nur zwei Texte der Textniveaustufe-1 zuzuordnen. Im Vergleich zum Türkischen zeigen nur drei von zehn Schülerinnen und Schüler eine höhere Textkompetenz in den deutschen Erzählungen, sieben Probanden wiederum erreichten das gleiche Textkompetenzniveau in beiden Sprachen, variierend von Textniveaustufe-1 bis -3 (s. Abbildung 4). Nur ein Schüler (Burak) realisierte Textniveaustufe-3 in beiden Sprachen. Keine/r der Teilnehmerinnen und Teilnehmer weist eine bessere Textniveaustufe in den türkischen Erzählungen im Vergleich zu den deutschen auf. Entweder erreichten sie in beiden Sprachen das gleiche Niveau oder im Deutschen ein etwas höheres Niveau als im Türkischen.

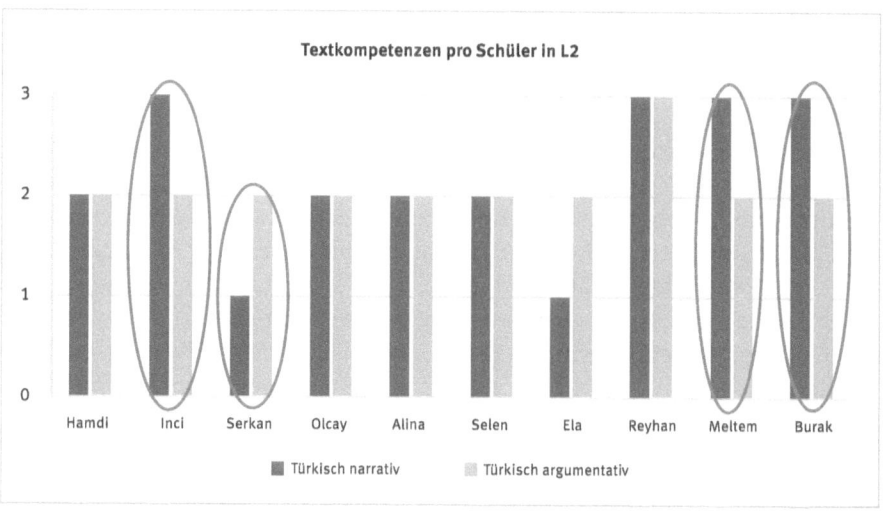

Abb. 4: Textkompetenzen pro Schüler in L2

Die Textkompetenzen der Schülerinnen und Schüler in den argumentativen Texten in der L2 zeigen Ähnlichkeiten zu den Ergebnissen in der L1: Neun der zehn Schülerinnen und Schüler erreichen Textniveaustufe-2 (gemischter Texttyp) und nur eine Probandin erreichte die höchste Textniveaustufe-3 in der L2.

Reyhan ist die einzige, die ein elaboriertes schriftliches Niveau im Deutschen sowohl im argumentativen (vgl. Textbeispiel 5) als auch im narrativen Text erreichte, obwohl sie im Türkischen niedrigere Textkompetenzen aufweist.

Textbeispiel 5/Textniveaustufe-3

Lieber Herr Volkmer,
meiner Meinung nach ist die Idee das Handyverbot an der Schule einzuführen ganz gut. Durch diese Regel sind die Schüler nicht vom Unterricht abgelenkt **während** dem Unterricht und passen besser auf. **Wenn** Handys an der Schule erlaubt werden würden die Schüler nur noch mit dem Handy beschäftigt sein und die Noten würden sich verschlechtern. **Ein weiterer Grund** für das Handyverbot ist, **dass** durch die Regel die Schüler mehr miteinander reden und in der Pause nicht nur mit dem Handy rumsitzen und keine Gespräche mit den Klassenkameraden zuführen. **Wenn** die Handys an der Schule erlaubt werden kann es passieren, **dass** die Schüler den Unterricht mit filmen oder Fotos von Mitschülern machen **was** strengstens verboten ist. Durch das Handy verbot wird das Mobbing gemildert, **denn** die Schüler achten darauf, **dass** sie immer die neuesten Handys, Klamotten etc. bekommen und schließen die aus die das alles nicht haben. Grundsätzlich bin ich für das Handyverbot aber bei Unfällen oder anderen schlimmen Sachen braucht man das Handy dringend um die Eltern, Polizei oder den Krankenwagen anzurufen. **Deshalb** könnte die Regel so sein, dass die Schüler während der Schulzeit das Handy ausschalten und vor und nach der Schule es an haben können.
Mit freundlichen Grüßen Anonym

Das Textordnungsmuster ist formal-systematisch und enthält Pro- und Contra-Argumente mit eigenen Beispielen sowie einen eigenen Vorschlag zur Gestaltung des Handyverbots. Im Allgemeinen folgt diese Textniveaustufe den Mustern, die in der Regel in der Schule im Deutschunterricht gelernt werden. Auf der lexikalischen Ebene fällt hier einerseits die Verwendung von Verben auf, die der Schriftlichkeit zuzuschreiben sind z.B. *mildern* andererseits finden sich aber auch Wörter, die einem mündlichen Modus entsprechen z.B. *Klamotten*. Im Vergleich zum Türkischen wird insgesamt ein eher elaborierter Wortschatz verwendet. Die Type-Token-Relation ist ebenfalls höher als im türkischen argumentativen Text. Auf der morpho-syntaktischen Ebene werden integrative Nebensatzstrukturen verwendet *Deshalb könnte die Regel so sein, dass die Schüler während der Schulzeit das Handy ausschalten*. Im Gegensatz zum argumentativen Text auf Türkisch finden wir keine starke Involvierung, sondern eine distanzierte kommunikative Grundhaltung. Die Schreiberin benutzt Konnektoren *ein weiterer Grund*, welche in ihrem türkischen Text gänzlich fehlen.

Bei einer Betrachtung der einzelnen Textkompetenzen der Schülerinnen und Schüler zeigt sich, dass sie entweder das gleiche Niveau in der L2 wie in ihrer L1 erreichen oder eine höhere Textkompetenz in ihrer L2 aufweisen. Keiner der Schülerinnen und Schüler zeigt im Türkischen eine höhere Kompetenz als im Deutschen.

3.2 Einflüsse außersprachlicher Faktoren

Interessanterweise zeigt nur einer von den vier Teilnehmern, die den muttersprachlichen Türkisch-Unterricht besucht haben, eine elaborierte Schreibkompetenz in der türkischen Erzählung. Es lassen sich zwar keine allgemeinen Aussagen treffen (ebensolche werden unsere zukünftigen Untersuchungen mit einer größeren Teilnehmerzahl zeigen), aber wie bereits in anderen Studien dargestellt, kann davon ausgegangen werden, dass der muttersprachliche Unterricht – zumindest in der gegenwärtigen Form (s.o. Fn. 4) – offensichtlich nicht ausschlaggebend für die Textkompetenz in der L1 ist (vgl. etwa Woerfel et al. 2014). Für eine Erklärung kommen verschiedene Aspekte in Betracht. Einerseits kann dies auf die unzureichende Einbindung in das Schulcurriculum zurückgeführt werden (vgl. Schroeder 2003, 2007; Woerfel 2014) sowie auf eine nicht mehr zeitgemäße inhaltliche Ausrichtung und Orientierung an der zweisprachigen Zielgruppe (vgl. Küppers, Schroeder & Gülbeyaz 2014; Löser & Woerfel ersch. demn.). Andererseits kann auch eine geringere (gesellschaftliche) Wertschätzung der Herkunftssprachen die Einstellung der Eltern zur schulischen L1-Förderung negativ beeinflussen (vgl. Wiese 1994).

Es müssen daher weitere Faktoren herangezogen werden, um die Unterschiede in der Schriftsprachkompetenz in der L1 zu erklären: Faktoren, die die Schreibfähigkeiten in beiden Sprachen beeinflussen könnten, sind die Kenntnisse der Schülerinnen und Schüler in der L2, die Art der Alphabetisierungserfahrung, literale Praktiken sowie die Art des Schreibprozesses selbst. Weitere Aspekte, wie etwa das häusliche Umfeld, haben ebenfalls einen nicht zu unterschätzenden Einfluss auf literale Praktiken. So zeigen etwa Dunsmuir & Blatchford (2004), dass der Bildungshintergrund der Mutter, die Anzahl der Familienmitglieder, familiäre literale Praktiken sowie die Förderung der kindlichen Fähigkeiten durch die Eltern einen Einfluss auf die literalen Kompetenzen bei 4- bis 7-jährigen Kindern haben. Die elterliche Unterstützung der außerschulischen Lese- und Schreibaktivitäten des Kindes ist für dessen Schreiberfolg enorm wichtig. Kinder profitieren von der Qualität des sprachlichen Inputs und der Unterstützung der Eltern. Ebenso lernen sie durch die unterstützende Teilnahme der Erwachsenen. Dabei trägt nicht die Interaktion allein, sondern auch deren Qualität zu besserer Schreibkompetenz bei.

3.2.1 Sprachgebrauchsprofile

Um die Unterschiede zwischen den Schülern zu interpretieren, haben wir in Tabelle 4 Sprachgebrauchsprofile der Probanden zusammengestellt, die anhand der Aussagen in den leitfragengestützten Interviews konzipiert wurden. Die Leitfragen adressierten hier u.a. den Gebrauch in den verschiedenen Domänen und mit verschiedenen Sprechern und thematisierten darüber hinaus Spracheinstellungen und bewussten Sprachgebrauch. Insgesamt entsteht hier ein sehr heterogenes Bild in der Verwendung der einzelnen Sprachen, das in Tabelle 4 wiedergegeben wird.

Tab. 4: Sprachgebrauchssituationen pro Sprecher

	Hamid	Inci	Olcay	Alina	Selen	Ela	Reyhan	Meltem	Burak
Sprechen									
mit Eltern	TR>DE	TR>DE	TR>DE	TR+DE	TR+DE	TR+DE	TR+DE	TR+DE	TR+DE
mit Geschwistern	–	–	TR	DE>TR	DE>TR	TR+DE	DE	TR+DE	TR+DE
mit Freunden	TR+DE	TR+DE	TR+DE	TR+DE	TR+DE	TR+DE	TR+DE	TR>DE	TR+DE
in der Schule	DE>TR	DE>TR	TR+DE	TR+DE	DE>TR	DE>TR	DE	DE>TR	TR+DE
Schreiben									
SMS	DE>TR	DE	DE>TR	DE	TR+DE	DE	DE	TR+DE	DE>TR
E-Mail	DE	DE	DE	DE	TR+DE	DE	DE	TR+DE	DE>TR
andere Texte	TR>DE	DE>TR	DE>TR	TR+DE	DE>TR	DE	DE>TR	DE>TR	DE>TR
Rezeption									
audio-visuelle Medien	TR>DE	TR>DE	TR	TR+DE	TR+DE	DE	DE>TR	TR>DE	DE>TR
Bücher/ Zeitschriften	TR>DE	DE>TR	DE>TR	TR>DE	TR+DE	DE	DE	DE>TR	DE>TR

Tab. 5: Abkürzungen

TR+DE: beide gleich
DE>TR: häufiger Deutsch als Türkisch
DE: nur Deutsch
TR>DE: häufiger Türkisch als Deutsch
TR: nur Türkisch

An diesen Profilen lässt sich erkennen, dass die Schüler ihre jeweiligen Sprachen sehr unterschiedlich verwenden: Während einige Schüler das Türkische überwiegend in der Familie gebrauchen (z.B. Serkan, Ela), schreiben andere durchaus auch Texte und lesen Bücher oder Zeitschriften auf Türkisch (z.B. Hamdi, Alena). Wir werden unten noch sehen, dass dies auch eine Auswirkung auf die Textkompetenzen hat.

Zunächst wollen wir uns aber auf zwei Fälle aus diesem Sprachgebrauchsprofil konzentrieren, die beide hohe Kompetenzen in der L2 aufweisen, aber Unterschiede in der L1 zeigen (vgl. Abbildung 5).

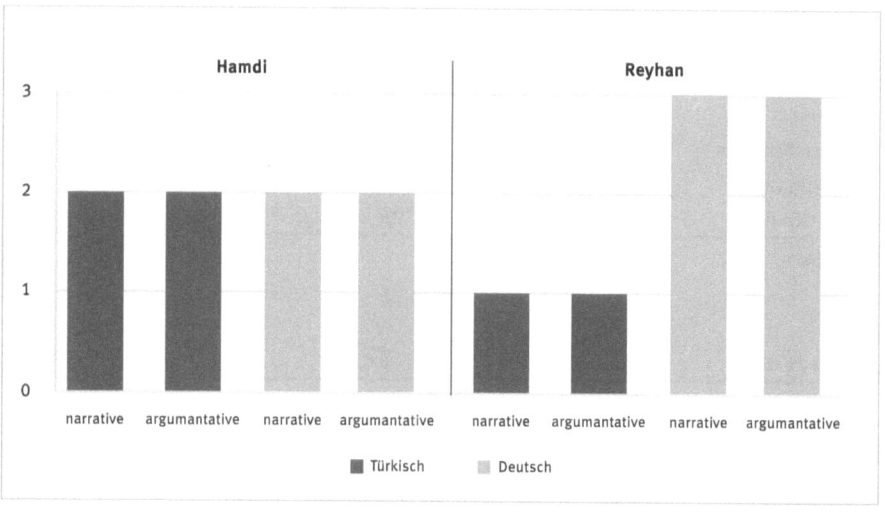

Abb. 5: Fallbeispiele: Hamdi und Reyhan–Textniveaustufen für Deutsch und Türkisch

Wie Tabelle 6 zeigt, weisen beide Schüler ein sehr unterschiedliches Sprachgebrauchsprofil auf: Beide geben an, Türkisch und Deutsch innerhalb der Familie zu verwenden, wobei Hamdi Türkisch häufiger verwendet als Reyhan. Reyhan spricht sowohl mit ihren Geschwistern als auch in der Schule Deutsch. Hamdi, der keine Geschwister hat, verwendet zwar in der Schule Türkisch mit Freunden gleichen sprachlichen Hintergrunds, spricht aber häufiger Deutsch als Türkisch. Für alle Formen der schriftlichen Textproduktion ist Deutsch die dominant verwendete Sprache beider Sprecher. Hamdi verwendet Türkisch nur in einigen Textsorten etwas häufiger, bspw. beim Verfassen von Tagebucheinträgen oder Notizen. Ein größerer Unterschied besteht hingegen bei der Verwendung der Sprachen bei der Rezeption verschiedener Medien (Fernsehen, Internet, Bücher,

Zeitschriften, Magazine etc.): Reyhan gibt bei audio-visuellen Medien (YouTube, Fernsehen, Musik) an, mehr Deutsch als Türkisch zu verwenden, während sie für Leseaktivitäten ausschließlich Deutsch gebraucht. Hamdi wiederum nutzt im Allgemeinen Medienkonsum sowie für Leseaktivitäten außerhalb der Schule Türkisch häufiger als Deutsch. Letzteres kann als Erklärung herangezogen werden, warum Hamdi eine höhere schriftliche Textkompetenz in der L1 aufweist als Reyhan.

Tab. 6: Sprachgebrauchssituationen zweier ausgewählter Sprecher

	Hamdi	Reyhan
Sprechen		
mit Eltern	TR>DE	TR+DE
mit Geschwistern	–	DE
mit Freunden	TR+DE	TR+DE
in der Schule	DE>TR	DE
Schreiben		
SMS	DE>TR	DE
E-Mail	DE	DE
andere Texte	TR>DE	DE>TR
Rezeption		
audio-visuelle Medien	TR>DE	DE>TR
Bücher/Zeitschriften	TR>DE	DE
TR+DE: beide gleich		
DE>TR: häufiger Deutsch als Türkisch		
DE: nur Deutsch		
TR>DE: häufiger Türkisch als Deutsch		

Es lässt sich zusammenfassend feststellen, dass Deutsch im alltäglichen Sprachgebrauch bei Reyhan eine größere Rolle spielt als bei Hamdi. Unsere Annahme ist, dass dadurch ihre Türkischkompetenzen weniger stabil sind. Hinzu kommt, dass sie das Türkische im Schriftlichen außer bei anderen Textsorten wie Einkaufszettel und Chat nicht verwendet.

Hamdis Sprachgebrauch unterscheidet sich von dem Reyhans in Bezug auf verschiedene Aspekte. Da er Türkisch häufiger verwendet, nehmen wir an, dass seine Türkischkompetenzen stabiler sind. Durch das größere Sprachangebot im Türkischen und v.a. die Beschäftigung mit der schriftlichen türkischen Sprache (rezeptiv und produktiv) kann er ein vergleichbares Niveau an Schreibkompetenzen in beiden Sprachen erreichen. In unserem Corpus zeigt sich das besonders an dem Beispiel des Schülers Burak, der einen ausgezeichneten narrativen Text im Türkischen anfertigte (s. Textbeispiel 4). Burak gibt an, in beiden Sprachen zu lesen und insbesondere auf Deutsch kurze Geschichten zu schreiben. Hier zeigt sich auch, dass eine hohe Textkompetenz in der L2 auf die andere Sprache übertragen werden kann, sobald ein bestimmtes Niveau in dieser Sprache erreicht ist.

3.2.2 Sprachbewusstheit und Textkompetenz

Ein weiterer sehr wichtiger Aspekt, der in bisherigen Untersuchungen kaum berücksichtigt wurde, ist die Sprachbewusstheit der Schülerinnen und Schüler. Wir gehen davon aus, dass sich mit der willentlichen und reflektierten Auseinandersetzung mit Sprache ein Potential entwickelt, welches den Sprechern ermöglicht, den sprachlichen Standard kontrolliert einzuhalten und zu beurteilen sowie Abweichungen davon zu berichten (vgl. Eichler & Nold 2007). Diese Fähigkeit äußert sich sowohl in der L1 als auch in der L2 und in weiteren Fremdsprachen (vgl. Eichler & Nold 2007). Die Fähigkeit, über Sprache zu reflektieren, beruht dabei eher auf dem Wissen über Sprache, d.h. auf einer konkreten Regelkenntnis (*knowing that*). Die Fähigkeit, Sprache zu korrigieren, ist dagegen stärker vom Wissen über den Sprachgebrauch, d.h. vom Wissen, wie man sprachlich handelt (*knowing how*), geleitet (vgl. Eichler & Nold 2007).

Sprachbewusstheit wird als ein Einflussfaktor auf die Entwicklung literaler Fähigkeiten in beiden Sprachen betrachtet (vgl. Luchtenberg 2008; Cumming 1990) und spielt eine wichtige Rolle in der Entwicklung der Zweitsprache (vgl. den Überblick in Jessner 2006: 36ff.). In diesem Kontext stellt sich die Frage, ob es einen Zusammenhang zwischen Sprachbewusstheit und Textkompetenz gibt. Sprachbewusstheit kann sich im Allgemeinen auf alle Bereiche des Sprachhandelns auswirken. Bei der Reflexion über Sprache, die sich bspw. in Lernsituationen vollzieht, kann ihr Aufbau gezielt unterstützt werden. Die Aufmerksamkeit des Schreibers wird durch Sprachbewusstheit auf die Anforderungen der sprach- und textstrukturellen Merkmale (z.B. Adressatenbezug, Textsorte, Kohäsion und Kohärenz des Textes) gelenkt und ermöglicht, das sprachliche Repertoire zu nutzen (vgl. Budde 2012).

Um der Frage nach der Rolle der Sprachbewusstheit nachzugehen, wurde im Rahmen des Projektes ‚Mehrschriftlichkeit' ein Fragebogen zur Sprachbewusstheit entwickelt, der Fragen zu beiden Sprachen der Schüler enthält und aus drei Teilen besteht. Der Fokus des ersten Teils liegt auf Selbsteinschätzungen der Sprachkompetenzen in den verschiedenen Sprachen: Hier sollen die Schüler eine Reihe von Kann-Aussagen auf einer Skala von 1-4 bewerten (z.B. „Ich kann meine Gefühle und Gedanken auf Deutsch sehr gut ausdrücken"). Der zweite Teil fokussiert den Sprachgebrauch im sozialen Zusammenhang. Hier bekommen die Schüler eine Reihe von verschiedenen konzeptionell mündlich bis schriftlichen Äußerungsformen präsentiert und sollen angeben, gegenüber welchen Personen sie diese verwenden würden. Eine weitere Aufgabengruppe umfasst die Verwendung von Synonymen und Passepartout-Wörtern. Damit wird die Registerkompetenz in den verschiedenen Sprachen erfragt. Im dritten Teil wiederum sollen die Schüler bestimmte Texte umformulieren, die bestimmte Regeln wie Textordnung, Kohäsion oder Kohärenz verletzten. Damit wird auf der textuellen Ebene die Beurteilung der Textordnungsmuster, sowie Kohäsion und Kohärenz eines Textes durch die Schülerinnen und Schüler erfasst.

In der vorliegenden qualitativen Studie wurden die Aussagen der Probanden zur Selbsteinschätzung auf einer Skala von 1 bis 4 (‚ich stimme voll zu', ‚ich stimme eher zu', ‚ich stimme eher nicht zu', ‚ich stimme gar nicht zu') im Sprachbewusstheitstest mit der Schriftsprachkompetenz (Textniveaustufen) korreliert. Die meisten der Teilnehmer stimmen den folgenden Fragen ‚eher zu': „Ich habe keine Angst auf Deutsch zu schreiben"; „Ich kann meine Gefühle und Gedanken sehr gut auf Deutsch ausdrücken"; „Es bereitet mir keine Probleme auf Deutsch zu lesen". Für das Türkische gilt dies hingegen nicht: Die Auswertung der Antworten auf die Aussagen „Ich habe Probleme Bücher auf Türkisch zu lesen"; „Es gefällt mir auf Türkisch zu schreiben"; „Es fällt mir leicht auf Türkisch zu schreiben"; „Ich kann meine Gefühle und Gedanken sehr gut auf Türkisch ausdrücken" ergibt, dass acht der Teilnehmer zwar keine Probleme beim Lesen des Türkischen haben, sieben von zehn es jedoch für sehr schwierig halten, auf Türkisch zu schreiben und dies auch nur ungern tun. Diese Aussagen korrelieren mit den jeweiligen Textniveaustufen in der L1 der Schülerinnen und Schüler.

Bei der Beurteilung unangemessener Formulierungen (z.B. „einen Brief würde ich mit den Worten "Hallo Herr Müller" beginnen"), aber auch sprachlich unkorrekter Formen (wie „Jetzt noch Volleyball. Danach ich geh heim") im Gebrauch mit verschiedenen Gesprächspartnern (Schulleiter, Lehrer, Freunde, Eltern usw.) zeigen die Schülerinnen und Schüler, dass sie größtenteils die jeweiligen Normen in beiden Sprachen kennen.

Bei der Textaufgabe wurden die Probanden gebeten, einen Text zu lesen und auffällige Stellen zu notieren. Diese Aufgabe wurde in beiden Sprachen mit unterschiedlichen Texten gestellt. Hier fällt auf, dass zwei Schülerinnen und Schüler, die weder in der L1 noch in der L2 eine hohe Textkompetenz in beiden Genres aufweisen, ihre (korrekten) Antworten auf Deutsch statt auf Türkisch notieren. Die Ergebnisse zeigen, dass sich die Schülerinnen und Schüler der notwendigen Komponenten eines Texts zwar bewusst sind, aber (bspw. Reyhan) ihr sprachliches Repertoire in der L1 in einigen Fällen zu gering ist, um die Aufgaben in der L1 zu bewerkstelligen. Der Großteil der Antworten im Bereich der Beurteilung des Registers (konzeptionell mündliche vs. schriftliche Formulierungen) war korrekt und zeigt, dass die Schülerinnen und Schüler wissen, welcher Diskursmodus und welche Involvierungs- und Distanzierungsstrategien in argumentativen Texten verwendet werden müssen. Aber sie können dieses Wissen nicht immer umsetzen. Bei gezielter Förderung des sprachlichen Repertoires in Form von Genrewissen wären sie daher sicher in der Lage, sich entsprechend adäquat im Schriftlichen auszudrücken.

3.3 Zusammenfassung der Ergebnisse

Grundsätzlich ist festzustellen, dass die Textkompetenz der Schülerinnen und Schüler mit dem Genre interagiert. In beiden Sprachen sind die narrativen Texte elaborierter als die argumentativen Texte. Während dies sich im Deutschen nur minimal niederschlägt, ist dieser Unterschied im Türkischen wesentlich deutlicher. Dieser Umstand lässt sich mit dem Gebrauch dieses Texttyps in der Alltagssprache erklären. Bei den Argumentationen wird grundsätzlich ein höheres Niveau im Deutschen erreicht. Wir gehen davon aus, dass dieser Texttyp den Mustern folgt, die in der Regel in der Schule im Deutschunterricht gelernt werden. Die Schülerinnen und Schüler erreichen entweder das gleiche Niveau der Textkompetenz in der L1 und in ihrer L2, oder sie zeigen eine höhere Textkompetenz in ihrer L2. Eine hohe Kompetenz in der L1 spiegelt sich in den narrativen Texten wider, wenngleich diese hinter dem Textniveau in der L2 zurückbleiben. Dabei gibt es keinen Unterschied zwischen den Schülerinnen und Schülern mit und ohne muttersprachlichen Unterricht.

Aus den Sprachgebrauchsprofilen der Schülerinnen und Schüler lässt sich erkennen, dass Deutsch in den Sprech-, Lese-, und Schreibpraktiken dominant ist, während Türkisch und Deutsch im familiären Kontext sowie im Freundeskreis gleichmäßig verwendet werden. Die Ergebnisse zeigen, dass es zwischen den Schülerinnen und Schülern, die Türkisch auch außerhalb der Schule beim Lesen und Schreiben verwenden, und denen, die die Sprache nur mündlich gebrauchen, einen Unterschied gibt. Im erstgenannten Fall weisen Schülerinnen und Schüler höhere Schreibkompetenzen im Türkischen auf, wie das Fallbeispiel 'Hamdi' zeigt. Das Beispiel von Burak zeigt sogar, dass Kompetenzen von der einen auf die andere Sprache übertragen werden können, sobald eine gewisse Grundkompetenz erreicht ist (der Teilnehmer verfasst z.B. Kurzgeschichten auf Deutsch).

Es zeigt sich darüber hinaus, dass eine hohe Sprachbewusstheit mit hoher Textkompetenz korreliert. Allerdings zeigen auch Schülerinnen und Schüler, die eine geringe Textkompetenz aufweisen, dass sie sich der notwendigen Komponenten eines Textes bewusst sind, und registerspezifische Normen in der Regel richtig einschätzen können. Auch wenn Texte von Schülerinnen und Schülern keinen elaborierten Wortschatz aufweisen, schneiden sie im Sprachbewusstheitstest bei dem Gebrauch von Synonymen und Passe-Partout-Wörtern gut ab.

Wir schließen daraus, dass eine hohe Sprachbewusstheit der Schülerinnen und Schüler beim Schreibprozess zwar eine große Rolle spielt, aber nur dann zum Tragen kommt, wenn auch ein bestimmter Grundstock an sprachlichen Ausdrucksformen zur Verfügung steht.

4 Diskussion und Fazit

In dem Beitrag wurde demonstriert, dass Eigenschaften des individuellen Lerners sowie der sprachliche Input, den ein Lerner erhält, zur Entwicklung der unterschiedlichen Aspekte von Schreibkompetenzen beitragen. Die Auswertung der soziolinguistischen Daten hat gezeigt, dass literale Praktiken im Elternhaus, Spracheinstellungen und -gebrauch sich auf die Ausbildung von Textkompetenzen in der L1 positiv auswirken. Dabei scheint der rezeptive und produktive Umgang mit schriftlichen Texten in der Muttersprache von zentraler Bedeutung. Es ist demnach wichtig, Maßnahmen zur Förderung von Literalität als Aufgabe familienorientierter Bildungsprogramme abzuleiten. Wir schlagen vor, dass die Familienorientierung als eine Schlüsselstrategie bei der breiten Förderung von Literalität zu begreifen ist. Eine solche Förderung müsste bereits im Vorschulalter ansetzen, um die Grundlagen der Schreibkompetenzen der Kinder zu erweitern.

Der Zusammenhang zwischen Sprachbewusstheit und Textkompetenz muss noch genauer untersucht werden, um zu zeigen, inwiefern die Förderung der Sprachbewusstheit der Schülerinnen und Schüler die schriftlichen Fähigkeiten unterstützen kann. In diesem Zusammenhang stehen folgende kognitiven Aspekte im Vordergrund, die im Unterricht ausgebaut werden können: i) die Bewusstheit grammatischer Besonderheiten der L2 gegenüber der L1, ii) die Bewusstheit, welche die Lernenden von eigenen Lernprozessen haben (insbesondere auch die durch die L1 bedingten Fehler im Lernprozess) (vgl. Gnutzmann & Kiffe 1998). Darüber hinaus sollten schriftliche Kompetenzen und metasprachliches Bewusstsein von Kindern bereits im Elternhaus gefördert werden, um hier schon früh literale Praktiken und das Wissen über Sprachgebrauch und das Wissen über Sprachen auszubilden.

Literatur

Augst, Gerhard; Disselhoff, Katrin; Henrich, Alexandra; Pohl, Thorsten & Völzing, Paul-Ludwig (2007): *Text, Sorten, Kompetenz: Eine echte Longitudinalstudie zur Entwicklung der Textkompetenz im Grundschulalter.* Frankfurt am Main: Lang.

Augst, Gerhard & Faigel, Peter (1986): Von der Reihung zur Gestaltung. Untersuchungen zur Ontogenese der schriftsprachlichen Fähigkeiten von 13–23 Jahren. Frankfurt am Main [u.a.]: Lang.

Becker-Mrotzek, Michael & Böttcher, Ingrid (Hrsg.) (2011): Schreibkompetenz entwickeln und beurteilen. *Praxisbuch für die Sekundarstufe I und II.* Berlin: Cornelsen.

Becker-Mrotzek, Michael & Schindler, Kirsten (Hrsg.) (2007): Texte schreiben. *KöBeS: Kölner Beiträge zur Sprachdidaktik*, Reihe A, Heft 5. Duisburg: Gilles & Francke.

Berman, Ruth & Nir-Sagiv, Bracha (2007): Comparing narrative and expository text construction across adolescence: A developmental paradox. *Discourse Processes* 43, 79–120.

Boueke, Dietrich; Schülein, Frieder; Büscher, Hartmut; Terhorst, Evamaria & Wolf, Dagmar (1995): *Wie Kinder erzählen. Untersuchungen zur Erzähltheorie und zur Entwicklung narrativer Fähigkeiten.* München: Wilhelm Fink.

Budde, Monika (2012): *Über Sprache reflektieren: Unterricht in sprachheterogenen Lerngruppen* - Fernstudieneinheit 2. Kassel: Kassel University Press.

Cumming, Alister (1990): Metalinguistic and ideational thinking in second language composing. *Written Communication* 7, 482–511.

Cummins, Jim (2000): *Language, Power and Pedagogy.* Clevedon: Multilingual Matters Press.

de Bot, Kees; Verspoor, Marjolijn & Lowie, Wander (2007): A Dynamic Systems Theory approach to Second Language Acquisition. *Bilingualism, Language and Cognition* 10, 7–21.

Duarte, Joana; Gogolin, Ingrid; Klinger, Thorsten & Schnoor, Birger (2014): Mehrsprachige Kompetenzen in Abhängigkeit von familialen Sprachpraxen. *Lili: Zeitschrift für Literaturwissenschaft und Linguistik* 174, 44–65.

Dunsmuir, Sandra & Blatchford, Peter (2004): Predictors of writing competence in 4- to 7-year-old children. *British Journal of Educational Psychology* 74, 461–483.

Durgunoğlu, Aydin Yücesan (2002): Cross-linguistic transfer in literacy development and implications for language learners. *Annals of Dyslexia* 52, 189–206.

Durgunoğlu, Aydin Yücesan; Mir, Montserrat & Arino-Marti, Sofia (2002): The relationship between bilingual children's reading and writing in their two languages. In Ransdell, Sarah & Barbier, Marie-Luise (Eds.): *Psycholinguistic approaches to understanding second-language writing.* Dordrecht: Kluwer, 81–100.

Ehlich, Konrad (1983): Erzählen im Alltag. In Sanders, Willy & Wegenast, Klaus (Hrsg.): *Erzählen für Kinder, Erzählen von Gott: Begegnung zwischen Sprachwissenschaft und Theologie.* Stuttgart: Kohlhammer, 128–150.

Ehlich, Konrad (2010): Textraum als Lernraum. Konzeptionelle Bedingungen und Faktoren des Schreibens und Schreibenlernens. In Pohl, Thorsten & Steinhoff, Thorsten (Hrsg.): Textformen als Lernformen. Duisburg: Gilles & Francke, 47-62 *(KöBeS: Kölner Beiträge zur Sprachdidaktik*, Reihe A, Heft 7).

Eichler, Wolfgang & Nold, Günter (2007): Sprachbewusstheit. Klieme, Eckhard & Beck, Bärbel (Hrsg.): *Sprachliche Kompetenzen. Konzepte und Messung*. DESI-Studie (Deutsch Englisch Schülerleistungen International). Weinheim [u.a.]: Beltz, 63–82.

Feilke, Helmuth (ed.) (2005): Literale Textentwicklung: Untersuchungen zum Erwerb von Textkompetenz. Frankfurt am Main: Lang.

Gnutzmann, Claus & Kiffe, Marion (1998): Language Awareness und Bewusstmachung auf der Sekundarstufe II. In Timm, Johannes (ed.): *Englisch lernen und lehren. Didaktik des Englischunterrichts*. Berlin: Cornelsen, 319–327.

Hausendorf, Heiko & Quasthoff, Uta (2005): Sprachentwicklung und Interaktion. Eine linguistische Studie zum Erwerb von Diskursfähigkeiten. Radolfzell: Verlag für Gesprächsforschung.

Heinrich, Dietmar & Riehl, Claudia M. (2011): Kommunikative Grundhaltung: Ein interkulturelles Paradigma in geschriebenen Texten. *Interkulturelle Germanistik 3*, 25–41.

Herdina, Philip & Jessner, Ulrike (2002): A Dynamic Model of Multilingualism. Perspectives of Change in Psycholinguistics. Clevedon: Multilingual Matters.

Jessner, Ulrike (2006): Linguistic awareness in multilinguals: English as a third language. Edinburgh: Edinburgh University Press.

Koch, Peter & Oesterreicher, Wulf (1994): Schriftlichkeit und Sprache. In Günther, Hartmut & Ludwig, Otto (Hrsg.): *Schrift und Schriftlichkeit. Ein interdisziplinäres Handbuch internationaler Forschung*. Berlin: Mouton de Gruyter, 587–604.

Koch, Peter & Oesterreicher, Wulf (2007): Schriftlichkeit und kommunikative Distanz. *Zeitschrift für Germanistische Linguistik 35*, 346–375.

Küppers, Almut; Schroeder, Christoph & Gülbeyaz, Esin Işıl (2014): *Languages in transition. The situation of Turkish in formal education in Germany. Policy Brief*. Istanbul: Istanbul Policy Center. http://ipc.sabanciuniv.edu/en/publication/languages-in-transition-turkish-in-formal-education-in-germany-analysis-and-perspectives, (01.06.2014).

Krashen, Stephen (1999): Condemned Without a Trial: Bogus Arguments Against Bilingual Education. Portsmouth, NH: Heinemann.

Labov, William & Waletzky, Joshua (1967): Narrative analysis: Oral versions of personal experience. In: Helm June (ed.): *Essays on the verbal and visual arts*. Seattle: University of Washington Press, 12–44.

Löser, Jessica & Woerfel, Till (erscheint 2015): Herkunftssprachenunterricht in Deutschland, Österreich und der Schweiz. In Ahrenholz, Bernt & Oomen-Welke, Ingelore (Hrsg.): *Deutsch als Zweitsprache. Deutschunterricht in Theorie und Praxis 9*, Baltmannsweiler: Schneider Hohengehren.

Luchtenberg, Sigrid (2008): Language Awareness. In Ahrenholz, Bernt & Ingelore Oomen-Welke (Hrsg.), *Deutsch als Zweitsprache*. Baltmannsweiler: Schneider, 107–117.

Maas, Utz (2008): *Sprache und Sprachen in der Migrationsgesellschaft: die schriftkulturelle Dimension*. Göttingen & Osnabrück: V & R unipress; Universitätsverlag Osnabrück.

Mehlem, Ulrich (2011): Schriftspracherwerb unter den Bedingungen von Mehrsprachigkeit - Freie Schreibungen von Erstklässlern in Deutsch und Türkisch. In Hornberg, Sabine & Valtin, Renate (Hrsg.): *Mehrsprachigkeit: Chance oder Hürde beim Schriftspracherwerb? – empirische Befunde und Beispiele guter Praxis*. Berlin: Deutsche Gesellschaft für Lesen und Schreiben, 112–135.

Portmann-Tselikas, Paul (2003): Textkompetenz und Spracherwerb. Die Rolle literaler Techniken für die Förderung von Mehrsprachigkeit im Unterricht. In Schneider, Günther & Clalüna, Monika (Hrsg.): *Mehr Sprache - mehrsprachig - mit Deutsch. Didaktische und politische Perspektiven*. München: Iudicium, 101–121.

Quasthoff, Uta (1980): Erzählen in Gesprächen: Linguistische Untersuchungen zu Strukturen und Funktionen am Beispiel einer Kommunikationsform des Alltags. Tübingen: Narr.

Rapti, Aleka (2005): Entwicklung der Textkompetenz griechischer, in Deutschland aufwachsender Kinder. Frankfurt am Main: Peter Lang.

Riehl, Claudia (2013): Multilingual discourse competence in minority children. Exploring the factors of transfer and variation. *European Journal of Applied Linguistics* 1, 2, 254–292.

Schmölzer-Eibinger, Sabine (ed.) (2008): *Textkompetenz*. München: Hueber.

Schroeder, Christoph (2003): Der Türkischunterricht und seine Sprache(n). *Zeitschrift für Fremdsprachenforschung* 4, 23–39.

Schroeder, Christoph (2007): Sprache und Integration. *APuZ: Aus Politik und Zeitgeschichte* 22 (Themenheft „Integration"), 6–12.

Schroeder, Christoph (2009): gehen, laufen, torkeln: Eine typologisch gegründete Hypothese für den Schriftspracherwerb in der Zweitsprache Deutsch mit Erstsprache Türkisch. In Schramm, Karin & Schroeder, Christoph (Hrsg.): *Empirische Zugänge zu Sprachförderung und Spracherwerb in Deutsch als Zweitsprache (Mehrsprachigkeit)*. Münster: Waxmann.

Schroeder, Christoph & Dollnick, Meral (2013): Mehrsprachige Gymnasiasten mit türkischem Hintergrund schreiben auf Türkisch. In Riemer, Claudia; Brandl, Heike; Arslan, Emre & Langelahn, Elke (Hrsg.). *Mehrsprachig in Wissenschaft und Gesellschaft. Tagungsband*. Open-Access-Publikation, Publikationsplattform BieColl der Universität Bielefeld, 101–114. http://biecoll.ub.uni-bielefeld.de/volltexte/2013/5274/index_de.html (Gesamtband) und http://biecoll.ub.uni-bielefeld.de/frontdoor.php?source_opus=5287&la=de (Einzelbeitrag) (01.06.2015).

Schroeder, Christoph & Şimşek, Yazgül (2011): Die Entwicklung der Kategorie Wort im Türkisch-Deutsch bilingualen Schrifterwerb in Deutschland. *IMIS Beiträge* 37, 55–79.

Sieber, Peter (1998): Parlando in Texten: Zur Veränderung kommunikativer Grundmuster in der Schriftlichkeit. Tübingen: Niemeyer.

Verhoeven, Ludo & Aarts, Rian (1998): Attaining functional biliteracy in the Netherlands. In Durgunoglu, Aydin Yücesan & Verhoeven, Ludo (eds.): *Literacy development in a multilingual context: A cross-cultural perspective*. Mahwah, NJ: Lawrence Erlbaum Associates, 111–133.

Wiese, Heike (1994): Integration des Transfers in eine Theorie des Zweitspracherwerbs. *InfoDaF: Informationen Deutsch als Fremdsprache* 21, 397–408.

Woerfel, Till (2014): Früher Zweitspracherwerb und Herkunftssprachenunterricht in Bayern. Fluch oder Segen? In Sonnenhauser, Barbara; Trautmann, Caroline & Noel, Patrizia (Hrsg): *Interaktionen*. (Bavarian Working Papers in Linguistics 3). Bamberg und München: Ludwig-Maximilians-Universität München, Otto-Friedrich-Universität Bamberg, 135–152. http://www.pedocs.de/volltexte/2014/8834/pdf/Woerfel_2014_HSU_Bayern.pdf (1.06.2015).

Woerfel, Till; Koch, Nikolas; Yilmaz Woerfel, Seda & Riehl, Claudia M. (2014): Mehrschriftlichkeit bei mehrsprachig aufwachsenden Kindern: Wechselwirkungen und außersprachliche Einflussfaktoren. *Lili: Zeitschrift für Literaturwissenschaft und Linguistik* 174, 44–65.

Anhang

Verwendete Abkürzungen

1	erste Person	LOK	Lokativ
2	zweite Person	NEG	Negation
3	dritte Person	NOM	Nominalisierung
ABL	Ablativ	PL	Plural
AKK	Akkusativ	POSS	Possesiv
AOR	Aorist	POT	Potentialis
DAT	Dativ	PRÄT	Präteritum
GEN	Genitiv	PROGR	Progressiv
INF	Infinitiv	PRS	Präsens
KONJ	Konjunktiv	REL	Relativ
KONV	Konverb	SG	Singular

Index

Adressatenbezug 329
Affektmarkierungen 311, 313, 316
Aktantenverkettung 270
Alphabetisierung 239
Andersschreibung 90
Aufgabenbewältigung 115
Aufmerksamkeitsorientierung 285
Aussagenverbindungen 197
außersprachliche Faktoren 325
autochthone Sprachminderheiten 239
Autonome Provinz Bozen/Südtirol 239

Bereden 270f.
Bilderbuch 38, 270
– zweisprachiges Bilderbuch 212f., 215
Bildwahrnehmung 286
Bilingual Interactive Activation Model (BIA) 57
bilingual türkisch-deutsche Kinder 268
bilinguale Textproduktionen 309
bilingualer Unterricht 64
Bilingualität 135
Biliteralität 133
biliterate bilinguals 163

code-switchendes Bereden 287
Code-Switching 46, 273, 289, 89
Curriculum 307

deiktische Prozeduren 270
Deutsch 135, 239, 314
deutsch-türkisch 306
Developmentally Moderated Transfer Hypothesis 125
different-script bilinguals 160
Diskurs 269
Diskursmarker 320
Diskursmodus 307, 309
Distanzierung 311
dreisprachige Schreibkompetenz 239
dreisprachiges Schulsystem 239
Dreisprachigkeit 89
Drittspracherwerb 114
– Deutsch als Drittsprache 88

Einstellungen zu Mehrsprachigkeit 180
Englisch 242
Erläutern 285
Erwerbsstufe 10
Erzählen 32
Erzählton 63
Erzählung 325
evokative Feldexperimente (EFE) 268

Familie 267
Familiensprache 314
finite Elemente 270
Förderung 332
Formulierungskompetenz 60
Fragebogen 329
frühkindliche Kommunikation 269

Genres 331
Grammatikunterricht 207f., 213, 231ff.

Hamburger Schreibprobe 181
Handlungspotential 288
Handlungsschema 269
Handlungsstruktur 269
heritage language 163
herkunftssprachlicher Lerner 133

Input 4, 332
Integrative Sätze 321
Interaktion 38
Involvierung 310
Involvierungsstrategie 313
Italienisch 239

Kindergarten 267
klassenspezifische Differenzierung 298
Kohärenz 330
Kohäsion 330
Kommentieren 285
kommunikative Grundhaltung 307
Kompetenzniveau 57
Komplexitätsstufe 11
Komponenten 270
Konjunktor 246

Konnektivität 270
Konnektoren 244, 318, 324
Konverb, Konverbien 40
Konverben, Konverbien 321
Konversationsanalyse 210
Konzeptaufbau 280f.
konzeptionelle Mündlichkeit, Schriftlichkeit 68, 313, 320f.
Koordinierte Alphabetisierung 178, 200
Kopräsenz 269
Korrelationen Deutsch-Türkisch 184
Kurmanjî (Kurdisch) 87, 91f., 95, 97, 99

L1-Textfähigkeiten 297
L2 Status Factor-Modell 128
L2-Einflüsse 55
L2-Lexikon 55
Ladinisch 239
Längsschnittuntersuchung 242
Lautes-Denken-Protokoll 66
Lenkfeld-Prozeduren 292
Lernerbiographie 268
Leseaktivitäten 325, 328
Literacy, Literalität 26, 332
literale Praktiken 308, 325, 332f.

Makrostruktur 307ff.
Malfeld der Sprache 271
Malfeld-Prozeduren 271
Märchen 268, 278
Medienkonsum 328
Mehrschriftlichkeit 305
mehrsprachige Wissensfragmente 296
mehrsprachiges Repertoire 275, 296
Mehrsprachigkeit 134, 267, 240, 250, 45, 306
mentales Lexikon 56
metasprachliche Fähigkeiten 232, 273, 297, 333
Mikrostruktur 308
monolingual-türkische Kinder 268
multiple Formel 287
mündliches Erzählen 272
Mündlichkeit 310
muttersprachlicher Unterricht 178, 201, 305, 331

Narrativität 59, 25, 308
Nebensatzstrukturen 318, 324
Nominalisierung 318
Nominalphrase 41

Panelstudie (LiPS) 116
Paraphrasieren 286
paritätisches Schulsystem 240
Passe-Partout-Wörter 332
Phantasie 272
phorische Prozeduren 270
Planungskompetenz 60
Planungsphase 59
Plötzlichkeit 311
Possessivkonstruktion 278
präskripturaler Bilingualismus 274
Profilanalyse 9
psychologische Nähe 311
psychotypological proximity 128

Rechtschreibung 186
Redewiedergabe 270
Reformulieren 285
Reformulierungen 297
Registerkompetenz 308, 330
Re-Inszenierung 271
Ressourcen 88
Revised-Hierarchical-Model (RHM) 58
Rezeption 3
Rezitieren 279
Russisch 135
russisch-deutsch 116
Russischunterricht 133

Schlüsselworte 287
Schreibaktivitäten 325
Schreibimpuls 187
Schreibpläne 55
schriftliche Texte 267
schriftliches Erzählen 63
Schriftlichkeit 306, 310
Schriftspracherwerb 59, 306
Schriftsprachkompetenz 306
Schuljahr
– fünftes 242
– achtes 242
– dreizehntes 242

Schulklima 194
Schwellenhypothese 114
Selbstreferenz 313
Semilingualism 114
Semipermeabilität 274
Situationsmanagement 279
sozio-ökonomischer Hintergrund 307
spelling skills 162
Sprachbewusstheit 307, 332
Sprachbewusstheitstest 332
Spracheinstellungen 307f., 326
Sprachenbalancen 193, 198
Spracherwerb 48
Sprachförderkonzepte 177
Sprachgebrauch 307
Sprachgebrauchsprofile 307, 315, 326f., 331
Sprachkontakt 89
sprachkontrastives Arbeiten 234
sprachliche Funktionen 275
sprachliches Wissen 273
Sprachspiele 213
Sprachwechsel 59
Sprecher-Hörer-Deixis 310
stärkere Sprache 292
Subjekt-Verb-Kongruenz 115
Subjunktor 246
Subtraktiver Bilingualismus 114
sukzessiv-bilingual 268
Super-Diversität 113
Symbolfeld 270, 273
syntaktische Komplexität 3

Team-Teaching 179
Tempuswechsel 285
Text 269
Textcorpus 311
Textdeixis 279
Textkompetenz 305, 308, 315
Textkonnektoren 316
Textniveaustufen 307, 312, 315, 317, 330
Textordnungsmuster 330
Textproduktion 3, 5, 12f., 15, 20
Textsorten 327

textuelle Literalisierung 267, 276
textueller Diskurs-Stil 272
textuelles sprachliches Handeln 267
Textumfang 195
Textverstehen 297
Textwahrnehmung 286
Textwiedergabe 6
thematische Wissensblöcke 296
Transfer 293
Transferierbarkeit 274
Transkriptionen 268
Translating 55
Tulpenbeet 65
Türkisch 208, 213ff., 223ff., 46, 87, 92, 314
– DI-Formen 278
– yor-Aspekt 295
türkisch-deutsch 116

Umgangssprache 305

Valenz 311
verbal 5
Vergleichen 286
vietnamesisch-deutsch 116
visuelle Impulse 5
Vorlesen 270, 26
– textgetreues Vorlesen 285
– textveränderndes Vorlesen 286
Vorschule 267
Vorstellungsraum 279

Wiedergeben 270
Wissensstruktur-Typ 283
Wortschatz 196
Wortschreibung 181
Wortstellungsmuster 9
writing skills 164

zerdehnte Sprechsituation 269
Zusammenhang 269
Zweisprachigkeit *Siehe* Mehrsprachigkeit
Zweitsprache 46, 314, *Siehe auch* L2

www.ingramcontent.com/pod-product-compliance
Lightning Source LLC
Chambersburg PA
CBHW021341300426
44114CB00012B/1029